社会史研究文库

SOCIAL SCIENCES
ACADEMIC
PRESS (CHINA)

社会科学文献出版社

社会史研究文库

中国近代流民

（修订版）

Displaced Persons in Modern China

（Revised Edition）

池子华 著

社会科学文献出版社
SOCIAL SCIENCES ACADEMIC PRESS (CHINA)

图书在版编目（CIP）数据

中国近代流民（修订版）/池子华著. —修订本. —北京：
社会科学文献出版社，2007.6
　（社会史研究文库）
　ISBN 978 – 7 – 80230 – 616 – 5

　Ⅰ. 中… 　Ⅱ. 池… 　Ⅲ. 流民 – 历史 – 研究 – 中国 – 近代
Ⅳ. D693.9

中国版本图书馆 CIP 数据核字（2007）第 052040 号

目　录
CONTENTS

序

    流民，长期以来一直是困扰中国社会的大问题。正如本书作者所说："流民，可以说代代有之，并且经常造成严重的社会问题。……历代统治者无不把'安辑流民'作为施政的要项。……进入近代，流民问题已普遍存在于全国的任何穷乡僻壤，并且日益严重化了。这是一个众所周知的事实。"1949年，中华人民共和国成立，封建主义土地制度被彻底铲除，可是，流民问题并没有彻底解决。作者在本书的引言中，开门见山地写道：1989年，香港《文汇报》载文指出，中国改革开放以来，经济获得迅速发展，农村剩余劳动力越来越多，加上沿海与内地之间、城市与乡村之间的差距进一步加大，所以近年来出现了前所未有的"盲流潮"。随着改革开放的深化，市场经济的扩展，"盲流潮"居高不下，流量加大，流速加快，出现了"向心流"、"梯度流"、"反梯度流"、"洋流"等等令人眼花缭乱的流动方式，引起了社会各界的广泛关注。

历史事实表明，流民问题不只是封建社会、半殖民地半封建社会里的一大社会问题，而是超越社会制度而存在的一大社会问题。

长期以来，学者与政治家们非常注意研究这个问题，发表了不少文章与著作，但从总体上看，还是薄弱的。池子华同志的这本著作以淮北地区为重点，系统地研究了中国近代流民产生的原因、流民的流向、流民给中国社会带来的影响以及解决流民问题的办法等等。这在公开的出版物中尚属少见。

除系统性外，本书的一个显著特点是对流民现象进行了多层次、多角度的考察。这里仅举作品的部分内容为例。

本书第二章分析了近代流民产生的原因。作者认为它是"几种力的合成"，有内在的社会结构性原因，有外国资本主义侵略的原因，也有包括价值观念在内的文化传统的原因。作者就流民发生的文化学因素进行考察，写成专节，提出"流民是一种文化现象"的观点，是很有意义、很值得深入思考的。

本书第四章分析了流民与近代中国社会的关系。作者也采取实事求是的科学态度进行了多角度透视，既指出流民逃脱农村的恶效应、"流民进城的负面影响"，也指出流民进城的多方面的正效应。他认为，流民进城，有着助推城市化进程的一面；流民是中国工人阶级的一个重要来源；流民进城带来人际交往范围的扩大，加上城市文明的影响，使他们的思想、行为等越来越远离传统的约束；给根深蒂固的宗法制度以有力的冲击。

如何解决流民问题，作者也从多种角度进行了探讨。作者认为，产生流民的因素是多元复杂的，解决流民问题的方法也应该是多元的。作者认为，要使农业超越传统，向西方学习，实现自身的转型，以提高生产力水平和土地的开发利用；要发展农业，必须提高农民的经营素质；要提高农民的经营素质，又必须从农村教育入手。作者又认为，农村工业化是解决流民问题的必由之路。但是，"理想的农村工业"应该具有什么样的特征呢？作者认为，这是一个值得提出来加以研究的重要课题。作者还认为，要解决流民问题，归根到底要实现农村劳动力的转移，必须充分发展城市工商业。这是"人口城市化"、"农村城市化"的客观要求，是"势所必至，理所当然"的。

这种多层次、多角度的研究方法，使研究的结论更加接近历史实际，从而提高了著作的科学性和说服力。

池子华同志在南京大学历史研究所攻读博士学位期间，勤学苦读，刻苦钻研，完成了一篇资料丰富、论点明确、在前人研究的基础上有所突破的博士论文。他对这篇论文进行修改、补充以后，得以公开出版，我是非常高兴的。愿借此机会向广大读者推荐这部著作。我还希望池子华同志有更多佳作问世。他正处在写作的黄金岁月，我想我的希望一定会成为现实。

茅家琦

于南京大学

1994 年 6 月

内容提要

　　流民问题是困扰近代中国的一大社会问题，也是中国近代史研究上有待开发的新领域。本书采用整体性研究与区域性研究相结合的手法，对流民现象发生的原因、流民的生存空间和职业流向、流民对近代中国社会所产生的效应、近代中国如何解决流民问题等，进行了多层次、多角度、跨学科的考察，实为第一部以近代流民为研究对象的系统的学术性著作。本书资料翔实，论证严密，结构清晰，研究颇具新意，提出了流民文化现象等诸多值得深思的问题。历史是现实的镜子。面对"民工潮"冲击的现实，如何正确认识、解决这一问题，为社会各界所普遍关注。本书的出版，或能给人们某些有益的启迪。

引　言

  1989 年，香港《文汇报》载文指出，中国改革开放以来，经济获得迅速发展，农村剩余劳动力越来越多，加上沿海与内地之间、城市与乡村之间的差距进一步加大，所以近年来出现了前所未有的"盲流潮"①。1990 年出版的《盲流·盲流》也向人们昭示了这样的事实：1989 年春节刚过，广州、海口、上海、天津、北京、成都、西安、兰州、乌鲁木齐等城市盲流骤增，人满为患，纷纷告急，光是广州铁路局从 1 月 22 日至 2 月 28 日 37 天时间内，运送旅客 1191 万人，比 1988 年同期多 67 万人。为应付这来势汹涌的客流洪峰，在这 37 天里，广州铁路局投资近 8000 万元，增开临时客车 493 列……盲流冲击的警钟响彻全国。② 随着改革开放的深化，市场经济的扩展，"盲流潮"居高不下，流量加大，流速加快，出现了"向心流"、"梯度流"、"反梯度流"、"洋流"等等令人眼花缭乱的

---

① 江风：《流动人口新透视》，香港《文汇报》1989 年 10 月 12 日。
② 董杰、蔡志强、管文浩：《盲流·盲流》，辽宁人民出版社，1990，第 2 页。

流动方式，引起了社会各界的广泛关注。社会学界、人口学界、经济学界以及地理学界纷纷撰文，力求解开这一令整个社会困惑的"盲流之谜"。当然，这一社会现象也引起了历史学界的注意。《社会科学报》曾刊文指出，当今的"盲流"，主要是因社会经济发展失衡、在价值观念转型时期出现的一种社会现象。作为一种特殊的群体，他们与近代史上的"游民"相近。"近代中国流氓无产者（游民无产者）是一个值得注意的群体。他们的活动，涉及到城市和农村、经济和政治。加强对流氓无产者的研究，不仅对开拓历史学、社会学研究的新领域有意义，而且对当前整顿治理社会环境的实践也是有益的。"① 历史是现实的镜子。现实社会里出现的"盲流"，虽然与近代史上的"流民"不能同日而语，但两者毕竟有诸多相似之处，史学工作者应该站在历史和现实的交汇点上研究问题。于是，"盲流"冲击波引起了我的思索，激起了我开拓历史学新领域——对近代时期的流民问题作深入细致地探讨——的勇气，以期寻出有规律性的认识与发现，以期有助于当代"盲流"问题的解决。②

---

① 《流氓无产者是值得注意的群体——沈渭滨副教授一席谈》，《社会科学报》1989 年 9 月 21 日。

② 本书把整体性研究与淮北区域研究结合起来。这里对淮北区域范围作出界定。淮北，从地理学的角度说，是南北自然分界的过渡带，淮北平原是华北平原相对独立的一个部分，早已成为一个自然地理区域。从文化学的角度说，这里同样是"南北文化"的过渡地带。（陈序经：《南北文化观》，载《岭南学报》第 3 卷第 3 期；陈高佣：《中国文化上的南北问题》，载《新中华》第 2 卷第 19 期）但淮北区域范围也颇不容易确定。传统观点认为，"淮北"有广、狭二义，广义上的淮北，包括安徽、江苏淮河以北地区，狭义上的淮北，则指安徽淮北地区。按淮河水系划分，淮北水系由汝河、洪河水系，沙河、北汝河、贾鲁河、颍河水系，惠济河、涡河、浍河水系，浍河、睢水水系，和沂沭泗等子水系组成，流经近百个州县，以此为根据，淮河以北，（转下页注）

研究流民问题，不能不对"流民"概念粗作界定。[①]

一般说来，"流民"是指丧失土地而无所依归的人群。但这远非"流民"意义的全部。如《明史》谓饥荒年岁或兵灾而逃

(接上页注②) 汝河、洪河以东，旧黄河以南几乎所有地区都属于淮北区域范围。如果以淮北平原作为依据划定区域范围，那么除苏皖淮北平原之外，还包括豫东平原以及淮河以南部分地区。为研究方便起见，笔者把淮北区域范围大致限定在苏、皖淮河以北地区，除非必要，一般不超出此范围。这个区域，位于苏鲁皖豫之界，"具四省共有之气候……及一切习惯"，完全可以作为一个整体来看待。(参见尹吉三：《改进徐海十二县农业推广议》，《农业周报》第2卷第19期，第392页)

① 关于"流民"的界定，学术界有大致一致的看法，如王家范先生在1994年第5期《探索与争鸣》发表《中国古代的流民问题》一文，指出：流民"就是脱离社会整合，丧失其原有职业社会角色，游离于法定的户籍管理之外的人口"。曹文柱先生的解释是："中国古代社会一般意义的流民，是指这样一类人口：他们的成分有时非常复杂，可能包括相当广泛的社会阶层，但始终以农民为主体；由于自然的、政治的、经济的或其他重大社会变动的原因，被迫抛离家园，携老扶幼，向自认为可以避难求生的地区流动迁移；对于他们的迁移活动，在大多数情况下，官方是不愿接受的，并要进行程度不同的行政干预。"(曹文柱：《关于两晋之际流民的几个问题》，载赵清主编《社会问题的历史考察》，成都出版社，1992，第332页) 中国台湾学者罗彤华先生在《汉代的流民问题》一书中界定为："流民是指脱离户籍，流亡他乡的人"。(罗彤华：《汉代的流民问题》，台北学生书局，1989，第9页) 上述界定，虽然都有各自的理由和合理性，但不难发现，太过宽泛，士、农、工、商所谓"四民"都可以包括在内，只要他们脱离户籍，流亡他乡。这种"泛化"的流民概念固然可以使我们放开视野，但却容易导向漫无边际，找不准"焦点"。笔者以为，随着时代的进步，"流民"自身的内涵也在不断丰富，从而具有一定的时代色彩。如1989年以来，经过十年改革开放，经济获得迅速发展，农村剩余劳动力越来越多，加上沿海与内地之间、城市与农村之间的差距进一步拉大，所以出现了居高不下的"流民潮"（即民工潮）。新时期的"流民"大致可以定义为：为改善自身境遇在城市和市场经济引力吸附下离土离乡进入城镇从事非农业活动的农民（特别是农村剩余劳动力）。总之，无论"流民"的内涵发生什么样的变化，但流民的"农民"身份不改。换句话说，"流民"来自农民，而非其他阶层。

亡他乡者曰"流民"。① 又据《时报》记载:"山左沿河一带,土脉瘠劣,时被水荒,每届冬令,该乡民等动辄结队四出求乞,人多称之曰流民。"② 就是说,"流民"还包括灾民和"四出求乞"的人们。由于近代历史条件较之古代发生了重大变化,"流民"的意义还要宽泛些,即包括了因城市近代化的吸力以及自然经济的解体所产生的推力而盲目流入都市谋生的农民。综合起来,所谓"流民",其涵义有下列四个方面:

其一,丧失土地而无所依归的农民;

其二,因饥荒年岁或兵灾而流亡他乡的农民;

其三,四出求乞的农民;

其四,因自然经济解体的推力和城市近代化的吸力而盲目流入都市谋生的农民,尽管他们有的可能还保有小块土地。

其中,前三个方面与"古代流民"没有本质性的区别,只有第四个方面,才使流民具有"近代"色彩。书中出现"近代流民"语汇,有时特别点明其属性,有时比较笼统,亦可据此作出判断,通常情况下,"近代"即"近代时期",包括鸦片战争至中华人民共和国成立的百余年,是时间概念。上述几个方面可能有交叉,但无关宏旨。

根据上述界定,"流民"与近代惯用语汇"农民离村"并无重大差别。至于"流民"与"游民"(游民无产者、流氓无产者)、"移民"(人口迁移)、"流动人口"之间的关系,我想还是应该作些区分。

① 见赵文林、谢淑君:《中国人口史》,人民出版社,1988,第351页。杨景仁谓:"流民者,饥民也。"(杨景仁:《辑流移》,见《清经世文编·中》,中华书局,1992,第1021页)
② 《时报》光绪三十二年十月初二日。

4

　　"游民"，系指"平日居民有不农、不商、不工、不庸者"①，
实际上是混迹于城市与乡村、无固定职业的流动人口②。其主要
成分有失去土地无以谋生的农民，有失去职业的工人，有散兵游
勇，有游手好闲之徒等③。显而易见，"流民"并不能等同于
"游民"，书中视"游民"为"流民"的一种"流向"，正考虑

---

① 严寄湘辑：《救荒六十策》。
② 《清史稿》谓："游民皆无恒产。"（《清史稿》第 359 卷，《李奕畴传》）周复
之亦谓："没有固定职业的人，就是游民。"（周复之：《中国知识分子的出
路》，《社会问题》1936 年第 1 期，第 5 页）据清人汪康年的记载，仅走江湖
的"游民"，就有 8 种："凡游民号走江湖者有八种，系九经、十八皮、四
李、三瓜、七风、八火、五除、六妖。经者须用笔，如算命、看相、六壬、
文王卦、各色起课测字、卖对卖画讨宝，凡九种。皮者是江湖卖药者，凡十
八种。李者变戏法等，凡四种。瓜者卖拳，为空手、执械、携妇女三种。以
上四类皆不犯刑法之事，南人谓之春，北人谓之典。风者多含用刀之事，局
赌亦在内，凡七种。火者伪银之类，凡八种。除者大率杀人，凡五种。妖者
皆女人为之，凡六种。以上四类，皆干犯刑律。"（汪康年：《汪穰卿笔记》
第 4 卷，《杂记》）
③ 关于"游民"，王学泰先生有自己的界定，认为"游民"主要"指一切脱离
了当时社会秩序（主要是宗法秩序）的人们，其重要的特点就在于'游'。
也就是说从长远的观点来看，他们缺少稳定的谋生手段，居处也不固定（这
是相对其所在社会的大多数成员来说的，如游牧民族经常处于更换住地状态，
如果研究他们各个阶层的划分，居处问题就不能算个重要问题）。他们中间的
大多数人在城市乡镇之间游动。迫于生计，他们以出卖劳动力（包括体力与
脑力）为主，也有以不正当的手段牟取财物的。他们中间的绝大多数人有过
冒险生涯或者非常艰辛的经历。这种类型的游民虽然在进入文明社会之后就
存在，但是只有在宋代和宋代以后才大量出现，形成具有社会影响力的群体。
不能把游民与好逸恶劳、欺压良善的流氓地痞等同起来，流氓地痞不过是游
民中的腐败分子，他们在游民之中也属于少数。但是如果研究流氓等社会问
题而不考察游民，那便是只关注了'流'，而忽视了'源'，是抓不住流氓群
体本质的。"（王学泰：《游民文化与中国社会》，学苑出版社，1999，第 17 ～
18 页）

了这一点。但两者关系密切①，"流民"可以说是"游民"的前身，其转化的条件是"流民"没能寻到营生的门径。由于从"流民"到"游民"之间没有明确的界线，史料和著述中常常混为一谈，也是可以理解的②。

移民③，照陈达先生的话说，"个人或团体由甲文化区域搬

---

① 关于"游民"与"流民"之间的联系与区别，王学泰先生认为："游民与流民不同。流民是指成为'流'状态的而离开其故土的人们。他们有可能没有脱离其所处的社会秩序。因为波及甚大的天灾人祸都会导致大批的农民脱离自己的土地，少则成百上千，多则数万甚至数十万，在有领导能力的'渠魁'、'渠帅'的带领下就食于富庶地区。这个过程中许多人是整个家族或宗族作大规模的迁移，在这种情况下，家族的宗法秩序没有被破坏，只不过是举族或全家换了一个地方罢了。这样的流民就不会产生本书中经常要论及的游民意识，因而也就不会发生游民文化。换了地方居住的流民仍然保持着宗法文化，甚至更加强固，因为在一个完全陌生的地方，面对的是众多的可能对他们加以排斥的异姓，他们更要保持和增强对本宗族的向心力。像福建客家所修建的坚固严密的土楼便是一个很好的例证。但是也有一部分的流民变成了游民，他们脱离了'流'，进入了城市，成为了湮迹社会底层、无固定生活来源的游民；或者闯荡江湖、冲州撞府过着漂泊不定生活的游民。"（王学泰：《游民文化与中国社会》，学苑出版社，1999，第18页）

② 如王夫之谓"以不务农桑、无有定业而为流民"。（王夫之：《读通鉴论》第12卷，《惠帝三》）此处的"流民"实即"游民"。

③ "移民"亦可有狭义、广义的区别。从狭义上讲，移民是指"一定数量人口出于各种目的离开原居住地到另外一个距离较远的地方定居谋生，并不再返回原地居住的人"，或者说是"具有一定数量，一定距离，在迁入地居住了一定时间的迁移人口"。广义的"移民"，泛指暂时或永久性改变定居地的人口迁移流动，"它既包括由各种灾变而引起的流民，也包括国家政府出于政治经济或军事目的而组织的有计划的人口迁移"。（分别参见《中国百科大辞典》，华夏出版社，1990，第159页；葛剑雄、曹树基、吴松弟：《简明中国移民史》，福建人民出版社，1993，第1页；丁鼎：《中国古代移民述论》，见李衡眉主编《移民史论集》，齐鲁书社，1998，第2页）就是说，"流民"是广义的"移民"的一种形态，只不过他们应该称为"自发移民"或"无序性移民"。

6

入乙文化区域居住者谓之移民。此项个人或团体，在甲文化区域的观点谓之迁民，在乙文化区域的观点谓之徙民"①。易言之，由于政治、军事、经济以及自然条件等方面的因素，"人口永久地或暂时地从一个区域移向另一个区域，以改变自身所处的社会境地或获得更多的生活资料或更为满意的生存环境"②。移民有"自发移民"之谓，所谓"自发移民"，就是"流民"，也就是现在所说的"盲流"。

至于"流动人口"，歧见纷呈，归纳起来有以下几种。

其一，从行政管理的角度出发，依据是否具有一定的常住户口来确定流动人口。即是说，流动人口指滞留某地但没有常住户口的那部分人口。

其二，从发展经济学的角度，以产业结构为依据，将产业结构转变过程中第一产业中游离出来的未能进入城市正规部门的劳动力视为流动人口。

其三，从纯人口学的角度着眼，以常住地是否改变为惟一标志，将流动人口定义为暂时离开其常住地而非迁居的各种流动人口。

其四，从人口经济学的角度，依据流动人口产生的根本原因来给流动人口下定义，将流动人口理解为不改变常住户口进入某一地区从事社会经济活动的人口。

其五，从人口地理学的角度，将流动人口看成是人口空间迁移变动的一种特殊形式，亦即认为在一定地理区域内发生短暂流

---

① 陈达：《人口问题》，《民国丛书》第一编之十九，上海书店，1989，第347页。

② 金其铭等：《中国人文地理概论》，陕西人民教育出版社，1990，第41～42页。

动行为的那部分居民①。

　　尽管研究者从各自的研究角度出发，根据流动人口产生的原因、职业、空间位移等不同特征下了不同的定义，但视"流民"为"流动人口"的一种，是无疑义的。

---

① 参见李梦白、胡欣等：《流动人口对大城市发展的影响及对策》，经济日报出版社，1991。

第一章　严重的流民问题

第一节　古代流民扫描

一　从安土重迁到背井离乡

流民现象并非近代独有，古代亦司空见惯。

流民现象自古被视为社会病态。这除了它经常造成严重的社会问题外，还在于这种现象与农业中国"安土重迁"的文化传统背道而驰。

中国社会原是"乡土性"的，中国的传统文化"五谷文化"就深深根植于这块乡土之中。"五谷文化的特点就是世代定居"，"世代定居是常态，迁移是变态"[1]。由此可知，流民现象的发生属非常态的。当然，如是说来，显得过于粗率。我们不妨沿着历史的轨迹去寻根。

众所皆知，从奴隶制时代的中、后期起，生产方式即由迁移农业逐步转变为定耕农业，人们由此

---

[1]　费孝通：《乡土中国》，见《费孝通选集》，天津人民出版社，1988，第88、161页。

3

结束了漂泊不定的生涯而定居下来。进入封建社会，定耕农业占据了绝对优势，人们在一个地方永久性地居住下来。居住方式的转变当然离不开生产力的发展，同时也由于人口的增殖和人口密度的加大，地理空间随之缩小，迁移农业赖以进行的自然基础不复存在。伴随着这种种变化，中国社会经济结构的主要形态也由西周时期以井田制为基础的领主经济转变为战国以后以土地私人占有和自由买卖为基础的地主经济，在这种封建地主土地私有制基础上发展起来的个体小生产农业成为基本的生产方式。

在这种生产方式下，土地成了社会最基本的生产资料。"土，吐含万物。"① 农民各种生活所需，直接、间接都要从土地上获得，这是他们的安身立命之本。同时，由于土地具有不怕被抢劫、偷盗、焚毁和损坏的特性，既可生利，又易占有，是一种最可靠的财富，并成为各种财富的最后归宿。

土地对农民如此重要，农民和土地之间也就自然存在着特有的亲缘关系。1911 年，美国威斯康辛大学的一个农业学家金（King），曾在中国、日本调查农业，著有一本《五十个世纪的农民》，以土地为基础，对中国文化作了一番描述，说中国人"像是整个生态平衡里的一环。这个循环就是人和土的循环。人从土里出生，食物取之于土，泻物还之于土，一生结束，又回到土地。一代又一代，周而复始，靠着这个自然循环，人类在这块土地上生活了五千年。人成为这个循环的一部分。他们的农业不是和土地对立的农业，而是协和的农业。"②

---

① 《白虎通·五行》。
② 转引自费孝通：《社会调查自白》，《费孝通选集》，天津人民出版社，1988，第 161 页。

"有土斯有财。"没有土地，农民将无以为生。正因为如此，农民对土地有着深深的爱恋之情，笔者称之为"恋土"。正是这种解不开的"恋土"情结，还有历久不衰的重农抑商政策，驯成、强化了中国农民安土重迁的特性。"生于斯，长于斯，终老于斯"成了"五谷文化"的主要特征，"民之为农者，莫不重迁，其坟墓庐舍桑麻果蔬牛羊末秬，皆为子孙百年之计"①；"兄弟析炊，亦不远徙，祖宗庐墓，永以为依"②，则是这种特征的绝妙注脚。对中国农民来说，只要有一线生机，他们决不愿抛离故土，远走他乡。有一位名叫刻塞令（Count Keyserling）的哲学家，曾在中国内地乡村进行考察，写了一本《一位哲学家的旅行日记》（*Travel Diary of a Philosopher*），对这种特征作了生动的描述，读来颇耐人寻味：

> 这种地方的人民，无论或生或死，都是轻易不肯离开祖遗的田地一步的。照他们底行动看来，正彷佛是人属于土，并非是土属于人了；而且他们底那种死守家园的固执情形，也好像是因为他们底土地，始终不肯放他们离开的缘故。他们无论人口怎样增多着，总是居留原处；至于他们唯一的自存方法，就是利用他们继续加勤的工作，来苛索自然所赐的吝啬的礼物；等到死后，他们就同入他们底母胎——土地，而更含永久性地继续住在那里。……他们以为土地在显露着他们祖先底精神，更以为他们勤工底报答和怠惰底谴责，都在他们祖先底掌握之下。所以这些祖遗的土地，同时也就是

---

① 《古今图书集成》第4222册。
② 《同治苏州府志》第3卷。

他们底历史，更就是他们底备忘录。①

农民是属于土地的，土生土长，长出了中国历史，也长出了中国文化。

> 万物土中生，离土活不成。
> 田地是活宝，人人少不了。
> 田地是黄金，有了才松心。②

这发自农民内心的质朴语言，正可说明土地在农民心目中的神圣地位。在民间神灵的崇拜中，土地神成了农民心目中最亲切的神。旧时，在汉族聚居的地方，几乎找不到没有土地庙的村落。庙里的偶像，衣冠简朴，成双成对，以至家室齐全，老幼满堂。这种塑形，正"象征着农民执著地将家庭扎根于乡土的心态"③。

对统治者而言，农民能"安居"、"乐业"，当然有利于其统治。于是"无旷土"、"无闲民"成了盛世的象征。像刘宠为会稽太守，"狗不夜吠，民不见吏"；庞眉皓发之老，"未尝识郡朝"④ 云云，历来被大加颂扬。

但是，农民和土地的亲缘关系经常被割断，于是流民现象不可避免地发生了。

---

① 转引自〔美〕马罗立：《饥荒的中国》，吴鹏飞译，民智书局，1929，"芬力君序"。
② 解树民：《中国的农民运动》，中华书局，1949，第63页。
③ 程歗：《晚清乡土意识》，中国人民大学出版社，1990，第45页。
④ 《后汉书·循吏传》。

二　哀哉流民

谈到古代流民，我们不由自主地想到张养浩的《哀流民操》：

> 哀哉流民，为鬼非鬼，为人非人。
>
> 哀哉流民，男子无缊袍，妇女无完裙。
>
> 哀哉流民，剥树食其皮，掘草食其根。
>
> 哀哉流民，昼行绝烟火，夜宿依星辰。
>
> 哀哉流民，父不子厥子，子不亲厥亲。
>
> 哀哉流民，言辞不忍听，号泣不忍闻。
>
> 哀哉流民，朝不敢保夕，暮不敢保晨。
>
> 哀哉流民，死者已满路，生者与鬼邻。
>
> 哀哉流民，一女易斗粟，一儿钱数文。
>
> 哀哉流民，甚至不得将，割爱委路尘。
>
> 哀哉流民，何时天雨粟，使汝俱生存。①

流民可哀，流民可悲，流民可泣。流民的存在，使中国诗人、词人赋出几多"哀流民"、"流民叹"之类的咏叹调。

流民问题是古代中国的老大难问题。在这片古老的土地上，曾经有过多少流民，谁也无法统计精确，但数万、数十万乃至数百万等笼而统之的记载，却不绝于史籍。如唐末，"天下百姓，自属艰难，弃于乡井，户部版籍，虚系姓名"②；元代，流民常

---

① 张养浩：《归田类稿》第 12 卷。

② 《唐会要》第 85 卷。

达全体居民的 1/3 以上①；明代，据李洵先生研究，在当时全国的 6000 万在籍人口中，至少约有 600 万人成为流民。② 流民问题的严重性可以想见。

农民和土地，或者说劳动者和劳动对象的分离，完全出乎无奈，正如元人胡祗遹所说："汉人凿井而饮，耕田而食，蚕绩而衣，凡所以养生者，不地著则不得也。故安先世之田宅，服先畴之畎亩，守前人之世业，十世百世，非兵革易代，掳掠驱逐，则族坟墓恋乡井不忍移徙，此汉人之恒性，汉人之生理，古今不易者也。今也背乡井，弃世业，抛掷百器，远离亲戚姻娅，转徙东西南北而无定居，寄食于异乡异域，一去而不复返，此岂人之性也哉？有不得已焉耳矣！"③

无奈之民，奔走异乡，当然有不得已之由。④ 以下几个方面是值得注意的强制力：

---

① 陈高华：《元代的流民问题》，《元史论丛》第 4 辑，中华书局，1992，第 146 页。

② 李洵：《试论明代的流民问题》，《社会科学辑刊》1980 年第 3 期，第 68 页。

③ 胡祗遹：《紫山大全集》第 22 卷，《论逃户》。

④ 汉代谏大夫鲍宣就总结出"七亡"之说："凡民有七亡：阴阳不和，水旱为灾，一亡也；县官重责，更赋租税，二亡也；贪吏并公，受取不已，三亡也；豪强大姓蚕食亡厌，四亡也；苛吏徭役，失农桑时，五亡也；部落鼓鸣，男女遮迣，六亡也；盗贼劫略，取民财物，七亡也。"（《汉书·鲍宣传》）元代赵元麟归纳出"逃民之故有五"——天、官、军、钱、愚。"何谓天？有田之家，田为恒产，屡经饥馑，粮竭就食，如此而逃者，天所致也"；"何谓官？守令苛刻，役敛繁兴，富以赂免，贫难独任，如此而逃者，官所致也"；"何谓军？军资不赡，鬻卖田产，田产既尽矣，无以供给，如此而逃者，军所致也"；"何谓钱？生理不同，举债干没，子本增积而不能速偿，债主称辞而诉官急征，如此而逃者，钱所致也"；"何谓愚？……陨坠遗业，悔恨不及，贫困失所，如此而逃者，愚所致也"。（《太平金镜策·宽逃民》）有此"七亡"、"五故"，流民的不绝如缕，也就司空见惯了。

其一，土地兼并。这是封建土地所有制无法割除的一个痼疾。只要土地私有制的存在，土地兼并的狂潮就无法遏制。如西汉成帝时，地主官僚大占良田，丞相张禹就"多买田至四百顷，皆泾渭灌溉，极膏腴上贾，它财物称是"①；商人秦杨"以田农而甲一州"②。就连佛寺、道观也广占田地，"侵损百姓"③，如唐代就有"十分天下之财而佛有其七八"之说④，无怪乎杜佑感叹说："开元之季，天宝以来，法令弛坏，兼并之弊，有逾于汉成、哀之间"。⑤ 地主、官僚、贵族、商人、高利贷者五位一体，肆行兼并，以致"富者田连阡陌，贫者无立锥之地"。大量农民破产失业，不是沦为佃户，就是流离远徙，"富户侵占民田，以致贫者流离转徙"⑥，这一记载揭示了土地兼并与农民背井离乡之间的关系。

其二，沉重的赋役负担。中国农民的负担一般很重，如西汉赋税就田租一项而言还是比较轻的，但人口税相当重，小农地少人众，往往力不能胜，加之政府"急征暴赋，赋敛不时，朝令而暮改"⑦，名为三十税一，"实什税五"⑧。至于徭役，更使农民不堪重负。据晁错估计，五口之家，起码要有两人服徭役，"近者数千里，远者过万里"⑨，农桑失时。"民力竭于徭役"⑩，

---

① 《汉书·张禹传》。
② 《汉书·货殖传》。
③ 《唐大诏令集·唐隆元年诫励风俗敕》。
④ 《唐会要》第48卷，《寺》。
⑤ 杜佑：《通典·食货典》。
⑥ 《元史·成宗纪三》。
⑦ 《汉书·食货志》。
⑧ 《汉书·王莽传》。
⑨ 《盐铁论·徭役》。
⑩ 《淮南子·本经训》。

9

迫使自耕农破产流亡。唐后期，"法令不一，赋敛迭兴"①。元朝科差、税粮、杂泛差役和雇和买等项，压得农民透不过气来；农民"劳筋苦骨，终岁勤劳，丰年不免于冻馁，称贷无所得。里胥乡吏，早督暮逼，丝银之未足，两税之悬欠，课程之未纳，和雇和买造作之未办，百色横敛，急于星火。糠秕藜藿，百结而不能自恤"。在这种情况下，全家只好相聚"而谋曰：今日尚矣，明日将如何矣。吾血肉不堪以充赋税，吾老幼不足以供赁佣，与其闭口而死，曷若苟延岁月以逃！"② 这番话，道出了封建国家苛政暴敛与户口逃亡之间的关系。

在部分自耕农民破产流亡后，历代统治者为确保其经济利益，往往采取"摊逃"政策，也即将流亡农民的赋役负担转嫁到尚未破产逃亡者的身上。西汉"中家为之包出，后亡者为先亡者服事"③；唐末"凡十家之内，大半逃亡，亦须五家摊税，似投石井中，非到底不止"④；元代"见在户替代逃户差发"⑤，以及明代的"陪纳"，都是这种情况的具体反映。"输纳之重，民所不堪"，未逃亡的农民也被迫走上逃亡之路。于是流民愈多则自耕农负担愈重，自耕农负担愈重则流民愈众、流民问题愈严重，形成一个恶性循环。

其三，天灾人祸。中国的农家经济本来极其脆弱，经不起天灾人祸的打击，然而，古代中国偏偏常常灾荒频仍、战乱纷起。以灾害论，水、旱、虫、风、雪、霜、雷、地震等自然灾害，轮

---

① 《全唐文》第724卷，《对茂才异等策》。

② 转引自《元史论丛》第4辑，中华书局，1992，第140页。

③ 《盐铁论·未通》。

④ 《旧唐书·李渤传》。

⑤ 胡祗遹：《紫山大全集》第23卷，《民间疾苦状》。

番摧残脆弱的农家经济，每逢灾荒，农民"奔迸流移，不可胜数"①，涌起一股又一股的流民潮。据已故著名经济史学家傅筑夫先生统计，自汉高祖元年（公元前 206 年）起，至明崇祯十七年（1644 年）止，1850 年间，重灾年份竟有 1242 年之多②。天灾可以说是古代中国农民四处流亡的强劲推力。至于人祸，特别是兵燹，代代有之，年复一年，战垒连珠。为逃避战乱，农民不得不流离四散，像西晋末年因永嘉、五胡之乱，大批流民"奔控无所"③，蜂拥至辽东、西北、江南地区；东晋苏峻之乱，"纲纪弛顿，自江陵至于建康三千余里，流人万计，布在江州"④；唐末"连岁戎旅，天下凋瘵，京师近甸，烦苦尤重，比屋流散"⑤ 等类似记载，摭拾可得。战火烧焦了土地，打乱了农业生产的时序，农民非死即徙。中国历史上较大规模的战乱就有数百次，每次战乱都把无数无奈之民强行推向无所依归的无极之路。

流民连年流离，就他们空间运动的方向而言，主要采取以中原为中心的波浪式离心运动，中原文化因而得以扩散。同时，由于北方少数民族不断进犯中原，如两晋、南北朝、宋元时期，逼迫汉民族逾江南下，表现出"北进南退"的特点。这些无奈之民，有的在饱尝流离之苦后返归原乡，而有的则走上了不同的生活道路。一是成为"流庸"，即"去其本乡而行为人

---

① 《晋书·食货志》。
② 傅筑夫：《中国经济史论丛》（上），三联书店，1980，第 237 页。
③ 《晋书·邵续传》。
④ 《晋书·刘胤传》。
⑤ 《唐大诏令集·减京畿官员制》。

庸作"①，他们又被称为"客户"。这种"远徙他所，废主户为客户，分耕人田"②的情况极为普遍。二是流向边远地区种山垦殖，如明代荆襄地区，界连数省，川陵蔓延，"山林深险，土地肥饶，刀耕火种，易于收获"③，曾吸引川、陕、晋、豫等省大批流民进入该地区。三是沦为无业游民。"这些突然被抛出惯常生活轨道的人，也不可能一下子就适应新状态的纪律。他们大批地变成了乞丐、盗贼、流浪者，其中一部分人是由于习性，但大多数是为环境所迫"④。这些漂泊者，是社会生活中最不安定者，他们"动辄千百为群，暗藏器仗，骑坐驴马，经过州县……散布乡村，非理骚扰。所至之处，任从作践，鸡犬为之一空。甚至检括财帛，毁坏屋宇，斗殴杀伤，絮烦官府"⑤。四是"啸聚山林"，转化为与官府对抗的力量。中国历史上农民起义、暴动不绝如缕，差不多都与流民经常的、大量的存在有着密切的关系。总之，流民的流向是多元复杂的，上述几个方面，是其主流。

三　均田限田及其他

流民问题是困扰古代中国的一大社会问题。流民问题的严重程度历来成为世之盛衰的一个标尺。对封建统治者来说，要使王朝长治久安，必须把农民束缚在土地上，使之"安居乐业"，维持农民和土地之间的亲缘关系。一旦这一亲缘关系中断，农民丧失了土地，不仅使朝廷赋役无着，而且大量的流民势必走上啸聚

① 《汉书·昭帝纪》。
② 胡祗遹：《紫山大全集》第22卷，《论逃户》。
③ 《明经世文编》第39卷，《处置地方奏状》。
④ 〔德〕马克思：《资本论》第1卷，人民出版社，1975。
⑤ 张光大：《救荒活民类要》。

山林、铤而走险的道路，成为王朝更迭的重要力量。为了维持封建统治，历代统治者均采取相应的经济政策，进行调节、控制，其中，行之数世的均田制即由此而兴。

还在西汉哀帝时，有人就提出"限田"主张，虽然切中时弊，但因遭到贵族官僚的反对而未见实行。北魏建立后，针对"民困饥流散，豪右多有占夺"的时弊，李安世上疏魏高祖，建议："量地画野，经国大式；邑地相参，致治之本。井税之兴，其来已久；田莱之数，制之以限。盖欲使土不旷功，民罔游力。雄擅之家，不独膏腴之美；单陋之夫，亦有顷亩之分。所以恤彼贫微，抑兹贪欲，同富约之不均，一齐民于编户。窃见州郡之民，或因年俭流移，弃卖田宅；漂居异乡，事涉数世。三长既立，始返旧墟，庐井荒毁，桑榆改植。事已历远，易生假冒。强宗豪族，肆其侵凌……良畴委而不开，柔桑枯而不采，侥幸之徒兴，繁多之狱作，欲令家丰岁储，人给资用，其可得乎？愚谓今虽桑井难复，宜更均量，审其径术，令分艺有准，力业相称，细民获资生之利，豪右靡余地之盈。则无私之泽，乃播均于兆庶，如阜如山，可有积于比户矣。又所争之田，宜限年断，事久难明，悉属今主。然后虚妄之民，绝望于觊觎，守分之土，永免于凌夺矣。""高祖深纳之。后均田之制起于此矣。"[1] 北魏均田制的内容主要有：15 岁以上的男子受露田 40 亩，桑田 20 亩，妇人受露田 20 亩，年满 70 露田还官，桑田永为世业；土不宜桑的地方，男子给麻田 10 亩，妇女减半，皆从还受之法；露田不得买卖；土地不足之处，居民可以向空荒处迁移，随力所及借用封

_____

[1] 《魏书·李安世传》。

建国家的土地，但不许从赋役重处迁往赋役轻处。① 均田制行之数世，卓有成效，唐代盛极一时，得益于此者殊多。

除均田限田外，若重农抑商，若迁徙富豪，若法定平分遗产等，无不着眼于农民与土地的结合，以期长治久安。一当流民问题严重化，特别是王朝更迭之际和灾乱之时，无不把"安置流民"，招诱流民"复业"——让流民重新回到土地上，作为施政的要项，如北宋太平兴国七年（982 年）诏曰："东畿近年以来，蝗旱相继，流民甚多，旷土颇多。……宜令本府设法招诱，并令复业，只计每岁所垦田亩桑枣输税，至五年复旧。旧所逋欠悉从除免，限诏到百日，许令归业。违者，桑土许他人承佃为永业，岁输租调亦如复业之制。仍于要害处粉壁揭诏书而示之"②。又如明洪武四年（1371 年），"上以兵革之后，中原民多流亡，临濠地多闲弃，有力者遂得兼并焉。乃谕中书省臣曰：'古者井田之法，计口而授，故民无不授田之家。今临濠之田，连疆接壤，耕者亦宜验其丁力，计亩给之，使贫者有所资，富者不得兼并。若兼并之徒多占田以为业，而转令贫民佃种者，罪之'"③。

由于流民问题是困扰古代中国的一大社会问题，统治者甚至把招集流民的多寡作为考察官吏政绩和升迁的重要依据，这是中国古代政治史上的一大特色。如西汉宣帝以胶东相王成"劳来不怠，流民自占八万余口"，"治有异等"而给予特殊恩赏，赐爵关东侯，俸禄加两级。④ 元忽必烈即位之初，就"逃户复业"问题，令"中书省出榜立限，明设赏罚，勒各处管民官

---

① 《魏书·食货志》。

② 《宋会要辑稿·食货志》。

③ 《明太祖实录》第 49 卷。

④ 《汉书·宣帝纪》、《汉书·循吏传》。

司招抚"①。清康熙五年（1666年）"题准：地方官招集流民一万名者，纪录一次"；康熙七年（1668年）"复准：现任文武大小各官，有能捐资迁四川流民归籍，每一百家以上者纪录一次，四百家以上者加一级，五百家以上者加二级，六百家以上者加三级，七百家以上者不论俸满即升。"② 足见统治者对流民问题的关注以及为维护其统治而殚精竭虑的良苦用心。

此外，救荒措施、强制遣返、宽赋减租等，也是历史上常见的解决流民问题的办法。特别值得一提的是，汉武帝执政时，还制定了《流民法》，虽然具体内容不得而知，但"以禁重赋"③，让流民"复业"是其宗旨。

尽管统治者为解决流民问题煞费苦心，尽管统治者的诸多举措能够收效于一时，但是造成流民问题的根源在于封建的剥削制度，历代统治者，无论贤与不肖，都不可能从根本上解决这个封建社会与生俱来的痼疾。这个严重的社会问题自然延续到了近代。

第二节 近代中国的一大社会问题

一 离村率：一个量化分析

进入近代，流民问题"已普遍于全国的任何穷乡僻壤，并且日益严重化了"④。这种严重化的态势，在史籍中是有迹可寻的。在清末，就有人惊呼，"士工商之外，无末业可治，散而游

---

① 《元典章·户部》。
② 《大清会典》第30卷。
③ 《汉书·万石君传》。
④ 饶涤生：《日趋严重的农民离村问题》，《申报月刊》第4卷第12号，第72页。

幕,去而僧道,隶为胥役,投为奴仆,流为地棍盐徒,每省不下二十余万人,此皆游民耗敌于农者也。"① 流民问题的严重性,还引起外国旅行家的注意,据 1904 年 4 月 8 日《北华捷报》的报道:"旅行中最令人注意的事,为步行到北方去寻找工作的大批苦力。其中很多是往满洲去的。我们当中最老的一位旅行家,在这条大路上来往已有二十五年之久,在他的记忆中从未见过这样多的人步行流徙。本报记者曾耐心的数过两次,其结果如下:三十五分钟之内走过了二百七十人;又二十分钟内走过了二百一十人。这两个数目是在不同的两天分别数的,可以作为每天旅行人数的一个合理的平均数。"② 又据 1935 年对 1001 个县的调查,农民流离逃亡者至少有 2000 万以上,以致"户鲜盖藏,途有饿莩,年富力强者,多铤而走险,致盗贼起于郊野,哀鸿遍于村原,耕者离其阡陌,织者离其机杼,扶老携幼,逃亡四方"③,引起社会的不安定。

流民问题的严重性,首先表现在农民离村人数的急剧增加④。表 1–1 是据 1933 年调查的离村农家数及其占报告各县总农户之百分比。

---

① 《皇朝经世文续编》第 34 卷。
② 《北华捷报》1904 年 4 月 8 日。
③ 上海《大晚报》1935 年 6 月 28 日。
④ 要说明的是,"离村"、"离村率"为近代惯用语汇。"离村",从字面上理解,就是农民离开自己所居住的村落,暂时地或永久地,均在此列,这是"离村"的广泛含义。"离村率"就是离村人口所占所在村庄总人口的比率。"离村"情况相当复杂,如参军、求学、投亲访友、出嫁、做官等,这与流民背井离乡不能同日而语,但在流民"普遍于全国的任何穷乡僻壤"的近代,"离村"人口中,流民居于绝对多数,这正是为什么当时的社会学家、人口学家、经济学家、新闻记者、报刊编辑、政府官员明知"离村"人口成分不一,偏偏使用"离村率"作为检视流民问题严重程度的一根标尺的原因所在。

表 1-1　全国农村离村情况统计

地　区	全家离村之农家		有青年男女离村之农家	
	家　数 （户）	占报告各县 总农户之百分比（%）	家　数 （户）	占报告各县 总农户之百分比（%）
总　　计	1920746	4.8	3525349	8.9
察哈尔	18924	8.2	17038	7.4
绥　远	18198	9.8	20802	11.2
宁　夏	999	2.7	829	2.3
青　海	2983	6.4	4027	8.6
甘　肃	41875	10.5	41181	10.3
陕　西	61825	7.2	65761	7.6
山　西	20852	1.4	50927	3.5
河　北	117559	3.0	331264	8.5
山　东	196317	3.8	410385	7.9
江　苏	189118	4.3	489327	11.2
安　徽	144649	7.0	219424	10.6
河　南	172801	3.9	267059	6.1
湖　北	220977	10.2	264254	12.2
四　川	154837	6.0	295890	11.4
云　南	17251	3.2	40770	7.6
贵　州	52141	12.2	71126	16.6
湖　南	147511	8.0	252521	10.8
江　西	95853	6.7	141848	10.0
浙　江	73444	2.7	150886	5.5
福　建	77267	7.5	80215	7.8
广　东	83830	3.4	261252	10.5
广　西	11535	1.4	48563	5.8

资料来源：《农情报告》第 4 卷第 7 期，第 173 页。

这份统计资料当然很不全面，其精确度如何，有多少代表性，也是令人置疑的，但在缺乏有关统计资料的情况下，这份统计表还是能够说明流民问题相当严重这一点。我们不妨再作些具体考察。

先看苏、皖淮北地区。

据《凤台县志》记载："民性不恋土，无业者辄流散四出，谓之趁荒，或弥年累月不归，十室而三四。"① 这是晚清时期的情况，如果在平时，离村率达30%～40%，简直令人难以置信。这只是笼统的说法，用离村率表达，显然偏高了。

民国时期，国外学者 Malone 和 Tayler 于1921年作过一次调查，结果如表1-2。

表1-2 苏皖淮北地区离村人口情况统计

地　　区	全村人口(人)	离村人口(人)	离村人口率(%)
江苏仪征	2084	30	1.44
江　　阴	3414	80	2.34
吴　　江	1372	67	4.88
安徽宿县	3478	105	3.02

资料来源：章有义：《中国近代农业史资料》第2辑，三联书店，1957，第636页。

仅就表列的各地方来看，平均离村人口率为2.92%，淮北宿县高出这个平均值。

再就村别来检查，如表1-3。

---

① 《光绪凤台县志》第4卷。明清时期凤台为凤阳府所辖，地跨淮河南北，因可纳入淮北地区的区域范围。

表1-3 苏皖淮北地区离村村别情况统计

地 区	村数(个)	离村人口(人)	平均离村人口(人)
江苏仪征	5	30	6.0
江 阴	17	80	4.7
吴 江	20	67	3.4
安徽宿县	12	105	8.8

资料来源:章有义:《中国近代农业史资料》第2辑,三联书店,1957,第637页。

由此可见,平均每村离村人口,淮北较江南为高。尽管这个平均离村人口率与前列1933年苏皖离村情况的调查不能相比,但亦可感觉到离村率增长的动态。

再看山东省。据1921年的调查,沾化县的离村率为8.7%。但10年以后,据南开大学王药雨教授的调查,山东离村率最低的为西部的夏津和恩县,约10%左右,最高为南部费县、莒县,达60%左右。农民背井离乡,"在急激地增加"①。

最后看河北省。

表1-4 1924～1934年定县外出谋生人数

1931的指数为100

年 份	人数(人)	指 数	年 份	人数(人)	指 数
1924	1536	112	1930	443	32
1925	732	54	1931	1368	100
1926	781	57	1932	3367	246
1927	767	56	1933	7849	574
1928	532	39	1934(1～3个月)	15084	1103
1929	774	57			

资料来源:李景汉:《定县经济调查一部分报告书》,第99页,见章有义:《中国近代农业史资料》第3辑,三联书店,1957,第882页。

---

① 许涤新:《农村破产中底农民生计问题》,《东方杂志》第32卷第1号,第52页。

从表 1 - 4 可以看出，历年外出谋生人数有增有减，但总的趋势是惊人的剧增。众所周知，定县是"平教会""复兴农村"的模范实验县，流民问题尚且如此严重，其他各县就可想而知了。

当然，由于各地情况不同，流民问题的严重程度也存在很大的差异，离村率不可能作出全面反映（特别是晚清时期还缺乏有关方面的统计资料）。尽管如此，近代中国流民问题的严重性，从离村率仍可以窥见一斑。

这里还要说明的是，每逢灾乱之年，众多农民流离失所。这时，离村率的涨幅与灾乱的严重程度是成正比的。如捻军起义期间，淮北农民"非死即徙，十去七八"[1]；1920 年闹灾荒，濉溪张庄逃荒外出的占全村总户数的 77%。[2] 近代中国多灾多难，离村率因此经常达到令人吃惊的程度，这一点是值得注意的。

在近代中国，离村率是判断流民问题严重程度的一个标尺。就总体而言，确系如此。但离村情况复杂，如有求学、做官、投亲访友等等，不过这在离村率中所占比重微不足道，不足以妨碍我们使用离村率这一标尺。

二 城市人口的急剧膨胀

如果说离村率是判断流民问题严重程度的一个标尺，那么，城市人口的膨胀可说是窥视流民问题的一个窗口。这是因为，农民离村的数量，虽然缺乏精确完全的统计，但在另一方面，我们也可从农民离村的去路，探求有力的反证。离村的农民大都逃往

---

① 唐训方：《唐中丞遗集·条教·兴办屯垦告示》。
② 《安徽党史资料通讯》1982 年第 8 期，第 31 页。

城市，城市的人口因此便急剧增加，形成人口过剩的现象。[①]

城市人口过剩现象在近代中国至为普遍，无论传统型城市，抑或近代城市，都颇感人满为患。这里，我们把上海城市人口变动情况与流民联系起来加以考察，或许能够说明一些问题，如表1－5。

表1－5 上海历年人口统计

单位：人

年　份	华界人数	公共租界人数	法租界人数	总　人　数
1852	544413	—		544413
1855	—	20243		
1865	543110	92884	55925	691919
1876	—	97335		—
1885	—	129338	—	—
1895	—	245679	52188	—
1905	—	464213	90963	

---

① 当时有学者就指出："在近几十年来，一直进行着乡村与都市的人口移动，这种移动的结果，不断地使许多年轻人从乡村徙入都市里，包括长江流域和沿海各城市如上海、无锡、汉口、广州及天津等地。潮水似的继续不断的徙民都是来自乡间的。虽然移民运动的进行，其吸引力与离心力究是如何，还没有足够系统的研究，但大量人口朝向都市流入，确是普遍的事实。"（陈达：《现代中国人口》，天津人民出版社，1981，第87～88页）严景耀先生亦指出："城市成长的一个最重要的因素就是由于农民迁入城市。这也是文化交流的一个重要因素。从农村迁入城市有三种类型：第一种是季节性迁移。当农活不忙时，农民短时期离开农村，这在秋收后是经常的现象。第二种属于临时迁移。如果这一年收成不好，打内仗或其他原因，他们也可能在城里住一年或年余。第三种是永久迁户。农民把他们在农村的一切卖掉带着全家人口和财产进入城市，希望在城市找到工作定居下来。许多迁入城内的农民成为工厂工人的预备队，他们将在城市中遇到许多在农村里想像不到的困难和问题。"（严景耀：《中国的犯罪问题与社会变迁的关系》，北京大学出版社，1986，第69页）

年 份	"华界"人数	公共租界人数	法租界人数	总 人 数
1915	1173653	683920	149000	2006573
1925	—	840226	297072	—
1935	2044014	1159775	498193	3701982
1945	—	—	—	3370230
1949(3月)	—	—	—	5455007

资料来源：邹依仁：《旧上海人口变迁的研究》，上海人民出版社，1980，第90～91页。

由上表可知，1852 年上海人口不过 50 余万人，但到 1949 年增至近 550 万人，单靠人口的自然增长，近百年时间上海增加 500 万人口，是难以想像的。

近代上海，人口的自然增长率，在近代中国的大环境下，是不可能很高的。人口高出生、高死亡、低增长是近代中国人口变动的主流。退一步说，即便上海人口出生率反常，自然增加人数也不可能如此之快。事实上，上海人口出生率较整个近代中国的人口出生率还低。如 1935 年公共租界的人口出生率为 20‰左右，而同期整个中国人口出生率一般估计为 30‰左右。另一方面，上海人口的死亡率是相当高的。根据公共租界历年偏低的资料，有时人口死亡率高达 30‰以上，至少也达到 10‰以上。[①] 就是说，有些年份人口自然增长率变为负数。即便有些年份人口死亡率低于人口出生率，总起来看，人口自然增长率大致在 10‰左右。根据这样的人口自然增长率，近百年时间，上海人口最多增长到 100 余万至 150 万左右。由此我们可以断定，上海人口过

---

① 参见邹依仁：《旧上海人口变迁的研究》，上海人民出版社，1980，第12页。

度膨胀的原因，主要是人口大量流入造成的。这一推断，在《上海市年鉴》提供的统计资料中得到了证实。其如 1929 年流入 190105 人，流出为 66299 人，流入超过流出的人数为 123806 人；1930 年流入 254530 人，流出 148769 人，流入超过流出的人数为 105761 人；1931 年流入 306712 人，流出 208706 人，流入超过流出的人数为 98006 人；1932 年流入 473228 人，流出 199012 人，流入超过流出的人数为 274186 人；1933 年流入 458265 人，流出 302099 人，流入超过流出的人数为 155966 人（外国人不在其内）。

流入上海的人口，来自全国各地。其中，根据《统计表中之上海》统计，1885～1935 年间，上海公共租界人口的籍贯构成中，江苏第一，浙江其次，广东再次，安徽第四；1929～1936 年间，华界人口籍贯构成中，江苏居首，浙江次之，安徽第三。在流入上海的人口中，流民占有相当的比重。据容闳《西学东渐记》的记载，19 世纪 50 年代末，"其时黄河决口，江苏北境竟成泽国，人民失业，无家可归者，无虑千万，咸来上海就食。"王韬的《瀛壖杂志》记载说："庚辛之间贼陷江浙，东南半壁无一片干净土。而沪上繁华远逾昔日。……于是八郡难民麇集于城外……人因号洋泾浜为流离世界。"[①] 邹依仁先生也说："至于安徽，尤其是淮北一带，由于淮河长期失修，经常闹水灾，距离旧上海亦不远，所以通过逃荒的方式来旧上海的安徽人口亦复不少。"[②] 可见，流民大量涌入上海，造成了上海人口的膨胀。

---

① 王韬：《瀛壖杂志》，《小方壶斋舆地丛钞》第 9 帙，第 66 页。
② 邹依仁：《旧上海人口变迁的研究》，上海人民出版社，1980，第 41 页。

不独上海如此，苏州、扬州、常州、无锡、南京等城市亦然。如南京，据1934年的统计，客籍人口比例达到总数的71.9%①，这是相当惊人的。该年南京总人口还不到75万，但到1936年短短几年内便猛增至百万人，造成人口严重膨胀，失业和无业人口占人口的25%以上。②在南京人口的籍贯构成中，流民所占比重亦相当可观。在南京大王府巷，有一个流民聚居的棚户区，计有棚户772家（金陵大学社会学系调查有556家），其中大半是"由北方来的贫民"③。

总之，无论传统型城市，抑或近代城市，无论大城市，抑或中小城市，都存在人口严重过剩现象。"这大量人口的增加，除了微不足道的外侨和地主商人之外，那十字街头鸠形鹄面的失业者，便是从内地农村破产中逃出的农民了。"④透过城市这一窗口，我们同样窥视到了近代中国流民问题的严重性。

① 《民国首都志》第6卷，第503页。苏州人口城市化也很典型，据统计，仅1927～1937年十年间，苏州实际净增人口近12万之多，净增人口主要为人口的机械增长，根据吴县政府1935年的调查，当时苏州共有"客民"即外来人口154280人，其中男90877人，女63383人，"客民"数约占人口总数的40%，这些"客民"都是有籍可考的，如果加上大批存在的、政府无法统计的、无籍可考的"客民"，以及一些居无定所的"流民"，则苏州外来人口的数量当更为庞大。（吴县县政府：《一年来吴县县政概要》，参见方旭红：《集聚·分化·整合——1927～1937年苏州城市化研究》，苏州大学2005届博士论文，第19页）
② 南京师范学院地理系江苏地理研究室编《江苏城市历史地理》，江苏科技出版社，1982，第25页。
③ 柯象峰：《中国贫穷问题》，正中书局，1935，第113页。
④ 《申报月刊》第4卷第12号，第73页。

第二章 产生流民的合力

第一节　近代中国社会的转型

一　自然经济解体的冲击波

近代中国之所以出现严重的流民问题，我以为是由于多种因素的合力所致。我们先看看流民现象的发生与社会转型的关系。

众所皆知，鸦片战争前，中国是农业和家庭手工业相结合的自然经济形态，这是封建社会的一个基本特征。这种自然经济的基本经济结构表现为耕与织的结合，"男耕女织"就是这样一幅自然经济图景。[①]一位英国殖民主义者米特切尔在给乔治彭特拉姆的报告书中述说：收获完结的时候，各农家的一切工作人，小的老的都去梳理棉花、纺纱、织布；这种家庭制造的、笨重而结实

---

① 谚云："一夫不耕，必受之饥；一妇不织，必受之寒。"因此"男耕妇织，定为人民生业之大经"，是以"手纺之机，各家咸备，章身之物，不待外求，立国四千有余年，国计固裕如也。"（穆藕初：《纱厂组织法》，载赵靖主编《穆藕初文集》，北京大学出版社，1995，第83页）

的、能够经受两三年内穿用的粗糙土布,中国人就用来缝制自己的衣服,而把剩余的土布拿到近城去出卖,城市商贩就购买这种剩余土布去供给城市居民及内河船夫的需要。此地的居民,十个有九个是穿着这种土布制成的衣服的。布料的质量,从最粗的印度布到最细的大布都有。这种土布,都是在农民小屋内织成的,生产者所费的简直只是原料。世界各国中,也许只是在中国可以看到每个富裕的农家都有一架织机,这是值得注意的。[①]

中国自然经济的结构特征,是其生产方式具有的内部的坚固性和结构。因此,对商品经济的生成和发展产生顽强的抗拒力。耕与织结合的生产经营方式作为农民生存的必要条件,限制了社会分工和生产的扩大,排斥商品经济的发展,阻滞资本主义关系的成长。这是中国资本主义萌芽在自然经济条件下难以破土而出的症结所在。

1840年,英国的大炮轰开了中国闭关锁国的大门,迫使中国向世界开放。这是中国沦为半殖民地半封建社会的起点,也是中国走向世界的开端。

资本主义的入侵,使中国经济社会发生一系列重大变化。其中最引人瞩目者,当属自然经济的解体。

耕织结合是自然经济的基本特征,而自然经济是与商品经济根本对立的。西方列强要达到在中国倾销商品、掠夺原料的侵略目的,势必要剪断耕织结合的纽带。正如我们所看到的那样,中国自然经济的解体过程,实际上就是洋纱洋布代替土布的过程。

---

① 李文治:《中国近代农业史资料》第1辑,三联书店,1957,第500页。

　　19 世纪 40 ~ 50 年代，洋布在中国市场上销售，"民间并不喜用"①。但到 60 ~ 70 年代，情形迥非从前。据英国驻华领事商务报告书说："中国农民开始发现这种外国货物（棉布）比他自己的（土布）便宜得多，在某种程度内，洋布低廉的售价抵补了洋布不耐用的缺点。贸易的普遍恢复和扩张，（洋布）价格的低廉，和（中国）国内情况的改善，使得中国农民能够购买这些货物（洋布），其结果，就是贸易的增加。"② 尽管人们发现洋布不如土布耐穿，但是因为洋布价廉物美③，所以还是有很多人买洋布。1875 ~ 1876 年江苏上海英国领事商务报告承认："上海土布和进口商品（洋布）相竞争，（在品质上）决不就处于不利的地位。但是手织土布的售价较高，因而贫苦的中国人便不得不买便宜的但并不耐用的洋布了。"④ 及至后来，"无论通都大邑，僻壤遐陬，衣大布者不过十之二三，衣洋布者，已有十之八九"⑤ 了。

　　外国洋布洋纱之所以能够占领中国市场，价格低廉固属重要因素，但更为重要的还是条约的保护。如《天津条约》规定，洋货在口岸缴纳百分之二点五的子口税即可畅通无碍，"至于民间土货，则逢关纳税，遇卡完厘。"⑥ 这就使土布在竞争中逐渐

①　彭泽益：《中国近代手工业史资料》第 2 卷，三联书店，1957，第 217 页。

②　《一八七一年英国驻华领事商务报告书·汉口》，见李文治：《中国近代农业史资料》第 1 辑，三联书店，1957，第 494 页。

③　如穆藕初所云："乃海通以来，各国精良之纱布，输入吾国者，岁有加增。以我手制之土纱布，与彼机制之洋纱布，比类以观，相形见绌，销路遂被夺无余。"（穆藕初：《纱厂组织法》，载赵靖主编《穆藕初文集》，北京大学出版社，1995，第 83 页）

④　彭泽益：《中国近代手工业史资料》第 2 卷，三联书店，1957，第 222 页。

⑤　朱祖荣：《劝种洋棉说》，《农学报》第 18 期，见李文治：《中国近代农业史资料》第 1 辑，三联书店，1957，第 495 页。

⑥　李文治：《中国近代农业史资料》第 1 辑，三联书店，1957，第 545 页。

丧失优势，并导致耕、织结合的生产经营方式的分离，农产品的商品化，农民日益与市场联系起来。自然经济开始解体了。

自然经济的解体，使中国经济社会发生了重大变化。① 其中，对农村社会的冲击尤为严重，"自道光年间，大开海禁，西人之工于牟利者，接踵而来，操贸易之权，逐锥刀之利，民间生计，皆为其所夺。未通商之前，大布衣被苍生，业此为生者何可数计。自洋布洋纱入口，土布销场遂滞，纺绩稀少，机轴之声几欲断矣"②。结果，"中国之织妇机女束手坐困者，奚啻千百万人"③。这些众多失业者和剩余劳动力，为了生计，不得不另谋生路，于是流民现象发生了④。正如翟克所论述的：

----

① 有学者说："一船洋货运进中国所造成的中国社会制度和经济制度的破坏远较日本一艘军舰侵入中国所造成的灾难更为严重。"（严景耀：《中国的犯罪问题与社会变迁的关系》，北京大学出版社，1986，第69页）这足见洋货对中国社会冲击之大。

② 郑观应：《盛世危言》第2卷之《附录杨然青茂才论泰西善堂》。

③ 薛福成：《庸庵海外文编》第2卷之《强邻环伺谨陈愚计疏》。

④ "小偷胡"就是一个活生生的个案，他在收审时，叙说了他如何在洋布的冲击下背井离乡流落上海滩："我是余姚县的农民，有一小块田产，我和老婆在田里做活。白天种田，晚上我织布，她纺纱。我们拼命干活，也很高兴。我们的村庄地势偏僻，城里的事，村外的事我都不懂。等粮食上来后，我到城里去卖，等布织好了，也拿到城里去卖。六年前，铁路修近了我们的村庄，我们就从许多别的城市、别的地方听来许多新闻。我慢慢地知道城里人都喜欢穿洋布，算是一件时髦事。我们在农村织的布不好卖了，洋布又便宜又好看。铁路没有建成以前，我们这里也有洋布，但是因为运输不便，洋布的价钱要贵些。现在我要卖我们织的土布就要压低价格，压低价格就影响了生活。经过几年的困难，我们负债了，我想以后我和老婆不能再靠织布谋生活了。我们的那块地又很小，靠种田也不行。除了织布我又没有别的本领，经过长时期的挣扎，我非另找出路不可。……我看只有去上海是发财的好办法，我决定这样干，就把老婆送回她娘家，我卖了田还了债，还给了点钱给老婆作家用钱。我带了50元到了上海。"（严景耀：《中国的犯罪问题与（转下页注）

　　中国农民缺乏耕地，因此一家之生活实不容易维持，幸而中国的农民的生活程度低下，而农民兼有副业，如织布、纺纱与养蚕都可以增加农民之收入，使他们得以维持其生活，但自帝国主义资本主义侵入中国农村后，就把中国农民的原有副业掠夺了，于是农民就入不敷出，则农民不能不求副业——当苦工——于都市，而把土地的耕作委之妻子父母，弄到结果，副业的苦力变成正业，正业之农耕变成副业，于是从前农业原有的和平安定之空气，为之一变，农村就无形中被破坏了。那末，他们就不绝逃往都市，农民离村之现象就发生了。①

　　可见，自然经济的解体是流民现象发生的基本促动因素，而流民群体向城市的集中，为资本主义近代工业的产生和发展，准备了雇佣劳动力条件。从这个意义上说，自然经济的解体，流民现象的发生，是历史的进步。

二　中国近代工业化的吸附力

　　如果说自然经济的解体对流民产生一种推力，那么中国近代

（接上页注④）社会变迁的关系》，北京大学出版社，1986，第64～65页）结果可想而知，走投无路的他，成了一个小偷。胡正是千千万万中国老百姓在洋货冲击下破产失业流落他乡的缩影。这是一个方面，另一方面，正如严景耀先生所说："那些作贩运洋货生意的人，用较低价格和式样美观的货物卖到中国消费者的手里，转手之间，出乎自己意料之外地发了洋财，变为暴发户。这些城市里的暴发户就是离乡的农民。"（严景耀：《中国的犯罪问题与社会变迁的关系》，北京大学出版社，1986，第67～68页）流民中两极分化的现象也是不能忽视的。

① 翟克：《中国农村问题之研究》，国立中山大学出版部，1933，第119页。

工业化的发生发展，则对流民的向心流动产生一种拉力。

众所周知，中国近代工业化运动始于洋务运动，由李鸿章、左宗棠、奕䜣等洋务官僚发起，创办近代军事工业和民用工业。从 19 世纪 60 年代到 90 年代，采用"官办"、"官督商办"、"官商合办"等经营方式，共创办大小近 50 个军用民用企业，如江南制造局、金陵机器局、上海织布局、天津机器局、福州船政局等都是这一时期创办的。

19 世纪下半期，由于外国资本主义的刺激，有一部分商人、地主和官僚投资于新式工业。中国民族资本主义机器工业开始崛起，经营纺织、食品、榨油、卷烟、制糖等工业。

这些工业，多采用机器生产，雇佣人数多寡不一。如1900～1910 年，江苏（包括上海）使用 500 工人以上的厂矿有 48 家，工人总数达 66360 人。[1] 又如光绪年间，南洋华侨简照南归国，创设南洋烟草公司，先后在香港、上海共设五厂，容纳男女职工万余人。[2]

工业化运动无疑给农业劳动力的转移提供较多的从业机会。同时，就比较利益而言，工人收入较农民为优，特别是工业化运动初兴之时。[3] "江海通商，食力之民，趋之若鹜，每月工资至

---

① 汪敬虞：《中国近代工业史资料》第 2 辑，科学出版社，1957，第 1184 页。

② 《本会已故商会董照南传略》，见李文治：《中国近代农业史资料》第 1 辑，三联书店，1957，第 412 页。

③ 有学者指出："旧中国也没有一个使农民转移的利益条件。资本主义的农民分化，是因为工业和农业之间存在着一个经济位差，这个经济位差把农业人口不断引向城市工业中去。十七世纪英国古典经济学家威廉·配第在他的《政治算术》中谈到：'工业比农业、商业比工业盈利多。……英格兰一个农民平均一周工作只能收入 4 先令，海员去掉租金、粮食和其他方面的费用，实际上只能收入 12 先令，一个海员的收入相当于 3 个农民。'这个经 （转下页注）

少数元，以养妻孥，绰有余裕"①，这对因自然经济解体而遭致破产或生活困顿的农民不能不产生巨大的吸附力。如江苏宜兴，"附城乡村，颇有入城进工厂做工者，甚有往苏、沪、锡等埠在纱厂纺织者，此亦以生活所迫，使其不得不如此也，统计全县由农妇变成工人者，可达六千之数"②；在江苏镇江，"每年冬天总有大批由苏北和山东省来的穷人，前来（镇江）寻求工作，但是到了春天，他们就回去耕作。这种人每年有四千至五千人。"③近代意义上的"民工潮"即由此而来，换句话说，近代流民已不同于古代流民了。

一般说来，工业化的高涨时期，正是农业劳动力转移规模最

（接上页注③）济位差就是把人口引向城市工业的动力。"（陈家骥主编《中国农民的分化与流动》，农村读物出版社，1990，第71页）事实上近代中国"农民转移的利益条件"是客观存在的，特别在工业化程度较高的长江三角洲地区。本书的研究提供了一些例证。马俊亚先生的研究也表明："江南地区人口迁徙的比率要高于全国平均数，可能仅次于东北的移民潮，这是因为江南地区的现代经济发展非常迅速。按照刘易斯的变化模型，工业区域的劳动生产率要远远高于传统的农业区域，这样，工业区域可以提供比农业区域高得多的工资，吸引农业劳动力大量转向工厂。在20世纪20年代以前，江南已形成了以上海为中心，无锡、杭州、常州、南京、镇江等地居次，江阴、常熟、吴江、宜兴、嘉兴、湖州等地更次的劳动力市场体系，吸引本地劳动力在这个体系中流动，并把苏北、浙南乃至安徽、河南、江西、湖北等地的各类劳动力吸入这个庞大的市场中。"（马俊亚：《混合与发展——江南地区传统社会经济的现代演变（1900~1950）》，社会科学文献出版社，2003，第99~100页）这里，"经济位差"的存在，实际上形成了"农民转移的利益条件"，不过这种"利益条件"限于局部地区，不具有全国意义。

① 陈炽：《续富国策》第1卷之《讲求农学说》。
② 徐方干、汪茂遂：《宜兴之农民状况》，《东方杂志》第24卷第16号，第89页。
③ 《海关十年报告，1912~1921年》第1卷，第386页，见章有义：《中国近代农业史资料》第2辑，三联书店，1957，第639页。

大、速度最快的时期。工业发展和工业化的过程，实际上就是农业劳动力非农化的过程。工业发展越迅速，对农业劳动力转移产生的拉力也就越大，农业劳动力的非农化的过程也就越快。中国自然经济的解体、工业的发展，使"耕夫织妇弃其本业，而趋工场，必然之势也。"① 应该说是符合世界发展大势的进步潮流。

工业的发展和农民的非农化，反过来加速了自然经济的解体，如薛暮桥先生所言："中国是个小农经营的国家，小农经营同农村副业可以说是分不开的。农场愈小，对于副业的需要便愈急切；因此，副业的衰落，对于他们的打击也就格外来得严重。我们虽然没有可靠的统计数字，证明多少农民因为手工业的破产，而从乡村中间排挤出来，但据马扎亚尔估计，在'上海纺织工厂之中，现有十二万工人，利用机器，生产二千五百万至三千万农民在家庭纺织车旁所生产的纱布数量，所以十二万农民的变为工人，是表示有千百万农民失掉了家庭的工作'。"② 这些千百万失掉家庭作坊工作的农民，不得不离开家乡，向外去寻生路。这是近代中国农民分化流动的一个特点。

三 价值观念的转变

社会的转型和资本主义工商业的发展，必然带来人们价值观念的变化。"师夷之长技以制夷"、"工商立国"以及"重商主义"思潮的扩散，正是这种变化的折射。就农民的价值观念而言，安土重迁的价值取向已有所动摇。在我们阅读文献资料的过程中，常常可以见到这样的记载：

---

① 彭泽益：《中国近代手工业史资料》第2卷，三联书店，1957，第232页。
② 转引自薛暮桥：《旧中国的农村经济》，农业出版社，1980，第90～91页。

中国工人夥多，有用之不竭之势。所得区区工价，实非美国工人所能自给。上海如此，他处尤为便宜，盖该口工价已较内地丰厚。致远方男女来谋食者日繁有徒，虽离家不计也。①

（江苏无锡礼社）家庭手工业之破产及农业之机器化，使农村中产生大量之过剩劳动（力），兼以主要副业蚕桑之衰落及连年灾荒，使农民不得不打破其墨守乡土之故习，群集都市，为产业工人、商铺店员及劳动后备军……他往总数占全人口百分之二十一，换言之，即每五人中有一人以上飘泊异乡；苟与二十年前之"老死不相往来"比较，实使人惊奇万分！②

（浙江平湖）年来农村经济破产，农业之经营获利殊鲜，于是农民不得不打破其墨守乡土之故习，离开农村，前往城市，另谋较优之职业。据调查所得，今年农业户数较三年前（一九三三年前）调查时已减少百分之十二，因本县与各通商大埠，水陆交通，均称便利，每年前往上海、杭州或嘉兴等处谋充劳工或作商贩者，颇不乏人。③

农民所以"虽离家不计"，所以"打破其墨守乡土之故习"，固有不得已的一面。但从这些记载中，我们可以微微察觉农民的价值观念在发生变化。"洋流潮"的日增月盛，也许能使我们窥

---

① 《中国纺织缫丝情形》，《时务报》第 32 册，第 19 页，见李文治：《中国近代农业史资料》第 1 辑，三联书店，1957，第 921 页。
② 章有义：《中国近代农业史资料》第 3 辑，三联书店，1957，第 895～896 页。
③ 章有义：《中国近代农业史资料》第 3 辑，三联书店，1957，第 900 页。

视到这种变化的较清晰的图像。

据光绪五年《益闻录》的记载:"现今华人之侨居外洋各埠者,统计暹罗二三十万,星加坡十万,苏门八万,新旧金山二三十万,古巴六万,横滨六万,他若香港小吕宋等处,未堪屈指。"① 到了光绪后期,统计不下五百余万②。而到 1929 年,华侨人数竟至千余万。③ 如此众多的人出洋,当然有一部分是受人欺骗,有一部分是被卖为"猪仔",但无可否认的事实是他们中相当一部分是自发性的。前引光绪后期的史料又说:"此五百余万众,非必尽能经商也,亦为工为役者多耳。夫为工为役,而至弃故土,离室家,远涉重洋,冒风涛之险,暑热之蒸,甚或自鬻以求至其地,岂得已哉!谋生故也。"为了谋生而弃故土,甚至自鬻以求出洋,这在自然经济条件下是难以设想的。

恩格斯谈到华工出洋的原因时指出:"对华战争给了古老的中国以致命的打击,国家的闭关自守已不可能,铁道之敷设,蒸汽机和电气之使用,以及大工业之创办,即为着军事防御的目的已成为必要的了。于是旧有的小农经济制度,也随之而日益瓦解(在旧有的小农经济制度中,农家自己制造必要的工业品)。同时,可以安插比较稠密的人口的那一切陈旧的社会制度,亦随之而崩坏,千百万人将无事可做,将不得不移往国外,他们将打开到欧洲去的道路,他们将大批涌入欧洲。"④ 这里恩格斯虽然没有明确昭示出"洋流潮"与文化变迁间的关系,但小农经济的日趋瓦解、工业化的兴起和商品经济的发展,势必引起人们观念

---

① 《益闻录》第 15 号,光绪五年七月廿八日。
② 李文治:《中国近代农业史资料》第 1 辑,三联书店,1957,第 942 页。
③ 李长傅:《中国殖民史》,上海书店,1984,第 326 页。
④ 《马克思、恩格斯论中国》,人民出版社,1950,第 182 页。

上的变化，这是毫无疑问的。所谓"自各埠通商后，华民风俗大变，概有轻背梓桑，远抛骨肉，燕巢各国，习惯为常"①，应该是可信的。既如是，我们完全可以把"洋流潮"视为中国走向世界的一个标志，是他们打通了到欧洲去的道路。

总之，自然经济的解体、机器工业的勃兴、商品经济的大潮引起农民对安土重迁价值取向的转变，农民甚至可以根据工业、商业和农业之间的经济位差采取利益趋高的流向，流入工商部门甚至海外。这应该是一股进步潮流，是近代流民不同于古代流民的基本点。当然，安土重迁价值取向的变化，还只限于工业较发达的地区。就整个中国而言，"轻背梓桑"，远未"习惯为常"。直到 20 世纪中期，中国还是小农经济的汪洋大海。

四 流民现象和流民问题

近代流民现象的发生，本来应该是一种进步的社会现象，是社会发展中的一种常态。但是，由于半殖民地半封建社会的性质，使得常态的流民现象被扭曲，以致呈现在人们面前的却是一种社会病态。②

---

① 《益闻录》第 15 号，光绪五年七月廿八日。

② 这个转变过程，薛暮桥先生在《旧中国的农村经济》一书中有一段描述，谓："一百年前，中国农村中的生产比较现在还要落后，不过农村问题却是并没有象这样严重。碰到太平盛世，许多田园诗人还能摇着鹅毛扇唱唱'归去来今'，回到农村中去找他们的理想世界。虽然那时候的，农民一般也受着严重的封建剥削，不过他们靠着'男耕女织'，还能'含辛茹苦'地过他们的安定生活。然而，自从鸦片战争以后，时势也就变了！记得有人说过：'资本主义发展的历史，就是都市剥削农村'，这话说得有点道理。为什么呢？因为资本主义的发展，一般说来，总是工业先于农业，都市先于农村，农村因为生产落后，所以它就不得不受它的老大哥——都市的支配，不得不受它的老大哥的剥削。不过，都市中的资本主义工业如果能够顺利发展，那（转下页注）

按照"临界最小作用"理论,"农业方面的生产率必须充分提高以使总人口中的一小部分就足以为整个经济提供食品和原料,从而使农业工人得以解放;同时,工业部门也得到充分发展,为那些解放了的农业工人提供就业机会。"① 马克思也曾经指出:"超过劳动者个人需要的农业劳动生产率,是一切社会的基础,并且首先是资本主义生产的基础。"② 而近代中国的情况并非如此:农业劳动生产率下降,伴随自然经济的解体,农村经济陷入困境,生产要素萎缩,这是众所周知的事实。流民现象就在这种情况下发生了。农业生产力水平低下,是农民正常分

(接上页注②) 就不一定会发生农村问题。因为在这时候,农村中的手工业虽然破产,许多农夫农妇虽然不能够在农村中间找到出路,但是他们可以跑到都市中去,去受新兴资本家的雇佣。他们领得工钱以后,只要省吃俭用,还能积下一部分来,带回农村中去,使他们的家庭不至于会迅速破产。都市工业的发展更进一步,又会刺激农业,使它向资本主义发展。为什么呢?因为都市工业发展以后,需要许多原料,需要许多粮食。都市里面这时自然已经不能种棉种麦,这些东西完全要靠农村供给。另一方面,都市工业顺利发展时候,资本很快积累起来,只要农业能够获得丰富的利润,一部分的资本就会流到农村中去。而且新兴工业还能够供给改良农具,供给化学肥料。在这时候,农业自然也就向着资本主义顺利发展。这种发展又可以吸收一部分的破产农民。可是我们中国怎么样呢?中国农村的衰落,它的主要原因,是否也是都市工业的向着资本主义顺利发展?并不是的。谁都知道,打破中国农村中间'自给自足'藩篱的主要动力,不是因为国内的新兴工业,而是帝国主义和依附帝国主义的新兴买办资产阶级。帝国主义一面打破中国农村中的自然经济——自给自足生产,破坏农村中的各种副业,一面又用种种不平等条约束缚都市工业,束缚整个国民经济,使它不能够向着资本主义的康庄大道自由行进。这就是中国农村问题——也就是整个国民经济问题——的最主要的根源。"(薛暮桥:《旧中国的农村经济》,农业出版社,1980,第3~4页)

① 〔美〕雷尼斯·费:《革新、资本积累和经济发展》,《美国经济评论》第53卷,第283页,转引自郭婉容等:《台湾的经济之路》,中国经济出版社,1991,第17页。

② 〔德〕马克思:《资本论》第3卷,人民出版社,1975,第885页。

化转移的重要障碍因素。当然，正如《中国农民的分化与流动》一书中所分析的那样，对农业劳动生产率和农民分化流动的关系应有正确的理解，两者是相辅相成的关系。西方进行工业革命的初期，农业劳动生产率并非已经达到很高的水平，而是两个过程同时发生，即一方面是资本主义机器大生产造成的生产社会化的过程，另一方面是农村小商品生产者分化为资产阶级和无产阶级的过程。这两个过程又都同时造成大工业对劳动力的要求，而且由于工业和农业经济收入差别的存在，农业劳动力源源流入城市。这样，农村相对广阔的土地为农业资本主义经营创造了条件，农村人口外流，农村劳动力缺乏，又造成了对农业机械的需求。欧美农业劳动生产率的提高始终与农业机械化的不断提高相伴随。所以农业劳动生产率提高和农民分化转移是个渐进的过程，既没有农业劳动生产率一下子提得很高，造成农民一次完成转移的情况，也没有一次完全转移，然后再返回来从容地提高劳动生产率的情况，这要充分考虑到农业生产率提高的困难性和社会经济的复杂性。[1] 既然如此，我们再来审视工业部门的情况。

中国近代工业化可以 1919 年为界分为前后两个时期。前期工业发展虽然步履维艰，但一直保持发展的势头，特别是1914～1918 年第一次世界大战期间，中国民族工业的发展进入黄金时代。在这期间，民族工业新设厂矿共 379 个，总投资额为 8580 万元；平均每年设厂矿 63 个，投资 1430 万元。[2] 然而就是在这个

---

① 参见陈家骥主编《中国农民的分化与流动》，农村读物出版社，1990，第67页。

② 王建初、孙茂生主编《中国工人运动史》，辽宁人民出版社，1987，第7页。

黄金时代，中国产业工人也只有 261.5 万人[①]，可谓少得可怜。一战后，由于国际资本主义的高压，民族工业一蹶不振，产业工人随时有失业的可能，对成千上百万的流民更是难以吸收。正如周谷城先生所说："中国的社会问题，最难解决者，几乎就是农村剩余人口无法安插。"[②] 加上因饥荒年岁或兵灾而流亡他乡的农民加入流民大军，于是，流民现象逐渐发生病变，成为困扰近代中国的严重的社会问题。

第二节　农业生产条件的破坏
倾向与农民离村

以上仅就近代中国社会的转型与流民现象发生的关系作了考察。近代中国之所以出现严重的流民问题，当然是农民大量逃脱农村造成的，农民之所以要逃脱农村，又与农村经济的不景气有着密切关系。

随着对农村经济研究的不断深入，学者们对传统的"农村破产说"、"农村崩溃说"提出挑战。这里特别值得一提的是美国著名学者珀金斯对此所作的卓越研究。他在 1969 年出版的《中国农业的发展（1368～1968 年）》一书中指出，中国的农业在全球 7% 的耕地上养活了世界人口的 1/4。中国的播种面积只有美国的 70%，但必须供养比美国多三四倍的人口。用 20 世纪西方的标准来衡量，中国人吃得不好。但事实是，他们在过去六

---

① 刘明逵编《中国工人阶级历史状况》第 1 卷第 1 册，中央党校出版社，1985，第 122 页。

② 周谷城：《中国社会史论》（上），齐鲁书社，1988，第 425 页。

个世纪中生存了下来，并且使人口增长了好几倍。人口的增长大
大决定了农业生产的增长率。根据他的研究，在 14 世纪和 19 或
20 世纪之间，中国的粮食产量增长了一倍左右。他认为，从 14
世纪后期到 18 世纪后期，单产提高和耕地面积扩大在这个时期
粮食总产量增加中具有大致相等的地位；1800 到 1900 年增长率
下降，农业经济严重衰退；20 世纪农业增产，世纪前半期，产
量虽能跟得上人口的增长，但绝不是富足有余。新近出版的
《民国时期的农业》① 一书认为，晚清时期，各种社会矛盾空前
尖锐起来，曾支撑着数千年封建专制主义统治的农业经济已走向
全面崩溃、日薄西山的境地。农业生产力下降，农村手工业不断
破产，农村经济日益凋敝，大规模农业灾荒频繁发生，陷入前所
未有的困境之中。民国以后，"在世界资本主义经济发展的影响
冲击下，民国时期的农业生产和农产商品化的程度有所提高。"
综合他们的研究成果，我认为，笼统地说中国近代农村经济
"破产"、"崩溃"是不够全面的，从整体而言，应该承认中国近
代农业是有所发展的，但同时应该看到：① 发展是缓慢的、低
度的；② 发展有地区差别，在衰退时期（晚清），有些地区有发
展，在低度发展时期（民国），有些地区濒临破产，而且就整个
民国时期而言，好的年景也是不多的，尚不足以扭转流民问题严
重的态势；③ 以言衰退，不是直线下滑，以言发展，亦不是扶
摇直上，而是有起有伏，有时发展，有时严重衰退；④ 当农村
经济严重衰退时，大量流民被抛向社会，当经济有所发展时，他
们对社会的冲击相对减轻，流民潮的潮起潮落，与农村经济发展
的波浪起伏大体保持一致。因此，书中出现"农村经济衰退"的

① 曹幸穗等：《民国时期的农业》，《江苏文史资料》编辑部 1993 年出版发行。

提法，也只能从相对意义上加以理解；⑤ 正如珀金斯所言，"如果农业经常遭到来来往往的军队和土匪的掠夺、破坏和横征暴敛，它是不可能繁荣的。"① 淮北地区就是这样一个典型。

淮北土地肥沃，气候温和，灌溉便利，原是我国重要农业生产地区。这里曾经有过很长一段颇令淮北人向往的安定生活，"走千走万不如淮河两岸"，曾是他们所津津乐道的。然而，进入近代以后，农业生产一蹶不振。这里最能给人以直观感觉的是收成的递减趋势，如表 2-1。

表 2-1　安徽省各州县历年收成分数分组统计

年代	收成分数（夏季）					收成分数（秋季）				
州县个数	总计	不满六成	六成以上	七成以上	八成以上	总计	不满六成	六成以上	七成以上	八成以上
1821	59	—	19	28	12	—	—	—	—	—
1825	59	—	15	29	15	59	2	13	22	22
1830	59	—	28	23	8	59	3	25	21	10
1835	59	—	24	27	8	59	3	44	9	3
1840	59	6	40	11	2	59	13	33	12	1
1845	58	2	34	20	2	59	3	31	21	4
1850	59	2	19	35	3	59	7	27	23	2
1870	60	46	13	1	—	60	41	17	2	—
1875	60	48	12		—	60	51	9		—
1880	60	47	13		—	60	46	14		—
1885	60	52	8							
1890	60	55	5			60	46	13	1	—
1895	60	54	6			60	50	10		

资料来源：李文治：《中国近代农业史资料》第 1 辑，三联书店，1957，第 765 页。

上表可知，进入近代以后，收成在六成以下的州县急剧增

① 〔美〕德·希·珀金斯：《中国农业的发展（1368~1968 年）》，宋海文等译，上海译文出版社，1984，第 225 页。

加，七成以上者已不多见。安徽情况如此，淮北可想而知。这样民食问题就发生了。[①]

收成的减少，是农业经济衰退的表征。要揭示出农村经济的衰退与流民现象发生的关系，还必须进一步研究农业生产诸条件上的破坏倾向。

一切社会的劳动条件，或生产条件都不外是劳动力、劳动工具和劳动对象。因此，我们的研究当然离不开这几个方面。

一　土地兼并的狂潮和农民的无地化趋势

在上一章我们分析了农民与土地之间的亲缘关系。农民和土地，或者说劳动者和劳动对象的结合，是生产活动得以进行的前提。"土地一直是社会的最主要的生产手段和财富的最稳妥保障，因而便一直是封建社会中各种形态财富的最后归宿。"[②] 土地诚可贵，理所当然成为人人争逐的对象。土地兼并的狂潮即由此而起。

进入近代以后，淮北土地集中的速率似乎在加快，并在晚清、民国时期形成两次兼并狂潮，各具特色。

晚清时期的兼并狂潮在捻军起义失败后即掀起。由于战乱的影响，淮北人非死即徙，土地抛荒甚多，"地利所在，人争趋之……绅族豪宗，交相侵占。"[③] 在这一兼并狂潮中，淮系官僚

---

① 冯柳堂谓：民食为历代"施政之纲要"，凡国用所资，私人所需，"莫不取给于农"，因此，"农村社会，农民经济，乃为我国基本之组织，亦为惟一之生命线也。但农村社会之安定，系于农民经济之荣枯，而农民经济之荣枯，则又系于农产物收获之丰歉"。（冯柳堂：《中国历代民食政策史》，商务印书馆，1998，第1页）民食问题的重要性不待言可知，所谓"民以食为天"。民食发生问题，常见的后果即"政散民流"，流民成为严重的社会问题。

② 傅筑夫：《中国经济史论丛》（上），三联书店，1980，第191页。

③ 《光绪朝东华录》（四），中华书局，1984，总第3770页。

集团得利殊多，李鸿章兄弟 6 人，所占田亩估计在 50 万亩以上，"其在外县者更无论矣"①。此外，那些散布在淮北各地，靠办团练起家的练总绅董，也无不大发其财。如宿州的周田畴，咸丰年间为安徽巡抚周天爵辟致戎幕，办宿州团练，因功保知府赏加道衔。就是这个周田畴，光绪二年一次捐田 41 顷 87 亩入书院。②凤台的徐登善，从英翰皖军转战各地，保荐记名提督，置地 30 顷入州来书院。涡阳的马绍统，"其农业为一时最"，其族人马玉昆更是"富连阡陌。"③

辛亥革命后，军阀地主再次掀起土地兼并狂潮。皖北霍邱的张敬尧、阜阳的倪嗣冲家，各拥地七八万亩以上，"为军阀地主之模范"④。在苏北徐海一带，每县可以找到一家、二家或几家，有 100 顷、200 顷或更多的田地，譬如萧县李厚基就有 200 多顷地。"江北的农村实以此数百顷或小些的数十顷的大田主为骨干而构造起来的。"⑤

寺庙占田，在淮北也是一个不可小视的现象。如宿迁的极乐庵，同它所属的下院，如五华顶等共 5 处，合计有田 2000 多顷。这在江南小的县份，当是半个县境。

此外，农村中的地主、富农以及商人、高利贷者、侵略者流，在土地兼并中，也都扮演了重要角色，这里不再赘述。

集中土地的方法是多种多样的。《临泉县农村经济调查》中

① 郭汉鸣、洪瑞坚：《安徽省之土地分配与租佃制度》，正中书局，1936，第 48 页。
② 《光绪凤阳府志》第 18 卷，《人物传》。
③ 《民国涡阳县志》第 8 卷，《食货志》。
④ 郭汉鸣、洪瑞坚：《安徽省之土地分配与租佃制度》，正中书局，1936，第 46 页。
⑤ 吴寿彭：逗留于农村经济时代的徐海各属》，《东方杂志》第 27 卷第 6 号，第 78、79 页。

列有 7 种①，其中最引人注意者乃灾荒成为土地集中的杠杆，当地农民有"年头歉一歉，地主圈一圈"的话。这种情况在淮北乃至全国都是极普遍的。地主、富农、商人及官吏等，在灾荒期内贱价收买田地，成为灾区普遍的现象。大批的土地脱离农民，而集中到富有的阶层中去，地价跌落到惊人的程度；在 5 省 81 县中，灾后较灾前平均跌 37%，而皖北诸县竟跌到半价。② 政府虽有灾荒期间地权转移契约无效的规定，但只是具文而已。

　　一方面地主等兼并土地，另一方面则是农民失去土地，自耕农成分显著减少，佃农成分增高，流民也在这个过程中自然而然产生了。③

---

① 地主、富农、高利贷者流集中土地的 7 种方式为："（一）利用灾荒年月放高利贷，一斗粮当人一亩地，二斗粮买进一亩地。例如地主张大冠囤积粮食，春季农民向他借粮一斗，麦季要还三斗，无粮就用田抵，因此兼并了很多的土地。（二）作伪乡保人员的后台，派捐、派税，农民交不出款项时，只得卖田卖地充抵，地主不仅乘机压低地价，大量掠夺农民土地，而且还利用此项捐款，来做投机买卖及放高利贷。（三）藉征集壮丁之名，乘机大做其壮丁买卖，勒索和敲诈农民，以肥私囊。（四）挑拨农民的感情，造成他们内部矛盾，而自己却俨以中间人出来调解，因此从中施展其欺诈、勒索的伎俩，剥削农民。（五）勾结并窝藏土匪，坐地分赃，如地主任鼎昌、张明之流，经常做这勾当，并以此赃款再投入高利贷或土地上，继续剥削农民。（六）以女色勾引军阀和大官僚，来扩张封建势力，藉势霸占农民土地。（七）开设赌局，使农民堕入圈套，并乘机进行高利贷放款，这样不但将农民一年辛勤所得骗去，而且农民往往有因此而弄得倾家荡产的。"（《临泉县农村经济调查》，见华东军政委员会土地改革委员会：《安徽省农村调查》，1952，第 37~38 页）

② 章有义：《中国近代农业史资料》第 3 辑，三联书店，1957，第 724 页。

③ 根据 1935 年的调查，离村最多农家耕地面积各省平均：5 亩以下离村率为 42.2%，5 至 10 亩离村率 30.7%，10 至 15 亩 7.9%，15 至 20 亩 5.4%，20 至 25 亩 2.0%。（《农情报告》第 4 卷第 7 期，第 175 页）占有耕地越少离村率越高。难怪有评论说"贫苦农民的土地或种植权被地主裁撤的裁撤，兼并的兼并尽了，既没有生产的工具，又不能出卖劳力，惟有向城市另谋生活之道"。（殷云台：《常熟农村土地生产关系及农民生活》，《乡村建设》第 5 卷第 3 期，第 5 页）

在近代，土地的集中，应该说为资本主义的发生发展提供了一定的条件。但由于土地的分散使用以及"这些大田主吸收了大量的利益，每多进于奢侈的生活而消耗了本可积聚起来为初步商工业发展之用的原始资本"① 而难以成长。

二　生活条件压迫生产条件

张之洞曾在光绪末年上呈了一个《遵旨筹议变法谨拟采用西法十一条折》，说："近年工商皆间有进益，惟农事最疲，有退无进。大凡农家率皆谨愿愚拙，不读书识字之人。其所种之物，种植之法，止系本乡所见，故老所传，断不能考究物产，别悟新理新法，惰陋自甘，积成贫困。"② 中国农民固然有保守落后的一面，但另一方面，农民的贫困化使之难以改善生产经营条件，而生产经营条件的恶化，使农民更加贫困……这也是不可忽视的。在对淮北农村的研究中，笔者发现劳动工具之陈旧和缺乏都是令人吃惊的。

晚清时期，有一位官僚行经皖北凤台，时"值小旱，见苗且萎矣。其旁有塘，汪然，诘之曰：'何不戽？'曰：'水少而田多不敷也。'曰：'少救数亩不愈于尽萎乎？'曰：'无其具。'曰：'何不为？'曰：'重劳且恐所得不足偿费。'"③ 这段史料颇耐人寻味。这是晚清时期淮北农村的一个缩影。在淮北比较粗放的经营方式下，"重劳"、"不足偿费"，农民都不愿增加投入以求生产条件的改善，以致弄到"无其具"的地步。透过这段史料，我们又可以看到，在人和自然的争强中，自然占了优势，收

---

① 吴寿彭：《逗留于农村经济时代的徐海各属》，《东方杂志》第27卷第6号，第79页。
② 张之洞：《张文襄公奏稿》第32卷，第39页。
③ 《光绪凤台县志》第4卷。

成的丰歉，听命于天，农民成了自然的奴隶。"值小旱"如此，"值大旱"则只好沦为流民了。

进入民国以后，生产经营条件一如往昔，农民不但缺乏耕畜，一般农具的简陋和残缺，同样也达到了惊人的程度。所用农具还是千百年传下来的古老农具，如犁田仍然用极简陋的旧式农具；在缺乏耕畜的地方，甚至用锄头翻土。播种、插秧、施肥、除草等类工作，几乎全用手和足来代替农具，收割也只用一把镰刀。而且就连这些简陋农具，多数农家还是无力购置。徐州省立民众教育馆曾对铜山（八里屯）、萧县（长安村）两地调查，使我们得知下列情形，见表2－2。

表2－2 铜山萧县两地农家农具统计

农家类别	铜 山	萧 县	农家类别	铜 山	萧 县
有大车的农家	11%	26%	有犁耙的农家	21%	35%
无大车的农家	89%	74%	无犁耙的农家	79%	65%

资料来源：薛暮桥：《旧中国的农村经济》，农业出版社，1980，第45页。据徐州省立民众教育馆调查，八里屯227家农户，"平均三户使用一牛，两户合用一驴，九户合用一辆大车，五户合用一件犁耙。这个结果，虽然不能代表整个徐海各农村如此情况，吾恐相差亦属有限。还有最令人痛心者，乃一般贫农，即车牛必俱无，每值耕种，只好拿自己的劳力去和富有的农家调换车牛。"（胡希平：《徐海农村病态的经济观》，《农业周报》第3卷第47期，第995页）调换办法，据记载，徐州"耕畜与农器皆急剧的减少。无耕畜之农民常以劳力租用。每租用耕畜耕田一亩，农民必为畜主服役三日。"（章有义：《中国近代农业史资料》第3辑，三联书店，1957，第871页）沭阳的情况也是如此，"农具完全旧式，并且极感缺乏。往往四、五家同用一牛，十数家合用一辆大车，三四家合用一柄犁；先后支配着用，设遇灾害，先者得利，后者辄多受损失。更有贫苦农户，无车、牛合用，惟有以自己血汗先助人家工作以后借用。"（虞龙江：《沭阳农村鸟瞰》，《农村经济》第2卷第11期，第113页）

当然，有大车的农家全是地主富农，而无犁耙的农家几乎全是贫苦农民。根据同一调查，我们可以看到农具分配和耕地分配间的相互关系。

表 2 - 3　农具分配和耕地分配的相互关系

农家类别	平均每户所有土地(亩)	平均每户使用土地(亩)	
	徐　州	萧　县	徐　州
有大车的农家	16.57	35.1	40.14
无大车的农家	3.76	8.1	9.19
有犁耙的农家	11.72	32.7	28.64
无犁耙的农家	3.41	4.9	8.27

　　此外,雷伯恩、潘鸿声的《安徽宿县 60 农家农具役畜所有权及成本之研究》①,郑统九的《凋敝的豫东农村》② 等,提供了类似上述情形的调查材料。

　　生产经营条件的恶化,实际上反映出农民生活状况的恶化。在一般情况下,这种生产条件或许能维持"吃不饱,饿不死"的低生活水平,但一旦遇到摊派、天灾人祸等出乎意外的开支,将致使他们的生活资料发生影响。他们在极端贫困、挪借无门情形下最可能做的,就是继续压缩他们的生产条件,如变卖耕牛,吃掉种子,抵押转卖犁耙等器具。据《时报》报道:"近来该处(淮北)难民向南逃荒……在扬州城外栖宿者有四万五千余名之多。……其家用什具及一切田具耕牛,无一不贱卖于人以济饥饿之苦。"③ 经济学谓此种现象为"生活条件压迫生产条件"法则。这条法则,在淮北农民的经济生活中,发生极广泛的作用。

　　生产条件的恶化,其后果正如冯紫岗、刘端生的调查报告所说:"农民一般的贫穷,无力购买肥料及各种优良的农具,因之

---

① 《经济统计》第 7 期。
② 《农村经济》第 1 卷第 10 期。
③ 《时报》光绪三十二年十月十四日。

经营不佳；富力较强的人又多半出租田亩于佃户，自己不去经营，一年复一年地使土地瘠薄化，终至产量减少。"① 这对农民经济生活有莫大的影响，加上淮北家庭副业不发达，这样农村经济也就无可奈何地趋于衰退。

总之，近代淮北农民就是在：贫困化——恶化生产条件——更加贫困化……这样一种恶性循环中生活着，流民在这个循环中不断孕育、产生。

三　苛捐杂税重压下的农民

上面我们从劳动对象、劳动工具方面考察了农业生产条件上的破坏倾向，现在我们再来看看农村生产力中最活跃的因素——农民的境况。

淮北农民以贫困而著称，也正是因为贫困，他们才不得不背井离乡。淮北农民贫困的原因当然有很多，上面分析了一些，这里我们着重考察对农民经济生活具有直接影响的捐税负担。

鸦片战争后，清政府为支付战争赔款，调整了税收政策，总的原则就是加重旧税和开征新税，中国农民的负担大大加重了。这种情况愈到后来愈趋严重。1909 年御史胡思敬奏称："自甲午、庚子两次赔款，民力已岌岌不支。壬寅改练新军，分摊各省，岁盈千万，竭泽而渔，势成孤注。……农民也，漕粮地丁耗羡之外，有粮捐，有亩捐，有串票捐。田亩所出之物，谷米上市有捐，豆蔬瓜果入城有捐，一身而七八捐，力不能胜，则弃田潜逃者比比也。"② 这里就道破了苛捐杂税和流民现象发生的关系。

---

① 章有义：《中国近代农业史资料》第 3 辑，三联书店，1957，第 880 页。
② 《宣统政纪》第 11 卷。

全国如此，淮北也不例外。

众所周知，鸦片战争赔款主要由江苏、安徽等几省担负，农民负担本已相当沉重，加上田赋的加重和改折浮收，确已到了岌岌不支的地步。如淮北涡阳县，"丁漕科征，原以银为本位。自折钱便民之说行，始以每钱二千作银一两，核收正耗平余一两三钱五分，须交钱两千七百文……清壬寅癸卯（光绪二十八至二十九年）之间，钱一千二三百文，即可易银一两。每两既收钱两千七百，合二六串底，每正银一两，共耗银平余计值银二两二钱有奇，而解款正耗仅止一两一钱。漕米正杂，每石解银二两零，折收钱六千五百，共合银五两有奇。官缺之肥，无过斯时。"①

民国以后，农民负担大大加重，田赋附加达到骇人听闻的程度。

田赋附加税始自清咸丰初年按粮随征津贴。光绪时期附加税目已渐繁多，安徽、江苏时有规复丁漕征价等名目。民国以后，旧附加税并入正税，增加新附税，以补财政上的不敷。附加税既然名为附加，则顾名思义，不能超过正税，财政部也有"附加税不得超过正税百分之三十"的规定，但"主仆倒置的情形"，简直令人难以置信。

先看安徽，各县田赋附加税有逐渐增加的趋势，据统计，全省60县中，有一半以上的县份，附加税是超过正税的。而且，就地域方面来说，皖北情形较重于皖南。②

再看苏北，徐海各县除"国税"、"省税"、"县附税"、"特种税"（达12种之多）、"陋规税"之外，"地方或县附税"计

---

① 《民国涡阳县志》第8卷。
② 孙晓村：《苛捐杂税报告》，《农村复兴委员会会报》1934年第12号，第123页。

有：教育亩捐、普教亩捐、义教亩捐、建设费、农村费、农业改良捐、积谷费、清丈费、户籍费、公安局经费、公安队经费、警捐、警备费、警备临时费、警备队经费、补充队经费、区公所经费、民政费、内务预备费、市乡费、自治行政费、催征警费、实业亩捐、党费、农会经费、地方不敷费、款产处经费等，达 27 种之多，而且附加税超过正税，徐海 12 县平均超过 7 倍以上，其中灌云县超过 20 倍以上[1]，洵属骇人听闻。朱学诗《从挽救农村经济说到农村合作的功能》，列有江苏各县正税、附税、附税超过正税明细表，从比较中可以看出，苏南各县均未达到徐海各县平均高度，一般在 1～3 倍之间。这与皖北情形相同。就是说，淮北农民负担远较江南农民为重。此外，淮北还有所谓"预征制"，如涡阳、蒙城等地，因连年受天灾、兵灾的压迫，政府预征几年的钱粮，"人民不堪其苦，愿受死刑以求免征"，闹出"以命完粮"的故事来。[2] 由此我们可以想见，淮北农民是在怎样的重负下生活着。

淮北农民不仅受到赋税的剥削，还要受到高利贷的敲榨。在近代淮北，地主、商人和高利贷者或勾结一起，或三位、二位一体，乘人之急，以极苛刻的条件向农民放债，重利盘剥。不少农民，在青黄不接或其他意外情况下，被迫走上借贷的道路。利率之高，更属惊人，如亳州"言明周年六分起息"[3]，利加利，驴打滚的高利贷剥削随处可见，淮北农民"逋负山积"。这种情况，随着农村经济的衰退，越发严重。"农民因经济不能周转而

---

① 胡希平：《徐海农村病态的经济观》，《农业周报》第 3 卷第 47 期，第 996 页。

② 马乘风：《最近中国农村经济诸实相之暴露》，《中国经济》第 1 卷第 1 期，第 6 页。

③ 李文治：《中国近代农业史资料》第 1 辑，三联书店，1957，第 90 页。

借贷，此实为一种不得已之举动。然此种事实之发现，近年各区均已较昔为多，诚为一极可注意之现象。"①

民国时期的高利贷剥削较之晚清时期，显而易见有两大特点，一是高利贷种类更多，二是利息更高。据安徽省地方银行1935年的调查，淮北宿县、灵璧、泗县、凤阳等县农民，因春荒难度，纷纷向富户告贷。"但利息极高，借款种类甚多。兹以最普通而言，如借国币 4 元，到小麦收割之际，除偿还 4 元外，另给小麦 1 斗，作为息金，名曰青苗利。又有借钱若干元，以小麦收割为归还期，言明每月息金若干，借贷时预先将全数扣除，名曰砍头利。"② 此外还有高利贷性质的青苗钱、印子钱、种子钱、逼头钱、连利捆、随涨不落、包头钱、小耳朵、连利滚、月份利等五花八门的名目。③

---

① 冯和法：《中国农村经济资料》，台湾华世出版社，1978，第 382 页。

② 《安徽地方银行旬刊》第 9 期，第 23 页。

③ 青苗钱——又名"麦青钱"、"放青稞子"、"先钱"、"麦账子"，"多在三春头上青黄不接之际发放，按当时麦价（粮价最高的时候）放出一石麦价的钱到麦收时即照新麦价折收新麦（一般麦价比青黄不接时便宜半倍上下）。这种青苗钱，不但限于春天青黄不接时，在夏后秋收以前也有这种借贷，叫'秋账子'，以稻作算"；印子钱——"借贷时即将原本打八折算十足放出，每月还要'加三'或'加五'生利（即借一元，实只借到手八角，另外还要生利，一个月后，本利要还一元三角或一元五角）"；种子钱——春耕秋耕时贷给做种，"照当时最高价折成钱，到收成时又照最低价值折成粮收回。春天放黄豆种，麦收时要折麦，麦场后放稻种，到秋天收黄豆或稻。这样翻来覆去，一年连本扯利要滚好几倍"；逼头钱——是"在农民死人、失火、遭灾、送贿（如敌抓壮丁，贿赂乡保长）等急迫的情况下借的。债主将本以七折或八折放出（即借一元实只有七角到八角），其利息一般不以月计，而是在约定的两三天，多在十天、八天的短期内，除当时扣七折八折外，还要'加二''加三'生息。放这种钱的都是封建地主恶霸及其爪牙，因不公开所以也叫'黑头钱'"；连利捆——在放出粮食时，"将粮食高价作成钱，如当时粮价三十六斤一元，则以十六斤或二十斤算作一元放给人，（转下页注）

在《江苏省各县利息表》[①] 中，我们同样发现，淮北农民所受高利贷的重利盘剥远较苏南农民为重。在苏南，最高利息一般不超过二分，而在淮北，少则四分，一般五分以上，高的如睢宁、东海、灌云、涟水达到十分。可见，经济愈落后的地方，高利贷剥削愈厉害。

高利贷同样是土地集中的杠杆。在农村中，地主通常采用抵押、典当的方式达到兼并土地的目的。农民借债，通常用土地做抵押，本利累积，无力偿还，债主便没收土地或添几块钱变成绝买。在淮北临泉24户地主集中土地情况表中，采用放高利贷方法集中土地的就占了12户，在该县10户农民失去土地情况表中，有4户"借地主之粮一斗还三斗，将土地抵给了地主"[②]。这种情况，在饥馑年头尤为普遍。

因此，沉重的高利贷剥削是近代淮北农村经济落后、衰退的重要原因，也是淮北流民现象发生的重要促动因素。

（接上页注③）到秋天再以钱折成稻收回。这就是以折利为本的剥削方式，其利息相当于本钱的一倍至八、九倍之多"；随涨不落——"放稻出去，收稻时，若稻价下落，则要还钱，外生钱利，没钱就再折成稻。如稻价比借出时更高，就仍以原本稻的数量要稻，外生稻利"；包头钱——又名过手钱，"大部放自恶霸豪绅封建势力地主的走狗手中（或者是封建地主通过这般家伙放出），他本人没钱，以分半成或二分向他们主子借，再以五分、六分或加'四'、加'五'的利率，转借给工农贫民，而从中获得半倍到一倍的好处"；小耳朵——放稻百斤，"秋收时不但算稻一百五十斤，另外还要三斗糠（没糠，就以糠再折稻）。这种额外三斗糠之类的剥削，称之为'小耳朵'。"（华东军政委员会土地改革委员会：《江苏省农村调查》，1952，第439~440页）

① 见黑山、徐正学：《农村问题——中国农村崩溃原因的研究》，中国农村复兴研究会，1934，第6章，第6~9页。

② 《临泉县农村经济调查》，华东军政委员会土地改革委员会：《安徽省农村调查》，1952，第38~40页。

田赋、高利贷之外，淮北农民还深受沉重的地租剥削。

在淮北，"永佃权"几乎是看不到的，租期长短，并无契约，可以随时退佃，不必征得佃农同意。也正因为如此，佃农要获得土地的耕种权，只得容忍沉重的地租剥削。

晚清时期，地租剥削形式主要有以下几种。

"拉鞭地"，亦称"把牛地"，是最普遍的租佃形式之一。租种土地的农民，基本上没有生产资料，农具、牲畜、种子都是地主的，甚至连住房也是地主的，农民通常只有一条赶牛的鞭子。地主对这种农民的剥削最为残酷，每年地主因出租土地和耕畜，而从收获物中拿走60%～70%。

"赔牛地"也是一种普遍的租佃形式。即租种土地的农民自己没有牛，借地主的钱买牛，不要利息，但不准退佃，如果退佃必须还钱。这是地主把农民束缚在土地上加以剥削的办法之一。在"赔牛地"租佃制度下，地主要从收获物中拿走50%～60%。

这些地租剥削形式，在民国时期并没有什么变化，不过名目增多，租率居高不下，如苏北有所谓"包租"、"押租"、"预租"、"分租"、"烂租"、"议租"、"抽行打租"、"宝塔租"、"劳役地租"、"跑租"、"跑马租"、"小租"等名目①租率一般都

---

① 包租——"地主仅出租土地，其种籽、肥料、人工及农具等皆由承包人负责。农民每年缴付地主一定的租额，并规定水、旱、虫、荒均不折不扣。这种包租制中又有三种形式：甲、粮租：这是包租制中最多的一种形式。租额视常年产量多少而定，一般每亩田每年为四、五斗，最高的有两石。夏秋两季分缴，小麦黄豆各半。一般由于黄豆比麦价高，所以有些地主规定佃户四、六缴租，即上熟缴四成小麦，下熟缴六成黄豆。……乙、银租：即货币租。这种租制在抗战前大部是带有预租性的，往往都是先缴足下一年租额后才能种田。在城市附近及沿江地区，地主为了便于投资商业活动，也有将老的粮租改为银租的，抗战开始后，因货币不断贬值，地主又大部将银租改为粮租。丙、雨夹雪：即粮租和银租各缴一部分。这也是地主为了加重对（转下页注）

在 50% 至 70%，高的达到 80%，若以此种高租率与淮北农民生产力之薄弱相对比，则淮北农民困疲状况可以想见。

（接上页注①）农民剥削的一种手段。地主往往在粮价上涨时就照粮租收，而粮价下跌时就照银租收"；押租——农民租种地主土地前，要预缴一定数量的"押扳金"（或称"顶首"、"上庄钱"），一般相当于租额的一半，高的相当于地价的一半，甚至还有超出一半的；预租——"是地主在地租剥削上最狠毒的一种形式。因为农民除交了押租外，还要预缴下一年的租额。至于下一年的收成如何，地主概不负责，故农民不论年成好坏，除缴付地主的租粮外，等于还要缴一年租额的利息"；分租——"分收成视不同情况而定：甲、肥料、种籽、农具等均由地主负责，农民仅出劳动力。分租制一般有'里三七'（农民得三成地主得七成）、'外三七'（农民得三成地主得一石）。但视田地远近土质好坏等情况，也有'二八'、'四六'等分法的。禾草一般均为地主独得。乙、地主出土地，农民出劳力，其种籽、肥料、农具由业佃双方负责，则收获各分一半。丙、种籽、肥料、农具概由农民负责，一般地主得三分或三分五，农民得六分或七分"；烂租——又名"滚租"，"地主急需钱用时，将田出租，规定年限，要佃户先把租粮一齐付出，期满即行收回"；议租——在庄稼成熟时，业佃双方根据年成好坏，庄稼好坏进行评议，按照收成缴租谓之"议租"，表面上看似乎较为合理，但"地主说好就好，说坏就坏，农民没有说话的余地"，"农民照样吃大亏"；抽行打租——在庄稼成熟时，"地主到田里抽一行下来计算收获量，而决定应收租多少。这种租制流弊也很大。因地主往往都是拣好的抽，或把抽出的粮食加潮，结果缴租标准一般都很高"；宝塔租——农民以相当于土地价的 1/3 到 1/2 的押金租进土地，"行租不作定，产量高时就增加租额，产量降低了不减少，有增无减。三年、五年就加租一次，涨得最高的租额有接近于田价的，待农民缴不起租时，地主就将田收回"；劳役地租——有"三种情况：甲、农民租种地主的田，以代做短工算租，普通每种一亩田要做六十二到七十个工。乙、农民种地主的田以替地主代种田算租，每种一亩租田要代种二亩到四亩。丙、农民种地主的田，以替地主做长工算租，分终身和定期两种，普通一个长工换佃田二亩到三亩"；跑租——"是一种最苛刻的剥削形式。不定期的，谁缴租大，地主的地就给谁种"；跑马租——"地主的荒田租给农民开垦，待成熟时就逐渐加租"；小租——"地主家里用的仆人所有一切开支，都要出在农民身上，一般每亩要交小租二升到五升"。（《苏北地租形式简述》，原载《苏北日报》1950 年 5 月 31 日，见华东军政委员会土地改革委员会：《江苏省农村调查》，1952，第 441～443 页）

在徐州乡下曾有一个较为详细的农田生产数量调查，见表2-4。

表2-4 徐州农田生产数量统计

年 份	生产数量	麦	秫	谷	豆	棉
1927	最高	1石	1石5斗	1石2斗	7斗	50公斤
	最低	3斗	4斗	7斗	3斗	25公斤
	平常	6斗	1石	9斗	5斗	35公斤
1928	最高	1石2斗	1石7斗	9斗	5斗	65公斤
	最低	5斗	5斗	3斗	2斗	20公斤
	平常	7斗	8斗	7斗	3斗	45公斤
1929	最高	1石2斗	—	—	—	—
	最低	3斗				
	平常	6斗				

资料来源：吴寿彭《逗留于农村经济时代的徐海各属》，《东方杂志》第27卷第7号，第61页。

普通农民以10亩20亩耕地的人为多。小麦为其主要作物，若以最高额计算，20亩收获20石小麦，还去一半以上的地租，剩下不足10石可以过活。如果以平常收成或荒歉收成计算则只有数石的粮食维持全年全家的生活，"这样无怪江北是到处的民有菜色了。没有一件完衣，没有隔宿的粮储的贫农，在江北是占了多数，这样天天是在饥寒的恐惧之中，农村经济是自然无从进步而反趋衰落了。"①

---

① 吴寿彭：《逗留于农村经济时代的徐海各属》，《东方杂志》第27卷第7号，第61页。

此外，还应注意的是，淮北虽然进入近代时期，但劳役地租这种古老的而在苏南几成陈迹的地租形态，在淮北还普遍存在着。在华东军政委员会土地改革委员会编的《江苏省农村调查》、《安徽省农村调查》中，这种地租形态五花八门。难怪郑震宇说："佃种制度中流弊最大的，莫过于力役的习惯。大概盛行力役的地方，大都是官绅地主所在的地方。因为他们与农民中间，身份悬殊，对于农民，可以颐指气使，奴隶待之。河南商城一带的地主，役使佃农视为习惯，佃农经常须为地主当差抬轿。一旦地主家中有事，更须临时服役。江苏江北各县，皖北各县，河北的宣化一带，都有这种习惯。"① 这是经济落后的象征。

高额地租剥削，也是农民流亡的驱动力。据《国际劳工通讯》报道说，由淮北到上海谋事之农民，仅 1935 年 10 月初旬即达 2000 余名。"离村之主要原因，为内地田租过高。"②

另外，吏治不良，也是到了无以复加的程度。"皖北各州县，差役每遇词讼，纳钱请票，而数倍取偿于百姓，历任官皆以为肥；由是差役横行，甲于他省。"③ 淮北地处皖、豫、苏、鲁四省交界，统治者鞭长莫及。政治之腐败，关乎民生之处甚多，与流民

① 郑震宇：《中国之佃耕制度与佃农保障》，《地政月刊》第 1 卷第 3 期，第 300 页。
② 《国内劳工消息》，《国际劳工通讯》1935 年第 14 号，第 73 页。
③ 黄钧宰：《金壶七墨·漕变》。张介侯在《淮北农民之生活状况》文中亦称："胥吏为农民害，尤酷于劣绅。农民既有田产，必需纳税。完税之时，胥吏必多方需索，如不遂所欲，即不予完纳；农民无可奈何，忍受而已。于是所纳者，往往倍于税值。若农民因事过期，胥吏下乡捉人，叱咤暴横，凶于虎狼。农之破家荡产者，实繁有徒。"（张介侯：《淮北农民之生活状况》，《东方杂志》第 24 卷第 16 号，第 74 页）

现象亦不无关涉。① 由于篇幅所限，我们这里不详加论述。

根据以上所述，农业生产诸条件的破坏倾向是相当严重的，特别是负担过重，对农民生活具有莫大影响。光绪三十二年十一月二十二日《盛京时报》报道说："向四乡农民询及今年丰歉如何，莫不痛心疾首曰无论丰歉如何，嗣后种地皆须赔死。"我们完全有理由认为，农村经济的衰退和农民的不堪重负，是农民他适的强劲推力。正如当时一些学者所指出的："中国人向来是安土重迁的，可是生活的钢鞭无情地驱策着，使他们不能再株守故乡，于是有一部分便逃荒他乡，另谋生路去了。"②

另一方面，农民生活条件的恶化，又进一步恶化了生产条件。生产事业之进步，在于生产技术及工具之改良。淮北农民"为高利贷所剥削，攘夺一切的剩余，使无从有所积聚，凡土壤之加肥，农具之增添与改善，水利或森林之布置，均不能进行，所以江北的农田如此疲瘠，农耕的技术实较江南为落后。"③ 这就导致农村经济的经常衰退，造就出更多的流民。

以上，我们从劳动力、劳动工具和劳动对象三个方面讨论了农业生产诸条件的破坏倾向。这三个方面的合力造成淮北农村经

---

① 有诗为证："风飕飕，雨潺潺，流民如蚁牵破船。船中何所有？瓦盆蓑笠与败毡。问民何所资？道旁野菜路人钱。爷娘妻子同哀叫，哀声迸泪如流泉。泪流欲诉先痛心，苦道年前遭水沉。二州五县同时没，千里霜寒绝杵砧。至今水去已无家，尽室漂流逐白沙。况是军兴役赋急，都长里正穷纷拿。破船何处堪停泊，已拼饥饿填沟壑。呜呼，纵使饥饿填沟壑，不敢归农受吏索。"（刘仪恕：《流民行》，见张应昌编《清诗铎》下册，中华书局，1960，第554页）百姓宁愿漂流异乡乃至"填沟壑"，也不愿"归农受吏索"，吏治腐败与流民现象之间的关联，昭然若揭。

② 千家驹：《中国农村经济论文集》，中华书局，1936，第494页。

③ 吴寿彭：《逗留于农村经济时代的徐海各属》，《东方杂志》第27卷第7号，第62页。

济趋向衰退，而农村经济的衰退，成为淮北农民离村的强劲推力。这说明，淮北流民的产生主要不是经济的发展造成的，而是恰恰相反。由此可见，近代时期的淮北流民，在属性上与古代流民并没有太大的差别，这与淮北地区社会经济条件不无关系。这是要略加说明的。

在近代，淮北地区是一个"旧式经济还坚守着固有的壁垒"的世界。就安徽而言，外国侵略者真正洞开安徽大门的，应是1876年签订的《烟台条约》辟芜湖为商埠之后。关于这一点，《安徽通志稿·外交考》有明确的记载："本省襟江带淮，控引吴楚，地非滨海，大部环山，四境货物多各以其便利输入邻省，有若干部分间接转趋外洋，故在外人未入内地经商以前，即经济方面亦不与外邦发生何等关系，至政治方面更无论矣。与外邦发生直接关系之始，厥为芜湖租界之开辟。"安徽近代史开始的时间实应从1876年算起。在此以前，安徽是地道的封建社会，这已经比全国晚了36年；至于淮北，那就更晚了。江苏近代史与中国近代史同步，上海是首批对外开放的口岸城市。当苏南、沿海自然经济解体、工业化兴起、城市化进程加快的时候，淮北还是另一个世界。直到1912年，由英德借款修建的津浦铁路全线通车，1925年陇海铁路通车，才在一定程度上破坏了淮北地区的自然经济结构。尽管如此，还未从根本上动摇小农经济的根基。20世纪30年代，江苏省组织一批人马，分赴大江南北进行农村调查。有关淮北的调查材料说："农家全是草屋，矮小简陋不堪；所用家具，完全是土货，穿的也是土布，资本主义经济的侵略还没有直接到这里。"① 就是说，直到30

---

① 行政院农村复兴委员会编《江苏省农村调查》，商务印书馆，1934，第69页。

年代淮北还是小农经济的汪洋。这一结论是可以得到证实的。
1930年，吴寿彭作了一次"不是一个快乐的旅行"，对徐海各
属县进行调查，得出了"逗留于农村经济时代的徐海各属"的
结论。他说，这里的"人民就在这小小部落的自足经济之中生
活，从田里种植麦子，自己磨成面粉，制成馍馍，这样生长着。
在每个集子大概总有一个铁匠，制作而供给农民的器械，总有
几个布机与纺纱机，供给农民的衣着。在这江北的郊原，仍然
衣着粗朴的土布的，除了难得的一二留学沪宁各埠而归去的学
生，竟有带回哔叽西装之外，事实上资本主义还没有侵入。"①
这就使淮北流民在属性上还不是完全意义上的近代流民。② 这种
情况，同样存在于全国大部分地区。这是半封建社会的性质造成
的。

---

① 吴寿彭：《逗留于农村经济时代的徐海各属》，《东方杂志》第27卷第6号，
  第71页。
② 本人的观点应该说表达得比较清楚了，但有学者提出商榷意见，认为："池
  子华在《中国近代流民》中认为，中国近代流民产生根源主要是自然经济解
  体的推力和中国近代工业化的吸附力。我认为，近代工业化确实对流民产生
  吸附力，但所谓'自然经济解体的推力'应该细细推敲。"就苏北而言，
  "早在鸦片战争前，苏北的纺织就已经衰退得几近消失。自然经济解体的推
  力从何谈起？因此，用'自然经济解体推力论'，无法说明苏北流民的大量
  产生。灾荒导致的生活条件的全面瓦解，是一种比自然经济解体更为强大的
  '推力'，'逃荒'一词很生动地说明了流民之所以'流'之所以'逃'，是
  由于'荒'所致。摆脱灾荒寻求果腹之食御寒之衣，比'耕织分离'具有更
  大的推力，迫使灾民'络绎于道'，寻求生存的新空间和新机会。"（汪汉忠：
  《灾害、社会与现代化——以苏北民国时期为中心的考察》，社会科学文献出
  版社，2005，第267、270页）本人对淮北流民的属性问题论述已作了特别说
  明，大概作者没有注意到，否则就不会提出这样的商榷意见。产生流民的因
  素很多，是"合力"所致，不仅仅是灾荒，这倒是笔者所要提醒商榷者注意
  的问题。

第三节　土匪、军队和饥馑

一　频繁的兵灾匪祸

社会的动荡不安以及饥馑，也是近代中国农民背井离乡的重要驱力。小农原本承受不了天灾人祸的打击。

近代中国是一个兵灾匪祸频繁的国度，对内战争、对外战争，未有间断。两次鸦片战争、镇压太平天国战争、攻捻战争、八国联军侵华战争等，接连不断。进入民国以后，战火延烧几遍宇内。据王寅生统计。1912～1930 年历年发生战争的省份数目：1912 年 1 个、1913 年 6 个、1916 年 9 个、1917 年 5 个、1918 年 9 个、1919 年 2 个、1920 年 7 个、1921 年 7 个、1922 年 10 个、1923 年 6 个、1924 年 8 个、1925 年 13 个、1926 年 15 个、1927 年 14 个、1928 年 16 个、1929 年 14 个、1930 年 10 个[①]。这个统计还是不完全的，例如 1930 年国内发生战争的省份计有山东、河南、河北、山西、安徽、福建、湖南、湖北、四川、广东、广西、贵州、陕西、甘肃、宁夏、江西等 16 个省[②]，而绝不止 10 个省。

每次战争，都直接间接予农民以莫大损失。至于"闾里为墟，居民流散"的情形，更属常见。[③] 如山东，"军队号称二十

[①]　王寅生：《中国北部的兵差与农民》，南京中央研究院社会科学研究所，1931，第 8 页。

[②]　朱其华：《中国农村经济的透视》，上海中国研究书店，1936，第 250～251 页。

[③]　《河边行》——诗再现了干戈扰攘中人民生离死别的历史场景，曰："河边日暮野风起，摇漾愁生寒波里。河上行人哭道旁，泪洒河干成河水。去（转下页注）

万人，连年战争，除饷糈多半出自农民外，到处之骚扰、拉夫、拉车，更为人民所难堪。至于作战区域（津浦线）十室九空。其苟全性命者，亦无法生活，纷纷抛弃田地家宅，而赴东三省求生。"① 再如江苏，1924 年 9、10 月间，"齐（燮元）卢（永祥）交战，集苏、浙、闽、皖、赣、鄂、鲁、豫八省军队十余万人于江苏、浙江交界沿太湖及沿铁路的区区九县（松江、青浦、嘉定、太仓、宝山、昆山、金山、奉贤、上海）中……这九县本来民物殷阜，为江南富庶之地，但经过这一次战争，已变成为'闾里为墟，居民流散'的情形了。"② 大凡历经兵燹的地方，率皆如此。我们不妨以淮北地区为例，进行一些考察。

淮北自古以地险隘要著称，向为兵家必争之地。从秦末农民起义开始，这里一直成为农民战争的重要战场和农民起义军、军阀、土匪杂交的温床。秦末，项羽、刘邦在此逐鹿；汉末，军阀混战，"大者连郡国，中者婴城邑，小者聚阡陌，以还相吞并"③，以"治世之能臣，乱世之奸雄"著称的曹操由是崛起；

（接上页注③）时出门嗟无家，今年还乡苦无倚。无家宁作异地魂，无倚此身长已矣。自经太平不识兵，猕猴跳梁祸之始。比年争战日相寻，村落邱墟庐舍圮。延及东南被贼围，阿男生离阿女死。朝不见生悲断肠，夜还梦死痛入髓。怀中白璧掌上珠，可怜骨肉填沟垒。重来河上问河西，烟水萧凉夕影低。深巷狐狸学鬼语，古墙蝼鼠避人啼。春风野马生阴室，井臼苦寒鸣蟋蟀。羡尔微虫不识愁，潜藏寂处无相失。离乱频仍可奈何，江山极目扰干戈。滔滔河水流无尽，不及行人啼泪多。"（梁祉：《河边行》，见张应昌编《清诗铎》下册，中华书局，1960，第552～553页）

① 集成：《各地农民状况调查——山东省》，《东方杂志》第24卷第16号，第136页。
② 《战后的江南》，《东方杂志》第21卷第23号，第5页。
③ 《三国志》第2卷，《文帝纪》注引《典论·自叙》。

隋末，杜伏威、辅公祏领导的江淮义军，成为纵横驰骋淮河、长
江流域的一支劲旅；唐末，庞勋领导的徐泗地区农民起义武装，
一度占领淮南北广大地区；元末，韩山童、刘福通、郭子兴、朱
元璋等群雄并起，完成了"驱逐胡虏，恢复中华，立纲陈纪，
救济斯民"的改朝换代的历史任务；清代，川楚陕白莲教起义
失败后，淮北成为捻军的前身捻党的故乡……长期的战乱，使人
民痛苦不堪，淮北流民因此而名闻天下。

近代以后，中国江河日下，帝国主义入侵，军阀崛起，兵灾
匪祸更为频繁。

从1853到1868年，整个淮北地区成为捻军战争、攻捻战争
的主战场。兵去兵来，耕作失时，淮北农民非死即徙，流离颠
沛，使淮北社会经济遭致巨大的破坏。"自安庆至宿、亳千余
里，人民失业，田庐荡然"[1]，一片悲惨景象。造成这样悲剧的
主要原因是官兵的"骚扰异常"，"兵勇所至，如火燎毛。"[2]

1911年武昌起义爆发后，安徽各地的革命党人立即响应，
11月4日，革命党人张汇滔发动起义占领寿县，成立了淮上军
总司令部，推举王庆云为总司令，张汇滔、袁家声为副司令。旋
分兵攻占怀远、凤台、蚌埠、六安、颍上、阜阳、涡阳、亳县等
地。不久，淮北淮上军被袁世凯所部倪嗣冲军击溃。淮北人民又
一次遭受兵灾之苦。

北洋军阀统治时期，各派军阀连年混战，兵差浩大，种类繁
多。当时报纸对名目繁多的实物兵差作了如下统计：衣：军装、
大氅、鞋、袜、布匹等；食：面粉、小麦、小米、馒头、干粮、

① 李文治：《中国近代农业史资料》第1辑，三联书店，1957，第161页。
② 张集馨：《道咸宦海见闻录》，中华书局，1981，第338页。

谷、腌菜、蔬菜、盐、油、醋、酒、猪、羊、鸡、鸭、锅、碗、风箱、劈柴等；行：大车、小车、人力车、手推车、船、骡、马、驴、牛、汽油等；其他：伤兵衣棺、电杆、木板、木料、化妆品、海洛因等。总计在百种以上。实物兵差之外，还要承担挑夫、骡夫、兵丁、钱币等兵差。[①] 当时的淮北就是这样名目繁多的兵差的重要供应基地。淮北农民困苦不堪，可想而知。

国民政府成立后，新旧军阀混战不已，淮北人民更受战火之灼烤。抗日战争开始后，淮北人民又遭到日本侵略者的蹂躏。日本侵略者所到之处，烧杀淫掠，惨绝人寰。如1938年4月，日本侵略军对淮北牛眠村、渠沟一带进行血腥屠杀，杀害无辜百姓2200余人，造成这里一片断瓦残垣，白骨累累。广大淮北人民，在烽火连天、刀枪交迫之下，不得不扶老携幼，背井离乡。

兵灾之外，匪患也给淮北农民造成无穷痛苦。

淮北是中国著名的产匪区，所谓"自古异人豪杰，多产淮甸，而奸雄草窃，跨方州拒朝命者，亦往往出淮、蔡之间，其地势使之然耶！"[②] 进入近代，淮北更是匪之渊薮，"饥寒轵啸聚山泽为盗"[③]，杀人攘命之案无日无之。这里又是"三不管"、"二不管"之地，此拿彼窜，更助长了匪之势焰。从晚清到民国，这里出了多少股刀匪、股匪、绑匪，无从考证确实。在此为非昭著者，若老洋人、尚四猴子、王太、高老虎、齐小鹅子、姜疙瘩、苏歪子、刘七、老母鸡等，不一而足。特别是民国以后兵匪合一，"军队解散，兵即变为匪；匪被招抚，也即是堂堂的丘

---

① 章有义：《中国近代农业史资料》第3辑，三联书店，1957，第65页。
② 王定安：《湘军记》第7卷之《绥辑淮甸篇》。
③ 《民国皖志列传稿》第7卷。

八。"① 兵匪、土匪、军队交煎，淮北人苦不堪言。②

对于匪患给淮北人民带来的灾难，1927 年出版的《东方杂志》有一段较详的记载："淮北自改国以来，土匪蜂起。大者揭竿为旗，聚众千人，有钢枪盒子炮等犀利之军械，横行乡曲，集镇为墟。每破一圩，死伤者以百计，掳去者称是；其家筹资赎回，必罄其资产之所值，名曰财神。所至大小农俱弃家而逃……十五年中，未遭匪难者，盖寥寥可数也。"③ 不堪匪累，农民只好弃家而逃。

二　饥馑的中国农民

不仅如此，中国农民还经常遭受饥馑的袭击。造成饥馑的原因，有经济的、自然的、政治的、社会的等等，其中最引人注目者即自然原因。

中国是世界有名的灾害高发区，特别是自然灾害，爆发率之高，程度之严重，是世界各国所罕见的，透过下表，可以窥见一斑。

---

① 冯紫岗：《农民问题概论》，岐山书店，1929，第 178 页。
② 张介侯在《淮北农民之生活状况》一文中揭露："匪既如此猖獗矣，剿匪之责，厥为军队。匪兴之际，军队必下乡剿匪，所经之处，农家刑牲为黍，尽力供应。其能奋勇忘躯，实心剿匪，民力虽耗，亦所乐从。然前驻淮某师，每出剿匪，除要民供应外，入室搜索，稍有值钱之物，即怀之而去。匪所经处，则目为匪巢，鞭挞其家人，燔其庐舍，罗其器物，捆载而归。且对于小农，索财不遂，则诬以通匪之名，饮恨而死者，不可计数。又往往与匪通声息，兵至则退，兵退而匪又至矣。故有匪到如梳，兵到如箆之谣。可怜甚矣！不宁惟是，民国以来，内战迭起，军队调动，则拉夫充输卒，小农佃农罹其中者，实繁有徒，家人凄恋，泪下沾襟，一去不还者，比比然也。"（张介侯：《淮北农民之生活状况》，《东方杂志》第 24 卷第 16 号，第 74 页）
③ 张介侯：《淮北农民之生活状况》，《东方杂志》第 24 卷第 16 号，第 73 ~ 74 页。

表 2 - 5　长江、黄河流域 12 省被灾州县统计简表（1851～1910 年）

单位：次

年份 省份	1851～ 1860	1861～ 1870	1871～ 1880	1881～ 1890	1891～ 1900	1901～ 1910	合计
江　苏	369	339	240	587	574	543	2652
浙　江	288	74	68	266	326	286	1308
安　徽	196	114	231	422	327	299	1589
江　西	88	20	59	226	221	211	825
湖　北	160	42	156	230	297	297	1182
湖　南	55	1	15	81	118	79	349
直　隶	187	189	315	570	541	387	2189
山　东	220	343	367	620	428	755	2733
河　南	113	125	421	755	462	296	2172
山　西	9	12	214	238	264	217	954
陕　西	—	32	46	208	283	198	767
甘　肃	13	26	26	58	204	76	403
合　计	1698	1317	2158	4261	4045	3144	17123

资料来源：李文治：《中国近代农业史资料》第 1 辑，三联书店，1957，第 720～722、733～735 页。按原表过长，今重新整理修订，制作此表，特此说明。

　　因灾荒而沦为流民者颇多，形成近代中国流民的一大特征。每逢灾歉年头，饥民四出，就会有流民潮的出现[①]，大灾大潮，

---

① 《清诗铎》中载有淮北灾民流民诗很多，可举几例："居民已嗷嗷，流丐复四集。百十成其群，布满乡与邑。借问从何来？滁凤与宣歙。连年遭水旱，少壮俱失业。逃荒遂至此，冀得赈穷乏"（吴世涵：《流丐》，见张应昌编《清诗铎》下册，中华书局，1960，第 563～564 页）；"朝出平江路，路逢逃荒民。云自淮扬来，河伯降虐频。老少结为队，男妇杂作群"；（范来宗：《逃荒民》，同上，第 555 页）"秋风猎猎天将霜，长途队队怀糇粮。淮徐大水凤颍旱，千人万人争逃荒。……黄泥深浅没髁寒，十步九步行蹒跚。少妇负肩背折，老亲含涕心肝酸。无钱旅店不肯歇，且向山凹宿明月。背风敲火支破锅，汲水和泥炊落叶。夜深恐惹虎豹猜，几次儿啼惊梦回。凉飔刺骨屡伸缩，妻呻母嗽良可哀。天明早起满身露，道逢行人过前渡。报说江南逃荒多，斗米换儿人不顾。闻言半晌泪欲吞，前途如此愁难存。进固维艰（转下页注）

小灾小潮，以致流民潮的潮起潮落，与灾害的消长成正比。如1879年直隶灾荒，"灾区甚广。即有田顷许者，尚且不能自存，下户疲氓，困苦更难言状。春间犹采首蓿榆叶榆皮为食，继食槐柳叶，继食谷秕糠屑麦秸。大率一村十家其经年不见谷食者，十室而五；流亡转徙者，十室而三。逃荒乞丐，充塞运河官道之旁，倒毙满路"①。

1900年，"陕西全省，夏秋之间，皆少雨泽，田中收获，不及四五成。南山一带，饥饿流民，相属于道。"②

1906年，"今岁中国饥馑之状，实为从来所未有。以江苏、河南、安徽、山东四省为最著。江苏省之江北被害尤烈，草根树皮铲除都尽。此等穷民转辗避难，现集于清江浦者不下三四十万。据云此次中国灾荒之范围，约八万平方英里，被灾民数有一千五百万之多"。其中，苏北徐州府属邳州、宿迁、睢宁、铜山、萧县五处，共有饥民50余万人；淮安府属之清河等地，有饥民70余万人；海州、沭阳、赣榆三处，饥民人数超过40万。总计160余万人，给照回籍就赈者尚不在数。③

（接上页注①）退不易，全家环泣天黄昏。天黄昏，更断魂，强颜乞食投豪门。豪门箫管多车马，一曲缠头珠盈把"；（陶誉相：《逃荒行》，同上，第558页）"少妇走千里，有家不能归。负儿复扶妪，涕泣沾麻衣。驻马问少妇，少妇增嘘唏。前年淮大水，夫死身无依。姑也年八十，形影难相离。薄田伤秋旱，无以供甘肥。远行可乞食，宁惮筋力疲。妾亦良家女，何以远行为？妾死姑亦死，妾生姑不饥。忍辱非苟活，此意无人知。"（姚镇：《流民叹》，同上，第560页）

① 张之洞：《张文襄公奏稿》第1卷，《畿辅旱灾请速筹荒政折》。
② 李文治：《中国近代农业史资料》第1辑，三联书店，1957，第746页。
③ 《时报》光绪三十二年十一月十六日、十二月二十四日。皖北亦"洪水为灾"，凤阳、颍州、泗州三府州"被灾情形尤重"，"遍野鸿嗷，流亡相属"，"转徙出境沿途倒毙者，道殣相望，惨不忍闻"。（李文海等：《近代中国灾荒纪年》，湖南教育出版社，1990，第724~725页）

1938 年人为造成的特大水灾，涌起流民巨潮。黄流滚滚，淮堤溃决，黄淮平原尽成泽国。水势所至，"澎湃动地，呼号震天，其惊骇惨痛之状，实有未忍溯想。间多攀树登屋，浮木乘舟，以侥幸不死，因而仅保余生，大都缺衣乏食，魄荡魂惊。其辗转外徙者，又以饥馁煎迫，疾病侵寻，不为溺鬼，尽成流民。"① 这次特大水灾，造成豫、皖、苏 3 省 44 县市受灾，死亡89 万人，391 万人流离失所，直接经济损失 109176 万元。

总之，鸦片战争以后的百余年中，中国战火连天，兵凶战危，加以饥馑，农民流离失所。一个流民被人问道："什么东西把你驱逐到这儿来的，离家这样远？"他的回答是："土匪、军队和饥馑。"② 确实，土匪、军队和饥馑是近代中国农民背井离乡合力中的重要驱动力。

第四节　宗族分裂和流民的产生

一　宗族制度及其功能

日人田中忠夫在谈到"中国农民的离村问题"时，特别强调"中国是宗法制度的社会，虽然到了现在还有极大的势力，所谓五世同居，七世同堂都视为宗族制度上的光荣，以故农村中聚族而居，有阻止移住他乡即离村的机会。"③ 金轮海亦如是观。④ 他们都认为宗族制度具有阻止农民他适的功能。笔者以

---

① 《中央日报》1938 年 6 月 11 日。
② 陶内著、陶振誉编译《中国之农业与工业》，正中书局，1937，第 96 页。
③ 〔日〕田中忠夫：《中国农民的离村问题》，《社会月刊》第 1 卷第 6 号，第 7 页。
④ 金轮海：《中国农村经济研究》，中华书局，1937，第 15 页。

为，这一观点还是值得商榷的。

宗族制度是封建时代的产物。到了近代，特别是随着中国最后一个封建王朝在辛亥革命的隆隆炮声中覆没，宗族势力已成强弩之末。尽管如此，宗族制度仍然根深蒂固。1932 年，蒋介石发布施行保甲的训令，试图利用宗族组织，以达到巩固其统治的目的。其训令称："我国农村家族制度本极发达，今犹牢守，犹谋地方安定，只有沿用家族制度中之家长以为严密民众组织之基础，乃可抓简而驭繁。否则事事均须直接个人，一切付诸全民公决，匪特一盘散沙，无从掌握，且恐绝对无法应付目前严重纷乱之环境。"① 宗族制度的强固性可想而知。在封建文化发达的地区，在经济落后、闭塞的地区，旧的封建桎梏往往具有顽强的生命力。如淮北地区，无论"行乞江湖为业"的丐帮，还是争夺生存资料的械斗，抑或为生存而结合抗清的"捻"，都以宗族血缘为纽带。再如湘赣边界，"社会组织是普遍地以一姓为单位的家族组织"②。田中忠夫所谓宗族制度到了近代"还有极大的势力"，斯言诚是。

宗族制度固然有阻止农民分化流动的功能。宗法所谓大宗"百世不迁"、小宗数世不迁、族人无能为生时可靠大宗养赡等组织法则以及"父母在、不远游"的伦理观念，合力发挥这种阻止功能。在《江苏省农村调查》、《安徽省农村调查》、《山东省华东各大中城市郊区农村调查》③ 等资料中，我们发现，直到解放前夕，在宗族聚居的地方，都保存有大量族田。宗族"公田"的收入主要用以祭祀祖宗、赡济族中鳏寡孤独废疾者以及

---

① 闻钧天：《中国保甲制度》，转引自姜涛：《中国近代人口史》，浙江人民出版社，1993，第 321 页。
② 《毛泽东选集》合订本，人民出版社，1970，第 73 页。
③ 华东军政委员会土地改革委员会 1952 年编印资料。

无以为生的无业者。这与清人陈盛韶《问俗录》中所述："本祭田之遗，济恒产之穷，上供祖宗血食之资，下为子孙救贫之术"，竟无轩轾之分。难怪长野朗说："受着家族制度束缚的中国人，他们不轻易出外找职业（有时是不自由的，有时因有人养活是无须的），即使……有职业，亦免不了家庭的束缚。结婚底自由及财产私有权都是不许的，几乎可以说为家族制度没却了个性，因此，要希望个人有极度活动是不能的。"① 马罗立也说，中国人口之所以过于拥挤，是有几个原因的，其中最重要的原因就是中国人数千年遗传下来的家族制度。他们总是喜欢聚族而居；他们不管人数多寡，将所有远支近亲都聚在一起。族中的青年子弟，其父母和祖父母一般都不愿他们出外谋生。②

宗族制度的一个特点是聚族而居。在这个小的社会文化圈子里，数代同居，相率畜子添孙。社会以"子孙绕膝"为福气。一般父母也视生子为宗族创造财富。婚姻的目的是为繁衍同族，使祖宗血食不致中折，故"无后"常为族人不耻。这些观念以及早婚、畜妾等习惯，加上自卫和生存竞争的需要以及传统农业经济对生产力的需要，使封建家族产生一种无限扩张人口容量的内在冲动，使得宗族人口膨胀，这就不可避免地发生宗族细胞分裂。在这个过程中，一些族人游离出来，有的就成为流民。

二 宗族"裂变"和流民的产生

要清晰显现宗族细胞分裂的情状，微观透视是必要的。1984年，笔者到淮北涡阳县调查捻军史迹，发现了《张乐行家谱》。

---

① 〔日〕长野朗：《中国社会组织》，朱家清译，光明书局，1930，第46页。
② 参见〔美〕马罗立：《饥荒的中国》，吴鹏飞译，民智书局，1929，第16页。

我们就此进行观察分析，或许能说明一些问题。

张氏始祖张桂于明末自山西省洪洞县迁来。其初侨居张大庄，后定居雉河集（涡阳）西北 15 里许之张老家村。张桂生有二子：长子张德用，次子张德庆。张德用有子二：长张魁，次张科；张德庆六子：张斗、张冥、张斟、张酌、张荦、张赴。这是第三世，大排行八人，后世族人统称"老八门"。因子孙众多，遂"分裂"，散居张老家、张双庄、张小庙、张大庄、张单楼、张暗楼、张土楼、张瓦房、麻窝张、洼张庄、擂鼓张、胡庄、小梁庄、马套楼、上肘庄、申庄、尹沟、梁园等 18 个村庄，因有"九里十八张"之称。

传至第四世，长门张文焕，二门张文绪、张二公，三门张从孟、张学孟、张仲孟，四门张志孟、张宗孟、张效孟，五门绝后嗣，六门张显周，七门张继孟，八门张思孟。

传至第五世，兄弟共 20 人，繁衍"分裂"为 20 门。其中第十一门张振光，是捻军领袖张乐行的六世祖。其他 19 门繁衍情况撇开不论。单就张振光一门而言，人丁虽没有他门兴旺，但也在很快增长着。

在张老家村东南里许，有张振光的墓地。墓地立有石碑，从左到右横刻"张氏小宗图"五个大字，正面记有张振光、张乐行以下各代宗谱。碑立于光绪三十四年（1908），立碑人是张乐行的侄孙张本立。

"小宗碑"上有序文，云："吾张氏祖谱于光绪初年。幸先哲虑远忧深，由始祖墓侧之宗图。令派衍支，门第亲疏，皆一叙明焉。余时逢凶荒，思代远年湮，遇兵燹，派衍失传。于是又叙吾小二门之宗图，敬勒诸碑，立于五世祖侧，俾春秋祭扫，得其仰观焉。噫！数百人之身，一人之身也，知念祖宗，以念族人，庶几亲睦之情，油然而兴，乖争之气，肃然而敛。即幼子童孙，皆知敦忠厚而戒浇漓，创业守成，缔嗣绪于无疆矣。"

除说明立碑原因外，还记录张振光一门的嗣绪。张振光生有四子：长张芬，次张芳，三张英，四张苑。各代宗谱见图2-1、2-2。

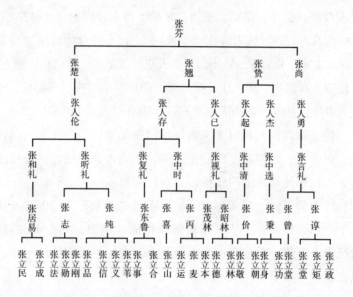

图2-1　张芬一门的宗谱

张苑一门此略。张芳一门，传至三世，迁居扬州。张英一门，传至张乐行，乐行之兄敏行复迁出张老家。

根据上述，张桂一族，自明末迁居涡阳，数百年间繁衍成庞大的家族。这个家族，大致每隔两代，即"分裂"一次，到十一世张乐行、十二世张宗禹，合族发动捻军起义。

除张乐行家族之外，捻军白旗旗主龚德树族号"九里十三龚"、红旗旗主侯士伟族号"九里十三侯"、黑旗旗主苏天福同宗共祖百余村、蓝旗主刘饿狼族数十村、蓝旗主任化邦一族遍布

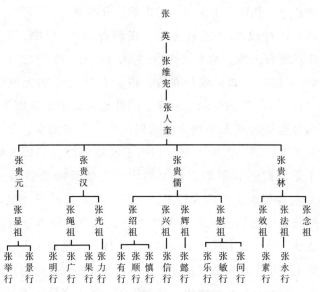

图 2-2 张英一门的宗谱

蒙城、宿县、濉溪境内。宗族结合成为捻军组织的核心。而捻军起义的发生无疑与宗族人口膨胀、流民众多有密切的关系。

宗族人口的膨胀，势必造成人多地少的矛盾。

众所周知，自商鞅变法、强迫分产以来，中国民间的继承制度就是诸子均分。"嫡庶子男，除有官荫袭先尽嫡长子孙；其分析家财田产，不问妻、妾、婢生，止以子数均分。"① 《英国皇家亚洲学会中国分会会报》亦称："中国关于继承的普遍习惯是：一个人所有的财产，动产和不动产，在他死后，都由他所有的男性子嗣均分，不论嫡庶。"② 这种均分制度，造成地权的分散。

---

① 《大清律例》乾隆六十年，第8卷，第32页。

② 《英国皇家亚洲学会中国分会会报》第23卷，见李文治《中国近代农业史资料》第1辑，三联书店，1957，第42页。

再大的产业，几代分下来，自然也就越分越少了。

以张乐行故乡张老家为例，在调查的 48 户中，有 16 户（54 口）没有土地，地不足 50 亩的有 14 户。48 户之外，还有至少 20 家佃户，如果统计在内，占总农户 56% 的无地少地农民也只占有 1.5% 的土地。这除了同姓地主集中土地因素之外，诸子均分也是造成人多地少的重要原因。人多地少，"他们所占住的弹丸之地，怎能支持他们那不断地增加着的族人底需要呢？于是他们底有限的田地上的出产，就渐渐地供给不敷起来。"① 这样至少产生两大后果：一是"逼着这社群分裂，分出来的部分另外到别的地方去找耕地"②，这个过程本身就是一次流民运动，至少给农民的分流创造了条件；二是地少人众，加上同姓地主集中土地，造成部分宗族人口的无地化，他们除承充佃户之外，有的只好易地谋生，成为流民。张氏宗族的情况大致如此。

解决宗族人多地少矛盾的途径，除到"别的地方去找耕地"之外，应该还有很多。如在皖南徽州，宗族聚居之风甚炽，"士夫巨室，多处于乡，每一村落，聚族而居，不杂他姓"③；"千年之冢，不动一抔，千丁之族，未尝散处，千载之谱系，丝毫不紊。"④ 加之这里是人口高压区，人多地少的矛盾更加突出。《徽州府志》记载："本府万山中，不可舟车，田地少，户口多。"⑤ 据统计，明代万历年间徽州人均耕地面积仅 2.2 亩，清代康熙年

---

① 〔美〕马罗立：《饥荒的中国》，吴鹏飞译，民智书局，1929，第 16 页。

② 《费孝通选集》，天津人民出版社，1988，第 103 页。

③ 转引自唐力行：《论徽商与封建宗族势力》，《历史研究》1986 年第 2 期，第 157 页。

④ 赵吉士：《寄园寄所寄》第 11 卷。

⑤ 《弘治徽州府志》第 2 卷，《食货志》。

间为 1.9 亩，道光年间只 1.5 亩。[①] 而根据当时的生产力水平，人均拥有耕地"约得四亩，十口之家，即须四十亩"才能维持温饱。[②] 顾炎武曾指出，徽州"大多计一岁所入，不能支什之一"[③]。但徽州有着商农"交相重"、"以贾代耕"的文化传统，"则事无常业而多商贾，亦其势然也"[④]。不少族规、家典上明文规定：族人"业无所就，令习治生理财"。对于"族中子弟不能读书，又无田可耕，势不得不从事商贾者"，要求"族众或提携之，或从它亲友处推荐之，令有恒业，可以糊口"[⑤]。由此我们可以理解徽州商人何以风云际会，历久不衰。

而在某些经济落后的地区，如淮北，贱商之风甚炽，除了实现与土地的重新结合外，再没有疏散宗族人口的有效途径。于是，许多族中青年子弟加入了流民大军。由此我们可以说，宗族分裂也孕育了部分流民。

第五节　流民现象发生的文化学考察

一　一种文化现象

流民现象无疑是一种社会现象。在西方文化社会学者的视野里，几乎一切社会现象都是文化现象。[⑥] 如此，把流民现象视为

---

① 据叶显恩著《明清徽州农村社会与佃仆制》第 40 页的统计，安徽人民出版社，1983.
② 洪亮吉：《卷施阁文甲集》第 1 卷，《意言·生计》。
③ 顾炎武：《天下郡国利病书·江南》。
④ 洪玉图：《歙问》。
⑤ 转引自唐力行：《论徽商与封建宗族势力》，《历史研究》1986 年第 2 期，第 144 页。
⑥ 参见司马云杰：《文化社会学》，山东人民出版社，1987，第 21 页。

一种文化现象，当然也是可以的。问题是，在产生流民的合力中有没有文化的因素起作用，倒是一个值得提出来加以讨论的问题。我以为，文化因素是有一定作用的，但是否具有普遍性则未必。在一些地区，特别是生存环境比较稳定的地区，文化因素甚至可以忽略不计，而在另外一些地区则比较明显，以至于我们探讨流民产生的原因时不能也不应该小视文化因素。如在山东有些地方，流民"游食四方，浸以成俗"，"几与凤阳游民同，到处流亡，以四海为家。"① 无怪逃荒流民诗咏道：

> 有田胡不耕，有宅胡弗居，
> 甘心弃颜面，踉跄走尘途。
> 如何齐鲁风，仿佛凤与庐。
> 其始由凶岁，其渐逮丰年，
> 岂不乐故土，习惯成自然。②

　　流民现象"浸以成俗"、"习惯成自然"，是值得注意的文化现象。这方面，属淮北地区的凤阳最具有典型意义。我们仅以此为案例，进行具体剖析。

　　提到淮北流民，人们很自然地想到了凤阳花鼓。其实，淮北流民与凤阳花鼓之间开始并无必然联系。凤阳花鼓是戏曲文化的一种，与我们所说的文化现象也不是一回事。不过，为了下文研究的需要，我们还是从凤阳花鼓谈起。

---

① 《乾隆沂州府志》第4卷，《风俗》。
② 陈登泰：《逃荒民》，见张应昌编《清诗铎》下册，中华书局，1960，第563页。

远在明朝中叶，凤阳花鼓就在我国江浙一带流传。明末画家顾见龙看过凤阳花鼓后，曾作《花鼓子》一图。到了清代，凤阳花鼓更加盛行。

清初，戏曲艺人将凤阳花鼓发展为独立的"二小戏"，名之《花鼓》，收入乾隆年间编纂的戏曲剧本选集《缀白裘》中。以后，凤阳花鼓在徽调、昆曲、京剧、湘剧、楚剧、秦腔、绍剧、傀儡戏、沪剧、蒲州梆子、云南花灯、黄梅戏等各类剧中以不同形式广泛流行开来。

我们考察凤阳花鼓的历史轨迹，旨在说明凤阳花鼓是一种地方戏曲，开始与淮北流民并无必然联系。但淮北流民为"壮家室流离之苦"，便与凤阳花鼓结下了不解之缘。凤阳花鼓的传播、繁荣与流民不无关系。但流民和凤阳花鼓的结合，使凤阳花鼓衍生出与戏曲文化不同的文化，这种文化可称为"乞食文化"，一种流动着的文化。流民流浪到哪里，这种文化随着流传到哪里，从而实现文化自身的传播、扩散，丰富文化自身的内涵。但以凤阳花鼓作为表现形式的"乞食文化"还不是流民现象成为一种文化现象的文化本质，至多不过是一种文化符号。

作者所以把淮北流民现象视为一种文化现象，归根到底不是因为凤阳花鼓的弥散，而是基于以下种种现象的考虑。

据《清稗类钞》的记载：

江、浙接壤处所，每入冬，辄有凤阳流民行乞于市，岁以为常。揣其乞食之由，则以明太祖念濠州（即凤阳府）为发祥之地，乱后，人少地荒，徙江南富民十四万以实之，私归者有重罪。富民欲回乡省墓，无策，男女扮作乞人，潜归祭扫，冬去春回。其后沿以为例，届期不得不出，遂以行乞江湖为业矣。①

就是说，行乞江湖已成为一种"沿以为例"的传统，这种传统一经形成，便具有了文化的传承性特征，甚至可以成为一种驱动力，使之"不得不出"。

朱元璋迁徙豪富是人所共知的事实，凤阳"编民"的逃亡也是周知的事实，但因所引为稗史资料，或不足为据。实际上这方面的材料还有很多，何嗣焜曾说"此辈秋收之后，年年南下，习以为常"②，《申报》所载"散之四方以求食，春间方归，以事田畴，谓之逃荒。此其相沿之积习也"③，都可以证明这是一种文化现象。

我们说淮北流民现象是一种文化现象，还在于这种现象已成为一种民风。《皇清奏议》记载说："凤、颍民风乐于转徙，在丰稔之年，秋收事毕，二麦已种，即挈眷外出，至春熟方归；歉岁尤不能无。"④《清稗类钞》也记载了淮北地区类似的情况。⑤

---

① 徐珂：《清稗类钞·乞丐类》，中华书局，1986，总第 5475 页。另有记载："江苏诸郡，每岁冬必有凤阳人来，老幼男妇，成行逐队，散入村落乞食。至明春二三月间始回。其唱歌则曰'家住庐州并凤阳，凤阳原是好地方，自从出了朱皇帝，十年倒有九年荒'，以为被荒而逐食也。然年不荒亦来乞食如故。《蚓庵琐语》云，明太祖时，徙苏松杭嘉湖富民十四万户以实凤阳，逃归者有禁，是以托丐潜回省墓探亲，习以为俗，至今不改。"（转引自天游：《凤阳花鼓发生的社会背景》，《申报月刊》第 3 卷第 7 号，第 78 页）
② 何嗣焜：《存悔斋文稿》第 3 卷，《致江苏刘景提刑书》。
③ 《申报》光绪二年十一月十二日。
④ 见李文治：《中国近代农业史资料》第 1 辑，三联书店，1957，第 106 页。
⑤ 徐珂：《清稗类钞·乞丐类》，中华书局，1986，总第 5486 页。

另据《凤台县志》的记载："民性不恋土，无业者辄流散四出，谓之趁荒，或弥年累月不归，十室而三四。"① 可见这种风习弥漫于淮北大部分地区。

淮北流民冬去春回，无论丰歉，习以为常。光绪三年，皖北丰收，而照例到扬州"逃荒"者不减往年，对此每有莫明其由、感到不可理解者，丰稔之年，何以"仍复络绎而至维扬也!"② 其所以感到不可思议，就在于没有看到这已是淮北民风、民性，是一种文化现象的缘故。

如果说凤阳花鼓是一种文化符号，"凤阳婆"同样是一种文化符号。在江南地方，人们看到女丐，无论其是否来自凤阳，一律称为"凤阳婆"③。在人们的心目中，"凤阳婆"已不再是凤阳女丐的专称，而仅仅是一种具有象征意义的文化符号。这是把淮北流民现象视为一种文化现象的旁证。

综合上述，我们有理由认为，淮北流民现象是一种文化现象。淮北流民行乞江湖，与这种文化因素促动有关。

任何一种文化，随着星移斗转发生变异外，还有传承性的一面。在 20 世纪 80 年代，在淮北大地上出现了一个万元户村——马家村。这个村子里，家家都是万元户，家家都靠行乞致富。马家村很早就有行乞的传统，据说当过乞丐的朱元璋就是从这儿走出来的。在这里，谁也不认为行乞不光彩。在他们看来，务农是副业，外出行乞才是正业。当马家村所属的镇委书记劝他们"转换观念"时，得到的回答是：

---

① 《光绪凤台县志》第 4 卷。
② 《申报》光绪三年十一月初八日。
③ 《新社会》民国 8 年 12 月 1 日。

"那咋行？呆在家里会活活闷死。"马家村人一副不乞讨毋宁死的神情。

"是不是乞讨比干活来钱快？"书记问。

"不全是，惯了。"

"改不过来？"书记步步深入。

"可以，到困进棺材那天就改了。"①

由此可见，行乞的"习惯"、"沿以为例"这种文化传统，直到今天，还能够支配人们的思想、行为，并且还在发挥它的驱动作用。② 这就不能不使人想到，应该对这种经年不改的文化传统，追究"何以至此"的缘由。

二 生存环境与文化现象发生的关系

淮北流民现象作为一种文化现象，有其发生的条件，即淮北人根据内在与外在的现实的生态条件，对自己的生存方式所作的选择③，这种选择就是一种文化选择。

文化选择是一个内涵丰富的概念，其中，生存方式的选择是

---

① 袁任标：《乞讨的中国人》，延边大学出版社，1994，第78页。

② 按：在20世纪末，乞丐流民现象在某些地方已经形成一种文化现象，这从刘汉太的《中国的乞丐群落》（江苏文艺出版社，1987）、贾鲁生、高建国的《丐帮飘流记》（山东文艺出版社，1988），曲彦斌的《中国乞丐史》（上海文艺出版社，1990）和袁任标的《乞讨的中国人》（延边大学出版社，1994）诸书中，可以找到根据，因此，流民文化现象实在是一个值得注意的问题。

③ 生存方式本身就是文化，梁漱溟把文化定义为"人类生活的样法"（《东西文化及其哲学》，上海商务印书馆，1929，第53页），日人西村真次也把文化定义为"生活的样式"（《文化移动论》，上海文化出版社，1989，第1页），都说明了这一点。

文化选择的核心。行乞江湖,作为对生存方式所作的选择即文化选择,是以现实的生态条件为根据的。现实的生态条件应包括三个方面的变量:第一,空间变量,即外在的地理环境气候条件等;第二,时间变量,即时异境迁导致人的生活方式的变化;第三,主体自身素质的变量。[①] 这里我们首先探讨行乞江湖这种文化现象的形成与生存环境的关系。

环境,从生态学上说,大致指外在的自然环境;从环境科学上说,则指人类生存环境。无论从哪方面说,自然系统对人类文化、人类行为都产生莫大影响,这是不言而喻的。流民现象的发生,自然系统是主要促动因素。凤阳花鼓唱道:

> 说凤阳,道凤阳,凤阳本是好地方。
> 自从出了朱皇帝,十年倒有九年荒。
> 大户人家卖田地,小户人家卖儿郎;
> 奴家没有儿郎卖,背着花鼓走四方。
>
> 白云千里过长江,花鼓三通出凤阳。
> 凤阳自出朱皇帝,山川枯槁无灵气。
> 妾生爱好只自怜,别抱琵琶不值钱。
> 唱花鼓,渡黄河,泪花却比浪花多。[②]

这里隐约可见生存环境与流民文化现象发生的关系。"自从出了朱皇帝,十年倒有九年荒","凤阳自出朱皇帝,山川枯槁

---

① 参见萧扬、胡志明主编《文化学导论》,河北教育出版社,1989。
② 《申报》民国 11 年 10 月 13 日。

无灵气"，都是说朱元璋的出现，给淮北人带来了厄运，生存环境恶化了，他们只得"背着花鼓走四方"，于是流民现象发生了。不过，要弄清生存环境与文化现象发生的关系，还必须考察淮北的生态环境。

正如凤阳花鼓所唱，淮北本来是个好地方，如宋代有"走千走万不如淮河两岸"之说。但宋明以降，整个淮北生存环境迅速恶化，其主要的表现，就是自然灾害连年不断。有人统计，从明初到 1840 年，凤阳共发生自然灾害约 100 次[①]，频率之高，实属惊人。明清时期，淮北大部为凤阳府管辖，凤阳的情况乃是淮北地区的一个缩影。

清末民国时期，淮北地区的生存环境益加恶化。据《清代淮河流域洪涝档案史料》、邓云特《中国救荒史》、安徽省地方志办公室编《安徽水灾备忘录》、王鹤鸣《安徽近代经济探讨》及有关地方志资料，近代淮北地区间隔不到一年就出现一次灾害，可谓"十年九荒"。这种频率不仅高于昔时，而且就全国范围来说也是罕见的。这意味着生存环境的每况愈下。淮北因而有了"穷山恶水地瘠民贫"之称[②]，这与"走千走万不如淮河两岸"之美谈，实有地狱天堂之别。

灾荒的愈演愈烈，使淮北人的生存环境如淮水之趋下，这首先给淮北人造成了很大的心理压力。如果说"沙漠天然食料造成困难，环境压力很大，故在人们心理上产生一种消极影响，觉得人们在大自然面前无能为力"[③] 的话，那么，过于频繁的自然

---

① 李絜非：《凤阳风土志》，《学风》第 6 卷第 4 期。
② 李絜非：《凤阳风土志》，《学风》第 6 卷第 4 期。
③ 刘献君等：《社会学》，科学技术文献出版社，1987，第 64 页。

灾害会产生同样的效应。

据孙家鼐奏称："滨淮一带，以光绪二十四年水灾为最广，其实二十三年先有水患，去年冬月水未尽退，雪泽又稀，二麦多不能种，则今春青黄不接，生计尤艰，名曰一年被水，实已三年歉收，是以民心益生惶迫。"①

一年被水，三年歉收。还未等恢复元气，新的灾难又降临了。至于旋种旋淹，淹复种，种复淹的情况，更是大水之年常见的现象。在这种"民天冲突"中，民总是无可奈何地失败了。这给他们心理上造成什么样的影响？《悲淮民》咏道：

悲淮民，

淮民大半作波臣。

千载神宫巨浸没，

百年祖墓深渊沉。

坏我室庐鱼游釜，

野老策堤勤奋土。

脚穿手烂不辞劳，

泥水齐腰草没肚。

以车戽水水未出，

一夜平添四五尺。

乍喜禾苗簇簇青，

旋惊波浪皑皑白。

呜呼河伯何不仁？

矫首呼天天冥冥。

① 《光绪朝东华录》，中华书局，1984，总第 4316～4317 页。

> 不愿俟河清，
>
> 但愿堤无倾，
>
> 河臣之绩勒贞珉。①

这首《悲淮民》正是自然灾害肆虐下的淮北人心态的写照。希冀、悲愤、无可奈何，都跃然纸上。

杨开道曾说过："天然环境的势力，不惟影响及农民的经济和生活，并且还深入他们的心理。因为天然势力的伟力不容易抵抗，所以常有崇拜天然的现象发生。农民心理，总是偏于消极方面，恐怕天然，希望天然，却不像科学那样，敢公然和天然宣战。"② 这里指出了"天然环境"与"崇拜天然"这种文化现象发生的关系。但对淮北人来说，"不仁"的"河伯"只能让他们恐惧。淮北人年复一年遭到天然环境的残暴，"是以民心益生惶迫"，积渐而成"恐荒症"——一种惧怕灾荒猝然而至的直觉反应。"其始由凶岁，其渐逮丰年"，正是在这种"恐荒症"的驱使下，淮北人即便是平年、丰年，农暇也要散之四方去"逃荒"——实为"备荒"，以防可怕的饥荒不期而至。于是，"逃荒"成了淮北人的本能代代遗传，且成了他们的第二天性——习惯。③ 流民现象作为一种文化现象，自然而然发生了。

---

① 张永铨：《悲淮民》，载张应昌编《清诗铎》下册，中华书局，1960，第472页。

② 杨开道：《农村社会学》，世界书局，1929，第62页。

③ 夏明方先生在谈到灾荒与流民的关系时指出，爆发性灾害激起爆发性流民所产生的惯性效应、积累效应固然应该注意，趋势性灾害在流民形成过程中的作用也不可忽视，"在此方面，池子华同志对淮北流民的研究颇有独特之处。的确，那些在丰收季节也照样'背着花鼓走四方'的凤、颍流民实际上是把逃荒变成'备荒'的手段，变成了他们在曾经是'走千走万不如淮河两岸'，而现在'十年倒有九年荒'、'山川枯槁无灵气'的灾害频繁的恶劣（转下页注）

三 主体素质与文化选择

行乞江湖，作为对生存方式所作的选择即文化选择，除上述空间变量外，还有时间变量，这从宋代"走千走万不如淮河两岸"到明清以来的"穷山恶水地瘠民贫"，已可窥见大概，在此不赘。这里着重考察主体自身素质的变量。如果我们稍稍留意，就会发现淮北和苏南、皖南形成反差极大的两个世界。在苏南、皖南，我们极少看到有以逃荒为业者，更不可能形成一种文化现象，这当然有许多原因，如相对于淮北而言，其生态环境比较稳定，灾荒较少，人无冻馁之虞等，但主体自身素质是不可忽视的因素，它往往成为文化选择的决定性因素。

主体自身素质不外乎数量和质量两个方面，其中主体质量与文化选择的关系最为直接，在此不能不加以探讨。

主体质量，除文化素质以外，精神风貌也是一个重要方面。

要对淮北人的质量作出鉴定，比较研究的方法是不可或缺的。我们比较的区域范围，限定在苏皖淮北与江南之间。

江南土壤肥沃，气候温暖湿润；河网密布，交通运输便利；人烟稠密，都市发达，工商业繁荣，长期以来就是全国经济重心。

（接上页注③）环境威逼之下，求存求活的一种第二本能了。只是著者又不经意地将其归咎于淮北人民整体素质的低下，从最初的动因上来说，却不免倒果为因了。"（夏明方：《民国时期自然灾害与乡村社会》，中华书局，2000，第109页）其实，笔者只是转换一下视角，希望能够从文化学的角度进行深度透视。"其始由凶岁，其渐逮丰年"，因果关系是显而易见的。实际上，正如石方先生所说："人口迁移产生的最初诱因可能是来自经济、社会、自然环境等因素的某一方面，但发展到后来往往是诸多的因素搅在一起相互为因。"（石方：《中国人口迁移史稿》，黑龙江人民出版社，1990，第28页）流民现象也是如此。

文化教育发达程度，至少在封建时代，是与经济的发达程度成正比的。江南既是全国经济重心所在，也是文化进步的地区之一。

梁启超曾著《清代学风之地理的分布》一文[①]，以清代461位学者作为研究的对象，寻出他们在地理上的分布。依梁氏研究所得，在这一个时代里，学者最多的地方，首推江苏（121人），次为浙江（90人），再次是河北（42人）、安徽（41人）、广东、湖南、河南……苏皖排名在前，两省合计162人，占学者总数的35.13%。学者是文化上的重要元素，是文教发达程度的重要标志。

但是，具体到江南、淮北区域，地理分布的南北差异性，立刻显示出来。这里仍以学者分布情况加以说明。

萧一山《清代通史》附有"清代学者著作表"。该表共列970人，江苏籍学者316人，占32.58%。在这316人中，江南占全省3/4。江南之中又以苏州府最盛（111人），其次为常州府（66人）、扬州府（47人）。而淮北海州倒数第一（1人）、徐州倒数第二（3人）。安徽情况大略相同。在"清代学者著述表"中，籍隶皖省者共85人，其中江南徽州府就占了40人，而淮北凤阳、颍州、泗州三府州，竟无一人。

再以科举人才而论。根据王树槐《中国现代化的区域研究：江苏省》所列"江苏省的进士百分比"统计，科举人才，以江南居多，占70%，其中又以常州府居多，次为苏州府，占22%。两者合计，即达45%。而淮北徐海两府合计，仅占到1%。[②]清

---

① 载《清华学报》第1卷第2期。

② 王树槐：《中国现代化的区域研究：江苏省》，台湾"中央"研究院近代史所1984，第51页。

代安徽进士共 1189 名，江南亦超乎其前，而淮北同样瞠乎其后。[①] 如淮北蒙城，"民气强悍，重武轻文，在前清时代百年间无得科第者"[②]。这种情况，在淮北是极普遍的现象。

人才分布的不平衡性，是与教育发达程度一致的，无论私塾，抑或官学、社学、书院、义学，其发达程度，江南、淮北均不能相提并论。仅以书院数目而论，江南居多，江北次之，淮北又次之。这种情况，与人才分布、各地人文盛衰相契合。

就一般情况而言，人文盛衰，是经济发展的不平衡性造成的，所谓"东南财赋地，江浙人文薮"即是。但人文盛衰，换句话说人的素质的优劣，反过来影响经济的发展水平，其如安徽之所以落后，人的整体素质较差就是重要原因。正如《皖政辑要》所云："本省物产丰饶，不亚江浙，言工艺独瞠乎其后，推原厥故，实由创办无人，改良无术，整顿无方，而贫瘠遂为东南诸省冠。"[③] 当然，如上所述，由于南北差异，不能一概而论。主体素质与经济发展的关系，与我们所讨论的问题无大关系，不拟在此展开。

主体自身素质的高下，在应付生存环境的挑战面前，就会表现出不同的能力差，这个能力差往往导致主体的文化选择在形式或内容上的差异性。

亨廷顿（Ellsworth Huntington）在所著《各种族之特性》（*The Character of Races*）一书里，将中国恋家的、守旧的、动作迟钝的北方人和积极的、前进的、性好冒险的南方人作出比较，

---

① 谢国兴：《中国现代化的区域研究：安徽省》，台湾"中央"研究院近代史所 1991，第 642 页。

② 《民国蒙城县政书》壬编《风土调查》。

③ 《皖政辑要·学科》。

把北方人如斯精神面貌，透过于数千年来所发生的饥荒磨折的结果。① 这种说法是有道理的，但并不全面。他着重从地理环境的角度，解释社会现象，解释种族特性，而没有将主体应付环境挑战的能力考虑进去。

就一般情形而论，主体素质高，应付环境挑战的能力也较强。他们有较高的智慧，思辨力强，能够对周围环境作出较为客观的分析与判断，能够选择较优的生存方式。江南徽州就是一个很好的例子。这里万山环绕，川谷崎岖，峰峦掩映，山多而地少。遇山川平衍处，人民即聚族而居。因人口膨胀，徽地所产食料，远不能满足徽地所居人口的需要。"于是经商之事业起，牵车牛远服贾，今日徽商之足迹，殆将遍于国中。夫商人离其世守之庐墓，别其亲爱之家庭，奔走四方，靡有定处者，乃因生计所迫。"② 正是由于生存环境的压力，徽商崛起，并在明清时代执商界之牛耳。

淮北人则不同。他们缺乏的正是这种可贵的创始精神，在环境的挑战面前，他们显得消极、畏缩、软弱无力。据《皖北治水弭灾条议》说："询访土风，农民习为广种薄收之说，布种以后，即仰赖天时，坐俟收获，全不加以人功，故发大水则成大灾，发小水则成小灾。"③ 不思进取，惮于图强，正是淮北人素质较差的表现。冯桂芬说"大江以南之农恒勤，大江以北之民多惰"④，这个比较大致如实。

如果说淮北人"惰"由于自然灾害的"磨折"，那么江南人

---

① 〔美〕马罗立：《饥荒的中国》，吴鹏飞译，民智书局，1929，第107页。
② 张海鹏、王廷元：《明清徽商资料选编》，黄山书社，1985，第7页。
③ 吴学廉：《皖北治水弭灾条议》，第10页。
④ 冯桂芬：《校邠庐抗议》下卷。

也同样遭受"天"的"磨折",但却能很快恢复元气。20世纪初一位曾到过淮北的美国观察家,做过这样的比较:

> (江南)尽管有可怕的涝灾,但人们由于有频年丰收的支撑,灾情一过便虎气生生、全力以赴挽回损失、重建家园,很快恢复元气;但皖北、苏北则不然,连年歉收好像上帝所为,于是人们吃掉耕畜,吃光种籽,卖掉土地,用尽钱财,在乞讨和行窃之间进行选择。而且选择也是不公平的,因为可偷抢的东西不多,强有力者始能为。①

这个比较有一定的道理。江南人的"虎气生生"与淮北人的"一蹶不振"恰成鲜明的对比。由此可以窥见,精神风貌作为主体素质的一个表现形式,与生存方式的选择即文化选择也存在一定的关系。

主体素质较高,适应环境的能力较强,在外部条件的刺激下,比较容易实现自身的转型。江南城市化的发展,他们是推波助澜者。江南农民转为工人,实现向上流动者所在多有,而淮北流民要么加入乞丐大军,要么以打工者的面目去干江南人不愿为之的工作。

当然,淮北素质较高之人亦在在有之,绅士即是。但他们在文化选择中所扮演的角色是出人意料的。据载:"江苏之淮、徐、海等处,岁有以逃荒为业者……其首领辄衣帛食粟,携有官印之护照,所至必照例求赈。且每至一邑,必乞官钤印于上,以

---

① Perry, *Rebels and Revolutionaries in North China*, 1845~1945, Stanford University Press, 1980, p. 47.

为下站求赈之地。若辈率以秋冬至，春则归农。盖其乡人，辄为无赖生监诱以甘言，使从己行，以壮声援。求赈所得，多数肥己，余人所获，不及百之什一也。"[1] 何嗣焜《存悔斋文稿》亦有类似记载。可见这些文化素质较高之人，有的不是引导农民如何改善他们的生存环境，而是"诱以甘言"，组织丐帮，自为首领，使"行乞江湖为业"的生存方式凝固化。

淮北人所以选择"行乞江湖为业"的生存方式，正如上述，由于主体素质较差，影响了他们对谋生之道的优化选择。无怪乎吴铤在《因时论》中说："民皆游手坐视，无以为生。此生之者未得其道也。"[2]

应该说，淮北还是有许多谋生途径的。

淮北是杂粮产区，这是他们的优势。据《涡阳县志》的记载，该县有用以磨面的小麦，用以榨油的芝麻、花生，靛蓝可做染料，桑可养蚕，水果可制糖，而所有这些潜力都忽视了。该县仅有的一项便是原料豆顺着涡河大量外运。[3] 凤阳的情况也是如此。该地年产黄豆 6 千石，输出 4 千石；绿豆年产 6 千石，输出 1 千石；豌豆年产 4 千石，输出 2 千石；豇豆年产 2 千石，输出 5 百石；高粱年产 8 千石，输出 1 千石。[4] 这本是发展工业的有利条件，但因缺乏人才，"新学无所发明"，只好让肥水外流。

总之，淮北人整体素质相对较差，成为淮北社会经济发展、走向近代的牵制力；同时，也由于素质差，应付环境挑战的能力差，决定了他们对生存方式的选择也是低层次的。曾官安徽知县

---

① 徐珂：《清稗类钞·乞丐类》，中华书局，1986，总第 5486 页。
② 转引自陈序经：《南北文化观》，《岭南学报》第 3 卷第 3 期，第 24 页。
③ 《民国涡阳县志》。
④ 李絜非：《凤阳风土志》，《学风》第 6 卷第 4 期，第 10 页。

多年的查揆在《论安徽吏治》中对淮北人和江南人的谋生之道做过这样一个比较，说："语云……'沃土之民不材，淫也；瘠土之民向义，劳也。'……江浙无田业者……皆有所务，自工商百艺各量其器质年力以赴之，虽有游民，不足为害。独淮泗之间，物产瘠少，贩易不通，逐末之利，罕知其术，于是不工商而贩妇女、鬻盐硝，不百艺而开场聚博徒，甚乃习教鸠集为不轨。在彼则沃土而不皆不材，在此则瘠土而不皆向义。"① 行乞江湖，毫无疑问也是淮北人选择的手段之一。当然，行乞江湖不能代表整个淮北人的生存方式。就生存方式而言，它还包括衣、食、住、行的习惯或方式等许多方面。行乞江湖只能被视为他们生存方式的外延。

---

① 查揆：《筼谷诗文钞》第 9 卷，《文钞》。

第三章　流民的流向

第一节 近代中国流民的流向宏观

一 流向的可选择性

研究流民，不可回避要研究他们的流向。

一般认为，所谓流民的流向，是指流民空间位移的方向。我认为，流民的流向除空间移动的方向外，还应包括职业流向。本章所谓流民的流向，即指空间流向和职业流向两个方面。

近代中国流民的空间流向，看似杂乱无章、无规律可循，其实不然。姜涛同志著《中国近代人口史》指出，由于人口分布地域的扩大和各地区人口发展的不平衡性，汉民族的人口迁移不再表现为以中原为惟一中心的"波浪式离心运动"，而是以秦岭—淮河一线为界，相当明显地区分出北方与南方两大地域系统。北方地区的人口迁移，很少越过此线而转向南方；南方地区的人口迁移，也极少越出此线以北。秦岭－淮河线虽无天险和人为禁阻，却是一道无形的屏障，分隔了南北两侧人口迁徙的洪流。① 这一观点，应该说是有一定道理的。

当然，流民的流向具有可选择性。这种可选择性，即便没有近代交通等因素，也可能冲破南北界线。

可选择性之一：经济落后地区的流民流向经济发达地区。如苏、皖淮北流民的空间流向，虽然可以用"饥民四出"，"散之四方以求食"来描述，但"江南流"是其主流。陶誉相《逃荒行》诗有云：

淮徐大水凤颍旱，
千人万人争逃荒；
逃荒却欲往何处，
闻道江南多富庶；
锁门担釜辞亲邻，
全家都上黄泥路。②

杨金寿《流民叹》诗亦曰：

黄河倒灌淮河流，
下河千里无平畴。
……
道旁借问何处行？
行人但指扬州城。
扬州富盐策，
酒肉朱门盈。③

---

① 姜涛：《中国近代人口史》，浙江人民出版社，1993，第 201 页。
② 见张应昌：《清诗铎》（下），中华书局，1960，第 558 页。
③ 见张应昌：《清诗铎》（下），中华书局，1960，第 560 页。按扬州也是淮北人心目中的"江南"。

这些都是很好的例证。在淮北人的心目中，江南是天堂，"江南行"是最佳的选择。在近代中国历史上，江南和东南沿海地区，是经济发达的地区，谋生较易，因此吸引大量流民前趋。

可选择性之二：人口高压区流民流向人口低压区或负压区。这在人口学上，被称为"人口压力流动律"。

假设某地区人口压力为 F，该地完全脱离生产、经营的物质资料的人数 u_1，半脱离物质资料的人数为 u_2，所有这些失业半失业人口在一年之内能够在当地重新就业的平均概率为 P，则

$$F = \frac{u_1 + \frac{1}{2}u_2}{P}$$

$$= \frac{2u_1 + u_2}{2P}$$

可见，F 是 u_1、u_2 和 P 的函数，也可写作

$$F = f(u_1, u_2, P)$$

F 的数值在各个地方各个时期经常是变动不定的。在一个较大的范围内，经常都存在因人口稠密、经济改组或政治事故而产生的人口高压地区，也经常存在劳动人口与生产经营资料结合较好的人口低压地区。某些地方有时还出现需求劳动人口的负压值地区。于是人口经常从高压地区流向低压地区或负压值地区。这就是人口因压力差而产生流动的规律。就是说如果甲地人口压力为 $F1$，乙地人口压力为 $F2$，且 $F1 > F2$，若无政治、社会、交通条件的限制，部分人口就会从甲地流往乙地。[1] 清初"湖广填四川"、近代山东（人口密度为每平方公里 225.16 人）流民大

---

① 见赵文林、谢淑君：《中国人口史》，人民出版社，1988，第 634 页。

量涌入东北（吉林人口密度为每平方公里 0.43 人、奉天人口密度为每平方公里 20.65 人)[①]，都是人口高压区流民流向人口低压区的例证。当然，正如竺可桢先生所著《江浙两省之人口密度》[②] 一文所云："人口之问题，不视乎一地之绝对人口密度，而视乎比较密度而定。所谓比较密度者，即一地现有之人口与其产量能供给之人口（饱和点）之比也。一地人口之饱和点，视乎四种原因而定：（一）能供给食物地亩之多寡，（二）每亩之生产量，（三）工业化之程度，（四）生活程度之高下。"也只有从相对意义上去看，才能理解人口相对低压的淮北流民流向人口高压的江南地区。

总之，尽管近代中国流民的流向是纷乱多元的，但明了其流向的可选择性，也是可以有章可循的。

二　空间流向的几股巨流

在近代中国，流民的潮流自始至终未曾枯竭，时而涓涓细流，时而滚滚洪流。由于流向的可选择性，也因此形成许多"蓄水池"、"泄洪口"。

关于流民的空间流向，学术界一直比较重视，并取得了相当的研究成果，如姜涛的《中国近代人口史》、行龙的《人口问题与近代社会》、何清涟的《人口：中国的悬剑》等著作，都有专章论述移民（自然包括"自发性移民"即流民在内）的流向问题。因此，笔者对此无须详加考察。这里，仅对空间流向的几股

---

① 据梁方仲：《中国历代户口、田地、田赋统计》之甲表，上海人民出版社，1981。
② 载《东方杂志》第 23 卷，第 1 号。

洪流，鸟瞰大端。

（1）趋边。向边疆地区扩散，是近代中国流民空间流向的一股巨流。这主要是人口压力流动律造成的。由于内地人口膨胀而边疆地区人口稀疏，内地抛向社会的流民除在内地寻找谋生手段之外，就是采取离心运动，大规模地向地旷人稀的边区分流，形成近代中国流民空间流向的一个显著特点。如湖北长阳县，"自去岁（光绪九年）水灾后，编氓向各处逃荒。嗣传得陕西某县大疫，地旷人稀，于是长阳县民争往开垦……甚有将田地屋宇变卖，作为路费。"① 在内蒙古地区，"中国内地的移民，犹若水之就下，他们避开不利的牧厂，流向比较自由的环境和容易获得土地的邻近蒙旗地带。"② 光绪末年，新疆地区"土户客籍，生齿日众，边疆安谧，岁事屡丰。关内汉回携眷来新疆就食……络绎不绝。"③ 此外，广西、云南、贵州、西藏、宁夏、甘肃等地，也都有大量流民汇聚。

在趋边的流向中，闯关东着实为引人瞩目的焦点。

关东是指吉林、辽宁、黑龙江三省。因东北三省位于山海关以东，故称。

东北土地之广大，人口之稀少，物产之丰富，早已是举世闻名的事实。日本人称之为东亚的宝库，欧美人则称它为亚洲的新大陆，世界各帝国主义者都曾垂涎于东北。正是因为关东资源丰富，地旷人稀，才成为流民潮趋向的"蓄水池"。

远在宋辽金元时期，就有汉族流民出关觅事，自清代以后，

---

① 《申报》光绪十年三月十九日。
② 安斋库治：《清末绥远的开垦》，见李文治：《中国近代农业史资料》第1辑，三联书店，1957，第847页。
③ 《光绪朝东华录》（五），中华书局，1984，第4922页。

逐渐汇合成一股波涛汹涌的洪流。尽管清王朝以东北为"龙兴之地",屡颁严令,厉禁汉人出关,但屡禁不止,流民"担担提篮,或东出榆关,或北渡渤海",多方闯关。道光以后,前禁渐弛,"游民出关谋生者,日以众多。"①

闯关的流民,以山东、河北、河南、山西、陕西人为多②,而其中又以山东流民为最。山东是"地少人稠"的省份,天灾人祸频仍,流民众多。晚清时期,"走关东"浪潮即蔚成大观。当时的关东地区,特别是奉天、锦州二府,人烟稀疏,颇多荒芜之地,稍加开垦,即成膏腴良田。因此,整个晚清时期,山东农民携眷负耒泛辽海而到二府垦荒者,不绝如缕。特别在光绪初年,山东亢旱,收成无望,人们扶老携幼,结队成群,纷纷出关觅食。据载:"山东避荒之人,至此地者纷至沓来,日难数计。前有一日,山东海舶进辽河者竟有三十七号之多,每船皆有难民二百余人,是一日之至牛庄者已有八千余名,其余之至他处马(码)头者尚属日日源源不绝。"③ 到了民国时期,特别是1922～1931年10年间,更形成山东流民走关东的狂潮。这除天灾人祸

① 徐宗亮:《黑龙江述略》第4卷,《贡赋》。同书第3卷《职官》亦称:"至咸丰、同治之际,直隶、山东游民出关谋食,如水走壑,稔知呼兰地利之区,竞赴屯庄佣工。积日既久,私相售卖,占地益广,聚徒益繁,虽欲恪守禁令,驱逐出境,势固有所不及。"
② 如《承德府志》第27卷记载说:"热河本无土著,率山东、山西迁移来者。口外隙地甚多,直隶、山东、山西人民出口耕种谋食者岁以为常。今中外一家,口外仍系内地,小民出入原所不禁,一转移间而旷土游民兼得其利,实为从古所未有。东自八沟,西至土城子一带皆良田,直隶、山东无业贫民出口垦种者不啻亿万,此汉、唐、宋、明所无。"在河南滑县,据《重修滑县志》第7卷的记载,"民国十七年户口调查,有他往人数男女总计九千三百九十余人。至十八年六月间,迁往东三省就食之民,又达六七千人之数。"
③ 《申报》光绪二年八月廿四日。

因素之外，近代交通的兴起，也是强有力的刺激。据《胶澳志》记载："每逢冬令，胶济铁路必为移民加开一、二次列车。而烟潍一路，徒步负戴，结队成群，其熙熙攘攘之状，亦复不相上下。综计一往一来，恒在百万以上；而移出之超过于归还，年辄五、六万人不等，近数年以政令之烦，军匪之扰，移出之数倍于往昔；且多货其田庐，携其妻子，为久居不归之计。"① 又据《东方杂志》的记载："山东人口每年减少二百余万；胶济铁路之调查，每日乘胶济车由青岛转赴东三省求生者，达三千余人。"② 总之，仅民国时期，山东流入东北的流民即达 1836 万人，其规模之大，"可以算得是人类有史以来最大的人口移动之一"③。正是他们，为东三省的开发做出了不可磨灭的贡献。④

（2）出洋。这指沿海一带农民，漂洋过海，易地谋生。海路因此成了中国流民潮的巨大泄洪口。

还在鸦片战争前，海路外流的农民日见其多。特别是清前期，生齿过繁，人口压力沉重，沿海居民被迫下海，屡见不鲜。尽管清王朝闭关锁国，厉行海禁，"有私自出海经商者，或移往

---

① 《民国胶澳志》第 3 卷，第 130 页。

② 集成：《各地农民状况调查—山东省》，《东方杂志》第 24 卷，第 16 号，第 134～135 页。

③ 《海关十年报告，1922～1931》第 1 卷，第 254 页，见章有义：《中国近代农业史资料》第 2 辑，三联书店，1957，第 638～639 页。

④ 《东方杂志》所载《满洲移民的历史和现状》一文，认为"闯关东"的流民潮，"于中国前途之影响有五：（一）解决民食问题，减少内乱之原（源）。（二）解决人口问题，使内地各省不致有人口过剩之患。（三）为中国民族向北发展之一新纪元——移民结果，可使东三省完全中国化。（四）开垦荒地，启发利源。（五）增加中国在满洲之势力，以御外侮（辱）而防侵略——进一步言之，可以强固东北之边防，而拱卫中原。"（朱契：《满洲移民的历史和现状》，《东方杂志》第 25 卷第 12 号，第 21 页）

外洋海岛等，应照交通反叛律处斩立决"①，但偷渡之事时有所闻。② 鸦片战争后，解除了海禁，遂涌起前所未有的出洋大潮。

在出洋潮中，下南洋（东南亚）始终是主要流向；出洋的流民中，福建、广东人始终居于绝对多数，这是因为自然环境及人文因素所致。如李长傅所言："一、广东、福建与南洋一海相隔，往返颇便。如自福建至吕宋岛，不过三百数十海里，利用季候风之力，三日可达，其便利可知。二、中国人因家族观念及儒教思想，不愿弃其祖宗坟墓而远客他乡。闽、广因开化迟，此种思想浸淫未深，且民性慓悍，海盗横行。对于乡土观念甚薄，故人民富于远游之心。三、闽、广海岸曲折，人民与海相习，故视海洋为坦途。如唐、宋、元、明出征南海，多以为征集军队之根据地，人民因熟练水师，其习于海外生活，自视为当然。"③ 但

---

① 《大清律例》第 225 条。

② 有鉴于此，1734 年（雍正十二年），清廷再颁禁令，严禁流民偷渡出洋，为此，制定了严格的赏罚条例，载入《大清会典事例》，规定："议准：人民偷渡外洋，该汛官弁拿获十名以上者，专管官纪录一次，兼管官毋庸议叙，兵各赏银二两。二十名以上者，专管官纪录二次，兼管官纪录一次，兵各赏银四两。三十名以上者，专管官加一级，兼管官纪录二次，兵各赏银八两。五十名以上者，专管官以应升之官即用，兼管官加一级，兵各赏银十两。赏银即于船户名下追给。倘不卖力稽查，致疏纵十名以上者，专管官罚俸一年，兼管官免议，兵各责二十板。二十名以上者，专管官降一级留任，兼管官罚俸六月，兵各责三十板。三十名以上者，专管官降二级留任，兼管官罚俸一年，兵各责四十板。四十名以上者，专管官降三级留任，兼管官降一级留任，兵各责四十板，革粮。五十名以上者，专管官降一级调用，兼管官降二级留任，兵革粮，枷一月，责四十板。其降级留任之人，如能拿获别案偷渡，按其所获名数抵消。若三年内稽查严密，汛内肃清，该督抚提镇题请开复。"（《光绪大清会典事例》第 623 卷，见陈翰笙主编《华工出国史料汇编》第 1 辑，中华书局，1985，第 2～3 页）尽管清廷煞费苦心，但流民"仍多私自出洋者。"（任光印、张汝霖：《澳门纪略》上卷，第 27 页）

③ 李长傅：《中国殖民史》，上海书店，1984，影印本，第 6 页。

是，经济的驱动因素还是至关重要的。表 3 - 1 是中国太平洋学
会 1935 年对出洋的原因所作的调查和分析。

表 3 - 1 出洋原因分析

出洋原因分类	所占百分比(%)	出洋原因分类	所占百分比(%)
经济压迫	69.95	行为不检	1.88
南洋的关系	19.45	地面的不靖	0.77
天灾	3.43	家庭不睦	0.77
企事业的发展	2.87	其他	0.88

资料来源：陈达：《南洋华侨与闽粤社会》，商务印书馆，1938，第48页。

上表可见"经济压迫"是基本的驱动力。此外，南洋谋生
较易，以及殖民主义者对廉价劳动力的大量需求，甚至用吸引人
的条件加以招诱。这对沿海一带无以谋生的农民不能不产生强大
的吸附力。如广东"生齿过繁，久有人满之患。三十年以来，
谋生海外者，其数既（即）逾百万。其始多不肖奸民，脱逃转
徙，以外国糊口较易，稍稍艰衣缩食，便能捆载而归；后遂有正
经商人，携本觅利者。如漳稽考每年归客之数，比之出门者，居
十之三四，则知得利不为少矣。而小民赖此一途，柔弱者不至于
饿莩，暴戾者不至为盗贼，岂非天之留此尾闾以惠粤民哉。"[1]
再如福建，"漳泉两府，地稀人稠，居民贫困者多无以为谋生之
术，幸海禁大开，于是相率出洋谋食者近至四百万人之多，皆散
见于南洋各埠，几乎无处不有华人足迹，极一时之盛。"[2]

---

[1] 何如璋：《复粤督张振轩制军书》，见李文治：《中国近代农业史资料》第1
辑，三联书店，1957，第941页。
[2] 《大公报》1902 年 6 月 25 日。

综观中国近代史，尽管出洋浪潮潮起潮落，但出洋人数呈现不断扩大的趋势。据统计，历年出洋人数累计见表 3 - 2。

表 3 - 2　历年出洋人数统计

年　份	出洋人数	年　份	出洋人数
1879	3000000	1919	6300000
1899	4000000	1921	8600000
1903	7300000	1923	8100000
1905	7600000	1925	9900000
1906	7700000	1929	10600000
1908	8600000	1929 ~ 33	11586252

资料来源：李长傅：《中国殖民史》，上海书店 1984，第 10、323、326 页。

在这千余万人中，"大部分华工都是以自由的身份出国的"[1]。所谓"自由的身份"，也就是我们所指的出洋流民。至于被拐骗的"猪仔"、"契约华工"，不属于本书考察的范围。但不论是"猪仔"、"契约华工"，还是以"自由身份"出洋的流民，无论他们流入何地，他们对人类文明所做出的贡献，是世界各国人民所公认的。"海峡殖民地总督瑞天咸氏，谓马来半岛之有今日，皆华侨所造成。前沙劳越王不律亦云，微华侨吾人将一无能为。由此可见华侨在世界近代史上之地位矣。"[2]

---

[1]　陈碧笙：《关于华侨史分期的几个问题》，见吴泽主编《华侨史研究论集》（一），华东师范大学出版社，1984，第 18 页。

[2]　李长傅：《中国殖民史》，上海书店，1984，第 19 页。又如美国加州的开发，华工同样功不可没，"当时加里福尼亚省尚未开辟，居民稀少，且以其地过辽远，交通不便，故人口增加极难。而各省之在加省之后而隶含众国者，其发达咸驾乎其上。盖加省虽多天然富源，但受种种困难，致无进步。其最缺憾者为铁路，而尤要者为一横贯大陆之铁路。次则为水陆交通，污（转下页注）

流民的空间流向，改变了近代中国人口分布的态势，使东西两部分人口分布的悬殊差距有所缩小。但空间流向只是手段，而不是目的。因此我们接下来考察他们的职业流向。

第二节　城市的近代化和城市流

一　近代工商业的发展与城市的近代化

如前文所述，流民大量地盲目地涌进城市，造成城市人口过度膨胀。无论传统型城市抑或近代城市，都颇感人满为患。

流民所以采取向心流动，原因是多方面的，其中城市的近代化所产生的拉力，是值得注意的因素。

中国城市的近代化过程，是近代新兴城市的崛起和传统城市走向近代的过程。由于影响城市近代化因素的多元复杂性，各城市近代化的进程有快有慢，发展极不平衡。总的来看，长江下游，尤其是江苏（包括上海）城市近代化水平是相当高的。

鸦片战争后，上海正式开埠。1845 年 11 月 29 日，通过《上海土地章程》，外国侵略者获得在华租界土地的特权。租界范围逐渐扩大，租界亦因此成为"国中之国"，成为西方文化的传播源。

上海对外开放后，很快形成全国对外贸易、工商、金融、传播西方文化的中心，确立了它在中国第一大近代都市的地位。在上海近代因素的辐射作用下，尤其是在商品市场、资金、人才、

（接上页注②）田亟待开垦，矿山亟待开掘，农田亟待耕种，各种实业亟待发展。后此种种事业之发展进步，使加省得有今日之富庶繁荣者，其成功之速，实非当时所预料。而该省所痛恶嫉视之华侨，实为造成此美满结果之要素焉。"（陈翰笙主编《华工出国史料汇编》第4辑，中华书局，1985，第114页）

科学技术设备扩散的影响、催化下，长江下游其他城市，如南通、苏州、无锡、常州、扬州、芜湖等，也开始了近代化的过程。①

　　"近代工商业的发展是城市近代化的核心。"②

　　鸦片战争后，如前所述，外国商品逐步占领了中国市场，打破了耕、织结合的自然经济体系，造成大批农村劳动力的失业。甲午战争后，西方列强通过《马关条约》，攫得在华设厂的特权，于是城市成了西方资本主义的生产中心。中国幼稚的民族资本主义工商业，也在本国封建势力和西方资本主义的夹缝中崛

---

① 其中无锡最为典型："无锡为江南富庶之区，地居苏常之间，运河贯通境内，舟楫往来如织，民智开通，尤富于实业思想。当有清光绪中叶（甲午乙未间），邑人已有器械纺纱厂（今之业勤）之设立，及清季复有机（器）磨粉厂、(保兴）机械缫丝厂（裕昌）之踵起。凡吾国内地重要工业，无不以锡山（即无锡）为先河之导。及沪宁铁路告成，交通更形便利，于是各地工业，日臻繁盛。夫吾国工业，本极幼稚，除一二通商大埠，如沪、津、汉三处外，内地几无重要工业之可言，独无锡以江南一邑，藉交通之便利，物产之丰富，人工之久受训练，遂使器械工业，逐年进步，至于今日，非特为江浙两省所仅有，实足为全国最重要之内地工业中心点。"根据 1929 年的调查，工厂企业计：纺织工业 5 家，缫丝工业 38 家，织布工业 18 家，面粉工业 4 家，榨油工业 4 家，碾米工业 14 家，铁工业 12 家，印刷工业 4 家，织袜工业 20 家，木器工业制皂工业各 4 家，电气、电话、制镁、造纸、工业各 1 家，共计 131 厂，计有资本总额 15790160 元，平均每家在 12 万元以上，工人总数 44790 人，每家平均在 240 人以上，"此仅就著名各工厂调查所及者言。其较小工业，未及调查者，尚不在内。"（张宗弼：《无锡工业调查》，《统计月报》第 2 卷第 6 期，第 56～57 页）无锡因此"一跃而为国内最大工业中心之一"，（童家埏：《无锡工人家庭之研究》，《统计月报》第 1 卷第 6 期，第 2 页）享有"小上海"之盛誉。（俭厂：《风化之忧》，《无锡日报》1918 年 5 月 15 日）
② 茅家琦等著《横看成岭侧成峰——长江下游城市近代化的轨迹》，江苏人民出版社，1993，前言。

起，步上近代化的道路。以上海为例，从 1860~1864 年 5 年中，上海成立了虹口、赛夺、柯立·蓝巴、祥生、德卢、旗记、耶松、莫立司、莫莱 9 家外资船厂。1895 年《马关条约》签订的当年，美商鸿源纱厂，英商怡和纱厂、老公茂纱厂，德商瑞记纱厂，便在上海建立。从 1895~1911 年，上海外资开设的工厂计 41 家，开办资本为 2090.3 万元，分别占这一时期外资在华设厂总家数的 45.1%，总开办资本的 42.8%。同一时期，民族资本经营的工厂有 112 家，占全国在这个时期新办民族资本工厂总数的 25.1%；开办资本 2799.2 万元，占全国总额的 28.6%。[①] 民族商业也有了较快发展，市场面貌日新月异。"繁华的南京路上，到了 20 年代前后，除了西商惠罗公司、泰兴公司、福利公司等著名公司外，华商公司、商场增加。曾经遐迩闻名的新世界商场，在 1917 年开办的先施公司、1918 年开办的永安公司等新颖的大百货公司面前，已略逊一筹了。"[②]

近代工商业的发展，当然需要大批的劳动力。于是，从农村游离出来的大批流民，自发地涌入城市，直接推动了近代工商业

---

① 茅家琦等著《横看成岭侧成峰——长江下游城市近代化的轨迹》，江苏人民出版社，1993，第 14~15 页。"日本在上海经济力之发展"，更是惊人，据记载："虹口到杨树浦迤逦一带几十里地方，差不多已为日人贸易和居住的势力范围，纺织公司林立鼎峙，如东洋纺、钟纺、东华纺、同兴纺、上海纺等。由杨树浦再上些，便是日本邮船码头，如汇山码头、大阪商船码头、满铁码头等。沿黄浦滨的建筑物，如正金银行、台湾银行、日清汽船公司、三菱三井两株式会社，都是厦屋巍峨，气象万千。还有沪西小沙渡的各纺织厂，也有好几家。日人的事业，除邮船、绸布、食料、杂物外，以纺织业为最盛，有内外锦、大日本锦、上海纺织、日华纺织、裕丰纺织、丰田纺织、上海制造绢丝等各大工场（厂），织机有一万座以上，占吾国纺织业十分之三，所雇华工共计五万多人。"（郁慕侠：《上海鳞爪》，上海书店，1998，第 2 页）
② 见唐振常主编《上海史》，上海人民出版社，1990，第 529 页。

的发展和城市近代化的进程。城市近代化与人口城市化可以说几乎是同步的。

对近代工商业的发展、城市的近代化、人口城市化这种三角关系，周谷城先生曾作过精彩论述。他说，产业界根本的变动，是发展都市的。矿业渐渐发达起来了，于是矿产之物无论在都市上销售，或运到国外销售，但总有一次或数次在都市上停留。矿产到了都市上，于是随着来到都市上的人又有大批：买的、卖的、运转的、改造的、使用的，也都聚集在都市了。这样一来，矿业的渐渐发达，便直接帮助了都市的发展。工业也是直接帮助都市之发展的。工业发达中显著的事实，便是大工厂的设立。大工厂既已设在都市上了，于是成千成万的工人便随着来到都市上。工人之外，一切直接或间接与工厂有关系的人，也一律来到都市上，或则在都市上长居，或则在都市上暂留。这样一来，工业的渐渐发达，也直接帮助了都市的发展。至于商业，那更不待说了。中国自从与外国人通商以来，商业一事，其发展之盛况为前所未有。商业发达，商人随着到了都市，商店也在都市上开设起来，商店主人、商店雇员也随着一天天的多起来。产业界的变动，直接帮助都市发展了，都市上的社会关系也一天天复杂起来。都市关系复杂了，都市上的社会意识也随着复杂起来。① 中国城市近代化的历史，大概如此。

二　流民进城的动机

随着城市近代化过程的加快，"人口也像资本一样地集中起来。"② 千百万农民流向城市，大大加快了城市近代化的步伐，

---

① 周谷城：《中国社会史论》（上），齐鲁书社，1988，第422~423页。
② 《马克思恩格斯全集》第2卷，人民出版社，1974，第300页。

也造成城市人口的膨胀。

　　这千百万流民涌起的城市流，必然各有各的目的，其动机的复杂性是可想而知的。所可惜的是，这方面的历史资料难求，我们不可能窥其全貌。笔者所能做到的，只是透过一些现象，进行分析，以见一斑。

　　对流民而言，经济利益是首要的。

　　城市是工商业中心，有着更多的从业机会。正如费正清所言："城市需要廉价劳动力用于开动纺纱机或拣选烟叶，或用于制造火柴、面粉、罐头食品、水泥和其他批量生产的商品的工厂之中。这些通过新建的铁路和汽船而能够得到的就业机会为那种封闭的农民生活提供了另外的选择。"[①] 流民流向城市，无非是想谋得一份职业，据《海关十年报告（1882~1891）》的记载："中国人有涌入上海租界的趋向……他们是被各种各样的就业机会吸引到这里来的。职员、外语通、经营广州零星装饰品的商人和餐馆的老板等，主要是广东人。买办、仆役、船员、木匠、裁缝、男洗衣工、店员则主要来自宁波。侍候外国妇女的大多数女佣以及本地人商店的刺绣工和妇女头饰工是从苏州来的。南京的男子经营缎子、玉石、钟表和钻石生意。"[②] 正是"各种各样的就业机会"吸引着流民向城市集中。

---

① 〔美〕费正清、赖肖尔：《中国：传统与变革》（陈仲丹等译），江苏人民出版社，1992，第449页。

② 徐雪筠等译编《上海近代社会经济发展概况》，上海社会科学院出版社，1985，第21页。在上海，最大的流民群体来自于苏北，有报道称，1935年前后，"江北贫民，来沪谋食者，不下数十万人，大都充当最辛苦之劳动生涯。"（朱懋澄：《劳工新村运动》，《东方杂志》第33卷第1号，第10页）到1949年，苏北人约占上海500万总人口的1/5。（马俊亚：《混合与发展——江南地区传统社会经济的现代演变（1900~1950）》，社会科学文献出版社，2003，第121页）

上海如此，其他城市概莫能外。如扬州，每到严冬，总有成千上万的流民来此谋食[1]；苏州，"每至荒年，（淮北流民）辄即扶老携幼，谋糊口于苏城，相沿成例。本年该处田稻亦有丰稔，而流氓之至苏者仍复纷纷不绝。现虽由沿途各州县随时阻拦，不令南下，而或推小车，或泛扁舟，三五成群，分道而至者，固已实繁有徒矣"[2]；镇江，每年都有数千人"前来寻求工作"[3]；开封，"以地相接近，故该（山东归德曹州一带）流民等尤为麇集"[4]；太原，"（山西）大多数农民发现他们的农田不能生产足以维持他们日常生活的粮食，都跑到省会太原去寻求仆役之类的工作"[5]；北京，"四乡来者日众"[6]，等等，不一而足。总之，无论是做买卖、当工人、寻找季节工抑或乞讨，城市总是比较容易满足其愿望的。流民之流入城市，所思所想，基本如此。古代如此，近代更是如此。

随着城市近代化的勃兴，城市与农村之间存在着经济位差，如表3-3所示。

表3-3　江苏城市与农村月工工资比较表

单位：元

地　区	上海	武进	无锡	无锡	吴江	南通	当地农村平均	
行业类别	制革	棉织	棉织	榨油	丝绸	榨油	碾米	雇农
供食工资	30	14	18	8.4	9	9	6	6.8
不供食工资	60	18	27	23	12	19.8	12	10.1

资料来源：《中山文化教育馆季刊》1934年创刊号。

---

① 《申报》光绪三年十一月初八日。
② 《申报》光绪三年十一月初二日。
③ 《海关十年报告：1912～1921》第1卷，第386页。
④ 《时报》光绪三十二年十月初二日。
⑤ 章有义：《中国近代农业史资料》第2辑，三联书店，1957，第639页。
⑥ 彭泽益：《中国近代手工业史资料》第2辑，三联书店，1957，第516页。

利益趋高机制，不能不令"食力之民，趋之若鹜"了。[①] 农民出租小块土地，索取收成的一定比额为酬，然后合家趋城，实现其发财致富之梦者，也不在少数。[②]

羡慕都市生活，盲目流入城市，以求逃脱农村者，亦不乏其人。据河西太一郎的观察，城市本来就对农民有吸引力，这里物质生活发达，精神文化生活更是丰富多彩，非农村所能相比。因此，饱尝田耕之苦、单调无味生活的农夫，对城市深为羡慕，心向往之。一旦机会合适，农民逃脱农村，移住城市，也是自然的事。[③] 翟克就强调说："都市的嘈杂群体，色镜眼的生活及令人眩惑的光彩，实足以引诱饱尝田园的单调孤单之人。都市为智识思想美术文艺及音乐之中心，各时代之有效事业得见于都市之构造、机关、博物馆、会馆及市场之中，时时有世界新闻、有绘

---

① 陈炽：《续富国策》第 1 卷，《讲求农学说》。利益趋高流向的例子很多，如上海青浦县，"乡村妇女，助耕……之外，兼乃纺织为业。光绪中叶以后，梭布低落，风俗日奢，乡女沾染城镇习气，类好修饰，于是生计日促。一夫之耕不能兼养，散而受雇于他乡者比比。尤以上海为独多，利其工值昂也，谓之做阿婆"（《青浦县续志》第 2 卷，《风俗》）；嘉定县真如"女工殊为发达。盖地既产棉花，纺织机杼之声相闻，而又勤苦殊甚，因非此不足以补家用也。所织之布名标布，缜密为全邑之冠，年产百余万匹，运销两广、南洋、牛庄等地。自沪上工厂勃兴，入厂工作所得较丰，故妇女辈均乐就焉"（《真如志》第 3 卷，《实业志》）；无锡农民"既以致力田亩，有终岁辛勤之苦，得雨淋日炙之苦，且所得又不若工商之丰，故就事工商业者，则日见其多也。"（《无锡县农村经济之调查》第 1 集，江苏省农民银行 1931 年刊行，见冯和法编《中国农村经济资料》上册，台湾华世出版社，1978，第 390 页）

② 如在江苏宜兴，"有些自耕农甚至宁愿把土地分别出租给他人，自己跑向市镇去。这里显然可以看出市镇人口所以逐渐增加的答案了。"（汪疑今：《中国近代人口移动之经济的研究——江苏人口移动之一例》，《中国经济》第 4 卷第 5 期，第 12 页）

③ 〔日〕河西太一郎：《农民问题研究》，周亚屏译，1927 年出版（出版社不详），第 23 页。

画、建筑及艺术之展览，各种之娱乐适合各之阶级。有种种之职业适应各人之性向技能及趣味，这样与各人的现实底满足，焉有不吸引农民呢?"[1] 当然，农民流向城市，最根本的动机是求得物质生活的满足。至于个人性向的发展，精神生活的需要，却在其次。但惑于都市文明而盲目入城，企图摆脱单调孤单生活者，也大有人在。如湖北孝感，"乡民因农村生活艰苦，羡慕都市繁荣，离村外出者，亦日渐加多。所去之处，以汉口为多。"[2] 又据1929年《一千四百余游民问话的结果》统计，这些游民在未经收容以前之职业：无职业者310人；小工328人（包括码头小工96人）；小贩215人；退伍兵138人；店伙130人。"而最值注意者则有农夫五三人，询其故，无非艳羡都市文明，欲向都市中讨生活，结果仍无所获。"[3] 我们无从得知这53人来自何方，但至少说明这种动机是存在的。[4]

　　流民是一个复杂的群体，流民之流向城市，其动机当然也是

---

[1]　翟克：《中国农村问题之研究》，国立中山大学出版部，1933，第36页。

[2]　陈伯庄：《平汉沿线农村经济调查》，见章有义：《中国近代农业史资料》第3辑，三联书店，1957，第901页。

[3]　《一千四百余游民问话的结果》，《社会月刊》第1卷第4号，第4页。

[4]　"陈小狗的父亲"就是一个典型的个案："都市物质的诱惑因此抛却了业务（务农），转移到都市里去的，逐渐增多；并且有时又从都市里带了些光彩回来，样样都是新闻，样样都是值得久居井底的农夫农妇们的羡慕和赞赏。并且都市里的生活，事实上确比终天埋头在腥臭的泥土之间底乡村生活，是要高明得多，因此居然成了一种风气，大家都掉转脚跟向着都市移动。陈小狗的父亲，早就听到了这些消息，一个都市的美丽底憧影，时时在他脑子里活跃。这一次，却是他走向都市的绝好底机会了。他看着大家都毫无留恋的飘然而去，一发激动了他的美丽底都市之梦，他想：'还是走了吧，管他妈的。'于是和他亲爱的妻子，简单的说了他的意思之后，便挺着光身，落荒而去。"（绿藤：《饿殍》，《劳工月刊》第1卷第4期，第140页）

复杂多元的，由于资料所限，我们难测底蕴，只有待以后发掘资料来进一步验证。

三　城市流民的"职业"构成

所谓流民的"职业"构成，即指流民赖以谋生的手段。流民对谋生方式的选择可谓五花八门，有的不能称为职业，笔者将"职业"两字加引号，意即在此。

流民的"职业"是多种多样的。南京大王府巷棚户区是淮北流民聚居的地域。从他们赖以谋生的方式中，我们可以对流民的"职业"构成有一个一般性的认识。

表 3－4　南京大王府巷棚户人口之"职业"

职　业	数量（人）		占有业者总数之百分数（%）	
	男	女	男	女
运输业	151	0	20.1	—
手车夫	133	0	17.6	—
独轮货车夫	10	0	1.3	
马车夫	5	0	—	
汽车夫	2	0	—	
载重货车夫	1	0	—	
小贩	351	40	46.7	16.5
拾破布	83	9	11.0	—
卖破布	72	1	9.5	
卖旧货	43	8	16.2	
卖糖果	40	4	5.3	
卖杂货	20	2	2.6	
拾煤屑	18	11	2.4	4.9
卖烧饼	4	0	—	
卖白铁	11	0	1.5	—

中 国 近 代 流 民

职 业	数目（人）		占有业者总数之百分数（%）	
	男	女	男	女
其他	56	5	7.4	—
家庭工业	78	138	10.4	57.3
烧饼	18	8	2.4	—
玩具	11	2	1.5	—
手工	31	0	4.1	—
缝鞋底	0	105	—	43.6
其他	18	23	2.4	9.5
家庭服役	14	5	1.8	2.1
工人	9	3	—	—
女佣	1	2	—	—
厨子	2	0	—	—
侍役	1	0	—	—
门房	1	0	—	—
其他	0	0	—	—
专门业	11	2	1.5	0.8
歌唱	5	2	—	—
医生	3	0	—	—
巫卜	1	0	—	—
其他	2	0	—	—
公共服务	26	0	3.4	—
兵士	12	0	1.6	—
警察	4	0	—	—
军官	1	0	—	—
其他	9	0	1.2	—
农业	9	2	1.2	0.8
农夫	5	0	—	—
园丁	4	2	—	—
渔业	15	0	2.0	—
其他职业	95	54	12.6	22.4
苦力	68	1	9.0	—
杂作	27	53	3.6	22.4

职　　业	数目（人）		占有业者总数之百分数（％）	
	男	女	男	女
有职业者总计	750	241	99.7	99.9
无职业者	284	465	—	—
未详	159	344	—	—
总计	1193	1050	—	—
有职业者百分数（％）	62.9	23.0	—	—

资料来源：《南京大王府巷棚户区（江北移民区）之调查》，金陵大学社会学系论文，见柯象峰：《中国贫穷问题》，正中书局，1935，第 115～119 页。个别地方统计不够准确，照录。

这是一份极为难得的统计材料，虽然个别地方不是很精确，但其调查范围之广，职业分类之详细，都是值得注意的。透过这份统计资料，我们大体明了流民的职业构成。从这份资料显示的职业情况，我们可以发现一些值得深思的现象：男子职业主要为"小贩"，若拾破布、卖破布、卖旧货、卖糖果、拾煤屑等项，约有 351 人，占全体在业男子的 46.7％；其次为车夫，约 151 人，占 20.1％。而女性则以做鞋底等家庭工作较多，约有 105 人，占在业女子的 43.6％[1]。可见，他们从事的主要职业多属粗贱职业，而为产业工人者却寥寥无几。

---

[1] 在上海，淮北女性流民从事的职业中，还有所谓"缝穷"："缝穷一业，大半为江北籍妇人充之。她们臂膊上挽了一只竹篮和一只小凳子，篮中放着剪刀、竹尺、线团和碎布之类，在路上走来走去地兜揽生意。她们的主要营业是替人缝袜底做脱线和补缀衣服上的破洞眼。店家的伙友、厂中的工友与商铺中的学徒，因为妻室和家长不在上海，故缝袜底和补衣服等工作都要叫缝穷去做，因此缝穷的生意也很好。至缝穷两字的解释，是专门替代穷人做工，故名'缝穷'。干这种活计的妇人，如果要统计一下，为数却着实不少。"（郁慕侠：《上海鳞爪》，上海书店出版社，1998，第 153 页）

其他城市的流民"职业",大致也是如此。据《江苏省乡土志》所载:"江北农民生殖率比江南为高,失业者众。无田可种之壮丁,即奔往镇江、苏州、上海一带做苦工与拉车。……据调查者之观察,车夫所食,大都为粥为菜根,所著为褴褛之衣,所住为潮湿草房。至于诉讼、装饰、礼物等费,无所措手,教育、娱乐等费,更为梦想。偶有不幸患病者,生活立即发生问题,故车夫之子孙,大多做拾荒工作,或作街头小乞。如其所入不敷缴纳租价,三日之外,便不能继续租车为活。即使不生病,不逢其他额外开支,只三日生意清淡,收入不够缴纳租金,彼等即有讨饭之危险!"① 可见,不仅职业粗贱,而且极不稳定。②

流民的谋生方式所以多属粗贱,原因很多,其素质差是其中一个方面。正如柯象峰所分析的那样,南京大王府巷之棚户,"所以贫苦是因为收入少,收入少是因为他们的技能低。"③ 正因为流民素质较差,所以"生长在江南的儿女们,年年看见江北人来到江南各县的城市做小贩,做厂工,做黄包车夫,做一切下

---

① 《民国江苏省乡土志》,第363~364页。

② 小汤的经历就很有代表性:"他刚到上海时,遇上租界扩充,城市建设工程正在大规模地进行,只有13岁的小汤,马上跟着父兄与姊夫一起推小车搬运建筑材料。后来这个工作不需要了,他就改拉人力车。第一次世界大战后,上海民族资本经营的工业有所发展,他就进了五洲肥皂厂当临时工,扛了3年杠棒(即搬运工),才补上了正式工。没有几年,日寇侵占上海,五洲厂生产紧缩,便告失业。他无奈借本作小贩,无法生活,乃冒险去'背米'。抗战胜利后,他又拉起人力车,以后改踏三轮车苦挨时日,直到上海解放"。这个个案说明流民"工作极不稳定,反复地就业与失业,而且总是逃不了日益贫困的命运",这是他们"职业生活的共同特点。"(上海社会科学院经济所城市经济组编著《上海棚户区的变迁》,上海人民出版社,1962,第46~47页)

③ 柯象峰:《中国贫穷问题》,正中书局,1935,第114页。

贱的事。"①

城市是生存竞争激烈的地方。那些携带儿女流向都市的流民们，有的固然梦幻成真，有的则在竞争中被淘汰。在社会流动中，流民可以去选择职业，但他们的选择往往是不由自主的，职业选择流民的现象显得更为普遍。"运气较好的人，当体力顽健的时候，可以不断地获得这个职业或是转到那个职业，报酬也相当公平"；"运气较差的人，身体弱的人，年龄老的人，就碰命运维生。"② 他们有的流为乞丐，有的流为盗匪，女的堕入风尘者也不在少数。在近代工商业崛起、城市近代化进程加快的过程中，服役性职业也因此发达起来。

第三节　农村流的扩散

一　走不出的黄土地

农村流，原是封建社会内部人口迁移流动的基本形式，是一种古老的人口迁移流动形式。这主要是由于传统农业经济占主导地位以及城市化水平低造成的。1840 年以后，中国虽然走向近代，但由于社会经济形态没有发生质的变化，这种古老的人口迁移流动形式仍然普遍存在于全国大部分地区。

1935 年中央农业实验所曾对作为流民基本流动形式的农村流所占的比重作过一次调查。结果是在全家离村的农户中，到城

① 吴寿彭：《逗留于农村经济时代的徐海各属》，《东方杂志》第 27 卷第 7 号，第 69 页。
② 陶内著、陶振誉编译《中国之农业与工业》，正中书局，1937，第 155 页。

市做工和谋生的占36.7%，到城市或别村逃难的占21.9%，到别村种田或开垦的占21.8%，其他占19.9%。又据同一调查，青年男女离村之去处所占百分比，如表3-5。

表3-5　青年男女离村之去处所占百分比

单位：%

地　区	到城市工作	到城市谋事	到城市求学	到别村做雇农	到垦区开垦	其　他
总　计	27.7	20.1	17.5	22.6	5.9	6.2
察哈尔	29.5	18.8	12.3	31.6	5.6	2.2
绥　远	24.3	9.1	10.4	29.3	17.5	9.4
宁　夏	24.4	9.4	9.1	46.5	1.2	9.4
青　海	23.5	19.1	13.9	25.5	15.9	2.1
甘　肃	24.4	14.9	14.4	30.6	4.2	11.5
陕　西	23.9	22.1	15.7	26.8	6.6	4.9
山　西	24.9	24.3	16.7	20.3	10.0	3.8
河　北	30.8	21.4	16.4	22.2	4.7	3.8
山　东	28.9	19.0	18.7	20.2	8.2	5.0
江　苏	35.5	21.9	15.3	19.2	4.1	4.0
安　徽	28.1	19.2	15.1	26.2	3.9	7.5
河　南	23.9	18.1	24.8	23.1	5.9	4.2
湖　北	24.1	21.9	15.1	31.2	2.6	4.6
四　川	25.6	21.5	19.1	23.3	3.8	6.7
云　南	21.8	17.2	20.4	25.2	7.3	8.1
贵　州	19.7	19.2	10.4	25.9	11.0	13.8
湖　南	27.2	18.8	20.0	17.6	4.2	12.2
江　西	28.3	26.2	12.6	16.6	4.0	12.3
浙　江	35.9	16.9	16.5	22.4	5.3	3.0
福　建	24.8	18.6	14.2	19.1	6.3	17.0
广　东	30.8	21.6	16.8	16.1	4.4	10.3
广　西	26.0	18.1	25.1	20.2	6.3	4.3

资料来源：《农情报告》第4卷第7期，第178页。原注：其他一项，包括赴国外谋生、当兵，赴淮河流域开河及不属于上列各项之原因者。

118

就是说，到别村去做雇农或开垦的流民至少占 28.5%。这个统计说明，"农村流"量略小于"城市流"量。但由于种种原因，我们也可以看到相反的情况。[1] 这就使我们对农村流所占的比重难以作出比较精确的评估。尽管如此，农村流占有相当高的比例，则毋庸置疑。欲令中国农民走出黄土地，实在是困难万分的。

以淮北流民为例。淮北流民以向南方乡间流动者居多，或长驱直入，渡江南下，或渐渐推进。长江以南、江淮之间，都有淮北流民散布。这种流向，使人口学"狭乡流向宽乡"的人口移动规律无法解释。但南方自然资源较淮北富裕，又使这种流向具有一定的必然性。

流民南向，或从此落地生根，或作为"候鸟人口"随季节变化南来北往。凡此，使江淮之间、南方各地乡间以及城市郊区，都有一定比例的客籍人口。

如盱眙县，"光绪十六年……土户二万三千三百四十户，男五万九千五百八十三丁，女四万五千四百六十四口；客户七千一百六十四户，男一万八千五百六十五丁，女一万二千四百四十三口。"[2] 这 31008 人，多由淮北迁来，所谓"泗民避水，亦多迁于盱"[3] 即是。

又如光绪六年，移入宜兴之民计 4317 人，其中来自河南者 2268 人、浙江 647 人、江北 1402 人。[4] 无锡、金坛、六合等县，亦有大量流民迁入。[5] 民国元年至民国 23 年，移入句容者 4680

① 孙本文：《现代中国社会问题》第 3 册，商务印书馆，1946，第 52 页。
② 《光绪盱眙县志稿》第 4 卷之《田赋》。
③ 《光绪盱眙县志稿》第 1 卷之《疆域》。
④ 《光绪宜兴荆溪志》第 3 卷，第 3 页。
⑤ 张心一等：《试办句容县人口农业总调查报告》，民国年刊，第 154 页。

户，多由淮北地区而来。①

流向城市郊区的也很多，如上海郊区江湾乡，"有相当数量的外乡人，大多均已落户，其成分较为复杂：有些是苏北、皖北等地逃荒来的农民，他们都开荒或租种若干土地；也有做小贩或有子女去工厂做工的。"②苏州郊区的外籍人口也很多。如苏州市郊共 27549 户，125973 人，其中苏北、浙江等外籍户计 18313 户，占总户数的 66.47%；外籍人口计 78945 人，占总人口的 62.67%。③那些行踪飘忽的流民还未统计在内。

至于农村流的职业构成，要比城市流的职业构成单纯得多。而且，农村流民对职业的选择，也可以在当地即不经过远距离空间运动来实现。这一点，与城市流略有不同。

农村流民对职业的选择，比较普遍的是重新回到土地，但不是占有土地，而是以其劳力，受雇于人，实现与土地的结合。他们被称为佣工、雇工或杂户、浮客、浮食游民，是"没有生根的"农村无产者。这些"没有生根的"人，在全国各地都能见到。如浙江长兴县，"自粤匪乱后，客民垦荒，豫楚最多，温台次之。农忙作散工者，夏来冬去，又数千人"④；河南"农村中贫困的农民离乡背井、出外谋生者，一天天增加，也是农村经济极度衰落的一种反映。滑县、封邱、阳武、原武、延津诸县，每年总有大批农民，成群结队往山西去，多数当雇农，少数租地

---

① 见王树槐：《中国现代化的区域研究：江苏省》，台湾"中央"研究院近代史所，1984，第 454 页。

② 《上海市郊江湾乡农村情况调查》，见华东军政委员会土地改革委员会编《山东省华东各大中城市郊区农村调查》，1952 年印行，第 144 页。

③ 《苏州市郊区土地关系的特点》，见华东军政委员会土地改革委员会编《山东省华东各大中城市郊区农村调查》，1952 年印行，第 170 页。

④ 《民国长兴县志拾遗》下卷，第 13 页。

耕种"[1]；东三省"由中国内部移往东北的居民，大多是一贫如洗的贫农和灾民。他们不但绝无购买或承领荒地的能力，也无抢垦底可能，甚至初到时连独立租地耕种的能力都没有。他们既不能得到当地政府之经济上的帮助，又不能获得地主底相当的宽待，因此初到时大多只能当雇农。"[2]

佣工，有长短工、月日工、季节工等形式。

对南向的淮北流民来说，季节工是比较普遍的。南北收获季节相错，为这种雇佣形式提供了可能。以稻米生产为例。江北各县盛产籼稻，下种早而收获亦早，普遍均在清明、谷雨间下种，立夏、小满间移植，白露、秋分前后收获，其收获期之尤早者，往往在立秋、处暑之间。苏、常、淞沪一带则以种植粳稻为多。粳稻多在立夏后下种，芒种后移植，白露、霜降之间收获，其尤迟者，乃至立冬左右，方始收获。大江南北，稻谷收获期相差达两月以上。"因此江北一带之劳动阶级，每于收获后，渡江南下，求佣于江南农家，晚稻收获后，方再北回。"[3] 至于旱季作物，除季节差外，经营每多粗放，这就连拥有小块土地的农民也要南向求雇于人，期得额外之收益。[4]

淮北流民南向，从事垦殖的亦复不少。如太平天国失败后，江、浙、皖三省"被贼蹂躏之地，几于百里无人烟。其中大半人民死亡，室庐焚毁，田亩无主，荒弃不耕。"[5] 由此形成淮北

---

① 张锡昌：《河南农村经济调查》，《中国农村》第 1 卷第 2 期，第 62 页。
② 冯和法：《中国农村经济资料》下册，台湾华世出版社，1978，第 997 页。
③ 胡焕庸：《江苏省之农产区域》，《地理学报》1934 年创刊号，见胡焕庸：《论中国人口之分布》，华东师范大学出版社，1983，第 3 页。
④ 窦镇山：《宦吴禀牍》第 85 页，《禀武进沙洲被灾查勘办理情形》。
⑤ 王韬：《弢园文录外编》第 7 卷，《平贼议》。

农民南向垦荒的高潮。经过垦荒，他们有的变成小土地所有者，有的成为佃农，有些则受雇于地主。以来安为例。该地在太平天国失败后，耕地大多荒芜。地主、恶霸、官僚等趁机凭其封建势力，将山冈野地掠为己有。如半塔整个山区几乎都是向、田、朱、冯等姓地主的土地。起初半塔仅有少数熟田，后有淮北泗州、宿县、灵璧、睢宁等县受水灾的流民及山东费县、滕县等地区受旱灾的农民，逃荒至此，受雇于人。地主为扩大剥削收入，凡是避水、旱灾荒来此的农民，都督促他们开垦。这些逃荒的流民，为维持生存，只得为地主垦荒。辛勤的耕作者，而将荒瘠的土地，开垦成为地主的良田。[①]

随着工商业的发展，城市近代化进程的加快，江南农民流入城市，雇农由农转工者大有人在，农工缺乏。北方流民的南下，正好填补了这一空缺。如无锡"水陆交通，为米、麦、杂粮汇集之所，以故堆栈林立。在昔农闲之候，农民之为堆栈搬运夫者甚多。近年来各种工厂日见增多，而乡间雇农，大都改入工厂矣。……雇农均来自常熟、江阴、江北。工价年计三十元至六十元不等，而本地人之为雇农者，则不可多得矣。"[②] 总之，"生长在江南的儿女们……又年年看见许多江北人来到各县的乡村，开垦荒田或是佣工。"[③] 这种现象，从晚清到民国，可以说从未间断过。

---

① 《来安县殿发乡农村经济调查》，见华东军政委员会土地改革委员会编《安徽省农村调查》，1952，第79页。
② 容庵：《各地农民状况调查——无锡》，《东方杂志》第24卷第16号，第110页。
③ 吴寿彭：《逗留于农村经济时代的徐海各属》，《东方杂志》第27卷第7号，第69页。

至于未经较远距离的空间移动、从淮北农民分化出来的流民,他们赖以谋生的手段主要是为人佣工。佣工形式,不外乎长短工、季节工之类。

对淮北长工及其生活,《东方杂志》有一段记述:"雇农之衣食,非常朴素而简单。伙食虽由雇主供给,然雇主率多啬吝……四季衣履,全由雇农自备,以收入极微故,所以皆褴褛不堪,补绽堆积数层,视为常事。无被褥,冬日则卧于喂牲口之草堆中,俗谓之'钻草屋',夏日则只需一条苇席而已。树阴场上,随处尽可安眠。'打长工,不要提,手中草帽一条席',其生活简单可想而知。"① 这种情况在全国各地都是普遍的。

到了农忙季节,许多"浮游无根"的"失土者",和其他商品一样,聚集镇中一定处所。他们成群结队,各背包袱一个,戴着一个像龟壳似的"度夹子",一手持镰,在市场中站着或坐着,等候雇主光顾。如果不是工资抑压太甚,他们便会随雇主而去。②

工资形式,各地有所不同。淮北地区有仅给田地使用权以代工资者如砀山;半给地半给工资者如涟水;类似租佃之雇佣者如定远。③ 工资水平一般很低,至多只能维持一人的生活,至于养

---

① 尹天民:《安徽宿县农业雇佣劳动者的生活》,《东方杂志》第32卷第12号,第108页。

② 尹天民:《安徽宿县农业雇佣劳动者的生活》,《东方杂志》第32卷12号,第108~109页。

③ "纯粹给田地使用权以代工资者:如江苏砀山县,富农拥有土地,乏人耕种,酌给田地及房屋与贫农,助其耕作,名曰'任房'";"半给地半给工资者:如江苏涟水县雇主按照壮农能耕亩数之标准,给十分之二之田与佣工,作为伙食费用,另给工资三十元";"类似租佃之雇佣者:如安徽定远县,雇主给以田地耕种、房屋居住,并给种子肥料与食粮,不给工资,农具由佣工自备,田中出产,除去成本外,所得利润,主工均分,尤是种瓜种烟,多采此法。亳县亦有给田地耕种、房屋居住、食粮应用,平均分其收获,而不给工资之雇佣。"(费畊石:《雇农工资统计及其分析》,《内政统计季刊》第1期,第74页)

家，实难顾及。① 由于收入不敷，雇工于农隙之际，或驱驴，或推车，输运行旅货物，日所得与短工埒。他如取鱼、伐薪等事，视所在之地而殊焉。②

二 农村雇佣关系的异质

流向垦区，是近代农村流的一个特点。这种新动向，强化了雇佣关系上的异质性。

近代中国社会本来就是一个异质同存的社会。如茅家琦先生所说："所谓社会异质性，就是指社会在近代化过程中'异质同存'。封建农业和资本主义工商业同存，帝国主义侵略与城市近代化同存，乡村的封建主义统治与城市资产阶级统治同存，洋学堂与传统私塾同存，无神论者和基督教徒、佛教徒、伊斯兰教徒

---

① 如淮北宿县，"自民国十五年至二十年间，雇农男子年工普通工资约为四十串至七十串不等，妇工和童工减半。童工亦有仅由雇主供给衣食，而无工资者，以其能力有限故也。短工于农忙时，则为六百至一串二百文，闲时多为四百（银洋每元合双十铜子四千）。自民国二十年以迄现在，男工全年工资由十元至三十二元，妇工约自六元至十五元，童工约在十元左右；短工忙日自八百至二串不等，闲时多为六百（银洋每元约合双十铜子五千）。迄来雇农工资在表面上似增加一倍，然粮食和土布以及日常费用，于此数年中价增尚不止一倍。民（国）二十一年春，麦子竟卖至每斗三元，较之民国十五年至二十年间，实不啻两三倍！故近年工资之增加，只为名义工资而已，实际工资反有减少之倾向。……雇农工资，凡在二十五元以上者，尚可维持，若于二十五元以下，则必甚窘迫。然此只以维持一己生活而言，至于养家，实更难顾及。是故童工和妇工，势不能不压榨并出卖其劳动力以各自维持其残生。据作者调查，本村共有长工五十八人，内中妇工和童工，居有十九人之多，可见雇农生活状态之不安，与夫童工、妇工之增加，实有其莫大之因缘。"（尹天民：《安徽宿县农业雇佣劳动者的生活》，《东方杂志》第 32 卷 12 号，第 108 ~ 109 页）

② 张介侯：《淮北农民之生活状况》，《东方杂志》第 24 卷第 16 号，第 72 ~ 73 页。

同存，自由恋爱与买卖婚姻同存，复古读经与科学技术教育同存。如此等等，成为城市近代化进程中的普遍现象。由于各个地区各种因素发挥作用所产生的力量大小强弱不一，因此社会异质性在各地的表现也就不一样。社会异质性正是半殖民地半封建社会复杂性的表现。"[①] 雇佣关系也是其中一个方面。

清末民国时期，大办垦殖（牧）公司，仿行西法，移植某些新的生产方式进行农业经营。据统计，1912 年全国登记在册的新式农垦企业已达 171 个。[②] 这些具有相当资本主义色彩的垦殖企业的兴办，毋庸讳言，是中国由小农业走向大农业的重要里程碑，尽管其经营方式仍具有浓厚的封建性。[③] 无论是北洋政府的"自由放垦"，还是国民政府的"国营垦务"，都是如此。大多雇工包种，如广西，"许多垦荒公司采用着两种包工制度。比较通行的是垦荒每一方丈，种桐一株，除草两年，可得工资七分，另给三分作为借款，期满（两年）归还。在包种期内，听

---

① 茅家琦等：《横看成岭侧成峰——长江下游城市近代化的轨迹》，江苏人民出版社，1993，第 80 页。

② 章有义：《中国近代农业史资料》第 2 辑，三联书店，1957，第 339 页。

③ 如江苏盐垦公司经营方式，研究者发现有三大特征：第一个特征，"公司绝少自己经营（所谓'自垦'），而是将土地出租，地租在公司的收入中，占着绝大的比重。"第二个特征，"几乎没有一个公司不在它们的定章上规定，垦熟后即行分地。这就是说股东经过若干年后，荒地垦成熟地，必须按股分地，因此任何公司如果年代长久，必然不复成为一个公司"。第三个特征，"'崇划制'和'议租制'是盛行于垦区的租佃制度。崇划制是永佃制的一种，佃户出顶首租得公司土地，公司不得辞退；佃户让田给别人种，来种者则贴'辛力工本'，也就是买田面权。行崇划制的公司只有田底权，田面权则属于佃户。行崇划制的公司均行议租制，议租制也就是分租制。"（陈洪进：《江苏盐垦区农村经济速写》，《中国农村》第 1 卷第 12 期，第 89~90 页）透过这三大特征，不难想见封建的租佃关系仍有一定的"活力"。

凭包工种植杂粮，收获全归包工，作为补助工资。第二种是每一方丈种桐一株，包垦包种包活，共得工资一角。前一种的包工还同雇役农民十分类似。"① 就是说，无论垦殖企业规模如何，总需要一定数量的农业工人从事垦殖。这就为流民的分流创造了条件。由此我们可以理解，江苏农垦公司"使役无数的农业劳动者，不但需要土著劳动者，并且需要巡回农业劳动者，每年到农忙期，有无数的巡回农业劳动者，从别处成群地到这个地方来。"② 我们不妨以庞山湖农场为例，稍加说明。

庞山湖农场位于江苏吴江城东北约六里，运河横贯其境，水陆称便。

该场未开辟前，原是一块约万余亩的湖滩（即庞山湖），产蓊草及芦苇，为当地豪强霸占。1928 年，国民党政府发起开垦，因民产纠纷，未能实行。1933 年，重新整理民产，建筑围堤，以十字港（在庞山湖中）为中心，划分为"田"字形的四个垦殖区，正式从事开垦，并定名为"模范灌溉实验农场"。至 1936 年，先后建成一、二、三垦区。

农场共有土地 11880 亩，土质肥沃、潮湿，不宜使用畜力，均为人工耕种，机器灌溉。

农场采用雇工包种制，即耕种一亩田，以全年计算给工资 8.5 元（可买米一石半），所有种子、肥料及戽水等费用，均由农场负担，收入亦全归农场。这是因为初垦时期，当地农民不愿为之，只得几个淮北灾民从事垦殖，人少工多，故工资较高。至

---

① 农英：《广西各地的农业劳动》，《东方杂志》第 32 卷第 22 号，第 96 页。
② 〔日〕田中忠夫：《中国农业经济研究》，汪馥泉译，上海大东书局，1934，第 239 页。

1935 年，淮北流民来此渐多，田亦较好，工资即由 8.5 元降至 6.4 元。

靠租种农场土地为生的农民，共有 509 户，2143 人，"大都是由苏北先后移此或逃难来此的，生活很困苦，普通一年农产的总收入，只够维持四个月的开支，丰收可维持到六个月……故在秋收后至春耕前，就需出外经营各种副业，以补生活之不足。"① 据调查，农场农民经营副业的种类有：购买地货、捕鱼虾、做工、摆渡、摇渔船、开茶店、大饼店、养鸭、木匠、鞋匠、磨剪刀、拉人力车、踏三轮车、赶马车、运沙等等。② 对他们谋生的方式，由此可以概见。

垦殖公司之兴，为流民的一条重要谋生之途。庞山湖农场的开辟从一个侧面反映出这一情况。

综合以上所述，我们可以看出，为人佣工，实现与土地的重新结合，乃是农村流民的主要职业流向。那么，这种流向有什么社会意义？有人认为，农业雇佣劳动的特殊形式，即土地所有者及土地使用者，对那些浮游无根的流民，或分给小块土地、简单农具、种粮及破烂小屋，使其在自己的监督下，从事耕作；或使其帮同耕作，只允许其换得最低生活资料；或只允许流民就食的雇佣劳动形态，都会从多方面阻碍现代雇佣关系的成长。首先，土地所有者尽管通过兼并等手段使土地不断集中，但由于这种特殊形式的雇佣劳动的存在，又使土地的利用畸零分散。土地零碎不整，作为现代雇佣劳动前提的较大规模经营就没有推进的余

① 《吴江县庞山湖农场调查》，华东军政委员会土地改革委员会编《江苏省农村调查》，1952，第 360~362 页。

② 《吴江县庞山湖农场调查》，华东军政委员会土地改革委员会编《江苏省农村调查》，1952，第 360~362 页。

地;其次,正是由于土地的不断集中,使农民不断失去土地而游离出来,"象是使那种形态的雇农或隶农不绝造成的源泉。他们不能做独立手工业者,不愿为乞丐盗匪,就只有这一条路可走。"[①] 这种看法,我认为是很有道理的。但另一方面,我们也应看到,雇佣劳动者,除自己的劳动力之外,几乎一无所有。劳动力的价格,也和其他商品一样,随供求需要而波动起伏。在山东,因"小工多而职业少,故用为种植,工价极其便宜"[②];"华北农忙季节的农场雇工,一般是在较大村庄定期举行的劳动市集上招雇的。在市集上,正像证券和物产交易所一样,进行着讨价还价,需要雇工的农民大声喊叫每天出多少工资,雇工也以同样的大声喊出他们所要求的工价"[③];在河北保定和高阳,工资由雇工和雇主直接讲价,而在固安、永清、霸县、文安等地,工价通常是由中介人规定,工价每天根据当地市场供求情况规定一次[④]。全国各地,几乎都有类似的农工市场。[⑤] 毫无疑问,农业

---

① 王亚南:《中国半封建半殖民地经济形态研究》,人民出版社,1957,第187页。

② 《中国调查录》,《东方杂志》第7年第3期,第28页。

③ 《英文中国经济周刊》,见章有义:《中国近代农业史资料》第2辑,三联书店,1957,第263页。

④ 《英文中国经济周刊》,见章有义:《中国近代农业史资料》第2辑,三联书店,1957,第263页。

⑤ 在近代,农村劳动力(短工)的出卖,集中在一定的场所,或市镇,或乡村,或寺庙。这种出卖劳动力的场所在不同的地方有不同的称谓,如北方多称人市、工市或工夫市,在广东则称摆工、人行或卖人行,在云南称为工场或站工场,在广西称为摆行,云云,不一而足。据调查统计,近代后期全国各地有雇工市场者占37.02%。(陈正谟:《各省农工雇佣习惯之调查研究》,见冯和法:《中国农村经济资料续编(下)》,台湾华世出版社,1978,第712页)

劳动力商品化因流民被大量抛向社会而得以强化。至于流民之流向垦殖农场，更强化了雇佣关系的异质性，正如时人所谓，"资本主义的雇佣工人也已相当流行，最显著的就是垦荒公司的雇工。"①

第四节　乞丐职业化②

一　流民为乞

近代中国是盛产乞丐的国度。"无恒产，无恒业，而行乞以

———————

① 章有义：《中国近代农业史资料》第3辑，三联书店，1957，第780页。汪疑今对江苏人口流动现象进行考察后也特别指出：农牧垦殖公司中"农业人口有着增加的情形。这是由于资本主义农业的新形式的发展，为农业资本增加了新的不变资本与可变资本数额，得以收容农业人口的缘故。这是资本主义建立新土地，是资本主义的横的发展或扩展的发展"。他还强调："过去有许多中国经济研究者，把新垦地的经济也看成'半殖民地''半封建'的性质。他们忘记了'资本'与'资本主义'在不同的条件下有着不同形式的发展法则与道路。他们忘记了'土地的资本化'和'资本家的土地化'的事实。他们不知道'土地'和'资本'的互变的关系。自然无从理解新垦地及其农业人口增殖的经济的意义，及其在资本主义社会中所必然发生的迷人姿态的历史必然了。"（汪疑今：《中国近代人口移动之经济的研究——江苏人口移动之一例》，《中国经济》第4卷第5期，第11～12、17页）

② 对本人的提法，周育民先生表示反对，他在《中国近代社会中的帮会》一文中说："池子华《中国近代流民》一书中专列'乞丐职业化'一节叙述近代的乞丐。在笔者看来，'职业'一词，如果作为一种社会学的专有名词，不仅是指人们所从事的某种赖以为生的行业，这种行业必须合乎法律或道德的规范。并非所有可以提供生计的手段都具有职业性，如'土匪的职业化'、'卖淫的职业化'、'赌博的职业化'这类提法不仅毫无意义，而且是错误的。在近代，虽然乞丐人数众多，但它的发展特点不是职业化的加强，而是职业化的减弱。在明清时代，编入丐户的乞丐可以靠乞食为生，被视为一种合法的职业（但在道德上是被视为卑贱的职业）。但自雍正朝'豁贱为（转下页注）

图生存之男女，曰丐，世界列邦皆有之，而我国为独多。"所以，日人长野朗说，"旅行中国的人所感到苦恼的事情之一，是乞丐底袭来。在中国乞丐和贫民是不容易区别的，所以如果把连类似乞丐的人也算在内，则其数就很大了。"① 其所以如此，如时论所云，"各大城市之人口一天天的增多，其最重要的原因，便是农民离村他适之结果。然而在民族工业枯萎的境况下，原来的工人，已经一批一批的被抛弃于十字街头，离村的农民，自然不容易找到工作的；结局只有拉黄包车充当牛马，只有踯躅街头过着乞丐的生活。"② 近代中国流民遍地，乞丐遍地也就不足为怪了。

乞丐本不应列为"职业"项下，事实上近代中国有关职业分类，常常把乞丐列在"无职业"项下。但因流民众多，一旦无所依归，流为乞丐，势所难免，"夫乞人者，贫人也，非有刑伤过犯之秽迹也，非如娼优隶卒之污贱也，非若为盗为贼之有干国宪也，苟能自立，仍然清白良民，其不得已而求食者，诚此生

（接上页注②）良'之后，从事乞丐就不能再视为一种合法的职业。随着近代游民队伍的扩大，乞丐人数也不断增加，乞丐内部的竞争日趋激烈，不仅传统的丐帮具有了秘密结社性质，而且新生了不少丐帮组织。"（周育民：《中国近代社会中的帮会》，见周积明、宋德金主编《中国社会史论》下卷，湖北教育出版社，2000，第663页）其实，正如笔者所说，乞丐职业并非严格意义上的"职业"，近代中国有关职业分类也常常把乞丐列在"无职业"项下，它只是一种谋生手段。但职业化倾向是显而易见的，而且这种"职业"源远流长，如周先生所云。笔者以为，高尚的职业、正当的职业是"职业"，卑贱的职业、不正当的职业也是"职业"，只不过被打入"职业"分类的另册而已。这些都是约定俗成的事实，没有必要"钻牛角尖"，狭义地以"三百六十行"职业分类为转移。

① 〔日〕长野朗：《中国社会组织》，朱家清译，光明书局，1930，第394页。
② 许涤新：《农村破产中底农民生计问题》，《东方杂志》第32卷第1号，第52页。

之末路仅一线之生机也。"① 像这类乞丐，到处都是：安徽怀宁"妇孺老弱亦多流为乞丐"②；只要"赴平汉、津浦沿线去旅行一次，准可看到结群乞丐，川流不息地在各处徘徊着，灰青色的面孔，会令人不忍目睹"③；四川成、渝等地"叫化乞丐的多"④。乞讨不过营生之一途。

乞丐大军是一个成分多样的群体，男女老幼，健壮残废皆有之。他们或踯躅街头，"白天吃的是包饭作的残肴剩饭，晚上则缩于垃圾箱旁、屋檐下、房角处或弄堂口，以报纸铺地，以牛皮纸及广告盖身"⑤；或游移于农村中；或穿梭往来于城乡之间，忽此忽彼，忽东忽西，像汪洋中的船漂泊不定。

乞丐队伍的膨胀或萎缩，依年份和季节而有所不同，有旱魃水灾等发生，流民队伍壮大，乞丐队伍也随之壮大。1865 年 10月 4 日出版的《北华捷报》，对上海的乞丐大军的出现，作了如下描述：

　　他们来自于淮北，那里蝗虫为害炽烈。他们随身携带着地方官给予的护照前来逃荒——护照详细说明他们到此的原因，证实他们的优良品行，宣称他们是好人，但是贫困地区的人。

　　一当粮食短缺——由旱涝蝗灾等引起，而政府又不能提

---

① 古吴最乐老人：《详饬求食论》，《申报》同治十一年八月初二日。
② 余醒民：《安徽怀宁县农村经济概况调查》，《经济评论》第 1 卷第 4 号，第 64 页。
③ 顾猛：《崩溃过程中之河北农村》，《中国经济》第 1 卷第 4 期，第 11 页。
④ 吴济生：《新都见闻录》，光明书局，1940，第 120 页。
⑤ 许涤新：《农村破产中底农民生计问题》，《东方杂志》第 32 卷第 1 号，第 52 页。

供生活资料时，——这样得到许可的丐帮也就不鲜见了。因为食品不能带给他们——既无钱购买，也没有交通运输工具——需要时，穷人必须乞讨。

况且，在这块土地上，行乞并非很不光彩的职业，既然是这样，当乞丐领到护照时，便乐于从事并且无所顾忌。但他们不抢劫，不拒绝施予，长得身强体壮。当灾害过后他们通常悄然回归原乡时——也许他们已经跑遍了大半个帝国。

我们译引的《北华捷报》这段描述，基本上符合历史事实。

再如1931年长江大水，占灾区总人口40%的人流离失所。据金陵大学农业经济系调查，流离在外之人口，其谋生的途径，如表3-6。

表3-6 流离人口谋生途经统计

地 区	流离男子在流离人口中所占百分率(%)	流离者在外之职业所占百分率(%)			
		做工	乞丐	无业	未详
湖 南	51	12	56	2	30
湖 北	62	41	28	10	21
江 西	58	21	30	38	11
皖 南	61	41	6	14	39
苏 南	66	80	6	1	13
皖 北	73	43	32	4	21
苏 北	62	36	5	43	16
各县平均	60	35	21	16	28

资料来源：金陵大学农业经济系：《中华民国二十年水灾区域之经济调查》，第33页。转录自吴文晖：《灾荒与中国人口问题》，《中国实业》第1卷第10期，第1870页。

可见在这批庞大的流民群中，至少有 1/5 的人以乞讨为生，其数之大，实令人瞠目。①

乞讨也属季节性现象——作为家庭补充收入的固定办法而在农闲季节常为广大贫苦农民所采用。作为乞丐，他们在经济发达、生存环境较为稳定的地区构建一条公认的追求生活的道路。城市固然是他们聚集之所，实际上农村也不例外。如光绪初年，"徐海一带，及山东沂州府等处人民，成群结队，襁负而来，挨村索食，栉比无遗。其人百十为起，其头目率戴五六品翎顶，恐吓乡愚。每到一村，按户派养，一宿两餐，饭必大米，量皆兼人。供给流民，数口一次辄费八口经旬之粮。而其改名换姓，十日半月，去而复来，鸡犬不宁，无所底止。伏惟徐海沂州各属，本年并无灾荒，而苏常各府之灾，煌煌谕旨，共见共闻，岂有朝廷方汲汲以振之，无灾之民转蹂躏而蚕食之。在此辈秋收之后，年年南下，习以为常，特至今冬尤多于畴昔。"② 这是淮北流民南下乞食的情况。从晚清到民国，他们于秋收之后，年年南下，从未间断过。他们的到来，使江南人感到应接不暇，竟至于

---

① 灾区总人口 13435 万人，40% 的人流离失所，约 5370 万人。（章有义：《中国近代农业史资料》第 3 辑，三联书店，1957，第 895 页）按 1/5 计算，当有 1000 多万人以乞讨为生。

② 何嗣焜：《存悔斋文稿》第 3 卷，《致江苏刘景提刑书》。在江苏泰县，有自淮北而来的"客丐"，他们"拉唱讨乞！装病讨乞！装穷途落难讨乞！装逃荒落难讨乞！其成群结队的，则有假扮逃荒难民，多则二三百人，少则数十人，扶老携幼而来，每过一庄，则索口粮，索柴薪，索钱文，倚仗人多，强梁非常，其实彼等年年如此，专以逃荒为惟一的营业。收成之后，留一二人守门户，人少者则封锁其门，结队南行，索地方护照，且举出头脑，每到一处，由头脑接洽，然后瓜分，来年春季，相率北归，至少亦可以省数月的口粮，出行若逢佳运，每有盈余，故游民竟以逃荒为一种生活者。"（贼菌：《泰县游民的生活状况》，载《生活》第 1 卷合订本，第 122 页）

"鸡犬不宁"。

二　乞丐职业化

四出求乞的农民，本来属于流民的范畴，但以行乞为职业，实为流民的一种职业流向。

职业乞丐，行踪不定，城市、乡村、名山大川、寺院庙堂、旅游胜地……到处都有他们的踪迹。在杭州西湖，自灵隐至天门山，周数十里，两山相夹，峦岫重裹，称天竺山。山分为三，曰上天竺、中天竺、下天竺。其林壑之美，实聚于下天竺。而寺宇宏丽，则以上天竺为最。上天竺两旁，商店、旅馆鳞次栉比，营业者皆释氏弟子。春时香市甚盛，乡民扶老携幼，进香顶礼，以祝丰年，有不远千里而来者，俗呼为香客。"以是乞丐亦多，且率为绍兴人，尽室来杭，居于山之旁近，晨出夜归，盖以乞为业也。"[1] 尽管他们随处可见，但城市无疑是他们的会聚之所。他们在城市大量沉积下来，形成一个由地痞恶棍、赌徒、娼妓等组成的次生社会群。像上海、北京、广州、武汉三镇等，都是这类次生社会群的丛集之地。[2]

---

[1]　徐珂：《清稗类钞·乞丐类》，中华书局，1986，总第5472页。

[2]　乞丐漂泊不定，统计为难。据1934年社会局调查报告称，广州市的乞丐人数达50000余众。（王楚夫：《广州乞丐集团——关帝厅人马》，载《文史精华》编辑部编《近代江湖秘闻》下卷，河北人民出版社，1997，第359页）1930年代的上海，据各方面的调查，"包括男女幼丐在内，大约在二万五千人左右。"（陈冷僧：《上海乞丐问题的探讨》，《社会半月刊》第1卷第6期，第15页；〔美〕魏斐德：《上海警察，1927～1937》，章红等译，上海古籍出版社，2004，第89页）1930年，观察家称天津的乞丐数量为中国之最，甚至超过了上海。（《谈谈天津特别市乞丐问题》，《津声旬刊》第2卷第2期，参见关文斌：《近代天津的穷家门：行乞与生存策略论述》，刘海岩主编《城市史研究》第23辑，天津社会科学院出版社，2005，第270页）

由于通过正当途径谋生的机会太少，造成丐业的畸形发达，特别是出现了一批"职业"极细的职业乞丐群。丐群"有可得而言者，而以持棒挈钵、蹒跚……于市巷者为最多，沿路膝行磕头者次之，大声疾呼者又次之。此外则各守其习，不能任意变更。"① 乞丐的种类主要有：① 专门于别人家有庆吊活动时前往乞讨者。特别在一些大城市，如上海，有一种不成文的规定，"商店、人家之有庆吊事也，乞丐例有赏封可得"。这类乞丐，"不论庆吊之为何事，皆有所获，其数视门户之大小以定多寡"。迎婚、出殡"所用夫役，亦皆由丐承充，得佣资焉"。② 专走江湖之丐。这类乞丐，岁或一二至，"至则索钱于丐头，亦有自乞于商店、人家者"。③ 挟技之丐。他们一般游行江湖，不专在一地。这类乞丐，身怀技艺，或唱曲，或道情，或舞蛇，或杂耍云，即卖艺谋生。④ 劳力之丐。他们或为苦力当助手，或帮人曳车上桥，或于车站、码头替人运送行李，以获取酬资。⑤ 残疾之丐。身体残疾之人，如瞽者、跛者、烂腿者，行乞街头，博得行人怜悯与施舍。"更有手足合一，皆在其头之旁，旋转于地，盖采生折割之凶徒所为，迫使行乞以获利者"。⑥ 诡托之丐。这类乞丐，或诡言避灾而来，或诡言投亲不遇流落他乡，或诡言父母病卧榻上，或诡言自身有疾，或诡言家有死尸待殓，等等，以此来骗取钱财。⑦ 强索之丐。乞钱不与，"则出刀自割，或额或颊以流血吓人者"，皆属焉。⑧ 卖物之丐，虽为小贩，但"丐头得约束之，故亦可呼之曰丐。"② 透过乞丐种类的划分，可

---

① 徐珂：《清稗类钞·乞丐类》，中华书局，1986，总第5472页。

② 徐珂：《清稗类钞·乞丐类》，中华书局，1986，总第5472~5473页。关于乞丐的乞讨生活，报章杂志中俯拾即是，《生活》杂志所载袁真《谈谈乞丐生活》文，"活现"宁波、上海、南京乞丐乞讨的历史"场景"，抄（转下页注）

见近代中国丐业之发达。由于就业门路太狭窄，加上天灾人祸频仍，乞丐职业化也就成为近代中国社会的病态反映。

乞丐之游食四方，造成大批不受政府管制的流动人口。这是统治者颇感为难的问题。在有关文献资料中，我们经常可以看到"收容"、"资遣回籍"、"驱逐出境"等记载。令乞丐流民"归耕"，是统治者一贯的政策。如果没有特殊情况（意想不到的天灾人祸），流民出境向例在禁止之列。这些在某些地区能够收效

（接上页注②）录如下："宁波的乞丐——宁波有一种乞丐，出来讨钱，是两人搭党（档），一人头上缚一根草绳，手里拿一把扫帚；一人背上背一只钱袋，在市上挨着店门讨钱，讨的时候，缚绳的嘴里唱：我来替你们扫扫地，扫到东，老班（板）店里生意兴隆，扫到西，师母（即老板娘）家里堆金积米。唱完，背钱袋的接着喊道：老班（板）娘讨个铜板买粥吃啊！到了新年，他们就三五成群的到人家去讨了，一进大门，齐声喊道：喂！元宝送进来，老班（板）大发财，大元宝用箩抬，小元宝用船载，发财！发财！大家发财！师母呀！给我们几个铜板吧！上海的乞丐——上海是人烟稠密的地方，行人不绝于途，所以乞丐很多，常跟着行人讨钱。他们的口头语，总是说：娘娘太太做做好事吧！一钱不落虚空地，明中去，暗中来，行了好心，有好报，发发慈悲心，开开金龙手，赏赐一个铜板，让穷人买碗粥吃吃。跟在行人的后面，不停的说着，行人听得不耐烦，就给他铜板，打发他走开，所以他们每天每人，大约能讨得千文左右。有的专向店铺里讨钱，他们有一种口调：毕三上街楼，生意闹绸绸，小毕三出在啥地方？小毕三出在天后宫，大毕三出在啥地方？大毕三出在城隍庙，讨一个铜板买药料，药死毕三勿来讨，谢谢老班（板）给一个铜板吧！南京的乞丐——在两年前，南京地方乞丐也很多，东关西关的乞丐，都是强讨恶化。七月半，清凉山开山门时，沿路的乞丐，格外多了，他们嘴里常说：老爷太太，修福修寿，修子修孙，给我一个钱吧！不过新年里，就变换方法了，五六个乞丐，聚在一起，手托一只木盘，盘里放四色礼物，和纸做的元宝，在年初一的那天，到人家门首，去唱道：大年初一把门开，五路财神挤进来，财神财神挤什么事？金银元宝送进来，一送金银千千万万，二送柴米堆成山，三送龙袍和玉带，四来恭喜老爷太太，大发财，赏赐一些吧！至于那些残废乞丐的讨饭语，常常喊道：有手有脚走的天堂路，坏手坏脚入的地狱门，老爷太太给一个钱吧！"（袁真：《谈谈乞丐生活》，《生活》第1卷合订本，第70~71页）

一时，但在另一些地区，如淮北，却受到"习以为常"的文化传统的抵制。民国初年蒙城县"刘志有案"就是例证。此案曾引起不小的风波，震动一时。对该事件，此处不拟追根究底，详其始末，仅从蒙城县知事颁布的《严禁出境逃荒文》即可窥见梗概："案奉巡抚使饬开据铜陵县详报，查得县境西门外蒙城难民领首刘志有、刘望龙带领男妇三百余口实在只六十余口，并验明蒙城县知事所给护照资遣出境，详报查考等情，据此录批饬即遵照办理，毋任流离等因。……本知事到蒙两载，上届被灾各村既分设粥厂，复挑河以工代赈，无不力筹安抚，并未发给难民出境护照，且难民出境，迭奉大宪通饬严行禁止在案。本年收成中稔，该刘志有等胆敢邀领男妇六十余口假三百余人之多，私造护照，诓骗妇孺远行赚食，实属可恨。自示之后，如再有此项情事，该领首回归时定即提案惩办不贷，并望各圩长于村内遇有此等贫民出境，务即设法截留，以免失所，其各遵照毋违，切切特示。"① 刘志有案如何结案，并无下文。这张布告，也不啻为一纸具文。一种文化传统一旦形成，不是一纸文书所能扭转的。刘志有等胆敢私造护照，组织丐帮，违禁运行赚食，正可见这种文化传统的强固性。至于未经允准，私逃出境者，地方官吏更是难以纠查，传统的保甲之法亦无可奈何，"派甲总之术又穷"②。

三 次生社会集团——丐帮

近代中国的乞丐是一种文化现象，也许只有从大文化的角度，才能理解它的存在。丐帮的出现，正可视为乞丐文化——一

---

① 《民国蒙城县政书》乙编之《吏治》。
② 《光绪凤台县志》第4卷。

种亚文化的产物。丐帮的出现，既是丐业发达的标志，同时又使乞丐职业化凝固化。

丐帮无疑应是一种帮会组织，与其他帮会组织一样，它是一种假亲属结构的互助组织。可以认为，正是人的天然依存性，把漂泊无依的乞丐们集合到一起，组成一个又一个"乞丐王国"，形成一个又一个丐帮。

对背井离乡的流民来说，除了果腹这第一需要以外，他们还需要有个"家"。"有家要出家，没家要找家，哥们姐们抱一团，天下拣饭的是一家。"这首颇为流行的乞丐歌谣，唱出了乞丐们对"家"的渴望。他们希望在异地他乡有一个"大家"互帮互助，在竞争激烈的生存环境中讨生活，还需要有一个类似族长的首领进行家族式统治并给他们提供保护，于是丐帮组织的核心丐头产生了。

> 各县有管理乞丐之人，曰丐头，非公役而颇类似之，本地之丐，外来之丐，皆为所管理，出一葫芦式之纸，给商店，使揭于门，曰罩门。罩门所在，群丐不至。其文有"一应兄弟不准滋扰"字样，或无文字而仅有符号。商店既揭此纸，丐见之，即望望然而去。盖商店所出之钱，即交丐头，由丐头俵分于诸丐。丐若径索之于商店，可召丐头，由其加以责罚。其于人家，则听丐自乞，间亦有揭罩门者。[①]

在天津，还有一个管理乞丐的组织机构，称"官驿"。"官驿者，郡中所有乞丐无论男妇老幼皆属其辖制，估衣街、锅店街

---

① 徐珂：《清稗类钞·乞丐类》，中华书局，1986，总第 5470 页。

等处热闹地方，大小铺户每日给付官驿钱四文，名曰包月，乞丐即不敢再赴该铺讨要。至僻壤之区则按节索取月费。"①

丐头收入来源有二：一是从商店所给诸丐之钱中提取若干；二即诸丐"贡献"。

在乞丐王国里，等级森严。丐有不尊"规则"、不听约束者，丐头有权尽法处治。②丐头一般都有"杆子"，既是权力的象征，也是惩罚乞丐的工具。"丐头之有杆子，为其统治权之所在，彼中人违反法律，则以此杆惩治之，虽挞死，无怨言。杆（子）不能于至辄携，乃代以旱烟管，故丐头外出，恒有极长极粗之烟管随之。"在北京，有蓝杆子、黄杆子之分，"蓝杆子者，辖治普通之丐；黄杆子者，辖治宗室八旗中之丐也"。但丐头对新入行的乞丐，要"示以规则，并行乞之诀"，这是他的责任。

乞丐入帮，也有一定的成例。"新入行之丐，必以三日所入，悉数献之于丐头，名曰献果。献果愈多者，光彩愈甚，恒尽心竭力，以自顾门面，如官家之考成。此后则按彼中定制，抽若干成献于丐头。"至于丐遇死亡、疾病等事，丐头要酌量给恤，

---

① 《直报》第 101 号。

② 丐帮的规则即"帮规"一般较严，如汉口丐帮就定有"帮规十款"，规定，凡入帮的乞丐不得违反以下十款"帮规"：① 越边抽舵，指偷乞丐住户周围人家的东西或偷乞丐同行的东西；② 顶色卧莲，指嫖同行之妻；③ 点水发线，指充当内奸进行告发；④ 引马上槽，指暴露了所做之坏事；⑤ 溜边拐将，指借同行的东西不还或拐走别人的徒弟；⑥ 挑灯拨火，指在同行中挑拨是非；⑦ 欺孤傲相（孀），指欺压同行中的老弱孤残人；⑧ 遁逃扯谎，指欺骗自己人而逃跑；⑨ 偷言耳哄，指偷听别人私话外传；⑩ 迷糊吃大，指讨得的钱财不公开交出。犯了以上条款，轻则罚跪，用荆条打耳光；重则割舌头、剁手足、挖眼睛，甚至装麻袋投江、活埋。（贺鸿海、陈忠培：《旧汉口的丐帮》，《文史精华》编辑部编《近代中国江湖秘闻》下卷，河北人民出版社，1997，第 342 页）

"重者并由同辈分担义务",以此来体现丐帮"大家庭"的团体精神。总之,丐头与乞丐的义务是双向的。丐头对乞丐拥有绝对权威,乞丐要对丐头忠心顺从。但比较大的丐帮,丐头与丐帮弟子之间往往不发生直接关系,这时,小丐头要负起通下达上的责任。总丐头有时可以控制若干丐头,丐头可以控制小丐头,形成帮中有帮的格局,构成一个等级森严的乞丐王国。

丐帮与丐帮之间,因利益所关,常互相排斥。在一些较大的城市,往往"分疆立界,各有门户,两不相犯"。上海公共租界之北四川路、天潼路一带就是广东籍乞丐的地盘①;杭州西子湖畔,则是绍兴丐的天下;川东太平县,"其地之丐,多土著,偶有外来者,须受土丐之指挥。"② 因此,乞丐世界里也并不平静,抢占地盘,乃至械斗流血,都是在所难免的。③

---

① 据说1930年代的上海滩,"领导全上海乞丐的,计有陆、周、钟、王及二沈、二赵八位帮主,以陆某居首,赵某居次,合称八兄弟……他们把上海地盘按东西南北分为四大区域,由八兄弟每两人分管一个大区……(不得)侵入别人地盘。"(曲彦斌:《乞丐史》,上海文艺出版社,1990,第146页)

② 徐珂:《清稗类钞·乞丐类》,中华书局,1986,总第5476页。

③ 不仅如此,丐帮常被利用来"当枪使","筹安会六君子"之一的杨度别出心裁组织"乞丐请愿团"劝进袁世凯称帝,是人们熟悉的故事。这样的闹剧,连外国人也领教过。据澳大利亚菲茨杰拉尔德的回忆,他们在武汉开办一个灌制香肠的公司,可是"新的竞争对手不受中国经销商的欢迎,我们很快就品尝到这种不受欢迎的滋味"。一天,他"刚到公司,就看见一群乞丐围在公司的正门前面。从外表上看,乞丐们有的裸露着惨不忍睹的伤口,有的病态恹恹,有的缺胳膊少腿,一副畸形模样。实际上,这些'遭受病痛折磨'的乞丐里,有许多是巧妙化装过的'冒牌货'。他们高明的骗术足以瞒过欧洲医生的眼睛——当然是临床检查之前。这些乞丐为什么会突然'造访'我们公司?黄先生一眼就看出,乞丐是被我们的竞争对手花钱买通来骚扰的。如何解围?我向邻居们请教。他们对乞丐骚扰也很反感。邻居们建议,必须派人与'丐帮帮主'接洽。因为这些邻居对当地的情况比较熟悉,我只好提议由他们出面,邀请'帮主'前来会面。乞丐把我们围困了整整两天,(转下页注)

丐业的发达，丐帮的历久不衰，是社会病态的一种表现，作为流民的一种职业流向，其对民族道德的腐蚀作用极大。俗谚有云，"三年讨饭，不愿做官"。丐业的发达，足以养成怠惰的国民性。①

（接上页注③）顾客避之惟恐不及。后来，一辆黄包车来到我们公司门前，从车上下来一个大腹便便的胖子。此人穿着考究，头顶黑色瓜皮帽，身穿黑色绸马褂，深色丝绸长袍。他一进门，就大大咧咧地在一把椅子上坐了下来。仆人端上一杯热茶，送到他的面前。我还以为是一位有身份的商人前来拜访我们。不料，刚一提到肠衣，他就挥了挥手说：'我对那种生意一窍不通。'接着又说：'我是个要饭的。'哦，原来是'丐帮帮主'大驾光临了！他说话的语气平淡而毫不张扬。这是显而易见的，但是，他却能对乞丐们发号施令。他对我们现在的处境了如指掌。毫无疑问，他得到了一笔数目可观的费用，才导演了这场闹剧。闹剧收场要多少钱？我表示，我对任何临时解决办法都不感兴趣，他只有立刻结束这场令人不快的闹剧，并且保证不再重演，费用才可以依照约定如数付给。我和他好一阵讨价还价，但他精通此道，我们最终达成协议，每月付给丐帮五枚银元，先付一半，如果乞丐们撤走，而且直到月底不再骚扰，就付给另一半。从此以后，每月的第一天付丐帮五块银元。如果乞丐们再来，就分文不给。'丐帮帮主'又喝了几杯茶，和我'亲切友好地'交谈了一会儿，便起身道别。他登上黄包车时，三言两语地发布了号令，乞丐们便立刻作鸟兽散，眨眼之间消失得无影无踪。我们依约按时付钱，乞丐们从此再也没有登门。乞丐闹事的问题解决了，办事认真的管账先生老黄却不知道该如何处理这笔费用。他知道，分公司的账目通过上海，最终送到芝加哥审核。他捉摸不准，美国总公司的会计人员是否认可付给丐帮的费用。我也有同感，反复思考以后，我决定把这笔费用记在'地区保险'名下。后来，谁也没有对这一笔没有'精确定义'的费用提出过质疑。"（〔澳〕菲茨杰拉尔德：《为什么去中国——1923～1950年在中国的回忆》，郇忠等译，山东画报出版社，2004，第94～95页）这类闹剧，并不新鲜。透过这段文字，我们对丐帮伎俩、能量以及帮主的权威可以了然。

① 有一个名叫齐平的苏州籍乞丐，即津津乐道于他的乞讨阅历，说："辗转来沪，到城隍庙里去作乞丐，初甚羞耻，对于乞钱，欲言嗫嚅，不敢效他乞丐之肆声狂喊。后来面皮老了，生活亦惯了，不以为奇，与他丐无少异。遇人哀乞，获利甚厚，计自阴历新正元旦以至元宵节，每天至少可得三余元，平日可得一元余，每逢月之初一月半，亦可得三元余，所以每日除吸食鸦片烟一元外，生活方面非常舒适。……我记述这个事实，当然不是教人做乞丐，我的意思，以为乞丐也竟有人把它做职业，其中也有舒服的地方。"（齐平：《有乞丐阅历的话》，《生活》第1卷合订本，第160～161页）

《清稗类钞》对此做过分析，说："徐新华，（徐）珂之次女也，尝言曰：'游手好闲，不能自振者，教育发达，其有瘳乎？虽然，生齿日繁，生计日绌，外货充斥，国货消灭，遂至失业者多，漏卮不塞，国益瘠，民益贫矣。长此以往，工艺不兴，日用物品莫不仰给于外，虽率国人而为丐，亦易易耳。'尝为家大人言之，家大人曰：'吾对于乞丐之观念，尝四易矣。初则哀之，意谓同一人耳，吾辈衣食完具，彼独冻馁。继而恨之，则以其依赖性成，不知谋生也。越数年，则又见而哀之，谓社会不讲求教养之道，使彼无以自存，咎不在彼也。又越数年，而深恶痛嫉之，惟祝天然之淘汰而已。'意谓若辈怠惰性成，不若以水旱、疾疫淘汰之，毋使莠者害良之为愈也。"[1] 徐珂的观察分析虽然带有感情色彩，但有一定的道理。

近代中国乞丐流民遍地，成为一大社会问题，对此，统治者当然不能视而不见，清末在"振兴实业"的口号下推广"工艺局"，就以解决流民问题为宗旨，"收养贫民，教以工艺"，为乞丐流民创造自食其力的条件。这一重大举措效果如何，后文申论。

第五节　天经地义地当兵吃粮

一　流向正规军队

中国向来有"好铁不打钉，好男不当兵"的谚语。这是因为志愿当兵的人，都是些不务正业的人。这种传统，一直延续到

---

① 徐珂：《清稗类钞·乞丐类》，中华书局，1986，总第5476页。

近代。

在近代中国，当兵很难说是尽所谓国民义务，而只是一种职业，一种并不十分愿意为之的职业。正因为如此，人们才认同"好男不当兵"的价值取向。但是，在谋生维艰、兵灾频繁的中国，当兵成为流民的重要职业流向——谋生的途径。无论是征服者的军队，抑或被征服者的军队，抑或土匪的军队，只要有饭吃，就可从戎。因此，"当兵吃粮"成了众所皆知的口头禅。

如前所述，近代中国是兵灾匪祸频仍的国度。特别是辛亥革命后，军阀混战，纵横捭阖，不断地彼此厮杀。战争一次凶似一次，战区一次大似一次。1916～1924年间，每年战区所及平均有七省之多，而1925～1930年这六年间更增至平均14省左右。[1]战争一方面破坏着中国的农村经济，造成众多农民流离失所；另一方面，战争规模的扩大，不断造成对兵源的需求，这对那些无以谋生的流民来说，也不失为一种职业选择。据朱德回忆说："几乎全中国每一省都处在军阀部队的铁蹄下，农民的收成被践踏得一干二净，成了一望无垠的黄土沙漠。依靠土地生活的农民，为了混一碗饭吃成千上万地当兵去了。"[2] 例如，湘西、湘南，"连年兵灾，农民多半入伍为兵"[3]；广西，据该省政府统计局调查，永淳、北流、容县及信都四县二十四村离村农民的职业，约有1/4投身军警界[4]；北方各省，"'北平晨报载：自十七日令禁裁兵后，凡往来北宁、平浦、平汉、胶济、陇海等路者，

---

① 王寅生：《中国北部的兵差与农民》，南京中央研究院社会科学研究所，1931，第8页。

② 〔美〕史沫特莱：《伟大的道路》，梅念译，三联书店，1979，第154页。

③ 天津《大公报》1925年6月2日。

④ 刘宣：《二十四村离村人口之分析》，《统计月报》第9号，第14页。

所见招兵之事，不惟未见停止，而投军之人，转较踊跃'。由此……观之，北方之人民，无术自存而投军，军额被裁而漂泊就食于各方，就食不得而仍投军，社会经济因军事之不辍而愈困，亦因军事连绵而告成凶灾，人民则因灾荒之蔓延而愈益乐于投军。约而言之，兵多酿成灾荒，灾荒更造成多数从军之人，今日意想中之北方，直灾与兵之世界而已。……灾区人民无生计可觅，求食最简捷之道，无如投军。"① 近代中国正是这样一个"灾与兵之世界"。

当然，当兵对许多人来说，并非出自自愿。如在贵州，政府募兵简直用强迫的手段；在四川，军阀更是惨无人道，每以拉夫为名，拉着青年子弟，不问其愿否入伍当兵，拿出军服，穿在他身上，驱之前方打仗。但对无以谋生的流民来说，"或者多出于自动"②。

当兵就饷，对流民来说是天经地义的。一旦饷项无着，他们就开小差、哗变。饷项一般很低。如民国时期，"饷项是一种劳动工银，他们依赖这种工银而衣食生存。工银之内要扣去膳费。兵士底饷项大体上每月约五元，是属于普通劳动工银底下等的。但是他们志愿于领取低下的饷项的兵士，是因为有其他种种特典（无票乘车、无偿饮食、掠夺、凌污妇人、榨取人民和密卖鸦片）的缘故。"③ 正因为当兵有饭吃，所以流民争趋。中国的军

① 沧波：《北方之匪与兵》，上海《时事新报》1929年8月30日。

② 陈正谟：《各省农工雇佣习惯及需供状况》，南京中央文化教育馆，1935，第65页。

③ 〔日〕长野朗：《中国社会组织》，朱家清译，光明书局，1930，第371页。这样的例子很多。如著名社会学家严景耀先生采访一位诈骗犯张某某时，张直言不讳地说："在军队里，不赌不嫖是不行的。我如果不跟着这班弟兄们一起鬼混，他们就会笑话我，看不起我。当我在印刷厂时，我去妓（转下页注）

事领袖，都能不费吹灰之力而招募一支庞大的军队。李鸿章到两淮登高一呼，淮军速成。1924 年，吴佩孚和他的直系军阀在山东大招军队，曹州、济南大街小巷，迎风飘扬着招兵的白旗，而从军者如潮。[①]"并且于受过招募的地方，并无多大影响，像这种轻而易举的招兵事件，的确是中国年富力强的青年底过剩情状的可惊的明证。"[②]

在一些经济落后、民情剽悍、流民众多的地区，当兵可以形成一种社会风气。淮北就是一个例子。在淮北，这种风气由陈胜、吴广开其先，以后代代强化，历久不衰。李絜非所撰《淮水流域与民族精神》[③]一文，引以为自豪。

近代以后，淮北人从军者，难以数计。如萧县，"年来天灾人祸兵匪交乘，农村经济日趋破产。农工多视农村工作苦且不

（接上页注③）院就怕被人知道，怕被批评指责。可是我在军队嫖了还要自吹自擂。更重要的是在军队弄钱也比较容易。贩卖烟土根本不算回事。我犯的罪真没有什么了不起。眼下，我是要受点委屈，假使我了结了官司，我还能借到钱还我的妻兄。其实，犯诈骗罪没有多大关系，在军队里办的坏事比这严重多了，算不了什么。"（严景耀：《中国的犯罪问题与社会变迁的关系》，北京大学出版社，1986，第 104 页）另一位诈骗犯叶某，是东北军的士兵，"跟军队来到北京。军队被打垮时，他几乎丧命。他把钱和枪械都丢了，跑到离城 15 里地的一个村庄。他一无所有，只有一套军服。凭着这身老虎皮到处吃饭不给钱。他除了白吃还需钱用，他到各家谎称军队需要 500 元，由各家摊付。有的人家拿五毛，最多的拿六块。当他要到一个姓田的家里，这家与东北军有联系，问了要摊派 500 元的事。田问叶要证明信，叶拿不出来，一想事情不妙，想走。田唤家仆把叶抓住了，把他送到村外的警察局。"（同上，第 101～102 页）从这两个个案中，不难发现，长野朗所说的当兵享有的"种种特典"，几乎就是公开的秘密。

① 硕夫：《直系军阀马蹄下的山东人民》，《向导周报》第 88 期，第 732 页。
② 〔美〕马罗立：《饥荒的中国》，吴鹏飞译，民智书局，1929，第 18 页。
③ 李絜非：《淮水流域与民族精神》，《学风》第 6 卷第 3 期。

安，又常终岁勤苦，不免冻馁。故多另谋出路：如充当士兵或保卫团丁，或至都市谋工作……以致农工极感缺乏。而无业者反日益增多。因一经士兵等生活，则不能回复农工劳苦之工作矣。"① 铜山县有一个名叫段庄的小村，只有百余户农家，但其中曾经当过兵者有 34 人，调查时尚在行伍间者有 23 人，约两户人家中，就有 1 人当兵。② 这种情况，在淮北是很常见的。1913 年 11 月 18 日出版的《时报》还描述了淮北人当兵急切的情形，说"张勋之所部兵队，多鲁、徐、颍、寿之人，其兵之乡亲随同来宁，希冀补入兵籍者不下万人。"③ 可见当兵的风气弥漫于整个淮北社会。

　　在近代中国，农民流离失所，一个很重要的原因是"兵燹"。可是，流离失所的农民为了生存，在饥饿的驱动下，只好从军，这不能不说是近代中国的悲剧。

二　流向非正规军队

　　"若辈附和，非必欲作贼也，徒以无业荡游，贼招之则为乱民，官用之则为义勇，此皆可良可贼，视能食之者则从之耳。"④ 大量流民流向非正规的农民起义军，同样是为了谋食。这里以捻党、捻军为例，看看捻众是如何谋生的。当然，这应当从广义的"当兵"去理解。

① 陈正谟：《各省农工雇佣习惯及需供状况》，南京中央文化教育馆，1935，第66 页。

② 吴至信：《中国农民离村问题》，《东方杂志》第 34 卷，第 22、23、24 号合刊，第 96 页。

③ 转引自蔡少卿主编《民国时期的土匪》，中国人民大学出版社，1993，第 11页。

④ 李文治：《中国近代农业史资料》第 1 辑，三联书店，1957，第 110 页。

捻党的产生，可以追溯到康熙年间，"捻之为寇，盖始于山东。游民相聚，有拜幅，有拜捻，盖始于康熙时。"① 这里把捻党发源地说成山东，是错误的。捻党源于淮北，这是众所周知的事实。确切地说，皖北才真正是捻党的故乡，"河南之归、陈、南、汝、光；江苏之徐；山东之兖、沂、曹所在有之，而安徽之凤、颍、泗为甚，凤、颍所辖蒙、亳、寿为尤。"② 至于说"游民相聚"而为捻，那是说对了的。如文献资料所载，"楚川教匪滋扰，在处招募乡勇；其时颍、汝岁歉，应募者众。数年，教匪底定，撤勇归籍。若辈久历戎行，桀骜性成，剽掠性成；既归，不屑生业，唯事博饮，地方无赖又从而附和之，日则市场恣横，夜则乡村行窃。……每大会，则聚集首领，或数十，因曰，此一捻也，彼一捻也……捻子之称，盖由此起。"③ 这些散兵游勇，正是捻党最初的组织者。这些"游民"以外，参加捻党的还有灾民、饥民、衙役、捕役、盗贼、小偷、手工业工人、农民等。④ 如果我们说捻党是流民组织，应该是不成问题的。

1853 年捻党转向捻军，大批流民投军。"盖缘皖北各属，频年被匪蹂躏……老弱转死沟壑，良善亦远徙他乡，所遗皆凶悍不逞之徒。既无家可归，亦有田难种。欲缓须臾之死，不从逆匪抢掠，别无生途。所以张（乐行），龚（德树）、孙（葵心）、刘（天福）各逆首一呼，响应则动数万，势若燎原。"⑤ 由此可见，流民乃是捻军的主要兵源。尽管他们中有的被"裹胁"，有的

① 王闿运：《湘军志》第 14 卷之《平捻篇》。
② 《钦定剿平捻匪方略》首卷之《序言》。
③ 《中国近代史资料丛刊·捻军》第 1 册，上海人民出版社，1957，第 309 页。
④ 江地：《捻军史论丛》，人民出版社，1981，第 21～27 页。
⑤ 《钦定剿平捻匪方略》第 53 卷，咸丰八年十一月二十六日，恒福折。

"别无生途"不得已而从军，但志愿入捻者也不在少数。马杏逸在《捻逆述略》中说："人之入捻，非迫胁之，自乐入也。捻之出掠而归，货财车挽担负，牲畜逐群而驱，半入捻首，半为众分，有掌捻者职其事。分必均。牲畜烹之，恣意大啖。族邻垂涎已久，更出则执械以从。焚也，掠也，啖肥甘也，淫妇女也，既归分货财也，虽良懦亦奋而相助，尚复有善类乎！果属良善，迁避之不待终日也。"[1] 这段记载可能有不实之处，但"自乐入"捻，在当时还是比较普遍的。这一点，与淮北"好斗乐祸"、以从戎为荣的特殊的社会环境相适应的。

"经济的前提和条件，归根到底是决定性的。"[2] 捻党、捻军是流民的聚合体，他们扯旗造反，主要为的是"聚众谋食"。至于政治目的，倒在其次。所以文献资料有"捻匪自初起以迄于亡，均以抄掠为生"[3] 的记载。张乐行本人也说："我才与龚瞎子、王冠三、苏添福、韩朗子各竖旗帜，大家抢掳为生。"[4]

捻众谋生的手段很多，惯用的有如下几种。

1. 吃大户

这是捻众获取生活资料的主要方式之一，无论捻党，还是捻军时期，都广泛采用。

捻众"吃大户"的情况，史料多有记载。他们所到之处，"每逢殷实人家，随时散帖，勒取钱文，谓之定钉"[5]；"每要约百

① 见《中国近代史资料丛刊·捻军》第 1 册，上海人民出版社，1957，第 311 页。
② 恩格斯：《致约·布洛赫》，《马克思恩格斯选集》第 4 卷，人民出版社，1972，第 478 页。
③ 刘声木：《异辞录》第 1 卷，第 48 页。
④ 《张乐行自述》，《光明日报》1962 年 10 月 10 日。
⑤ 《钦定剿平捻匪方略》第 1 卷，咸丰元年八月二十九日，鲍继培折。

姓人家具备酒食，蜂拥而至，饮啖狼藉，食毕，放炮三声而去"①；"或入集及经过之处，先遣数骑传呼派饭若干棹，如止百余人，必令派百棹或七八十棹，伪为众多以吓诈之。"② 捻军歌谣也唱道："一牛一驴广种田，光蛋子子跟我玩。瓦屋楼台少我债，专向大户去要钱。"③ 可见捻众"吃大户"的普遍性。正因为如此，捻众又被称为"白撞手"④，即白白地"吃大户"的意思。

"吃大户"能否视为农民阶级意识的表现，我是表示怀疑的。柳堂曾谓："（捻）非生而贼者也，饥寒所迫也。迫于饥寒则入贼，不迫于饥寒则出贼矣。"他的结论是捻军"大半饥民聚而谋食耳。"⑤ 流民聚而谋食，他们所采用的原始方式就是"吃大户"，也只有"吃大户"，才可求得一饱，其他实难顾及。

2. 掳人勒赎

据记载，这种方式是捻众惯用手法，较之"吃大户"有过之。有关这方面的情况，史籍中随处可见。我们不妨多摘引几段，暂不考虑其真伪。

《钦定剿平捻匪方略》："无论男妇大小强拉入群，给钱放还，否则拷打吊饿，无毒不施。"⑥

《江河南发匪志记》："被掠之人，凡不至于亡命者，则以钱

---

① 陶澍：《陶文毅公全集》第24卷，《条陈缉捕皖豫等省红胡匪徒折子》。
② 方玉澜：《星烈日记汇要》第32卷。
③ 王奎璧等：《捻军革命活动史实采访实录》，《史学工作通讯》1957年第2期，第61页。
④ 见吴荣光：《石云山人文集·奏议》第4卷；《清仁宗圣训》第99卷，第30页。
⑤ 柳堂：《蒙难追笔》，《中国近代史资料丛刊·捻军》第1册，上海人民出版社，1957，第351、354页。
⑥ 《钦定剿平捻匪方略》第1卷，咸丰元年八月二十九日，鲍继培折。

到，粮到，鸦片烟到，皆可赎之。"①

《能静居日记》："获民之富者，持至其家所处围（圩）子边，勒贡马匹、粮食、鸦片以为赎，不应则脔割之。"②

《郏县志》："所遇既得财物，复执富人子弟或家长，使以银赎。多者千余两，少亦数百两。"③

《滑县志》："（同治年间）烽火连天，彻夜不断，村人有被虏获者，缚至寨下，苛索马匹、烟土，令其回赎。"④

《沧县志》："边马三五成群，掳来人夫至圩下示威，并携其戚友，恫吓勒赎。"⑤

《续荥阳县志》："（同治五年）十一月复由郑（州）入荥，抢掠无所得，虏人勒令以银及烟土、马匹、食物回赎，不满其意即杀之。"⑥

《南师平捻纪略》："贼避兵图掠，或掳人待赎，意似不在战。"⑦

笔者不厌烦琐，列举多条史料，无非想说明，"掳人勒赎"正是捻众惯用的谋生手段之一。"夫缚人攫金，盗贼之行也。"以往的捻军史研究，总不敢正视、承认这一事实，原因正在于此。

3. "打捎"

捻军外出打粮，谓之"打捎"，也有谓之"出掠"者，是捻

---

① 《江河南发匪志记》（抄本）。
② 赵烈文：《能静居日记》同治六年四月二十五日记。
③ 《同治郏县志》第 10 卷之《纪捻匪事》。
④ 《民国滑县志》第 28 卷之《捻匪北犯纪略》。
⑤ 《民国沧县志·文编》（下）。
⑥ 《民国续荥阳县志》第 12 卷之《兵燹》。
⑦ 陈锦：《南师平捻纪略》，见《太平天国史料丛编简辑》第 1 册，中华书局，1963，第 417 页。

军"因粮于敌"，支持战争的基本手段。

捻众在很长一段时间里，是"居则为民，出则为捻"。这就决定捻众"打捎"与流民南下逃荒一样，具有季节性的特点。所谓"每秋获农暇，捻酋招集乡里无赖，部署为兵，谓之装旗；所至，先以游骑四出放火，谓之边马。劫掠行旅，攻村堡城邑，归分其赀，岁以为常"①；所谓"计近二年来，每年春仲秋季两次出巢，大掠河南。本年秋冬将及湖北之襄阳、汉阳、德安等府，又扰于陕西、山东、山西等省"②；所谓"（捻军）恒于春秋二时，援旗麾众，焚掠自近及远，负载而归。饱食歌呼，粮尽再出，有如贸易者"③云云，无不说明了这一特点。由此我想到，这与秋获农暇南下的流民，是否有某种共通之处呢？也即"打捎"是否也是家庭收入的一个来源？据文献资料说，"结捻多系无赖穷黎……聚则为匪，散则为民……捻首虽多，并无众所推服者，往往勾结聚集，勒索得赃即各星散"④，而且"年丰则少靖，岁歉则横行。"⑤可见这一推想是可以得到证实的。淮北有"本境之贼不行窃本境"的规矩⑥，同时由于战争，捻众不可能进行正常的生产活动，因此不能不出境"打捎"。"春秋岁收后，民间稍有盖藏"，捻众每此时"四出剽掠，习成惯技。"⑦当然，不论季节的出掠活动也是常见的，"掳掠已盈，即拥众运

---

① 王定安：《求阙斋弟子记》第 11 卷之《剿捻》（上）。
② 王之春：《椒生随笔》第 3 卷之《论捻》。
③ 《山东军兴纪略》第 2 卷之《皖匪》。
④ 《钦定剿平捻匪方略》第 1 卷。
⑤ 黄钧宰：《金壶七墨·浪墨》第 4 卷。
⑥ 《中国近代史资料丛刊·捻军》第 1 册，上海人民出版社，1957，第 319 页。
⑦ 《钦定剿平捻匪方略》第 70 卷，咸丰九年十月十七日李鸿藻折。

回；瓜分既尽，仍复散出"①；"所掠之物……不二十日荡废尽矣。废尽再抢，然不曰'抢'，曰'出门'。"② 一般来说，"出门"规模是比较小的。总之，在捻军军事史上，我们可以看到许多次出征，这些出征，与其说是军事行动，倒不如说"出掠"更贴切。军事行动服从于"出掠"，错过许多战机③，竟至"走而不守贼无民，掠而不储贼无地"的境地。④

4. 武力要挟

"过城寨不攻，遇大军则走"⑤，这是捻军的军事战略。这种军事战略，完全符合捻军"出掠"的逻辑。但这并不意味着捻军绝不攻城，在捻军史上，被捻军攻下的城池也有几十个，但一般是纵掠几日而去。还有一种情况，即捻军佯为攻城，实则炫耀武力，以此相要挟，达到不战而得货财的目的。如"（咸丰）十一年……三月……初九日，捻匪围（滕）县城……时城中米薪俱匮，居人拆几案床楗以为食。贼将去，声言得赂即解。邑人户书周景善、土著张安福，缒城往说之，贼酋方住车路口王姓家，行成归，铸膺铤贰千两馈之乃去。"⑥ 再如"（咸丰）十一年……八月……十一日逼（胶县）城下，城之三门次第掩屯。十二日，知州殷嘉树、副将春祺、都司宋得喜、把总左万清偕团

---

① 尹耕云：《豫军纪略》第 6 卷之《皖匪》。

② 《中国近代史资料丛刊·捻军》第 1 册，上海人民出版社，1957，第 351~352 页。

③ 参见拙作《从雉河集会盟到霍邱会师——捻军战争形态转换述论》，《安徽师大学报》1993 年第 1 期。

④ 陈锦：《南师平捻纪略》，《太平天国史料丛编简辑》第 1 册，中华书局，1963，第 420 页。

⑤ 《中国近代史资料丛刊·捻军》第 1 册，上海人民出版社，1957，第 357 页。

⑥ 《光绪续滕县志》第 1 卷，《通纪》。

练长傅汝功、高含章及富绅等，与贼议和，赂银一万二千两，烟土一千二百包……十六日贼去。二十七日卯刻复至，直入关厢杀掳，较前尤甚。二十九日，贼遣邑诸生薛尔培至城下索和，又与银一千三百两，杂民间妇女首饰充足之。九月十六日，贼始拨队西行，城围解。"① 这样的例子还有很多。捻军攻城，实际上是以武力相要挟，提出苛刻条件，达到目的即罢，达不到目的，或不能令其满意，势不能不攻而下之。1856 年捻军进攻永城就是例子。② 可见捻军战争的局限性是相当大的。"贼亦不甚攻（圩寨），惟实无食则必破围（圩）以取粮。"③ 这与攻城情形没有什么区别。一般是围而佯攻，"逼寨索粮"④，达不到目的即破之。所以，"贼至无所掠，则大呼圩民饷钱米，违且攻寨，民亦略输贼，冀免祸。"⑤ 总之，"不占城邑，不赍资粮，饱掠狂奔，数日千里"，是"捻之长技。"⑥

捻众谋取生活资料的方式，主要是上述几个方面。从中人们可以得出捻众"好利逐末"⑦、"只贪卤获，绝无远略"⑧ 的结论。但这并不是说捻军没有政治色彩，捻军领袖如张乐行等，就有逐鹿中原之志，但"不幸的，他们除了劫掠外，没有更好的

---

① 《民国增修胶志》第 33 卷之《兵事》。
② 《光绪永城县志》第 26 卷之《朱来青传》。
③ 赵烈文：《能静居日记》同治六年四月二十五日记。
④ 王先谦：《东华续录》同治四年五月，国瑞折。
⑤ 王定安：《求阙斋弟子记》第 11 卷之《剿捻上》。
⑥ 《中国近代史资料丛刊·捻军》第 4 册，上海人民出版社，1957，第 140 页。
⑦ 《民国涡阳县志》第 15 卷之《兵事》。
⑧ 《中国近代史资料丛刊·捻军》第 3 册，上海人民出版社，1957，第 394 页。

方法来帮助解决他们的饥困"①，跳不出"聚众谋食"的圈子，"以图王霸之业"②的宏大政治目的只好付诸东流。

参加捻军的群众，主要是流民，看不出有什么政治觉悟、阶级意识。他们从军的目的无非是求得生存，所谓"贼数虽多，然俱散漫，专意到处搜抢粮米，直是饥民聚而求食"③即是。捻军歌谣唱道：跟着张老乐，有得吃来有得喝；跟着龚瞎子，吃的鸡鸭子；跟着江老台，包谷揣满怀；跟着韩老万，穿着绫罗缎。④可见，"当兵吃粮"是他们参加捻军的驱动力，是流民的一种职业流向。

此外，流而为匪，同样是近代中国流民的重要谋生途径。这方面的情况，我们将在"流民与近代中国社会"一章中专节详论，在此不赘。

第六节　别开谋生之途——贩私盐

一　恼人的私盐贩子

除上述职业流向外，凡能够创造生存机会的职业，流民都会去追寻，即便是越轨犯禁，也无所畏惧。于是，在流民中出现了种种越轨现象，像贩私盐、贩烟土（鸦片），甚至贩卖妇女儿童等。其中贩私盐，可以说是流民的重要谋生途径之一。正因为如

---

① 陈华：《捻乱之研究》，"国立"台湾大学文史丛刊之五十二，台湾大学，1979，第128页。

② 《张乐行檄文》，《光明日报》1962年10月10日。

③ 郑瑛棨：《瑛兰坡藏名人尺牍》第13册之《周尔墉书》。

④ 安徽科学分院哲学社会科学研究所历史研究室近代史组编《关于捻军的几个问题》附录《捻军民歌》第101页。按：张老乐即捻军盟主张乐行；龚瞎子即白旗旗主龚德树；江老台即旗主江台陵；韩老万即蓝旗旗主韩奇峰。

此，私盐成为历代恼人的严重的社会问题，而这一社会问题，一直延续到了近代。

食盐问题关乎国计民生者甚巨。它不仅是一个经济问题，而且是一个政治问题，从历代的盐政中可以看到各代统治者对此问题的关注。但是，近代并没有解决前代遗留下来的私盐问题。如湖北"淮盐滞销之由，固由川私充斥"①；浙江"夫余岱出盐处，每斤不过二三文，私贩售之内地，亦不过八九文，而官盐每斤在三十文左右。官盐则须完课纳耗，即使可减其价，总须二十余文，与私盐相悬太甚，民间谁肯舍贱而食贵？此减价之不能敌私也。至缉捕私盐，有海巡，有内巡，可谓周密矣。然洋面甚广，海口甚多，又有太湖以为之薮，固已捕不胜捕，防不胜防，况且数百号之船，数千名之勇，经费不赀，恐难持久，此设巡之不足缉私也"②；江西"至淮盐认销，近日始行。盖以江西全省大半为淮盐引地，而边境之地每为浙私粤私所侵入。故淮盐督销道员某定为认销章程，大致强民购买。夫食盐本有定制，规复引地，要非不可，而操之过蹙，不察民之所便以行之，则其偾事必矣。乐平邻近广信府，浙私每由广信入境，色洁而价廉，其民行用已久，今一旦强其以高价购重浊之淮盐，则其不愿已甚，所以滋事之徒遂并盐局而毁之也。"③ 又据恽代英说："我在江西九江的时候，亲眼看见挑私盐卖的，每斤价值仅五十文，到九江的市面去买公盐，每斤价值要一百四五十文。"④ 可见近代中国始终未能

---

①　曾国藩：《复陈淮南盐价难增折》，《曾文正公全集·奏稿》第30卷，第19页。
②　秦缃业：《虹桥老屋遗集》（上）之《上浙抚陈公书》。
③　《再论江西乐平之乱事》，《阁抄汇编》第33卷，第20~21页。
④　转引自彭公达：《农民的敌人及敌人的基础》，《中国农民》1926年第3期，第8页。

够杜绝私盐贩的再生，尽管晚清政府把缉私作为第一要务，尽管民国政府先后颁布了《私盐治罪法》、《缉私条例》、《私盐充公充赏暨处置办法》等律例，但收效甚微。究其原因，归根到底是盐法不良造成的。

近代盐政体制，基本上因袭前代，将全国划分为长芦、奉天、山东、两淮、浙江、福建、广东、四川、云南、河东、陕甘等11个盐区。其行盐之法：主以官督商销，辅以官运商销、商运商销等；商有二，曰场商（主收盐）、运商（主行盐）；商人购盐，必请运司支单，亦曰照单、限单、皮票，持单购于盐场；人们只能食所在盐区的食盐。这种行引之法，看起来有条不紊，实则弊端丛生：条块分割，形成许多官商结合的封建割据性商业集团；食盐购销中的捐派、"报效"、"官受商贿"及其他弊窦，造成盐价不断上涨，增加人民负担，影响人民的日常生活；各区盐价不一，盐价低的地区势必向盐价高的地区浸灌，"邻私"现象严重，私盐肆行。这在两淮盐区表现得特别突出。

两淮盐场地处江苏省东部海滨，介于长江口至苏鲁交界区500多平方公里的海岸线上。两淮盐场是淮南、淮北两场的统称。淮南盐场多出煎盐，从南通至盐城一带，土质含盐量高，用草木灰铺盖于碱土上，吸附盐分，用水过滤晒卤，再用锅煎煮成盐，即煎盐。淮北盐场多出海盐，从灌河两岸接连云港的云台山，筑堤建滩，引海水灌入滩中，利用日光风力轮番蒸发制卤，结晶成盐，即海盐。煎盐质低本高，故淮盐以海盐为大宗。

"煮海之利重于东南，而以两淮为最。"两淮盐场自汉代吴王濞开始，即成为中国最著名的盐场之一。1527年，两淮巡盐御史戴金上奏说:"今两淮运司额课,甲于天下,财富半于江南。"① 足见两淮盐场在国家财政收入中的重要性。

淮盐行销区域极广,有应天、宁国、太平、扬州、凤阳、庐州、安庆、池州、淮安、南昌、九江、南康、建昌、赣州、南安、临江、抚州、吉安、袁州、瑞州、饶州、武昌、黄州、汉阳、岳州、荆州、常德、长沙、衡州、德安、辰州、承天、郧阳、襄阳、宝庆、南阳、汝州、滁州、和州、靖州、陈州等41府州。民国时期,实际供应区域达13省。正是这一著名的两淮盐区,弊亦最甚。1830年,"淮北销二万引,亏银六百万",1851年则"矗务全废"。造成淮北盐政失控的因素,一曰"天下盐课两淮最多,困亦最甚";一曰"成本积渐成多……藉官行私过甚";一曰"商惟利是视,秤收则勒以重斤,借贷则要重息"②。但更为重要的是淮北私盐充斥,而这又是盐法不良造成的。下面以淮北地区为例,考察一下盐枭活动的情形。

二 盐枭活动概况

淮北是长芦盐区和两淮盐区交错的地区,但食盐差价颇为悬殊。据陶澍说:"安省之颍、亳,豫省之汝、光一带,例食淮盐,现在每斤值钱四五十文不等,长芦私盐,每斤不及半价,是以居民利食私盐"③,加之"芦盐味鲜,淮盐味苦"④,人们自然喜食芦盐,同时,壤地相接的地利,为"聚众兴贩"创造了条件。据调查资料说,咸丰年间,一吊钱到单县可买芦盐15公斤,

---

① 《盐法志》第7卷。
② 《清史稿·食货》。
③ 陶澍:《陶文毅公全集》第24卷,《条陈缉捕皖豫等省红胡匪徒折子》。
④ 《光绪亳州志·盐法》。

贩到皖北，10公斤就可卖一吊钱。① 那些从土地上游离出来的流民以及贫困的农民，看到有利可图，每于秋获农暇，或肩挑，或车运，争趋贩私。当时的皖北就是贩私的中心。贩私成了许多流民的谋生手段。

关于盐枭的活动情况，史籍多有记载。如《清宣宗圣训》所说："河南陈州、归德例食芦东引盐地方，与汝宁、光州例食两淮引盐各属，壤地相接，盐价多寡悬殊，数日往还，即获倍利。该处匪徒，罔知法纪，聚众兴贩，由归德之鹿邑、陈州之项城等县置买，或以驴驮，或以车运，每起数十人至二三百人不等，明目张胆，挺刃各恃，昼夜南行，毫无顾忌，所过州县，又有本地土棍，每一头目率领伙匪多人，各分地界，沿途守候私盐经过……曳刀手、捻匪、红胡子皆由此出。"② 1832年淮北创行票盐以后，"其贩芦私者皆转而贩票盐"，"其透私总在夜深人静，其肩挑背负皆系老弱男妇，场官差役无多，耳目不能遍及，其自场至卡至坝，有私巢之窝藏，有枭匪之兴贩，其人多系强横不法，盐官毫无权势，法令有所不行。"③ 无论是芦盐，还是票盐，只要有利可图，淮北人就趋之若鹜，并且联结成遍布淮北的兴贩网络④，以致盐法不行。

"两淮私枭日众，盐务亦日坏。"⑤ 19世纪中期，宿州每年销芦盐20893引，而相邻的亳州每年只销淮盐5033引，颖州6

---

① 安徽科学分院哲学社会科学研究所历史研究室近代史组：《关于捻军的几个问题》，安徽人民出版社，1960，第56页。
② 《清宣宗圣训》第12卷，第5页。
③ 童濂：《淮北票盐志略》卷首《纪》、第5卷《设卡》。
④ 参见《淮北票盐志略》附"淮北走私道路图"。
⑤ 《清史稿·食货》。

县共只销淮盐 24216 引。① 淮盐滞销，"鹾务全废"，正是"私贩肆行"造成的。正因为如此，统治者视"盐法以缉私为第一要务"②，到处设卡，以致淮北盐巡充斥。但这不仅没能解决问题，反而激成事端。

淮北是流民众多的地区，贩私盐是他们生活的一个重要来源，"缉之过严，穷人无所归矣。"③ 但盐巡无不借此肥己，敲诈勒索。涡阳的情况就是一个非常典型的例子："皖北阜、亳、蒙三县，旧销淮引，宿州旧销东引。涡阳割四县幅员，成立行政区域，盐课负务自应厘订详慎，与钱粮丁漕同归划一。乃当事者既疏忽于前，涡之官绅复不能请愿于后，完全三宝以盐故破坏而分裂之。于是……盐巡充斥而防务隳，险诈之徒专伺往来城郭，携有升合者而指为贩私，巡勇肆其淫威，致酿重案，数十年间，指不胜数。彼张乐行、牛师修之已事岂非为士诚、国珍（谋）而未成者哉。且夫缉私疏引，实因盐法既弊，不得已之补苴，乃此县彼县必越境而始为犯私，若夫一邑之中此乡彼乡而亦指为越私，罚其毫末者，自涡阳始也。"④ 盐巡之穷凶极恶，于此可见。

贩私盐是一种犯法行为，具有冒险性，加上要与盐巡作斗争，走私团伙逐渐武装起来。这中间，有好勇斗狠者，专为盐贩作保镖，形成"保贩私盐"团伙。捻党组织于焉生成。据陶澍

---

① Perry, *Rebels and Revolutionaries in North China*, *1845 ~ 1945*, Stanford University Press, 1980, pp. 104 ~ 105. "引"系食盐买卖的单据。1832 年陶澍改票以前，淮盐每引 364 斤，改票后每引规定为 400 斤。

② 童濂：《淮北票盐志略》第 5 卷之《设卡》。

③ 《淮北三场利弊说略》，第 20 页。

④ 《民国涡阳县志》第 8 卷之《食货志》。

说:"其间私贩盐枭,实繁有徒,而红胡则又为之护送,每车私盐索钱二百文,每月私盐不啻百辆。"① 又《淮北票盐志略》说:"查向来水陆私路如安东、清河、山阳、盱眙、泗州、怀远、沭阳、桃源、宿迁、睢宁、邳州等处地界,均有地棍土豪私立盐关,索费包送。"② 这是包送私盐的情况。陶澍所说"红胡",实际上就是捻党之人,"初,发逆(太平军)之北犯也,楚氛既恶,密迩豫疆,豫中不逞之徒群啸聚萑苻,名曰捻匪,即俗所称红胡子也,四起而为之应"③,及"贩私盐,贩私盐,穷爷们结成捻"④ 等资料可证。贩私盐活动,遂成孕育捻的温床。正因为捻与私盐贩有着密不可分的关系,有的史籍把"捻"误释为"以其贩私盐,捻小车,故名"⑤。

无论是盐枭,抑或是捻党,都是流民的职业流向。捻党在贩私盐活动中萌生,他们既是盐枭,又保送私盐,是贩私盐活动中的主要角色。据载:"游手好闲……什五成群,出入带刀,恃强众而欺寡弱。始则强赊强欠,逞志于里邻;继而为盗为淫,肆凶于村集。其间桀黠之徒,自矜雄长,遂包送私盐,窝留亡命,号称'捻头'。"⑥ 他们包送私盐,"私贩亦即恃之为缓急,以是出入淮泗,千里间舳舻衔尾,车辆接轸,无敢问者。"⑦ 盐枭与捻党关系之密切,亦于此可见。在捻军构成中,私盐贩占有很大比

---

① 陶澍:《陶文毅公全集》第 24 卷之《条陈缉捕皖豫等省红胡匪徒折子》。
② 童濂:《淮北票盐志略》第 2 卷之《改票》。
③ 郑元善:《宦豫纪事》,《中国近代史资料丛刊·捻军》第 1 册,上海人民出版社,1957,第 330 页。
④ 李东山等搜集:《捻军歌谣》,上海文艺出版社,1960,第 13 页。
⑤ 《光绪三续掖县志》第 3 卷,第 4 页。
⑥ 左辅:《念宛斋集·官书》第 3 卷之《禁行凶扰害示》。
⑦ 查揆:《筼谷诗文钞·文钞》第 9 卷之《论安徽吏治》。

例，"捻匪则庐、凤、颍、亳、南、汝、光、陈之犷悍凶徒也，平时大都贩盐上盗。"[1] 像捻军盟主张乐行即"辇私食以食"[2]，梁王张宗禹也不例外。无怪乎黄佩兰说："朝野上下，恬恬酣嬉，以卒亡有清之社稷。谁贻之毒？（张）宗禹辈当职其咎矣。……顾蜂拥毒螫如此，则盐法不良为之也。"[3]

捻军战争时期（1853～1868 年），"长、淮梗阻，淮北票盐，片引不行。"[4] 战争结束后，盐枭问题并没有解决，"淮北自海州东北之灌河口至赣榆西北之荻水口绵亘二百余里，皆系滨海之区，处处皆可产盐，即处处皆可透私。"[5] 食盐问题终于又引发了 1898 年涡阳刘疙瘩、牛师秀的暴动。1928 年，千余名所谓"盐匪"，洗劫了搁浅在淮河上的盐船。[6]

---

① 黄恩彤：《知止堂续集》第 5 卷之《捻匪刍议》。
② 张瑞墀：《两淮戡乱记·张洛行叛迹本末》。
③ 《民国涡阳县志》第 15 卷之《兵事》。
④ 《清史列传》第 49 卷之《翁同书传》。
⑤ 童濂：《淮北票盐志略》第 5 卷之《设卡》。
⑥ 民国时期淮北私盐贩卖情况，有一位曾于 1915 年"漫游淮北"的有心人，"周咨博访"，发现一些"秘密"："（甲）煎丁：煎丁之弊，在偷卖私盐而已。灶丁缴盐于盐商，每石自四十三文至八十六文不等，若卖于枭贩，则每石至少亦得二百数十文，故煎丁咸愿卖于枭贩也。（乙）枭贩：官盐有税，私盐则无税。官盐场价，虽下盐，亦需银一两二钱有奇。枭贩在场买私，综计盐价及一切规费，每包不过钱一千。又不完纳税厘，获利之丰，较之官盐何止倍蓰，所以枭贩冒百险而不顾也。（丙）栈丁：北盐皆运至清江之西坝，储栈待运。栈中设有栈丁，盐包入栈，即堆积成廪。栈丁窃盐之法，恒以利刃将盐包割破，盐即流出。每包窃盐数斤而已，以足践之，盐即不流。积少成多，为数甚巨。盐出栈时斤数不符，则以卤耗为藉口。其窃出之盐零星卖于杨庄一带贫家之妇孺，负至距庄三里处，卖于私贩。（丁）船户：盐商运盐无夹私者，惟船户夹私耳。其夹私之法甚多，约举之，有曰散舱者，谓将盐散于盐包之上；有曰夹底者，谓铺盐于船底，上铺以板。更有夹楼、夹杆，法于夹底同。又有藏盐于布蓬或枕垫者。"（李泽平等编著《民国野史大观·淮北盐务》，江苏文艺出版社，1996，第 426 页）这样的"秘密"，较之大规模的走私贩运，实在是小巫见大巫。

　　贩私盐是淮北流民获取生活资料的重要途径之一，即便越轨犯禁，亦在所不惜。① 除贩私盐外，鸦片走私曾在民国时期一度风行，这里不再详细考察。总之，流民的流向是多元的，其对近代中国社会的影响也是多元的复杂的，这将在下章详述。

---

① 正如曾任长芦盐务局局长的李鹏图所说："当时官府横征暴敛，民不聊生，老弱死于沟壑，少壮者遂铤而走险（走私贩私），此为根本的社会问题。"（李鹏图、刘序东、李邺亭：《长芦盐务五十年回顾》，《文史资料选辑》第44辑，第137页）"根本的社会问题"——流民问题不能得到解决，任何禁令不过具文而已。

第四章　流民与近代中国社会

流民是一个复杂的群体，其对近代中国社会的影响，也是多元复杂的，有正效应，也有负效应，不能一概而论。本章择要进行剖析，只能略见一斑。这是一个很大的论题，绝非本章所能全其貌。

第一节　聚城效应的多角透视

一　多方面的正效应

　　顾炎武曾在《日知录》中说："人聚于乡而治，聚于城而乱。聚于乡则土地辟，田野治，欲民之无恒心，不可得也；聚于城则徭役繁，狱讼多，欲民之有恒心，何可得也？欲清辇之道，在使民各聚其乡始。"① 就是说，农民离土聚城，有百害而无一利。顾炎武的认识，可以说代表了中国古代政治家们的一般观念，即农民"聚城的病态观"。这种观念，到了近代，虽然社会发生了很大的变化，

---

① 顾炎武：《日知录》第12卷。

但仍成为一般人的共识。金轮海在《中国农村经济研究》一书中谈到人口的变动时说："鸦片战后，资本帝国主义挟其大量余资，与新式机械，在通商口岸渲染了些资本主义的色彩。……迨欧战爆发，列强无暇东顾，因此中国幼稚的民族工业，乘机抬头，使中国渲染了很浓的资本主义化的色彩。……于是农村中的劳动力，初则剩余的劳动者都拥到都市里去了，继则农村中的青年劳动力，即是生产的中坚份［分］子羡慕着都市的繁荣，投身工业的比较能够多得些工资，也都向都市中乱涌，向资本家出卖其劳动力，终则以农村衰落，而建筑于农村上的工业，日形没落……因此，从农村拥到都市的劳动者，都成了可怜的失业之群。所以农村劳动力胡乱的拥进都市，一方面，使农村中失却生产的中坚份［分］子——青年劳动力，而另一方面产生了大批的失业之群，这当然是人口变动的变态。"① 研究人口问题、研究社会问题的学者，大多持类似看法。这种观点并不是没有道理，但至少是不全面的。它只强调"病态"或"变态"、负效应的一面，而对"常态"、正效应的一面却没有给予应有的重视。

笔者认为，流民进城，有着多方面的正效应，主要表现在以下几端。

第一，流民进城，有着助推城市化进程的一面。所谓城市化，是指城市人口规模不断扩大、城市数目日益增加的过程。②

---

① 金轮海：《中国农村经济研究》，中华书局，1937，第342~343页。

② 关于城市化的定义和内涵，学术界存在较大分歧。对于城市化的内涵，不同的学科也有不同的定义，由于城市化研究涉及城市学、人口学、地理学、经济学、社会学等多学科，故各个学科的学者多根据本学科的特点、研究角度、研究领域对城市化进行定义和解释。其中主要有两种代表性的观点，一种观点认为城市化是指人口居住重心由农村转向城市，故将农村人口 （转下页注）

这是世界各国普遍遵循的道路。中国也不例外。

中国进入近代以后，随着闭关锁国的大门的洞开、通商口岸的开辟、近代工业的成长以及交通运输结构的改变，一批近代化城市迅速崛起，与此同时，传统城市逐渐抹去传统色彩而转向近代。城市规模、数量及职能出现了显著变化。首先，城市数目不断增加。据王树槐《中国现代化的区域研究：江苏省》统计，江苏 10 万人以上的城市，清末有 7 个，1919 年增至 10 个；5 万人以上的城市，清末仅 1 个，1919 年增加到 7 个，1932 年更增至 17 个；2.5 万人以上的城市，清末 9 个，1919 年增加到 16 个，由此可见一斑。其次，城市类型增多，出现了殖民地化城市如长春；农产集散中心城市如石家庄、郑州；交通枢纽城市如蚌埠；新式矿山城市如唐山、大同；近代商业城市如上海、天津等。再次，如下表所示，城市人口规模不断扩大。

正如前文在谈到城市的近代化和城市流时所说，中国城市的近代化和人口的城市化是同步的、互为因果的。人口的城市化对城市化提出要求，如对城市规模的扩大、市政建设的加快等，都

（接上页注②）向城市迁移作为城市化的核心，衡量城市化水平也主要是以城市人口占区域人口总数的比重确定；另一种观点则认为城市化不仅是人口城市化的过程，还应包括第二、第三产业向城市聚集，城市数量的增加，城市状态在地域内的扩大，城市的生产和生活方式、价值观念的普及和在乡村的传播等更为广泛的内容。（参见何一民主编《近代中国城市发展与社会变迁（1840～1949）》，科学出版社，2004，第 112 页）何一民先生认为，城市化作为变落后的农村为先进的城市的历史进化过程，主要有四个方面的特征：（1）农村人口向城市流动，城市人口比重不断增大，农业人口比重不断减少；（2）随着城市占地不断扩大，城市规模越来越大；（3）城市数量不断增多；（4）城市的生产方式，生活方式不断向农村渗透。其中"农业人口不断向心流入城市是城市化的最本质的特征。"（同上，第 113 页）

表 4-1　10 万人以上的城市发展状况

年　代	东北、上海、河北（千人）	华北其他地区（千人）	长江流域东南沿海（千人）	西南（千人）	合计（千人）
1900～1910	3230	1350	9960	100	14640
1938	10460	2570	10890	640	24560
1953	22890	7491	15301	1850	47532

资料来源：〔美〕珀金斯：《中国农业的发展（1368～1968）》，宋海文等译，上海译文出版社，1984，第203页。

是强有力的刺激。另一方面，城市化进程的加快，又吸引着农村人口不断向城市聚集。可见，城市数目的增加、城市人口规模的扩大，这个过程恰恰是依靠农村人口流入城市进行的。流民进城、居城，对加快城市化进程，无疑是有推动作用的。如清末民初，江苏县城人口达9.7%，江南则达10.8%，1919年县城人口达到19%以上，居全国最高水平。这种局面的出现，照王树槐的话说，正是"走向现代化较快的结果"①。

城市近代化的核心是近代工商业的发展。流民进城，从事工商活动，有利于工商业的发展、城市面貌的改观。上海、广州、武汉等城市自不待言，就连一些小城镇也因此呈现繁荣景象，如上海附近的曹家渡，同治初年仍"地甚荒僻，绝少行人"，光绪年间开办缫丝厂、面粉厂等"招集男女工作，衣于斯，食于斯，聚居于斯者不下数千人……鳞次栉比，烟火万家"。南汇县的万祥镇，"昔本无市"，光绪以后"市面日渐繁盛……有花、米、榨油等工厂，港南有善堂，有学堂，廓然大规模之市

① 王树槐：《中国现代化的区域研究：江苏省》，台湾"中央"研究院近代史所，1984，第490页。

镇焉。"① 这种情况，还是比较普遍的。

列宁在论及俄国资本主义的发展时指出："居民的离开农业，在俄国表现在城市的发展（这一点部分地被国内移民所掩盖了）、城市近郊、工厂村镇与工商业村镇的发展，并且也表现在外出做非农业零工的现象上。所有这些在改革后期中向纵深和宽广两方面迅速发展并且现在还在发展的过程，是资本主义发展的必要组成部分，同旧的生活形式比起来，具有很大的进步意义。"② 这一论断，同样适用于近代中国。如上所述，流民进城，直接推动了中国城市化进程，其进步意义是不容忽视的。

第二，流民是中国工人阶级的一个主要来源。那些无地少地，或破产的农民，背井离乡，流入城市，成为产业预备军。他们随时可能为工商部门所吸收。廉价的劳动力市场是资本主义工商业发展的必要条件，流民大量涌入城市，正好满足了这一需要。城市阶级结构发生变化，工人阶级成为一支举足轻重的力量。随着近代工业的出现和发展，中国产业工人由小到大，到一战结束时，形成为 260 多万人的阶级队伍。虽然人数不多，但却是中国新的生产力的代表者，是近代中国最进步的阶级。这支重要力量，在五四运动时以独立的姿态跃上中国的历史舞台，并逐步确立了它在中国革命中的领导地位。对于中国工人阶级产生的历史，毛泽东曾作过总结，说："帝国主义的侵略刺激了中国的社会经济，使它发生了变化，造成了帝国主义的对立物——造成了中国的民族工业，造成了中国的民族资产阶级，而特别是造成

---

① 转引自行龙：《略论中国近代的人口城市化问题》，《近代史研究》1989 年第 1 期，第 34 页。
② 〔俄〕列宁：《俄国资本主义的发展》，《列宁全集》第 3 卷，人民出版社，1959，第 532 页。

了在帝国主义直接经营的企业中、在官僚资本的企业中、在民族资产阶级的企业中做工的中国的无产阶级。"① 这是历史的辩证法。

第三，城市是流民汇聚之所。由于流民来源地不同，他们杂处一起，必然带来人际交往范围的扩大，加上城市文明的影响，使他们的思想、行为等越来越远离传统的约束。这是进步的。如列宁所说："与居民离开农业而转向城市一样，外出做非农业的零工是进步的现象。它把居民从偏僻的、落后的、被历史遗忘的穷乡僻壤拉出来，卷入现代社会的漩涡中。它提高居民的文化程度及觉悟，使他们养成文明的习惯和需要。"② 另一方面，回流人口如季节性流民，成为城市文明向农村传播的中介。"移回的人口大致于家乡不利，因他们虽能输入新思想，但同时增加人口密度，因此增加生存竞争的剧烈性。"③ 这里虽然强调回流人口的不利因素，但没有否认其"输入新思想"的积极作用。流民是文化、信息的载体，正是他们把城市文明输入农村，给封闭的乡村带来新鲜空气。④

---

① 《毛泽东选集》（合订本），人民出版社，1970，第 1488～1489 页。
② 〔俄〕列宁：《俄国资本主义的发展》，《列宁全集》第 3 卷，人民出版社，1959，第 527 页。
③ 陈达：《人口问题》，《民国丛书》第 1 编之"十九"，上海书店，1989，第 263～264 页。
④ 在苏南小镇棟树港，经常可以看到这样的"风景"："从无锡或常州到宜兴县城的轮船都必须经棟树港，当'啪啪啪啪'的轮船将要靠码头时，码头上便聚集了不少看热闹的人，想看下乡的上海人。上海是天堂吧，到上海帮人家的（当保姆）及做工的（女工）妇女回乡探亲都吃得白胖白胖，还带回筒子装的饼干、美女牌葡萄干、美女月份牌"等等（转引自小田：《江南乡镇社会的近代转型》，中国商业出版社，1997，第 311 页），招来无数羡慕的目光。无锡礼社也是一个很好的例子："沪宁铁路通车以前，礼社之经（转下页注）

第四，给根深蒂固的宗法制度以有力的冲击。曾充任上海
《每日新闻》和《上海周报》记者的日人田中忠夫，在沪设立
"田中农村研究所"，研究近代中国农民的离村问题。他指出：
"中国古来是宗法制度的社会，一族同居，视为美风；农民虽有
定期归乡与家族的离村等事；但尚有阻止离村的微效，近来因为
各种生活上的压迫，强大的宗法制度的威力，已被蔑视，家族散
居四方，农业劳力组织的基础的大家族制度，已渐渐地弛缓崩溃
了。……城乡的男女比例的破坏，使中国视为早婚多产的理想社
会，一变而为独身晚婚、避孕，及堕胎等风气，故现在为中国社
会的根干的大家族制度，也渐次地崩坏了。"① 农民离村居城对
大家族制度的冲击，无疑有利于社会的进步。大家族制度的渐次
崩解，旧的家庭制度随之发生裂变。"随着赚取工资的子弟们和

（接上页注④）济尚逗留于自足经济之中。开明地主每年亦仅入城一次，农民更
墨守乡土，终生未尝一睹都市文明者十之八九。其赴沪、宁、平、津各处者
更如凤毛麟角，全镇仅二三人而已。一切主要消费品均属土制，食土产，衣
土布，非惟洋货不易多见，即京货广货亦视为珍奇。当铁道初通时，乡校购
置小风琴一架，乡民争先参观，门为之塞，今则即留声机亦不复能引起乡民
注意。"（薛暮桥：《江南农村衰落的一个缩影》，《薛暮桥学术论著自选集》，
北京师范学院出版社，1992，第11页）这种变化，正是城市文明挺进农村的
结果。

① 〔日〕田中忠夫：《中国农民的离村问题》，《社会月刊》第1卷第6号，第15
页。有关近代武汉城市史的研究，也证明了这一点："在城市人口结构上，武
汉还呈现五方杂处特点。武汉市移民来自四面八方，流动人口在城市的每一
个角落蠕动。杂处的人群结构使人际关系非宗族化。在农村和封建市镇中，
由于人口移动缓慢，通过世代繁衍多形成大族、大姓，并由于登科入仕形成
名门望族，封建血缘宗法关系成为人际间最主要的链条。移民浪潮冲击了宗
法关系的积淀，使家族观念淡化，商品原则代替了宗法原则。近代汉口商业
社会这一特点是十分明显的。"（皮明庥主编《近代武汉城市史》，中国社会
科学出版社，1993，第669页）

171

妇女们在财政上获得自立地位，家庭不再是一个控制个人的、自给自足的经济和社会单位。相反，在城市劳动力市场上起作用的是非个人的、具有普遍性的机能而不是地位或特定的亲属关系的机能。在拥挤的贫民窟和血汗工厂中，新的价值观开始形成，真正的无产阶级的工厂工人的数目开始缓慢地增加。"① 群体意识、政治意识逐渐形成。

总之，流民进城，无论进工厂，还是从事城市建筑，或做流动小贩，或从事家庭服务（保姆）等，无疑给城市经济和社会生活注入活力，对推动城市经济社会的发展，发挥着不可小视的作用。

二　流民进城的负面影响

尽管流民进城有着多方面的正效应，但其负面影响则显得更为突出，而且越到后来越是如此。时人已觉察到了这一点，"农民离村之良好影响，就一般而论，已感觉到者极其有限，且多尚系过去之事实。今后环境若不改良，恐将完全失望。"②

我们知道，流民主要是农村凋敝的产物。农村经济的衰退，驱使农民大量逃脱农村，造成流民遍地。而工业部门又难以吸收。如前文所说，第一次世界大战期间，中国民族工业进入它的"黄金时代"。就是在这个"黄金时代"，产业工人也才有 260 万人，简直是微不足道。"黄金时代"过后，民族工业一蹶不振，停产者有之，倒闭者有之，不仅不能"容纳此多数而源源不绝

---

① 〔美〕费正清、赖肖尔：《中国：传统与变革》，陈仲丹等译，江苏人民出版社，1992，第 449 ~ 450 页。

② 吴至信：《中国农民离村问题》，《东方杂志》第 34 卷第 22、23、24 号合刊，第 100 页。

之农民也"①,连产业工人也随时有失业的可能。民族工业抬不起头,得不到充分发展,引起连锁反应,商业疲软,城市化进退维艰。这样,流民现象逐渐发生病变,并成为多种社会病的总源头。

流民集中城市,首先给城市造成很大的压力,城市病由此而起。② 流民盲目地大量地涌进城市,在市区以及市郊搭建临时性

---

① 房师义:《中国农村人口实况》,《农业周报》第 3 卷第 35 期,第 754 页。

② "城市病"即城市问题,是指城市生存发展过程中普遍存在的城市各种要素之间关系严重失调的现象,而且是被大多数人公认为消极的、必须尽力解决的问题。(邓伟志编《当代"城市病"》,中国青年出版社,2003,第 9 页)是"由于在区域内人口和政治、经济、文化诸方面的角度中,其自身的发展中,时时又会产生着社会内在的不适应并导致出现了诸多的城市'病'"。城市社会问题可分为三大类:一是空间上的"滞胀"(包括人口密集,住宅紧缺;交通拥挤;供水不足;就业问题,经济——社会发展失调;供求矛盾突出;管理多元与城市功能不足等);二是关系上的冲突(违法犯罪与行为偏离;传统与现实的矛盾;城市与乡村的矛盾;个体心理失调;城市孤独;非情感主义;人与人关系浅表等);三是制度上的惰性(低效化与官僚主义;疲惫感与消极性;老年化;自我更新能力弱等)。(谷迎春主编《中国的城市"病"》,中国国际广播出版社,1989,第 17~18 页)"城市病"涉及哪些方面,看法不一。英国学者迈克尔·帕乔因把土地使用、城市权力、政治、贫困、环境公害、城市适居性、邻里关系、住房、城市交通、城市零售、地方公正等问题纳入城市问题的范畴。包宗华认为,城市问题主要是指人口膨胀、交通运输、能源、污染以及生活方式引起的问题。林广、张鸿雁则把城市问题归结为"贫困问题、生态环境问题、住宅拥挤、交通和通讯问题及社会治安问题"。"城市病"病因复杂,但可归为两类。一类是物理性病理问题。它是指随着城市人口的迅速增长,城市出现"过密化"现象。过密化造成诸如住宅问题、交通问题以及污染、地面下沉、噪音等一系列公害问题。另一类则是社会性病理问题。它主要是指,由于城市是异质性的人群所组成,流动性大,城市人相互之间的关系是片面的、暂时的和个人的,因此匿名性强。基于这种特性,城市容易处于不规则状态,出现诸如自杀、犯罪、赌博、卖淫、不良行为、离家出走、离婚、神经衰弱等社会病理现象。(参见方旭红:《集聚·分化·整合:1927~1937 年苏州城市化研究》,苏州大学 2005 届申请博士学位论文,第 216~217 页)

的栖身之所，形成一个个棚户区——产业工人（即已为产业部门吸收）和产业预备军（即仍未改变流民身份）杂居之地，与繁荣的街道和富人的住宅区共存，构成一幅极不协调的城市景观。前文曾提到南京大王府巷棚户区，实际上几乎所有城市都有这样的棚户区，而且城市规模越大、近代工商业越发达，这类棚户区就越多，如上海棚户区就最为典型。

上海旧城区住宅建筑，多为中国传统的木结构立帖院落式低层建筑。随着上海人口的剧增，尺地寸金，房租很高。为出租牟利，多在空地添建各种简陋房屋，或在原有房屋中增加阁楼，建筑密度和人口密度不断提高。租界内沿街建洋行、办公楼、商店等，街后也修建很多密集的居住建筑。在太平天国革命时期，江南地主逃入租界避难的人骤增，兴建了不少里弄式房屋；外国人及中国上层统治阶层在西区也建造不少花园住宅。与此同时，由于国内天灾人祸、农村经济衰退，各地农民，特别是淮北流民，流入上海城。他们在工业区附近、市郊空地，建造一些简陋而且临时性的草棚，形成与高楼华宅的强烈反差。上海棚户区即由此而来。

上海棚户区最初出现在黄浦江畔。鸦片战争后，随着贸易的开展，黄浦江边兴建了许多码头、货栈，较早的有公和祥、金利源、太古等码头。码头搬运工人，许多来自江北一带农村。初来之时，无所依归，一贫如洗。为不致露宿街头，他们就在当时浦东沿码头附近的荒地上和浦西江边，搭盖了低矮的席草棚屋。其中比较集中的有十八间、烂泥渡、洋泾港和老白渡等地。随着农村经济的衰退，盲目流入上海求生的农民日益增多，棚户区终于遍布于全市。到上海解放时止，据有关单位的调查，全市200户以上的棚户区，计有322处，如表4-2所列。

表 4－2　上海棚户区情况统计

类　　别	处所(处)	累计处数(处)
2000 户以上的棚户区	4	4
1000 户以上的棚户区	39	43
500 户以上的棚户区	36	79
300 户以上的棚户区	150	229
200 户以上的棚户区	93	322

资料来源：上海社会科学院经济所城市经济组编著《上海棚户区的变迁》，上海人民出版社，1962，第 6 页。

此外，还有大量散布于各处的零星棚户。估计上海棚户总数约在 20 万户左右，居民近百万人。① 其中，流民所占比重，无法作出精确统计。在上海的棚户居民中，有很多是从淮北地区来的。据 1926 年沪东棚户居民的请愿书中说，他们数千余人是"由江北一带因逃荒避难而来沪"②。

棚户区环境恶劣，"极端的贫困，无穷的痛苦和灾难，大量的芦席草棚和破旧小船伴随着垃圾、污水和蚊蝇、蛆虫，许多居民饥寒交迫、贫病死亡；这种种，便是旧上海聚居着百万人口的棚户区的基本面貌。"③ 这以外，火灾每每造成巨大的威胁。居民照明的油灯、烧饭的简陋炉灶，偶一不慎，就会布下火种。而席草本来最易着火，加之房屋密集，道路狭窄，水源又十分缺乏，所以一经起火，莫不迅速延烧，大片的棚户区顿成焦土。据《申报》所载，从 1948 年 6 月至 1949 年 5 月，一年之内即有 37

①　《上海棚户区的变迁》，上海人民出版社，1962，第 7 页。

②　《上海棚户区的变迁》，上海人民出版社，1962，第 5 页。

③　《上海棚户区的变迁》，上海人民出版社，1962，第 9 页。

起火灾，受灾的达 7300 户左右。这还是不完全的统计。[1] 上海棚户区大多有着火灾的记录。这就不能不令居民谈"火"色变了。不仅如此，他们还经常受到流氓恶棍的欺凌压榨。市政当局辄以棚户区"妨碍公共卫生"、"妨碍公众安全"、"窝藏盗贼歹徒"、"妨碍观瞻"等理由加以取缔、强行拆除。因此而起的冲突事件，每有所闻。

棚户区的扩散，是城市化低度发展和农村人口（特别是流民）过快集中造成的一种社会病态，是多种城市病的一种集中表现。此外，流民盲目涌入城市，还必然造成交通拥挤、供求失衡、物价腾涨、治安混乱等一系列社会问题，这种情况普遍存在于各大中城市。

其次，流民大量涌进城市，虽然造就出为资本主义发展所需的产业预备军，但另一方面对劳动力市场产生强大的冲击波。劳动力的供给可以说始终超过需求，由此引发了一系列无法解决的问题。

中国产业工人劳动条件之恶劣，生活境遇之悲惨，在世界各国的工人中是罕见的。如工资水平，与同期资本主义国家的工资水平相比，相去甚远。1910 年 3 月，农工商部编印的《商务官报》第 5 期中，有一个美国缂业协会调查一般纺织工人日工资水平的统计材料：美国男工为 1.50～3.00 元，女工为 1.00～2.50 元；法国、瑞士男工为 0.75～1.50 元，女工 0.50～0.90 元；意大利男工为 0.50～0.80 元，女工 0.30～0.60 元；日本男工为 0.15～0.20 元，女工 0.10～0.12 元；中国男工为 0.10～0.12 元，女工 0.06～0.09 元。[2] 这个材料说明，同样是纺织工

---

[1] 《上海棚户区的变迁》，上海人民出版社，1962，第 21 页。

[2] 转引自王建初等主编《中国工人运动史》，辽宁人民出版社，1987，第 22 页。

人，外国纺织工人的工资竟比中国工人工资高出 5~20 倍。中国工人的名义工资比外国工人低得多，而实际工资，由于克扣繁多、层层盘剥、物价上涨、货币贬值等因素，更是有减无增。工资低微，生活悲惨，工人常处"地狱般生活状态"①。

工人生活状况所以如此悲惨，一个很重要的原因，就是流民对劳动力市场的冲击。劳动力供过于求，供求比例严重失调，资本家就把雇佣条件尽可能压低到变质的程度，这是毫无疑问的。不管条件多么苛刻，工人也不得不接受。"这三百万以上的产业工人，经常将近有二十倍或更多倍的产业预备军或候补者，在威胁他们，在向资本家招手。在农村破产局面日益严重化的情形下，这个不断增加的压力，该会怎样在产业工人雇佣条件上发生不利的影响，那是非常明显的。"② 劳动力市场上待业流民的严重堆积，使工人生活状况不断恶化。这种情况，至少造成两大后果：一是工资水平不可能有较大改观。如《布莱克本商会访华团报告书》说："普通小工工资水平的任何大的改变，一定是缓慢的，因为，在职工人本身将感到千百万能力和他们一样强的廉价工人群众的压力。"③ 二是"职工与雇主的关系，前者付出劳力、后者给予相当的工资，关系止此，别无契约。不过，即使给些冷酷待遇，也不会引起这些中国职工的同盟罢工，稍稍增加工资，他们便不辞任何沉重和过度的劳动。各公司抓住这个关键，

---

① 〔日〕饭田茂三郎：《中国人口问题研究》，洪炎秋等译，人人书店，1934，第 181 页。

② 王亚南：《中国半封建半殖民地经济形态研究》，人民出版社，1957，第 195 页。

③ 《布莱克本商会访华团报告书：1896~1897 年》，第 8~9 页，见汪敬虞：《中国近代工业史资料》第 2 辑下册，科学出版社，1957，第 1244 页。

用很少的钱把这些可怜的民众有时驱入很沉重的劳役中去，而这些民众总是忍受辛苦没有丝毫厌倦。又，如果有一个人解雇，则有很多候补者集到门口来，立刻可以补足缺额，从而，做梦也没有像欧、美企业中那样以同盟罢工来和公司对抗的事。"① 能够就业就算是幸运，遑论其他？因此，在工人中进行政治动员，可谓困难重重。

而且，大量产业后备军的经常存在，使资本家感到采用新机器并非迫切需要。因为机器的采用也是有其界限的，马克思深刻地指出："使用机器的界限就在于：生产机器所费的劳动要少于使用机器所代替的劳动。"换句话说，即"只有在机器的价值和它所代替的劳动力的价值之间存在差额的情况下才会使用机器"②。中国庞大的流民大军涌向劳动力市场，沉淀、堆积，大大超出资本主义生产规模的要求，"中国工人工资低廉，有时手工制造比使用机器还便宜"。这就不能不打消资本家改善生产经营条件、提高近代工业技术有机构成的积极性。上海码头就是这样的例子。对于帝国主义来说，廉价的中国码头工人比机器要合算得多。因此上海从 1843 年开埠到 1949 年这 106 年中，只有英商公和祥码头上曾经出现过一架桥式吊车。但这只不过是英国资本家招揽生意的玩意儿，每年只用几次，旋弃置不用了。在一些较大的外洋船舶中装御货物时，还使用一些包工行置备的络绳、链条和"火龙关"（一种简单的蒸汽起重设备）等工具，而在较小的货船中工作时，除了一些绳索、杠棒以外，就完全用工人的

---

① 《支那经济全书》第 11 辑，第 447～448 页，见汪敬虞：《中国近代工业史资料》第 2 辑下册，科学出版社，1957，1243 页。

② 〔德〕马克思：《资本论》第 1 卷，人民出版社，1975，第 430～431 页。

肩背和四肢。至于从岸边到仓库的搬运工具，便只有工人自备的杠棒、绳子和一块搭肩布。[①] 外国码头如此，中国码头也无二致。这从一个侧面说明，大量廉价劳动力的存在，又往往成为城市近代化、工业化的障碍因素。

其三，由于近代工商业得不到充分发展，城市近代化步履维艰，无法吸收庞大的流民大军，流民不得不通过各种途径选择各种各样的职业，其结果，造成人口职业结构的畸形。据 1947 年城市人口职业构成调查，商业人口占到 17.81%，工业人口占 15.31%，农业人口占 7.3%，交通运输业人口占 4.69%，人事服务人口高达 10.7%，公务人口占 4.3%，自由职业占 2.59%。[②] 非生产性人口占了绝大比例。前文谈到流民的职业流向，谈到大王府巷棚户区棚户居民的职业构成，已清晰可见职业结构的畸形性。上海棚户区的情况大致相类。根据大统路 425 弄（蕃瓜弄棚户区的一部分）202 户的调查资料，16～45 岁的劳动力共 404 人，其中有 142 人失业，占总人数的 35.15%；186 人拉人力车、三轮车或做流动小贩糊口，占 46.04%；只有 76 人在工厂工作，占 18.81%，并且，在这 202 户中，有 91 户全家无人在业，占总户数的 45%，他们只能以拾荒、乞讨度日。[③] 总之，服务性行业占相当大的比重。

在畸形的职业结构中，所谓"下等职业"最令人注目。在

---

① 上海社会科学院经济所城市经济组编《上海棚户区的变迁》，上海人民出版社，1962，第 36 页。

② 参见宫玉松：《中国近代人口城市化研究》，《中国人口科学》1989 年第 6 期，第 15 页。

③ 上海社会科学院经济所城市经济组编《上海棚户区的变迁》，上海人民出版社，1962，第 14 页。

各大中城市中，这种职业至为发达。举例来说，有娼妓业、跳舞业、按摩业、理发业、擦背业、扦脚业、茶楼酒肆的招待业、游戏场中的歌唱业、看相业、算命业、测字业等等。正如周谷城先生云，"苟有熟悉都市生活者，当可举出几百种来。"[①] 以娼妓业为例[②]，北京"妓风大炽，胭脂、石头等胡同，家悬纱灯，门揭红帖，每过午，香车络绎，游客如云，呼酒送客之声，彻夜震耳"[③]；扬州"为蹉务所在地，至同治初，虽富商巨贾迥异从前，而征歌选色，习为故常，猎粉渔脂，寝成风气"[④]；古佳丽之地的秦淮河畔，近代以后"白舫红帘日益繁盛，寓公土著闻风来归，遂大有丰昌气象矣"[⑤]。而上海妓业之盛，甲于通国。根据1915年上海《中华新报》的调查结果，当时公共租界的明娼暗妓即达9791人，而绝大部分的暗娼等尚无法统计。当时公共租界的人口只有68万余，其中青壮年妇女人数约10万多。仅仅按照上述不完全统计，就可估计当时平均在十几个青壮年妇女中，即有一个娼妓。[⑥] 又据1920年工部局调查，上海操卖笑业者有：长三1200人，么二490人，野鸡37141人（内含公共租界24825人，法租界12315人），花烟间、钉棚21315人，共计60141人。[⑦] 这

---

① 周谷城：《中国社会史论》（上），齐鲁书社，1988，第312页。

② 1917年，英国社会学家甘博尔（S. D. Gamble）对世界上8大都市的公娼人数与城市人口的比例做过调查，结果如下：伦敦妓女与城市人口之比为1：906，柏林1：508，巴黎1：481，芝加哥1：437，名古屋1：314，东京1：277，北京1：259，上海1：137。（参见鲍祖宝：《娼妓问题》，上海女子书店，1935，第20页）近代中国女闾之繁盛，可以想见。

③ 徐珂：《清稗类钞·娼妓类》，中华书局，1986，总第5155页。

④ 徐珂：《清稗类钞·娼妓类》，中华书局，1986，总第5175页。

⑤ 徐珂：《清稗类钞·娼妓类》，中华书局，1986，总第5174页。

⑥ 邹依仁：《旧上海人口变迁的研究》，上海人民出版社，1980，第37页。

⑦ 孙国群：《旧上海娼妓秘史》，河南人民出版社，1988，第17页。

个统计还不包括华界及虹口的粤妓在内。1920 年法租界成年女性为 39210 人[1]，野鸡竟有 12315 人，平均 3 个成年女性中就有一个妓女。"如果你因为饥饿、贫困而身体内没有营养物，那么你的头脑中，你的感觉中，以及你的心中便没有供道德食用的食物了。"[2] 娼妓这种社会病的恶性膨胀，主要是城市流中的妇女难以找到正当的谋生途径所致。[3]

其四，造成性比例失调。城市男女性别构成的不平衡性，固然有许多因素，但男性流民的大量涌入则是主要的。以上海为例，一般说来，整个上海地区的性别比例是不平衡的，即男性超

---

[1] 邹依仁：《旧上海人口变迁的研究》，上海人民出版社，1980，第 123 页。

[2] 〔德〕费尔巴哈语，转引自何清涟：《人口：中国的悬剑》，四川人民出版社，1988，第 154 页。

[3] 《东方杂志》所载《娼妓问题之检讨》的署名文章特别强调，"经济的困迫和不充裕"是妇女流民或"打工妹"沦为娼妓的罪恶之源，"我们可以断言，多数妇女为娼，都是由于这一原因逼成的，尤其是在中国，因农村破产无法生活，大批涌进都市来的年轻妇女，和因工商业不景气工厂不断的紧缩停业与倒闭，而被排挤和摈弃出来的女工们，为着生活，她们只有不顾一切的〔地〕跳进妓院的火坑，以出卖肉体的代价来维持自身的生活。"（碧茵：《娼妓问题之检讨》，《东方杂志》第 32 卷第 17 号，第 100 页）严景耀先生的《中国的犯罪问题与社会变迁的关系》中所记低级娼妓唐某，可以算是其中的一个"个案"："唐是一个最低级的娼妓，18 岁。两年前她父亲、哥哥因逃荒来到天津，母早丧。他们把家里的东西都卖光了，拿着钱当盘缠。父兄在码头上当搬运工。生活虽苦，但还能自己养活自己。不幸一年后，父亲去世了。父亲遗嘱把他的遗体运回家乡葬在故乡的泥土里。不然，他在地下也感不安。她和哥哥都认为，如果不能照遗嘱办好丧葬的事就是犯罪。最后，他们决定把唐女送给妓院得 80 元。她哥哥带着 80 元和父亲遗体回乡。这种低级妓院的嫖客都是些苦力的和穷汉，她没有希望遇到一位有钱的嫖客能赎她出妓院。她不能升级到高级妓院主要是因为她貌不出众。她不知道哥哥何时回来，就是回来了，也不可能有 80 元赎她出妓院。"（严景耀：《中国的犯罪问题与社会变迁的关系》，北京大学出版社，1986，第 54 页）这样的例子不胜枚举。

过女性很多。不仅如此，上海各组成部分（地区）之间，男女性别比例也有较大差别。例如，1930 年公共租界男性人口对女性人口的比例是 156∶100，同年法租界的比例是 149∶100，华界的比例是 135∶100；1935 年公共租界的比例是 156∶100，华界的比例是 135∶100；1936 年法租界的比例是 141∶100。即便同一地区，历年人口的性别比例，同样也有较大的差别。除华界在 1929 年以前并无资料可以作为依据以外，从 1929～1937 年，华界男对女的比例变动较小，仅从 132∶100 到 137∶100。至于公共租界，就大不相同了。在公共租界开辟的初期，男性人口大大超过女性。例如，1870、1876 年这种男女性别比例曾达到 290∶100 和 297∶100。这种不正常的现象，是内地居民流入的缘故。① 另据 1928 年对城市男女性别构成的调查，天津为 161.9∶100，北京 153.5∶100，广州 153.5∶100，汉口 155.1∶100，南京 164.8∶100。② 可见性别比严重失调是一个普遍的现象。

此外，流民大量流入城市，还造成城市犯罪率增高、盗贼充斥、帮会肆行、流氓遍布等社会问题。③ 这些都是众所周知的事

---

① 邹依仁：《旧上海人口变迁的研究》，上海人民出版社，1980，第 45～46 页。

② 《中国经济年鉴》（1933 年），转引自宫玉松：《中国近代人口城市化研究》，《中国人口科学》1989 年第 6 期，第 15 页。

③ 如上海租界的案发率之高，达到了惊人的程度，据统计，从 1930～1936 年的 6 年中，经工部局司法机关定罪的案犯共计 49719 人，平均每年达 8286.5 人，占 1933 年公共租界人口 1111946 人的 5% 强。（上海市市政府秘书处编《上海市市政报告（1932～1934）》第 2 章"社会"，汉文正楷印书局，1936，第 82～91 页，参见忻平：《无奈与抗拒：20～30 年代上海转型时期的社会问题》，载《学术月刊》1998 年 12 月号，第 93 页）城市社会犯罪问题之严重，可见一斑。关于流民进城与城市犯罪率上升的相关关系，有人做了这样的总结："城市犯罪所以多于乡村者，原因甚多，不胜枚举，兹择乡民移入城市者之犯罪要因论之，则不外下列数端：（一）生活方式不同：乡村生活 （转下页注）

实，此不赘述。

总之，流民进城、居城具有多重效应，有正效应，也有负效应。但由于近代工业发展不充分以及城市化水平低，根本无法吸收消化滚滚而来的流民大军，因此，流民进城的负面影响显得更为突出，也正因为如此，流民问题成为困扰近代中国的严重的社会问题，成为多种社会病的源头。

第二节　逃脱农村的恶效应

一　削弱农村生产力

前文曾说，近代工商业的发展，不仅没能挽救农村经济，反使农村经济进一步衰退，加上天灾人祸，大批农民逃脱农村，这

（接上页注③）简单，风习纯朴；城市生活复杂，狡诈相尚。故乡民初至城中，每苦于不能应付而犯罪。（二）职业性质不同：乡村之工作，只需拙力，城市之工作，多尚技巧；乡村之工作，多属个人，竞争绝少，城市之工作，多属团体，冲突易生；乡村之工作，多有恒性，不易失业，城市之工作，暂性者多，雇卸无常，以是乡民初至城中，每难得有恒可靠之职业。（三）居住之不同：乡村邻里情长，'出入相友，守望相助，疾病相扶持'，城市则赁房自居，缓急各不相同；乡村贫富杂处，家各一门，垣篱自设，城市则贫民聚处一区（所谓 slun 是），一门恒有数姓，莠民相互恶化，动辄争端百出，是以乡民初出（至）城中，每易为人所欺，自形零落。（四）消磨闲暇之不同：乡村'日出而作，日入而息'，有闲亦少去处，城市夜以当日，工暇则茶馆酒肆，赌场娼寮，以是诱惑时多，乡民初至者目眩神迷，每易堕落。（五）乡村家庭团聚，族里维系，非自检修身，无以容于亲故，城市则孑然一身，无所顾忌，以为偶然犯法，一经亲老责詈，即可无讼而罢，城市则司法林立，侦警如毛，犯罪者一经检举，法网难逃，即使未尝犯法，人生地疏，每易为警探所诬，无辜遭刑，是以乡民入城，恒多犯罪也。"（徐雍舜：《东三省之移民与犯罪》，原载《社会月刊》第 1 卷第 4 期，见李文海主编《民国时期社会调查丛编：人口卷》，福建教育出版社，2004，第 330 页）

不仅给城市造成巨大的压力，而且对农村经济社会也产生了极深远的影响。

在流民的年龄构成中，人们可以发现，青壮年——农村主要劳动力——农业生产的中坚，占有相当高的比例。据李景汉的调查，在1338位被调查者中，年龄构成如表4-3。

表4-3 流民年龄构成情况

年　龄	人数(个)	百分比(%)	年　龄	人数(个)	百分比(%)
15 岁以下	3	0.22	45~49 岁	187	13.98
15~19 岁	33	2.47	50~54 岁	137	10.24
20~24 岁	136	10.16	55~59 岁	39	2.91
25~29 岁	183	13.68	60~64 岁	29	2.17
30~34 岁	240	17.94	65~69 岁	6	0.45
35~39 岁	168	12.56	70 岁以上	5	0.37
40~44 岁	172	12.86	总　计	1338	100.00

资料来源:《申报月刊》第4卷第12号，第76页。

表4-3大体反映出近代流民年龄构成的基本面貌。从表中可见，20岁至49岁离村的农民占71.28%。另据陈翰笙、刘宣、卜凯的调查，广东、广西及河北等省离村人口中，男性占85%以上，而年龄在20~40岁之间者，占3/4以上[1]，留在农村的，"不过是老弱无生产力的人们。"[2] 这表明，在流民浪潮中，精壮

① 陈翰笙:《广东生产关系与生产力》，第55~68页；刘宣:《二十四村离村人口分析》，《统计月报》第9号，第10~11页；卜凯:《河北盐山县一百五十农家之经济及社会调查》，金陵大学，1929，第143页。
② 康诚勋:《经济恐慌下的河北正定县农村》，《新中华》杂志第2卷第16期，第86页。黄渡也是一个"典型"例证:"黄渡是上海西南五十余里的一个小镇，京沪（南京至上海）路上的一个小站，吴淞江贯穿于中央，（转下页注）

劳动力是主流。精壮劳动力的流失，"对于农村不仅减削生产力，而且因此失去优秀人才以为农村改进之基本"①，对农业生产影响甚巨。如淮北地区，"乡村人口渐减，贫乏之乡村，武力薄弱，不足防杜匪患，农民为保护其身家性命计，强健者多逃入城市，另谋糊口；而所残留于乡村者大都老弱贫病者流。农民麇集都市，都市固嫌人口过剩；但农民离乡，则农村基础根本动摇，农村经济惟有日见摧毁。"② 流民主要是农村经济衰退的产物，流民逃脱农村又加剧农村经济的衰退，造成一种恶性循环。在我们所能见到的资料中，因精壮劳动力流失造成农工缺乏、直接影响农业生产的情况普遍存在于全国。如"京畿一带以及城内无业贫民虽称众多，但……乡间之农作尤有缺少农工之叹。日前（1924 年 6 月间）田间忽得透雨，地皆湿润，农民等以播种谷稼时机已到，于是咸皆雇觅农工，忙于耕种。不料农工竟不敷需要，以致大好良田，因乏工人不能耕种者，为数甚广。"③ 再如河南杞县，"迭遭灾害，无地农民皆就食他方。农工缺乏，概因于此"；虞城县"近几年来，颇感农工缺乏。因兵燹匪患，水旱虫荒，天灾人祸，继续不已。青年壮丁散至四方，奔走生

（接上页注②）支流分布于四处。因此小小的黄渡，交通亦具有相当的便利，定期的小轮和火车的班次是很多的，载重的民船，无刻不在上海黄渡往来。……因为这里靠近上海，所以许多男子都向上海去谋生，每一家普通总有一二人离着家乡奔入都市。因此剩余在农村的劳力是妇女儿童和少数的男子。"（徐洛：《黄渡农村》，《中国农村经济研究会会报》第 1 期，见冯和法编《中国农村经济资料续编》上册，台湾华世出版社，1978，第 46~47页）

① 吴至信：《中国农民离村问题》，《东方杂志》第 34 卷第 22、23、24 号合刊，第 98 页。

② 胡希平：《徐海农村病态的经济观》，《农业周报》第 3 卷第 47 期，第 994 页。

③ 章有义：《中国近代农业史资料》第 2 辑，三联书店，1957，第 650 页。

活"①；淮北萧县"年来天灾人祸兵匪交乘，农村经济日趋破产。农工多视农村工作苦且不安，又常终岁勤苦，不免冻馁。故多另谋出路……以致农工极感缺乏。"② 另一方面，有时我们又可发现农工过剩的情况，这同样是农村经济衰退的反映，如在淮北泗阳县"近三年来感觉农工太多。其原因大多由于前年大水为灾，农村经济濒于破产。一般平民为维持生活计，不是卖地，即是借债，以致多数自耕农及佃户变而为农工，以谋生活。"③ 农工缺乏，或农工过剩，与农村经济衰退、流民众多互为因果，使农村社会陷于无以自拔的困境。

农民是农业生产的主体，资金是发展农业的必要条件，劳动工具的改善，种子、土壤的改良以及挽救农村经济的衰退，事事需要资金。一般农民，由于无法力挽农业生产条件的破坏倾向，因此，改善农业生产诸条件，发展农村经济，很大程度上取决于大土地所有者即地主、富农对农业的资金投入。但由于兵灾匪祸、自然灾害的影响，许多大土地所有者纷纷离土，造成农村金融的枯竭，使得农村经济继续下滑，也驱动更多的农民离村。

按照社会学社会分层理论，大土地所有者属于农民阶层，他们是农村中的资产者。随着近代中国社会的转型，他们亦随之转型。在文献资料中，我们可以发现越是经济发达的地区，"居外地主"所占的比例就越大，如江南昆山"居外地主"占 65.9%，

---

① 陈正谟：《各省农工雇佣习惯及需供状况》，南京中央文化教育馆，1935，第68页。
② 章有义：《中国近代农业史资料》第3辑，三联书店，1957，第903～904页。
③ 陈正谟：《各省农工雇佣习惯及需供状况》，南京中央文化教育馆，1935，第77页。

而淮北宿县只占 27.4%。① 他们居城、投资近代工商业，促进了近代资本主义工商业的发展。

但由于军阀混战、对日战争等多种因素，挟资逃脱农村的地主、富农越来越多，加之随着近代工商业发展的"黄金时代"的逝去，造成都市资金没有出路、农村金融枯竭的畸形现象。② 农村金融枯竭，农村经济无法挽回衰退的趋势，精壮劳动力自然也就继续流失。

二　导致耕地的大量荒芜

大批农民特别是精壮劳动力被迫逃脱农村，给土地的开发利用带来严重后果，农田弃耕，荒田增加，为"离村后之必然重

---

① 乔启明：《江苏昆山、南通、安徽宿县农佃制度之比较以及改良农佃问题之建议》，见章有义：《中国近代农业史资料》第 2 辑，三联书店，1957，第 305 页。

② 饶涤生也特别指出，农民离村的影响有两点不容忽视，其一"招致农村金融的枯竭。中国农村资金，在对外贸易的入超继续增高之下，由农村而集中都市，再由都市而流出外国。在这种货物的入超和金银的出超滚滚对流之下，农民的膏血已经流得行将干涸了。可是目前农村的破产，更加速农业资金的流出。几年来农村的动乱不安，不但使地主、富农迁居通都大邑，就是中农之家也同样地迁往安全的城市。于是，农村金融便搅得十分竭蹶了，农村中的土豪劣绅，便乘机从事高利贷的活动，榨取农民的血汗如'印子钱''孤老钱''圈仔钱''浦桥利'等都是他们剥削的方式，真是'抽筋''吸髓'而不能形容其榨取的残酷！"其二"增多都市的危机。都市和农村保持着密切的有机的关联，决不能彼此游离的。几年来，中国都市的虚浮肿胀的发展，是建筑在农村破产的基础上面。由于富农、地主的迁居都市，都市的资金、市民的购买力，呈现着突然的增高，但是这种一时的畸形发展，更增加都市深重的危机。这就是说，原料的供给，民族工业品的销售，都有待于农村的繁荣，农民购买力的提高！在农村破产、农民离村的今日，繁荣都市的民族工业，不但没有发展的希望，并且还孕育着莫大的危机。目前都市的萧条，商业的惨淡，就是农村破产，都市不能单独繁荣的铁证！"（饶涤生：《日趋严重的农民离村问题》，《申报月刊》第 4 卷第 12 号，第 77 页）

要影响之一"①。"绥远以盗匪遍地，水旱为灾，田亩多见荒芜。陕、甘两省常苦干旱，尤以民国十八年至二十年之大旱，农民死亡迁移者为数至夥。又河南、山东二省，水旱兵匪，灾患迭起，益以苛捐杂税，民不聊生，群相抛弃田亩，另寻生计；黄河水灾，屡次为患，往往水退沙积，田地即成荒废。至于江西、福建二省历年饱受兵燹……水、旱等灾，耕地面积自形减少矣。"②诸如此类不绝如缕的记述，正可见农民困不聊生，大量逃脱农村，是导致耕地大量荒废的主要原因。

农民逃脱农村，未垦之荒地固然难以开发，就是已耕之地亦任其荒芜。据日本东亚同文会出版的《中国年鉴》所载，1914年，全国荒地面积已达358236867亩；而到1918年时，则已增加到848935784亩了。又据农工商部统计，1922年全国荒地面积，计为896216784亩，占全国耕地和园圃面积的半数以上③

---

① 吴至信：《中国农民离村问题》，《东方杂志》第34卷第22、23、24号合刊，第97页。

② 《近六十年中国耕地面积增减之趋势》，《农情报告》第二年第12期，第117～119页。其他如山东省在"兵祸、土匪和红枪会扰乱之后，又继以天灾，不仅地主阶级脱离农村，就是农民也都逃亡了。最剧烈的如沂县，全县人口，残存的仅有三成，耕地也都全部荒废了"。（〔日〕长野郎：《中国土地制度的研究》（强我译），上海神州国光社，1930，第206页）四川安县等地因"政治不就轨道，兵匪蹂躏乡间，贪污土劣敲剥地方。一般农民或被迫而为匪为兵，或跑入城市作工。乡村农民太少，田地荒芜甚多"。（陈正谟：《各省农工雇佣习惯及需供状况》，南京中山文化教育馆，1935，第67页）陕西"环县、合水接近陕北地区，往往四、五十里始有三、五人家，土地荒芜极多"。（章有义：《中国近代农业史资料》第3辑，三联书店，1957，第910页）总之各省耕地，"无论就固定基期或移动基期比较，均有减少之趋势"。（国民党政府主计处统计局：《中国土地问题之统计分析》，重庆正中书局，1941，第45页）

③ 董汝舟：《中国农村经济的破产》，《东方杂志》第29卷第7号，第15页。

（按农商部 1915～1921 年的统计，在中国 21 行省间，耕地和园圃总面积计为 1745669003 亩）。又据土地委员会 1934 年的调查资料，各省荒地面积如表 4-4。

表 4-4 各省荒地面积统计

地域别	调查县数（个）	公亩数（公亩）	地域别	调查县数（个）	公亩数（公亩）
总 计	572	1179201357	河 南	69	69871413
江 苏	48	97067480	陕 西	47	37344548
浙 江	55	150066156	甘 肃	30	22976697
江 西	22	250466629	青 海	9	28249776
安 徽	27	18144491	福 建	41	177752173
湖 北	42	47136900	广 东	3	3524750
湖 南	46	63048088	广 西	8	13927496
四 川	23	158170015	云 南	21	135123349
河 北	27	16133144	贵 州	25	53677470
山 东	49	102380332	宁 夏	10	11447213
山 西	70	23013237	—	—	—

资料来源：国民党政府主计处统计局：《中国土地问题之统计分析》，正中书局，1941，第 48 页。

从上述可见，各地荒地面积在不断增长之中。

耕地是农业生产的一大要素，它的变动，当然直接影响农业生产。农村中多数农民，虽然没有脱离土地，但由于没有充分的土地可以利用而不得不受大土地所有者的剥削。"这半封建性的农村土地关系，耕地的面积日渐的减少，而荒地的面积，反日益增加。这就可以证明中国农村半封建性土地关系的恐慌性。"[1]

---

[1] 金轮海：《中国农村经济研究》，中华书局，1937，第 13 页。

近代以来，人多地少的矛盾始终未能得到很好的解决，而另一方面，各地农民大量"远逃，荒田无人种者太多"①，耕地荒废，社会生产每况愈下，造成影响深远的社会问题。

三 有地无粮现象严重

流民的流进流出，造就一大批政府无法控制的流动人口，也使政府的田赋征收额大打折扣。各省的田赋，征收十足的已是很少，普遍多在六七成左右。如1934年广东省所征钱粮不过七成左右，湖北情形较往年为佳，但仍不过六成左右。再以河北静海县为例，观照田赋征额历年递减趋势。1927年该县田赋实征数占额征数之比率为87.15%，1928年为77.47%，1929年为76.45%，1930年为73.90%，1931年为70.20%，1932年降至69.69%。② 田赋征收逐渐减少，当然与农民无力缴纳、抗缴、逃粮、地权转移、死亡逃户等因素有关，但有地无粮现象日趋严重，也不可小视，这种现象，从晚清到民国始终存在着。

关于有地无粮现象，一般指下列数种情形而言：第一，农村秩序不安定，时遭匪祸，致使农民在乡不能安心耕作，逃难于都市，而使土地荒芜，田赋无法征收。第二，因天灾人祸及苛捐杂税之压迫，农村濒临破产，一般农民每日劳苦所得，通常不敷支出。种田不但无利可获，甚至反多一种支出。在这种情形之下，一般农民多愿出卖其田地，而就食于都市。但因田地出卖者过

---

① 陈正谟：《各省农工雇佣习惯及需供状况》，南京中央文化教育馆，1935，第69页。
② 《大公报》1935年3月27日。

多，地价甚低，尽管如此，仍常苦买主无人。于是弃田不顾者有之，借给或托付其亲友代耕者有之。弃田他往者，田赋固然无从征收，即使借托其亲友代耕者征收田赋也甚困难，因土地原主已出走，无法追究，而代耕者又非物主，常不肯代为完粮。第三，地方不靖，一般大地主多逃居都市，田赋无法追究而其佃户又每每不肯代为完粮。第四，土地产权转移，而买主又非本地居民，致使经征官吏，无从催收。[①] 这四种情形，是形成有地无粮的要因。由此我们可以看到，有地无粮现象的出现及其日益严重化，主要是农民大量逃脱农村造成的。

"州县之有乡村，如树之有枝叶，枝叶伤则本根无所庇。"[②] 众多农民逃脱农村，产生出许多负效应：精壮劳动力离土，削弱农村生产力，田地荒芜，田赋征收困难，社会动荡不安（详下文），"枝叶"大伤，"本根"动摇，十足反映出近代中国社会的病象。当然，农民逃脱农村，对于农村来说不是毫无有利影响，第一可防止农场再被分割。中国农场块数众多而面积微小，这主要由于均分制度使然。为求肥瘠分配平均，不得不将整块田地东分西割，零碎不整，影响耕作效率。农家子弟外出独立谋生，则分割的可能性自可减少。第二，暂时离村的单身农民，在外有所储蓄，可增加农家收入，贴补农村经济的出超。如广西"近城市的农村中男子许多跑到城市去做苦力的，到农忙时有些是转回农村耕田，有些则全年做苦力。他的家庭仍在乡下种田，他做苦力所得的钱拿回去帮助他们的家庭生活。这点情形，在苍梧地方最容易看见。……他如南宁、柳州、桂林等比较大的城市所附近

---

① 程树棠：《中国田赋之积弊与其整理问题》，《申报月刊》第4卷第7号，第90页。
② 龚景瀚：《澹清斋全集》第1卷。

的农村，这种情形是一样的有的。"① 但应注意者，农民逃脱农村的这种良好效应，正如吴至信所说，须先具备如下两个条件而后能实现：① 离村者是个人而不是全家；② 离村以后可以得到相当职业。而事实上，"今日之中国，逃荒失业各地皆然，殊未足以言农民离村之利也。"② 农民大量逃脱农村的积极影响，总的看来，实在是微乎其微。

第三节　社会震荡的基本原因
——试观流民与"盗匪世界"

一　"盗匪世界"

如前所述，流民不仅是农村经济衰退的产物，也是社会振荡

---

① 晶平：《广西的农村副业》，《中国经济》第 5 卷第 3 期，第 107 页。类似例子并不少见，如广东开平县，"海风初开，客乱难民纷纷走海外，阅时而归，耕作有资，于愿已足，谚云'金山客，无一千，有八百'，羡之也。至光绪初年，侨外寝盛，财力渐涨，工商杂作各有所营，而盗贼已熄，嗣以洋货大兴，买货者以土银易洋银，以洋银易洋货，而洋银日涨，土银日跌，故侨民工值所得愈半，捆载以归者愈多，而衣食住行，无以不资外洋。"（《民国开平县志》第 2 卷，《舆地》）1925 年"久大盐厂五百工人中有二百十一人给家寄钱，一九二六年有一百二十三人。汇款总数相当大，一九二五年平均每人每年寄二十三元，一九二六年三十九元"。（谢诺：《中国工人运动（1919～1927）》，见刘明逵：《中国工人阶级历史状况》第 1 卷第 1 册，中央党校出版社，1985，第 561 页）为满足"闯关东"流民向老家汇款的需要，私人钱庄、银行应运而生，"当时这些钱庄在关内外两头都有人。在东北的收钱，并不往关内汇，而是就地搞买卖，靠关内各地的分钱庄付款，利钱很高，汇费要达百分之二十。莱阳人田和兴搞的私人钱庄就很厉害。他们总钱柜设在烟台，各大城市都有他们的分钱庄，关内的北京、济南、青岛都有他们的钱庄，各县有他们的联络户。他就是靠这套组织替闯东北的山东人汇款。"（路遇：《清代和民国山东移民东北史略》，上海社会科学院出版社，1987，第 123 页）
② 吴至信：《中国农民离村问题》，《东方杂志》第 34 卷第 22、23、24 号合刊，第 98 页。

的产物。而流民的大量抛向社会，不仅加剧了农村经济的衰退，同时更加剧了社会的动荡不安。正如向云龙所言，"中国社会混乱的原因与农民失业，极有关系"，"失业者愈多，社会混乱愈烈。"[①] 近代中国社会所以长期动荡不安，与流民众多大有关系，从某种程度上说，流民是近代中国社会动荡不安的基本原因，他们原本就是"人类生活中最不安定者"[②]。在这里，我们试着对社会混乱的引发源——"盗匪世界"——进行一些考察，也许能够更好地昭示流民与社会振荡的关系。

中国自古盛产盗匪，匪多为患，一直为一大社会问题。盗风之炽，向为世界列国所不及。"吾国盗贼多于他国，久为外人所诟病，致谥之曰盗贼国。"[③] 进入近代，匪患趋烈，盗贼横行，明火执仗之徒，鼠窃狗偷之辈，多如牛毛。如东北"至光绪甲辰日俄战役以后，东三省乃始成为胡匪世界"[④]；豫西山箐丛密，宛、洛之交，尤号盗薮，"盗之群曰刀匪，其魁称杆子首，名者以十数"，光绪时洛阳张黑子、汝州董万川、南阳王八老虎尤慓悍，"豫中吏治不修，政敝民困，贫者从盗以为生，富者奉盗以苟存，白昼剽劫，掳人勒赎，固莫敢谁何也"[⑤]；江苏久为安庆道友所扰，安庆道友者，"其名目始于安庆帮之粮船。嘉道间，惟粮船过境时，其党必上岸滋事，或盗或窃，无恶不作。在后粮船停废，其族无以为生，即散处各州县，名曰站马头，萃聚

---

①　向云龙：《红枪会的起源及其善后》，《东方杂志》第 24 卷第 21 号，第 39 页。
②　毛泽东：《中国社会各阶级的分析》，《毛泽东选集》第 1 卷，人民出版社，1966，第 8 页。
③　徐珂：《清稗类钞·盗贼类》，中华书局，1986，总第 5292 页。
④　徐珂：《清稗类钞·盗贼类》，中华书局，1986，总第 5331 页。
⑤　徐珂：《清稗类钞·盗贼类》，中华书局，1986，总第 5323 页。

亡命，藐法殃民。初犹淮海一带，千百成群，今则蔓延江南北郡县，无地无之。立字派，别尊卑，逞凶肆恶，结为死党。初犹无业游民刑伤匪类当之，今则居然武库中之举秀，仕途中之子弟，衙署中之差役，憨不畏法，自以为雄，乐居下流，毫不为怪。"① 他若湖南盛出土匪，人所共知，浙江、福建沿海海盗充斥，亦久著恶名，云云，不一而足，最高统治者因"寇贼横行"，"酿成事端"，靡饷劳师，剿不胜剿，诛不胜诛，而深感焦虑②。

进入民国时期，政局日非，江河日下，各地匪情，愈演愈烈，竟至于遍全国无一省没有盗匪的，一省之中，又无一县没有盗匪的，一县之中，又无一乡镇没有盗匪的。在"盗风之盛，甲于各省"的河南，"地方扰害既穷，大家相率为匪。"③ 民国初年，不仅涌现出像老洋人、樊钟秀一类名噪一时的，为当时统治者所称的"匪首"，而且土匪扰害殆遍全省每一寸土地，"全豫百零八县，欲寻一村未被匪祸者即不可得"④。在山东，"为土匪者，不计其数"⑤，据报载，仅东昌一带就有"土匪一万余人，匪首三百余。"⑥ 他如峄县史殿臣，匪众2000余人；金乡范玉琳，匪众7000余人；蒙阴于三黑，匪众6000余人；滕县郭安，匪众4000余人；禹城顾德麟，匪众2000余人，濮县匪徒不下

① 《申报》光绪二年五月二十四日。
② 《光绪朝东华录》（五），中华书局，1984，总第5606页。
③ 陈正谟：《各省农工雇佣习惯及需供状况》，南京中央文化教育馆，1935，第69页。
④ 《晨报》1921年1月20日。
⑤ 朱新繁：《中国农村经济关系及其特质》，上海新生命书局，1930，第305页。
⑥ 《时报》1918年7月17日。

4000 人。① 至于刘黑七、孙美瑶、毛思忠之匪，更是臭名昭著，尽人皆知。在湖南，"平地高山，遍地皆匪"②，其中湘西土匪久著盛名。据《军史资料》1988 年第 1 期所载，湘西永顺地区就有土匪 96 股 3 万余众，沅陵地区 42 股 2 万余众，会冈地区 49 股 3 万余众，可见匪势之盛。在河北，"该省充当土匪者，有五百万之众"③。这就难怪 "大小股之土匪，几可在河北的每一县中见到，甚至连天津、北平附近之村庄也有被土匪占去者。"④ 在陕西，"破产的贫农为侥幸免死起见，大批地加入土匪队伍；土匪的焚掠，将富饶地方变成赤贫，转使更多的贫农破产而逃亡。"⑤ 在滇黔二省，"兵乱无已，土匪如毛，平时农民出入田间，已虞抢劫被架，殆至收获之时，更虑横遭掠夺。滇东黔西各县农民，为自卫计，有荷枪入田耕作者，然此尚系就匪患较轻之地言之，若夫股匪盘踞之区，则虽有极肥沃之土地，亦只能任其荒芜，无人敢出而经营，言之诚可慨也。"⑥ 在广东，"兵匪遍地"，只雷州地区当土匪的人数，就有 3 万之多。⑦ 在四川，"为冻馁所迫之饥民，加入土匪群中，日甚一日。虽西北二十余县目下不在战区以内，而匪焰之甚，拉人索财，抢掠焚烧，各县人民几无宁息之日。"⑧ 淮北地区更是著名的匪区，"农民流而为匪者

① 《时报》1918 年 4 月 8 日。
② 韦东：《湖南溆浦县的农村经济概况》，《中国农村》第 1 卷第 2 期，第 69 页。
③ 朱新繁：《中国农村经济关系及其特质》，上海新生命书局，1930，第 299 页。
④ 顾猛：《崩溃过程中之河北农村》，《中国经济》第 1 卷第 4、5 期，第 11 页。
⑤ 冯和法：《中国农村经济资料》（下），台湾华世出版社，1978，第 812 页。
⑥ 冯和法：《中国农村经济资料》（下），台湾华世出版社，1978，第 972 页。
⑦ 《第一次国内革命战争时期的农民运动》，人民出版社，1953，第 184 页。
⑧ 章有义：《中国近代农业史资料》第 2 辑，三联书店，1957，第 648 页。

极多，徐州一带，所以成了著名之匪区。"① 此外，青海的马步芳匪，甘肃的马仲英匪，内蒙的巴布扎布匪，以及闽浙的海盗，江浙太湖的"湖匪"，东北的马贼等，都猖獗已极。总之，东西南北中，盗贼如毛，尽管谁也无法精确统计出近代中国究竟有多少土匪，但匪患剧烈，人所共知，正因为如此，近代中国几乎被说成了一个"土匪之国"、"盗匪世界"②。

二 流民是盗匪的来源之一

近代中国所以成为"盗匪世界"，最主要的原因是众多流民找不到正当的谋生途径所致。有人曾分析说："农村人口过剩，耕地不足分配，多量而继续增加之人口，求食于有限而固定之土地，其不能维持生计而流离者，乃自然之理也。近年来我国农村人口之离村向市者，日益增加，虽尚有其他原因之存在，然人口过剩，耕地不足分配，生计不能维持，实为其主要之原因也。……而我国城市工商业又不发达，实不足以容纳此多数而源源不绝之农民也，终于铤而走险沦为流氓土匪，及为一切之罪恶行为矣。"③

前文论及流民的职业流向，当兵吃粮固然是一个方面，铤而走险去操度绿林生活，实际上也是流民的主要职业流向，而且较当兵尚有过之。从这点上说，流民正是盗匪的最可靠的来源。这从档案所记有关各地处决的匪犯职业统计中可得到确切的证明。

---

① 润之：《江浙农民的痛苦及其反抗运动》，《向导》周报第 179 期，第 1871 页。
② 周谷城：《中国社会史论》（上），齐鲁书社，1988，第 295 页。
③ 房师义：《中国农村人口实况》，《农业周报》第 3 卷第 35 期，第 754 页。

表 4 - 5　山东省处决匪犯职业统计

地区	时　　间	人数	职　　业				
			游荡无业	当兵	惯匪	务农	其他
曹州	民国 3、7、11 年	231	193	16	—	1	21
兖州	民国 3、4 年	179	179	—	—	—	—
济南	民国 7 年	68	61	5	—	2	—
沂州	民国 3 年	58	58	—	—	—	—
武定	民国 7 年	51	35	—	13	—	3
总计		587	526	21	13	3	24

表 4 - 6　安徽省处决匪犯职业统计

时　　间	人数	职　　业					
		游荡无业	当兵	务农	佣工	小商贩	其他
民国 3、4 年	202	155	—	16	11	8	13

表 4 - 7　河南南阳处决匪犯职业统计

时　　间	人数	职　　业					
		游荡无业	当兵	务农	惯匪	开杀牛锅房	其他
民国 3、10 年	46	34	2	—	4	4	2

表 4 - 8　河北省处决匪犯职业统计

时　　间	人数	职　　业					
		游荡无业	当兵	务农	贫苦	旗奴	其他
民国 3、4、14 年	81	41	23	2	7	4	4

表 4 - 9　东北地区处决匪犯职业统计

时　　间	人数	职　　业					
		游荡无业	当兵	务农	佣工	小商贩	其他
民国 8、10、14 年	120	89	7	14	4	2	4

表 4 – 10　贵州省处决匪犯职业统计

时　间	人数	职　业					
		游荡无业	当兵	苦力	挖煤	手工匠	其他
民国 4 年 4 ~ 8 月	150	49	19	38	7	16	20

以上表 4 – 5 至 4 – 10 资料来源：陆军部档（1011），转引自蔡少卿主编《民国时期的土匪》，中国人民大学出版社，1993，第 46 ~ 48 页。表中"其他"职业一栏包括手工匠、小贩、拉车、剃头、唱戏等等。

上述统计，基本上反映了全国的概况。从以上 6 个地区的统计中可以看出，无业流民身份的土匪，在各地处决匪犯中都占居多数。这 6 个地区的处决匪犯，共计有 1186 人，其中流民就有 894 人，占总数的 70% 以上。在某些档案材料中，有些地区某个时期处决的匪犯，其职业竟全是流民。如山东曹州地区 1918 年 5 ~ 6 月处决匪犯 53 人；沂州地区 1914 年 5 月处决匪犯 53 人；兖州地区 1914 年 9 ~ 11 月处决匪犯 79 人；1915 年 1 ~ 5 月处决匪犯 100 人。他们的职业全是"无业、游荡度日"[1]。这说明这些地区的社会生态严重失衡，正如毛泽东曾分析的那样："中国的殖民地和半殖民地的地位，造成了中国农村中和城市中的广大的失业人群。在这个人群中，有许多人被迫到没有任何谋生的正当途径，不得不找寻不正当的职业过活，这就是土匪、流氓、乞丐、娼妓和许多迷信职业家的来源。"[2]

落草为寇，是千百万流民无以谋生不得已而作出的痛苦选

① 陆军部档（1011），转引自蔡少卿主编《民国时期的土匪》，中国人民大学出版社，1993，第 48 页。
② 毛泽东：《中国革命和中国共产党》，见《毛泽东选集》第 2 卷，人民出版社，1966，第 640 页。

择。徐珂记《两粤盗风之炽》时说："两粤盗风之炽，甲于通国。……粤人贫富之不均，甚于他省，富者极富，而贫者极贫。贫人既无生计，饥寒亦死，为盗而为官所捕亦死，等是一死，而饥寒重迫，必死无疑，为盗虽犯法，然未必为盗者人人尽为官所捕，即捕，亦不过一死。是不为盗则死在目前，且必无幸免之理，而为盗则非特目前不死，且可以侥幸不死。既若此，是亦何乐而不为盗也。粤人为盗者之心理盖如此。"① 其实流民流而为盗匪者，类多如斯。一方面是生活无着，一方面是生存欲望，他们无以谋生，只好到罪恶的世界里去讨生活。这种情况，在灾荒年间，更是显而易见。即如1876年陕西旱灾，"饥民相率抢粮，甚而至于拦路纠抢，私立大纛，上书'王法难犯，饥饿难当'八字。"② 再如1883年湖北大水灾，"桀骜者，流为土匪，随处抢劫。"③ 民国年间，著名社会学家严景耀到山东作灾情调查时，问一土匪关于著名匪区曹州的情况。这名土匪说："曹州和别的地方没有什么不同。我们这些人当土匪都是因为连年灾荒。"④每逢天灾人祸，流民队伍壮大，土匪队伍也壮大。土匪队伍的萎缩或膨胀与流民队伍的消长是切合的。总之，不管从哪方面说，流民都是盗匪的经常的、可靠的来源。他们许多是土匪的直接受害者，对土匪恨之入骨，但他们不得已也"入草为寇"，去当土匪为害社会，这颇具有讽刺意味。

　　当然，土匪也是可以分类的，不同类型的土匪，其为害程

① 徐珂：《清稗类钞·盗贼类》，中华书局，1986，总第5337页。
② 《申报》光绪三年八月二十七日。
③ 《申报》光绪十年正月十七日。
④ 严景耀：《中国的犯罪问题与社会变迁的关系》，北京大学出版社，1986，第89~90页。

度、对社会造成混乱的程度是有差别的。下面以淮北地区为例，对此作一番具体分析。

三　社会震荡的基本原因

就淮北地区而言，匪的类型，裴宜理认为有三种：非正式集团、半正式集团和匪军。它们在规模、构成、区域和持久性等方面各有区别。

最简单的土匪集团——非正式集团——是淮北农村常见的组织。这是地方上那些随处漂流间或因经济原因偷窃的流民小规模的季节性的会聚。他们因不能寻得固定的职业，而无法维持生计。对他们来说，土匪世界给他们茫无目标的乞讨生涯提供了颇有吸引力的选择。事实上，他们参与抢劫常常是为了增加家庭收入。这类由流民组成的匪帮是临时性的，他们极少远离家乡去冒险，在收获季节，他们便散伙归田。

遇到旱涝灾年，农业歉收，非正式匪伙便会演成第二类型土匪集团：半正式土匪集团。既然土地全然没有指望，匪徒便一年到头偷盗抢劫。他们选择某一安全地方做巢穴，四出抢掠，活动范围也由家乡扩展到受自然灾害冲击较轻微的地区。

因土匪活动呈现更持久的形态，它吸引了一批新成员，领导地位也被"乡村豪杰"所取代。这些人通常不是能受到教育、升官发财的缙绅地主的后代，而往往是相当富裕的自耕农的子弟。他们目不识丁但又雄心勃勃，然而其社会流动的渠道几乎被堵死了，因此他们中有的跑到罪恶的世界里去追求财富。半正式匪帮就是以这些"乡村豪杰"为匪首，以流民为主体而结成的团伙。匪首利用他的影响和资财对贫困的漂泊者提供安全保护和物质利益。至于流民，要以抢劫对匪首表示忠心顺从作为交换条件。各匪帮间常结成短期联盟。根据约定，每个头目对其部属具有支配权，但应与合作匪首的战术计划相协调。这种土匪联盟可视为第三种类型的土匪，即不时向集镇和政治中心发起攻击的规模庞大的匪军。在经常遭遇饥馑的年代，匪军特别可能出现，它可以吸引周围大批饥饿农民群投入其中。①

裴宜理的研究，是卓有建树的。透过这些土匪类型，人们可以对淮北的匪患有个大致的了解。尽管如此，裴宜理的研究仍难以令人窥见淮北匪患的全貌。

淮北之匪，我以为可以大致分为这样几种类型：土匪、兵匪、帮（会）匪。

其一是土匪。

土匪有散匪、股匪之别，人数多寡不一，少则数人，多则数百人，大股土匪集团可达千人万人。年丰则少靖，岁歉则横行。出没无常、聚散无常是其特点。打家劫舍、杀人越货、掠人勒赎是其获取生活资料的主要手段。这类土匪在淮北遍地皆是，但众皆乌合，其组织如一盘散沙。

从晚清到民国，有关这类土匪为害的历史记载连篇累牍，若"淮、泗偶被水灾，数百为群，露刃望食者千里，莫敢谁何"②；若"河流北徙，漕运改章，向之千指万插者，今则悉成游手，穷而为盗，取得几微，罪至斩枭，不能禁止"③；若"淮、徐、海三府州属距省窎远，民情犷悍，抢劫频仍"④；若"徐州地方，

①　Perry, *Rebels and Revolutionaries in North China*, 1845～1945, Stanford University Press, 1980, pp. 66～70.

②　包世臣：《安吴四种》第 7 卷，《说储》。

③　李文治：《中国近代农业史资料》第 1 辑，三联书店，1957，第 945 页。

④　《光绪朝东华录》（二），中华书局，1984，总第 1297 页。

界连三省，幅员辽阔，向为盗匪出没之区。邳州、宿迁一带，民情犷悍，伏莽尤多。……多或百余人，少或数十人，狡焉思逞，聚散无常"①；若淮北土匪"抢劫财物，屠戮人民，惨无人道"②云云，不胜枚举。盗风之炽，匪焰之烈，于此可见。

游手好闲的无赖，日以赌博、酗酒为事，稍有不继，即行恶事，情同匪类，亦可并入土匪之列。这类无赖，在淮北是很多的。"无赖子弟相聚饮博，行则带刀剑，结死党为侠游，轻死而易斗，无徒手搏者，耕农之家亦必畜刀畜枪，甚者畜火器，故杀伤人之狱岁以百数，虽设厉禁不能止。"③他们横行乡里，鱼肉乡民，为害亦不可胜言。

其二是兵匪。

兵匪，大概是一个专有名词。朱学诗《从挽救农村经济说到农村合作的功能》一文中有这样的解释，说军阀的勒索，是在自肥其身家，至多是和他共同勾结的将领，得到一些分润，此外大多数的士兵，是受他们的剥削。他们利用"扣粮"、"压饷"以致士兵生活艰难，遂被迫成为盗贼，形成所谓的"兵匪"④。实际上，"兵匪"的含义还应宽泛些，那些情同匪类的散兵，那些受招安的土匪，都应划归"兵匪"之列。这是因为，近代中国的兵和匪几乎是不容易分离的，正式军队被击败的时候兵就是匪，匪遇招安时又变成兵，也即黎元洪所谓"遣之则兵

---

① 《光绪朝东华录》（三），中华书局，1984，总第2972页。
② 林述庆：《江左用兵记》，见《辛亥革命江苏地区史料》，江苏人民出版社，1961，第264页。
③ 《光绪凤台县志》第4卷，《食货志》。
④ 朱学诗：《从挽救农村经济说到农村合作的功能》，《农村经济》第2卷第8期，第67页。

散为匪，招之则匪聚为兵。"① 而兵与匪 "同时又都是一些过剩的人口——年富力强的贫民——破产的农村中农民的化身。"②农村经济濒于破产，兵灾匪祸日亟，兵和匪的后备军随之不断壮大，形成了农民→流民→兵（匪）→匪（兵）→兵匪的恶性循环。③

"兵匪" 之为害，有甚于土匪者。他们往往千百成群，"编制队伍，设立官长，布置颇条理，所用半皆快枪，迥非寻常土匪可比。故得肆无忌惮，焚杀淫掠，附近地方无不被其蹂躏。"④淮北是兵灾匪祸频仍的地区，兵匪之为害，更是不堪言状。这方

---

① 转引自《辛亥革命研究论文集》第 2 卷，四川人民出版社，1981，第 180 页。这样的 "个案" 很多，如有位姓李的土匪在大同监狱接受访问时述说了他由流民当兵当土匪的经历："我是个兵，老家在河南。我因老家闹荒年逃到东北。当我参加了东北军时，我被送进关内打仗，打败仗以后，我们的兵许多被抛弃在这里，我是其中之一，没有钱，没有吃，只有一条枪。我别的不会，就会打仗和种地。我本想租点地种，可是别人都不租地给我，因为我是异乡人，口音不同，受当地人的歧视。而且我穿着军装，他们都看着我害怕，等我知道我无法找到事做，我就想用用这个枪杆子了。枪杆子只有两个地方用得上：军队或者土匪。我既当不上兵，就只有当土匪了。"他继续为他的行为辩护说："请您别以为我是在军队打垮以后唯一当土匪的。在监狱里不多，可是您到山脚下或公路上调查一下看，当土匪的人多着啦。他们不是匪，不过是些失了业的能打仗的兵罢了。"（严景耀：《中国的犯罪问题与社会变迁的关系》，北京大学出版社，1986，第 90～91 页）

② 柯象峰：《中国贫穷问题》，正中书局，1935，第 203 页。

③ 穆藕初亦云："土匪日滋，流离迁徙者接踵于道，小民何辜，横遭蹂躏者死亡枕藉。谁实为之，非举国疾视之丘八者流乎？此辈岂天生而为残杀之人，盖昔也饥寒交迫，争应募而为兵，今则生活无能，被遣散而成匪。平民而经过队伍生涯，安守秩序之良习一变而为目无法纪之暴徒，兵也匪也，实一而二、二而一者也。"（穆藕初：《今日农工商业致病之症结》，载赵靖主编《穆藕初文集》，北京大学出版社，1995，第 206 页）

④ 《民立报》1913 年 2 月 14 日。

面的情况，已在"土匪、军队和饥馑"一节中作了考察，此不赘述。

其三是帮（会）匪。

还在1926年，毛泽东在《中国社会各阶级的分析》这一著名论文中曾经指出："还有数量不小的游民无产者，为失了土地的农民和失了工作机会的手工业工人。他们是人类生活中最不安定者。他们在各地都有秘密组织，如闽粤的'三合会'，湘鄂黔蜀的'哥老会'，皖豫鲁等省的'大刀会'，直隶及东三省的'在理会'，上海等处的'青帮'，都曾经是他们的政治和经济斗争的互助团体。处置这一批人，是中国的困难的问题之一。"①流民是会党分子的可靠来源，已成为一般人的共识。帮（会）匪势力的消长与流民队伍的缩胀是相契合的。

就淮北地区而言，如前文所说，这里是盛产帮（会）匪的地区。帮（会）匪名目之繁多，势力之强大，早已引起人们的瞩目。表4-11所列是江苏淮北地区的帮会组织。

表4-11　江苏淮北地区帮会组织情况

县名	集团名称	发生时期	现有人数	重要居留地带
赣榆	义气会	民国1、2年	数百人	六合乡海头街金山市韦家湖及石埠等
沭阳	安青帮	每逢青纱帐起	万人以上	形迹不定随处盘踞
灌云	青帮	发生甚早	4000余人	东堆小板一带大庙
东海	青帮	民国14年	300余人	大浦等
东海	红帮	民国15年	1200余人	西北乡娄山禹山永和乡上坊一带

① 毛泽东：《中国社会各阶级的分析》，《毛泽东选集》第1卷，人民出版社，1966，第8页。

县名	集团名称	发生时期	现有人数	重要居留地带
宿迁	安青帮	发生甚早	—	市井间潜居很多
邳县	安青帮	明末清初	数千人 万人以上	黄林庄至窑湾处沿中运河之各重镇
砀山	安青帮	清初	—	分散农村居多
萧县	安青帮	明末清初	600 余人	城市及各乡镇
丰县	安青帮	清初	15000 人	城市及乡间
铜山	安青帮	清季	5000 人	城市贾汪窑及集镇
盐城	青帮	光绪初年	700 人	市镇湖滨
阜宁	青帮	清季	300 余人	鲍家墩及海口一带
涟水	青帮	光复前后	1000 余人	前盘踞滨海区陈家港现勾合沭泗两县土匪行迹不定
泗阳	青帮	清季	数千人	四乡小集市茶肆酒馆赌场为聚所
淮安	青、红帮	已久	1000 余人	散处城市四乡
淮阴	安青帮	清末	无从查考	无定

　　资料来源：吴寿彭：《逗留于农村经济时代的徐海各属》，《东方杂志》第 27 卷第 7 号，第 68 页。

　　这份资料出自吴寿彭的调查。这还未涉及遍布苏北的大刀会、小刀会、红枪会等。据吴寿彭说，江北散在民间的枪械有20 万。这 20 万条枪中，1/3 乃至半数是属于匪类的，有机关枪及迫击炮的匪股也不算稀奇。这就难怪"在江北每一县中是没有一天没有盗案，没有杀人案的，洗劫一个村庄，或是掳了大批的人去勒赎，都不算什么一回事。"①

　　至于皖北帮（会）匪，亦可谓久盛不衰，像"安徽蒙城、

──────────

　　① 吴寿彭：《逗留于农村经济时代的徐海各属》，《东方杂志》第 27 卷第 7 号，第 65 页。

凤台二县交界双涧集，有帮匪张学谦、李大志等为首，纠党放火起事，向怀远、凤阳等处分窜"① 之类的记载，不绝如缕。民国年间，蒙城县衙前设立木柜，为此布告说："无知愚民，误入帮会，在所多有，前经通饬各属，访拿诱胁愚民入帮之首犯，并妥筹保护办法，不得任意罗织在案。惟闻各帮各会一经误入，往往为匪所胁，未能自首，欲望其公然缴证势所难能，情殊可悯，若不妥设脱离之方，深恐永绝自新之望，著自次通令后速于县署前设立木柜，收纳帮证，一面剀切晓谕，凡缴销帮证者概予免究。

① 《辛亥革命前十年间民变档案史料》（上），中华书局，1985，第258页。有亲历者，对皖北匪患作了如下描述："世称颍、亳、寿者，以其多匪患故也。其民族强悍任侠，故多剧盗。强黠者恒言：'宁为盗寇死，不为鼠窃生'，以是悍匪所在多有。悍匪者，匪之首领称杆子头也。每值青纱帐起，则群出肆劫掠，然亦颇能取诸殷富，周济贫窭。……凡经涡淮间者视过龙岗诸镇为畏途，旅客过其地，莫不惴惴以安全为幸。即邻近各县，亦多匪患。……近年各县剿匪，大都划界自守，不肯越境……杆匪之著者，终亦不易得。……杆匪多善走，兼谙水性，亦多能越屋升树，故有草上飞、滚水龙、钻天燕一类江湖名号。涡水浅狭，两岸宽者不过十余丈，狭者数丈，或仅丈余，舟行皆民船，自亳县至蚌埠，约三四日程，逆风逆水，或遇雨雪，三百里之途，亦往往经旬始达。匪出没多以夜，舟行者，夜必壁岸，或欲速，亦有夜行者。匪或于午夜潜从岸上登舟，劫掠而去；或潜伏麦田中，尾舟而行。向晦时，出不意，先以一人跃升桅杆上，则桅上人口啸作谜语，呼召其尾行岸上之党羽，群出登舟，大肆劫掠，或掳人去，索巨资相赎。余尝从诸兄至亳县舟行至龙岗，夜已卧，忽闻口啸声，及噪杂声，惊起，欲出视，一卫士入舱，禁勿响，但云有匪至。余是时少不更事，潜从舱门隙外窥，则见岸上立起赳者十余辈。久之，王士德入舱启余兄曰：'外有剧盗王大个子，今踞桅杆上，率众十余辈在岸上，意欲登舟肆劫掠'。士德旧为匪时，与有旧，劝之去，不允；切恳之，则曰：必欲吾去，当借钱百串；允之，则去。请示能允之否？余兄连连诺，急欲启舱板取钱与之。因复出，至舱面，复长啸作谜语，岸上人旋忽不见，桅上人亦不知何时去矣。士德则请以钱百串，包裹投水中，听其自取。此二十年前实事，余至今犹可闭目想象是夕之情景也。"（通庐：《皖北阜阳亳寿三县之风习》，《申报月刊》第4卷第1号，第118~119页）

此柜须详慎封锁，每月开柜一次，由县知事亲自检视，以昭慎重，仍毁证立案，庶误入帮会悔过自新者有所遵循，不致畏葸不前，终身负咎。"① 尽管官府煞费苦心，软硬兼施，但仍禁而不止。就蒙城来说，帮会名目，就有所谓天门道、圣贤道、一贯道、红学、黄学、白学（杆子会）、黑门、坎门、花篮会、三佛门、大刀会、小刀会、同善社、金华堂、一心天道龙华圣教会（一心堂）、天仙道、乾元堂、小白棍、中原道、诚心道、抹门、玄门、儒门、老母道、黄龙道、金钻道、兜兜会、白莲教、清心堂、传子教、朱医科等等。② 单从这些名目，就可见皖北帮会势力之嚣张。

帮会是近代中国社会的毒瘤，是社会病态的集中反映。它们的存在，给近代中国社会造成了极大的混乱。

中国之匪，无论土匪、兵匪或帮（会）匪，从整体上说，他们是寄生社会的非生产者，更是社会生产、生活的破坏者。他们"无亲疏远近，无老幼男女，无天理、国法、人情，一切不顾，惟枪及钱是要……所有奸杀烧虏，残忍凶狡，缅常毁法，无恶不备。"③ 他们一经为匪，即"获得了杀意与掠夺心

① 《详报遵饬设柜收毁帮证文》，见《民国蒙城县政书》乙编，《司法》。
② 慕占民：《蒙城反动会道门及其叛乱被歼始末》，载《漆园古今》第4辑。
③ 张钫：《河南全省清乡总报告》，转引自蔡少卿主编《民国时期的土匪》，中国人民大学出版社，1993，第137页。在淮北海州地区，"匪人对于富豪，惯有三种表示：（甲）'请财神'——大白昼里，乘人不备，聚一群匪人，到庄上，把富室的家主抬去，这就叫做'请财神'。请得财神，富家自然拿钱去赎，拿钱赎人，土名叫'关门赎当'。大致被请的人，总要受三种虐待：（1）戴墨晶眼镜——既已请得财神，深恐被请的人，认识路途，易生后祸，便用膏药两张，将被请人的两眼贴附，叫做'戴墨晶眼镜'。戴了这戴墨晶眼镜，便同瞎子一样，不辨得东南西北了。（2）睡高床——平置竹帘于半空，把被请人放在帘的中间，向他说道：'这里很高，不要动，如不信我话，（转下页注）

理"①，并且将各种"损人利己的手段，转施到一班没有他们一般的勇气和志趣的不幸者底身上去。"② 他们的存在，给社会造成极大的混乱，也"种下了今日农村破产的根源。"③ 在淮北邳县，"潭墩原来很富庶，（民国）十六年为匪陷落，烧杀过半，断墙残屋，历历犹在！农民多居草棚，冷清清的如入死境，衣着褴褛，哭丧着脸，这样，十足象征了他们生活在怎样悲惨的境遇里。"④ 凡遭匪扰的地区，都呈现这样残败的景象，不独淮北为然。因此，"年年防饥，朝朝防匪"，成为各地普遍的现象。

（接上页注③）身体一动，帘子落下，你的性命，就保不牢了。'被请人如果爱惜生命，听得这话，不但身体不敢动，就连气都不敢喘。(3) 睡地铺——地上铺了很厚的青灰，把被请人束缚起来，放在灰内，仅剩一个头颅在灰外，微风一动，青灰飞起，被请人在灰里，呼吸困难，苦痛万分。(乙)'请观音'——照上述办法，把富室的妇女抬去，逼着富室拿钱赎人，倘不早赎，肆意虐待，'奸淫'一事，还算普通，至于'吃响面''看肉牌'一类的事，我连解释也不忍解释了！(丙)抱肉蛋——也照前述办法，把富家的小孩抱去，男女不等，大致愈贵重的小孩，愈容易在被抱之列。虽不十分虐待，但小孩离了父母，总不免无限悲啼，加之饮食不调，寒暖无人照顾——纵有人照顾，不虐待罢了，哪能像父母那样的溺爱！——能支持到一个月不死，也算是长寿了！所以良善人家，听说'抱肉蛋'，比较'请财神''请观音'，更觉伤心。这许多表示，还是待遇没有仇恨的人的，倘有仇恨，便焚烧房屋，杀人如麻，用不着上述种种待遇了。他们到高粱已熟的时候，便拿起农具，做一个种田的人，遇有机会，弃了农具，还做那强盗生活，这正是——'聚则为匪，散则为农'。人们说：'强盗是我们海属的出产品'，实在不能自讳。吾们想想，海（州）属四县，哪一县没有匪人呢？哪一年高粱成熟的时候，不是弄得民不聊生呢？他们匪人，又岂甘心牺牲人格吗？也不过为的受生活底高压，不得已而出此的。"（朱仲琴：《海属社会面面观》，《新青年》第8卷第5号，第3~4页）

① 吴寿彭：《逗留于农村经济时代的徐海各属》，《东方杂志》第27卷第7号，第65页。

② 〔美〕马罗立：《饥荒的中国》，吴鹏飞译，民智书局，1929，第98页。

③ 李馥荪：《回到繁荣之路》，《经济学季刊》第3卷第4期，第14~15页。

④ 《江苏省农村调查》附录"调查日记"，商务印书馆，1934，第67页。

　　淮北人如何"防匪"，吴寿彭曾作过调查。他记载说："这
些都成为各色的掠斗集团，或零星散匪，实使江北的农民日夜的
提心吊胆。……收获的季节，一面许多壮男到田里割麦，必须留
一部分壮丁在围子附近放步哨，不然收回去的麦子，会有土匪来
劫去的。据说这样的情形，不但在徐海可听见，安徽各县也常
闻；即是离开南京很近的六合县等，也已有此种警戒。还有说骆
马湖、洪泽湖等地方竟至于有成群的股匪去田里割抢麦子的。除
了粮食牲口之类以外，再有可抢的即是人的本身了。陇海路站长
职员等，晚上，都须投宿往数里附近的大寨子中去，以免危险。
陇海路本来不开夜车的了。东海县新浦的站长两个儿子绑去了，
以三千元赎出。绑票并不如上海的那么名贵。常是合村的人都绑
去，一批是数十百人。在陇海路阿湖一带，有数十里的小村落茅
房子都烧了，只剩泥墙，这里小部分是土匪烧的；大部分是农民
自己烧的；大家聚集到大围子里边宿住，以厚集抵抗土匪的力
量，这样他们是每天赶着牲口，携带了馍馍，跑出四五里或七八
里地去田作，晚上再跑这么多路归去求保障。"[①] 这里不避冗长，
将这段调查材料录下，在于进一步了解农民是在怎样的环境中生
产和生活的。为了防匪，他们坚壁清野，于是圩寨林立；为了防
匪，他们组织自卫，于是民团、联庄会、红枪会等遍地而起，战
垒连珠，烽烟四起，更加剧了社会的震荡。

　　以上所述，已经揭示出流民与社会动乱的关系。在一个流民
众多的国度里，如果社会不能将他们的社会行为纳入合理的规范
内，那么，流民的越轨犯禁，就会直接造成社会的动荡不安。

---

　　① 吴寿彭：《逗留于农村经济时代的徐海各属》，《东方杂志》第27卷第7号，
　　　第65~66页。

第四节　两种类型的土客冲突

一　土客冲突的文化观

流民的流入流出，是人口分布、人口构成的调节形式，具有多方面的正效应。从文化学的角度而言，有利于打破地域界线，促进文化的交流和融合。但"千里不同风，百里不同俗"，文化的差异性以及所具有的封闭性、排他性，又使文化的交流和融合发生困难。交流与融合，是在冲突中进行的。这种冲突是以土著居民和客籍人口的直接对抗（暴力的或非暴力的）作为表现形式的，如广东土著"杀掠客民，客民起而报复，遂相寻衅，焚掠屠戮"，械斗至十数年之久。[1] 广西"土客不和，互相仇杀"[2]，造成严重的社会后果。福建土客冲突事件亦时有所闻。凡土客杂居的地方，土客冲突总是不可避免的。尽管传统观点认为"客土械斗的主要原因是人兴地隘互争土地耕种而起，而归根结底却是由于地主阶级的兼并"[3]，这有一定道理，但如果我们对此作更深层次的探究，就会发现，这实在是一种文化冲突。这是我们探讨的第一种类型的土客冲突。这里以淮北流民流向江南所引发的土客冲突为例，加以考察。

淮北和江南属于两个不同类型的文化圈，无论雅文化，还是俗文化，都大相异趣，这是历史上"南北文化派"立论的主要

---

[1]　参见《太平天国学刊》第 4 辑，中华书局，1987。
[2]　参见《太平天国学刊》第 4 辑，中华书局，1987。
[3]　罗尔纲：《太平天国史丛考甲集》，三联书店，1981，第 178 页。

根据。应该承认，由于物质生活条件的不同，地理环境的差异性，区域文化是客观存在的。"广谷大川异制，民生其间者异俗。"江南、淮北当然也不例外。以民情言，江南柔而淮北刚；以言语看，江南多吴语，淮北多齐鲁语；就风俗习惯来说，江南奢侈纤巧，淮北则朴实无文；从宗教迷信方面说，江南民智较开，宗教迷信观念比较淡薄，淮北则迟钝保守，宗教迷信观念浓厚。[①] 这就使江南、淮北在文化上各具特色，形成巨大反差。明乎此，才有可能理解土客冲突的文化意蕴。

江南、淮北在文化上存在着巨大的反差，当这两种类型的文化相遇，是否会立即糅合在一起，如水乳一样交融呢？近代江南，土客冲突事件时时发生，与文化上的反差究竟有什么样的关系？这是应该研究的问题。

人是文化的载体。人的流动，就意味着文化的流动。前文曾谓，淮北流民的主要流向是江南，终于近代，从未间断过。他们到了江南，被称为"客民"，他们身上体现的文化特征，可以称为"客"文化，以别于土著文化。

近代淮北文化的南移，虽然年复一年，未尝间断。但大规模的文化流动，则是在太平天国失败以后历有数年的流民浪潮，正是这期间，奠定了土客文化的基本格局。

太平天国战争，给江南带来巨大创伤，人民纷纷逃亡，田亩抛荒。据载："江南地方，自粤逆窜扰后，田地类多荒废。江宁、镇江、常州三府，暨扬州府之仪征县，被兵最重，荒田最多；其江都、甘泉二县与苏州所属次之；松江、太仓二属又次之。"[②] 即

---

① 王培棠：《江苏省乡土志》，1938，第369页。
② 马新贻：《马端敏公奏议》第7卷，《招垦荒田酌议办理章程折》。

如松江、太仓所属,"连阡累陌,一片荆榛。……抛荒者居三分之二,虽穷乡僻壤,亦复人烟寥落。"① 皖南地方也是如此,"兵燹之后,各省之中以皖南北荒田为最多,其地方亦以皖南为最盛,如宁国、广德一府一州,不下数百万亩。"② 有鉴于此,清政府在镇压了太平天国革命之后,令地方督抚"设局招垦",两江总督马新贻甚至提出"无主之田招人认垦,官给印照,永为世业"③ 的建议,这对无地少地的农民具有很大的吸引力,移民浪潮于是而兴。在这一浪潮中,淮北人占有相当的比例,已见前述。他们或自发前往,如常州府属之宜兴、荆溪一带,即有"淮海之民蜂至"④;或由官方招募,"兵燹之后,人民寥落,一人之力至多种田十余亩,成熟之田忙时尚恐难雇短工,何能推及荒田。不得已,募淮北流民,给以工本农具。"⑤ 他们到江南垦荒,对江南经济的恢复和发展起到了不可忽视的作用,正如《益闻录》所云:"兵燹后,人烟稀少,田野荒芜。当道出示招徕。客民之开垦而来者四方响应,迄今二十余年,纳税征租,良田尽辟,客民与有功焉。"⑥ 但风土民情不同,土客杂处,隔阂、摩擦乃至流血冲突,都是不可避免的。

对"候鸟人口"来说,对以逃荒为业的漂泊者来说,他们一般比较分散,而且滞留时间短,通常他们采用"入乡随俗"的办法去适应新的环境,对当地文化不至于有太大的影响。但对

---

① 李鸿章:《李文忠公全书·奏稿》第3卷,《裁减苏松太粮赋浮额折》。
② 《皇朝经济文编》第40卷,《皖南垦荒议》。
③ 马新贻:《马端敏公奏议》第7卷,《招垦荒田酌议办理章程折》。
④ 《光绪宜兴荆溪县新志》第5卷。
⑤ 沈葆桢:《沈文肃公政书》第7卷。
⑥ 见李文治:《中国近代农业史资料》第1辑,三联书店,1957,第172页。

前来垦荒的流民来说则不然，他们结成群体，甚至是庞大的群体，不少地方"半土半客"①，土客势均力敌，这对当地文化的影响就非同小可。"人是观念、信息、文化的载体，当人迁移流动时，不论是迁移流动的个体，还是群体，所具有的各种文化特征，所遵循的文化模式、价值取向和行为方式、生产生活方式，毫不例外地随之而移动。以生活方式为例，生活方式以人为载体，个人有个人的生活方式，群体有群体的生活方式，因此人口迁移的同时也迁移了他们的生活方式。语言文字、宗教信仰等同样如此。"② 庞大的淮北流民群，流向江南，也把淮北的文化搬到了江南。两种文化相遇，由于大相异趣，首先处于一种隔离状态，这是可以理解的。

然而，这种隔离只能是暂时的。

对散处的流民而言，他们应付土著文化的办法，有两种是值得注意的：一是"人性与风土相合则安其居，不合，则侪其俗而去。"③ 就是说，流民的习惯如与所在地方的风土人情格格不入，不能相容，则终必弃之而去。这是一种消极回避、保守固有文化的情况。另一办法是"合则安其居"，也即费孝通先生所说："很多离开老家漂流到别地去的并不能像种子落入土中一般长成新村落，他们只能在其他已经形成的社区中设法插进去。"④ 尽管"插进去"在中国乡土社会中相当困难，但还是比较常见，如通过婚姻进入当地的亲属圈子而土著化，这时，固有文化逐渐

① 刘坤一：《刘坤一遗集》第 4 册，中华书局，1959，第 1969 页。
② 路遇主编《山东人口迁移和城镇化研究》，山东大学出版社，1988，第 180 页。
③ 黄辅辰：《营田辑要·内篇》（下），《土客不安之弊》。
④ 费孝通：《费孝通选集》，天津人民出版社，1988，第 104 页。

土著化了。

　　流民较为集中的地区则是另一种情形。对土著居民来说，他们有着抗拒异地文化的心理，对客民而言，他们有保守流出地文化的愿望，甚者有"喧宾夺主情形"①。如此，则比较容易造成冲突事件，近代江南土客冲突迭起，是不可否认的事实。

　　关于冲突的原因，具体说来，主要有以下几个方面。

　　首先，是语言上的隔阂。郎擎霄对中国南方械斗之原因的分析，对我们是有启发的。他认为："同治间广东西南部客家与土人大械斗，死者达数十万人；其起衅原因虽复杂，但语言不同，风俗各异为最主要。"② 语言是人际交往、文化交流的不可缺少的媒介。语言不通，不仅不能进行文化交流，而且因此会引发冲突。广东客家人与土著居民的械斗，语言障碍是主要原因之一，江南土著与淮北客民的冲突，也不例外。如前所述，江南、淮北在语言上反差甚大。

　　其次是"土客错居，俗渐庞杂，异习生猜，逼处致竞。"③因风俗习惯、乡土民情不同而致"生猜"、"致竞"，这是非常普遍的，也是诱发土客冲突的基本原因。如江宁县陶吴镇，"客民就很多。……他们的生活程度较低，而性情慓悍，对于当地的治安，时常发生危险，本地人对于他们异常仇视。"④ 这从一个侧面说明了这一问题。

---

① 李文治：《中国近代农业史资料》第1辑，三联书店，1957，第166页。
② 郎擎霄：《中国南方械斗之原因及其组织》，《东方杂志》第30卷第19号，第82页。
③ 《金坛县志》，转引自王树槐：《中国现代化的区域研究：江苏省》，台湾"中央"研究院近代史所，1984，第454页。
④ 冯和法：《中国农村经济资料》（上），台湾华世出版社，1978，第449页。

　　第三，淮北流民到了江南，也把他们比较原始的生活方式迁到了江南。"年年看见许多江北（徐海）人来到（江南）各县的乡村，开垦荒田或是佣工，盖起一二间草棚子给江南的清秀丰腴的田野以一可怜的点缀。"① 他们的衣食住行，都还保持原有的风貌，而这些恰恰为江南人所瞧不起。如《武进县农村经济概况》所说："该县还有一部分外籍迁来的农民，其中大部来自苏北，也有部分是皖北的。他们大半靠出卖劳力维持生活，生活很苦，出卖劳力的代价也特别低，因当地封建统治者的利用和挑拨，本地农民歧视他们，致造成本外地农民间的隔阂。"② 生活方式原始，自然为人所轻，至于说封建统治者的挑拨，恐怕正好利用了这一点。这是引起土客冲突的一个原因。

　　第四，在江南人看来，他们是"飞来燕客"，游移不定，因此对他们有一种不信任感。马新贻的一奏折中曾称："此等灾民，原籍本有田可种。而江南熟田均经开征……赋出于租，租出于佃。开荒之人，因利息无多，往往弃田而归，业主莫可如何。"③ 江南人对淮北人心存戒心，大半以此。另一方面，淮北流民"存观望游移之念"，亦有所因，"各处荒田，往往垦民甫经办有眉目，即有自称原主，串同局董书差，具结领回。垦民空费经营，转致为人作嫁。"④ 因此而起的纠纷，也屡见不鲜。不

① 吴寿彭：《逗留于农村经济时代的徐海各属》，《东方杂志》第 27 卷第 7 号，第 69 页。
② 华东军政委员会土地改革委员会：《江苏省农村调查》，1952 年内部出版，第 37 页。
③ 马新贻：《马端敏公奏议》第 7 卷，《招垦荒田酌议办理章程折》。
④ 李文治：《中国近代农业史资料》第 1 辑，三联书店，1957，第 164 页。

信任、仇视、冲突，往往交织在一起。

第五，淮北流民南向"垦种荒田，类皆穷苦农民，图为己产"①。有的因此成为小土地所有者，但绝大多数只能"代人垦荒"，充当佃户，"查此项客籍农民之移入，与佃农百分率之增高，适成正比"②，正说明了这一点。由于他们是"外来户"，经济生活清苦，政治上毫无地位，最受苛虐，如业主以退佃相威胁强迫加租，这种情况最为普遍。他们所受的剥削要比土著居民严重得多，这易引发土客冲突。储方庆曾就当局将淮北饥民移置江南垦荒一事，向当局提出《饥民垦荒议》，指出："流民垦荒，必与土著之民错壤而处，土著者，挟有余之势，以虐使流民，流民怀攘利之心，以阴伺土著。其弊也，弱者屈伏而受其害，强者忿起而与为难，流民不安，土著亦不安。"③即是说，由于土著与流民杂处，不能不有所交往，土著人多势众，易于歧视和虐使流民，流民则伺机报复。容易造成的弊端是，善良老实的流民受人欺凌，刁悍的流民必然起来反抗，其结果势必造成土客冲突，流民不安，土著不安，社会秩序因而大乱。

第六，流民是一个成分复杂的群体，"良莠不齐，亦因以多故"，导致冲突的情况也是常见的。如《申报》所载江南"客民既众，贤愚不一，掘人坟墓，伐人树木，拆人墙屋，抢人稼穑，无日不有，无处不有，习以为常，殊不为怪。其甚者构祸而刃伤事主，寻衅而掳及妇女，一火延及数十家，一斗毙及十余命，土著畏客过于豺虎。计年来遭客民鱼肉之惨而闹成奏案者，共见共

---

① 马新贻：《马端敏公奏议》第7卷，《招垦荒田酌议办理章程折》。
② 金陵大学农业经济系：《豫鄂皖赣四省之租佃制度》，1936年编印，第7页。
③ 见黄辅辰：《营田辑要·内篇》（下），《土客不安之弊》。

闻，不一而足。"①

以上的分析表明，土客冲突的原因是复杂的，多元的。但人性与风土不能相合、"异习生猜，逼处致竞"。简言之，因文化背景不同导致冲突，乃是基本的、深层的原因。也正是从这个意义上，笔者视这种类型的土客冲突为文化冲突。

关于土客冲突的情况，散见于各种文献资料中。"土客积不相能，已如水火"，"仇视生衅"②，以致械斗之案层见叠出。

特别值得注意的是，流民为了不为土著欺凌，往往与土著颉颃，他们按地缘关系结成"帮"，从某种意义上说，这是抗拒土著文化的一种手段。如来自宁波、绍兴的结成"宁绍帮"，来自温州、台州的结成"温台帮"，来自河南的结成"河南帮"，来自江北的结成"江北帮"，而淮北流民则把家乡的"小刀会"搬到了江南，致使土客冲突不断升级。

淮北是盛行小刀会的地区，民国以后小刀会遍及全区。蓝渭滨对此做过分析，说："迷信鬼神，好勇斗狠，动辄对簿公庭，以致破家荡产，男子尚有蓄发留辫，女子缠足之风犹长，风气不开，头脑腐旧，新思想不易输入；阻碍社会进化，而封建观念，尚深植于农民脑袋之间，故秘密集会、结社之事甚多，如电光会、吃了自来会、大刀会、小刀会、青红帮会等，到处流行，乃是徐海农村中有力量之组织，有时遗害地方不浅，徐海农民风俗习惯，大概如此。"③ 淮北流民之流向江南，也把他们组织帮会的习惯搬到了江南，大规模、有组织的土客冲突势所难免。1927

① 《申报》光绪九年六月十六日。
② 李文治：《中国近代农业史资料》第 1 辑，三联书店，1957，第 852 页。
③ 蓝渭滨：《江苏徐海之农业及农民生活》，《农村经济》第 1 卷第 10 期，第 18 页。

年的冲突就是其中的一个例子。

据记载，这次冲突根源于大批淮北流民南下寻找更为可靠的生计时产生的敌意。流民将他们低下的生活水准带到南方。土著居民住的是砖墙瓦顶的房子，而淮北流民依旧建造他们的茅土屋。流民以其生活方式原始而被看轻，双方相互通婚至为少见。经济上的竞争使之结怨很深。1927年农村匪患日炽，土客矛盾随之尖锐化。由于淮北流民几乎从未遭到过抢劫，土著居民怀疑流民引狼入室。作为报复，他们烧毁了数千间流民棚屋。淮北流民组织了一支小刀会，以示对抗。于是土著立即组织起大刀会。土客不时拚厮搏杀，直到1928年2月才达成休斗协议。然而，协议不久被撕毁。9月10日、11日，两千名小刀会会众，挨村需索火器、猪、鸡、食物和钱，情同匪类。6个拒不应从或不能满足其需要的村子被烧，许多居民被杀，引起当局的不安。[①] 土客冲突由一般性的械斗到有组织的厮杀，表明土客矛盾日趋激化。透过这一现象，我们也能看到随着农村经济趋向衰退，生存竞争日趋激烈的事实。

土客文化的隔阂、抗拒、冲突，用历史的眼光去看，是一种短暂的现象，交融乃是一般的趋势。但文化的交融是在不断地相互渗透、相互冲突中实现的，这是一个过程的两个方面，因此对另一方面似应有所交代。

曾经出任两江总督的马新贻在1869年所上《招垦荒田酌议办理章程折》中提出："以无主之田招人认垦，官给印照，永为世业；仍自垦熟之年起，三年后再令完粮。此等垦户即属业主，

---

① Perry, *Rebels and Revolutionaries in North China*, *1845 ~ 1945*, Stanford University Press, 1980, pp. 171 ~ 172.

必不肯舍之而去，久之即成土著矣。"① 这种设想不是没有可能的。淮北流民到了江南，定居下来，或业主，或佃户，原来的生活方式不能不有所改变，一个明显的事实是，吃面条的淮北人到了江南不得不改吃大米，这是客民土著化、或文化交融的先决条件。接着就是相互渗透，这种渗透往往通过婚姻关系来实现。据《广德州志》记载："年来田赋渐有起色，悉赖该客民等远来开垦之力，虽寄籍年限不齐，要皆置有田产，葬有坟墓，与土民联姻通好，共土民纳粮当差。"② 可见这种情况是普遍存在的。但是，与土民"联姻通好"，恰恰也说明土客文化的交融，是在抗拒、冲突中进行的。在抗拒—渗透—冲突—渗透的过程中，有可能产生一种新的文化。以语言为例，江苏扬中、丹阳、溧水、高淳、金坛、溧阳六县，属"官吴混合语"。这种语言现象的出现，"除地理之因素外，应加以移民之因素说明之"③。

文化的交流、融合，有一个过程，这个过程有时需要相当长的时间。就江南土客文化的交融来说，终于近代仍未完成。"异习生猜"的死结虽然有很大程度的松动，但并未完全解开，土客矛盾仍然存在，有些地方如川沙、昆山等，使用两种以上的语言，没有糅合而为"混合语"。④

根据以上所述，似乎可以总结出几条带有规律性的意见：就历史上区域文化的交流、融合来说，流民亦为重要媒体；两种异文化相遇，由于反差甚巨，客民又比较集中，往往经过隔阂、抗拒、渗透、冲突，逐渐达到融合，如土著居民的群体素质（指

---

① 马新贻：《马端敏公奏议》第 7 卷，《招垦荒田酌议办理章程折》。
② 《光绪广德州志》第 51 卷，第 9 页。
③ 《民国江苏省乡土志》，第 373 页。
④ 《民国江苏省乡土志》，第 373 页。

平均文化水平、观念层次、社会活动能力等社会文化指标）较流民群体素质为高，那么，融合的过程就表现为土著文化对异文化进行改造、同化的过程；当流民数量大大超过土著居民，如广德州"土民不过十分之一，客民约居十分之九"①，这时客文化就可能喧宾夺主，并对土著文化产生影响。但即便在这种情况下，由于环境的改变，文化也在发生变迁，即已与流出地文化有了区别；相反，当流民数量大大少于土著居民、群体素质不若土著为高，客文化就会逐渐失去独立存在的价值。

二　土客相煎的轰动事件——湖田案钩沉

土客冲突的第二种类型，是因田产纠纷而起，这在土客杂居的地区显得相当普遍。如广西土客之间"霸占而失业者亦不禀官查追，辄敢寻衅私斗，甚至持挺开枪，逞凶仇杀"②；1843～1856年，"许多客家村庄（包括若干姓氏）为扩大耕地，跟一个秦姓家族的广东人进行了一场长期而颇为顺利的械斗"③；浙江"自发逆肆扰以来……人民离散，田野荒芜……于是创立招垦之法，广收异乡人……原欲待客民安居日久，尽成土著……不谓所招之人，伦类不齐，土著之势不敌客户，以致械斗抢劫之案，层见叠出。"④ 可见这种类型的土客冲突的普遍性。这里，以"湖田案"为例，以见这类土客冲突之一斑。

湖田案，亦称"湖团案"，是淮北铜山、沛县土著与山东曹州流民因湖田纠纷而起的冲突事件，曾轰动一时。因曹州属广义

① 《光绪广德州志》第51卷，第9页。
② 刘坤一：《刘忠诚公遗集·公牍》第1卷，《禁止霸占田土纠众械斗示》。
③ 转引自《太平天国史译丛》第2辑，中华书局，1983，第330页。
④ 《申报》光绪七年四月十九日。

的淮北地区所辖范围、风俗习惯、生活方式、语言等均与淮北大略相同，而且，也不是因为土客杂居而引起"异习生猜"，不属文化相异引起的冲突。

湖田滨于微山、昭阳两湖西岸，南迄铜山，北跨鱼台，绵延二百余里，宽三四十里或二三十里不等，多为铜山、沛县属境。

1851 年，对铜山、沛县农民来说是一场劫难。就在这一年，黄河决于丰工下游，铜山、沛县等属正当其冲，于是两湖漫溢，合微山、昭阳之湖地，铜山、沛县、鱼台之民田，汇为巨浸，一片汪洋。铜山、沛县农民不得不踏上黄泥路，流离迁徙，渡江南下，以为从此"故乡永成泽国，不复顾恋矣。"①

四年后，也即 1855 年，黄河再度决口。这是黄河变迁史上的一件大事，从此，黄河有了自己的入海口。黄河改道北移，对铜山、沛县农民来说未必不是一件值得庆幸的事。但对曹州府属的农民来说，却是一场灾难。黄河在兰仪决口，曹属首当其冲。田庐漂没，居民奔散。其郓城、嘉祥、钜野等县的难民，蜂拥而至徐州府属。其时，铜山、沛县之巨浸，已半涸为淤地，于是他们相率寄居于此，垦荒为田，结棚为居，持器械以自卫，立团长以自雄。② 徐州道王梦龄以其形迹可疑，下了逐客之令。继而来者日众，无可奈何。又经沛县禀请，以其实系被灾穷黎，拟查明所占沛地，押令退还，其湖边无主荒地，暂令耕种纳租。河督庚长"亦以居民亡而地无主也，且虞游民之无生计也，遂许招垦缴价轮租以裕饷，谓之团民。"③

---

① 《中国近代史资料丛刊·捻军》第 1 册，上海人民出版社，1957，第 105 页。
② 《民国沛县志》第 16 卷之《湖田纪事始末》、《领垦湖田缴价章程》。
③ 《同治徐州府志》第 12 卷，《铜沛湖田纪事始末》。

1857年，河督庚长派人丈量南起铜山荣家沟，北至鱼台界，东至湖边，西至丰县界，计湖荒地两千余顷，分上中下三则，设立湖田局，招垦缴价。[①] 又于土客交错之地，通筑长堤，名曰"大边"，"以清东民与土民之界限。"[②] 其时，地方多故，特别是在太平军北伐的影响下，淮北各地"乡集土匪蜂起"[③]，捻军遍地开花。为了剿灭"发捻"，清廷号召团练乡勇，保卫桑梓，各地"例得治练事"[④]，垦种湖田之民，遂得创立各团。其在铜山、沛县之团有八，曰唐团、北王团、北赵团、南王团、南赵团、于团、睢团、侯团（后改称刁团），均以首事者之姓为名，如唐团首事者为唐守忠，故名。"湖团"之名由此而来。

湖淤之地既肥沃，又屡值岁丰，渐以富饶。东省客民原以为可以安居乐业了，但不幸的事情终于发生了。原先逃难在外的铜山、沛县流民，纷纷还乡，当看到昔日巨浸变为良田，且为山东客民之产，心怀不平，遂起争讼。居民谓客民霸占有主之田，客民则谓全系湖荒之地，相持累岁，屡酿巨案，竟致弄到无法收拾的局面。

土客初起争讼之时，也许并不难解决。

按照清政府的惯例，所有无主荒地，不论是原来的生荒，或者过去曾经开垦因灾荒、内战或其他原因而废弃的土地，都被认为是公产，归国家所有。但是这种土地可以通过占有及开垦的简单方式，变为私人财产。新移来的人可以向县衙门申请荒地（除非原来的土地所有者宣称打算回来并从事开垦），申请人经

① 《民国沛县志》第16卷之《湖田纪事始末》、《领垦湖田缴价章程》。
② 王定安：《求阙斋弟子记》第30卷之《湖团》。
③ 《光绪寿州志》第11卷之《兵事》。
④ 张瑞墀：《两淮戡乱记·苗逆叛迹本末》。

过相当时期后，可得到一张有效的地权凭证。这种荒地的原业主，即使能够提出最有效的地契，要想令开垦者迁徙而收回土地是很困难的。

新涨出的冲积地土地也属于官产。按农业地区的一般惯例，当土地的一端被冲走而在另一端复涨出来时，受到损失的业主可要求从新涨地中补偿他所流失的土地；否则由官吏处置。如果那里的土地很值钱，官吏还可以根据户部章程，把这种新涨土地卖给出价最高的人。靠近河岸的土地所有者，当然无权把在他自己土地近旁新涨土地据为己有。他至少要等新涨地丈量之后，才能把它填写在他的地契之内，并负担新增地的田赋。同样，被冲走土地的业主，也可以申请查勘，相应地减少他的田赋。①

根据上述清政府的一贯做法，根据笔者所能见到的资料，似能得出以下几点结论：第一，山东客民所开垦的基本上是新涨出的湖淤地，这是合法的；第二，客民垦荒，得到政府的允诺，而且按《领垦湖田缴价章程》的规定缴价领垦，得"据为永业"②；第三，客民的确霸占有一定数量的有主之田，这就为争端留下祸根。如果将这部分客民资遣回籍，收回有主之田，问题要容易解决得多。但恰恰在这点上，官府未能尽到责任，"长官议定所占沛地，押令退还者，又仅托诸空言，并未施诸实事"。于是"沛民之有产者既恨其霸占，即无产者亦咸抱公愤。而团民恃其人众，置之不理，反或欺侮土著，日寻斗争，遂有不能两立之势。"③ 1859 年，侯团抢劫铜山之郑家集，经徐州道派兵拿

---

① 《英国皇家亚洲学会中国分会会报》第 23 卷，第 74～76 页，转引自李文治：《中国近代农业史资料》第 1 辑，三联书店，1957，第 210～211 页。

② 《中国近代史资料丛刊·捻军》第 1 册，上海人民出版社，1957，第 105 页。

③ 《中国近代史资料丛刊·捻军》第 1 册，上海人民出版社，1957，第 106 页。

办，并将该团民驱逐出境，另行遴董招垦，辗转更置，是为刁团。1862 年，又有山东客民在唐团边外占种沛地，设立新团，屡与沛民械斗争控。土客冲突日趋扩大化、复杂化。到了这个时候，官府仍未有得力可行的举措，终于导致 1864 年的流血事件。这年 7 月，新团以两人被杀，遂攻破刘庄寨，连毙数十命，民情汹汹。漕运总督吴棠饬派徐州镇道带兵剿办，平毁新团，擒斩至千人之多，并将团地退出，"谓可抒沛民之愤，而折其心矣。"①但事情并未因此而得到解决。

土客构讼，已成不可解之仇。沛人贡生张其浦、张士举、文生王献华等与刘庄事主刘际昌先后赴京，以新团一案，唐守忠主盟指使，情同叛逆，请将各旧团一概剿办各情，在都察院呈控。京城哗然。钦奉谕旨，交吴棠密速查办，不久经吴棠以唐守忠来团最早，其名特著，核诸所控各词，毫无实据，且与原呈不符，不过欲将新旧各团一概驱逐而夺其成熟之田等语，奏复在案。而沛人纷纷构讼，仍复不休。田产纠纷，逐渐演化为政治性事件。清廷焦灼不安，只得让曾国藩亲自出马了。

1865 年 5 月，作为清廷王牌的僧格林沁蒙古马队被捻军聚歼于曹州，科尔沁亲王僧格林沁、内阁学士全顺、总兵何建鳌等殁于阵。朝廷震悼，急令湘军最高首脑、两江总督曾国藩为钦差大臣，节制直隶、山东、河南三省军务，指挥攻捻战争，并处理湖田争讼一案。

曾国藩到徐州之后，铜山、沛县绅民即赴控各团，呈词累数十纸。曾国藩"以案情重大，实兆兵端，未敢遽为剖断"②。实

---

① 《中国近代史资料丛刊·捻军》第 1 册，上海人民出版社，1957，第 106 页。
② 王定安：《求阙斋弟子记》第 30 卷，《湖团》。

际上曾国藩对此并无定见，这从他所上的奏折中可以看出："臣博采舆论，昔年铜、沛被害之家，被水而田产尽失，水退而田复被占，其怀恨兴讼自出于情不得已。近则构讼之人并非失业之户，不过一二刁生劣监，设局敛钱，终岁恋讼。不特团民苦之，即土民亦以按户派钱为苦。而主讼者多方构煽，既以张客压主激成众怒，又以夺还大利歆动众心。官长或为持平之论，讼者辄目为受贿。各团岂无安分之民？讼者概指为通贼。初至有领地之价，后来有输地之租，而讼者不问案牍之原委，必欲尽逐此数万人而后快。此又新团既剿以后，沛民健讼不顾其安之情形也。"①对铜山、沛县绅民构讼，颇不以为然。可是在另一折中，又说："湖团一事，与剿捻大有关系。臣拟将通捻之团酌量惩办，其余数万人全数资遣回籍。现经两次派员前往山东郓城、钜野等处，察看该团民原籍尚足安插否？如可，则遣之东归。在沛县可免占产之讼，在徐州亦无招捻之窝。臣再将资遣事宜，专疏奏办。而臣之赴豫，则须稍迟。如其不可安插，臣亦不勉强驱遣。在徐、沛不无后患，而臣之赴豫可以稍速。"② 即有将数万东省客民资遣回籍之意。两份奏折对照，可以看出曾国藩并未寻到解决湖田一案的适当办法。如果全数资遣，可能会激而生变，于攻捻大局不利，实际上已牵制曾国藩不能迅速赴豫督剿，何堪再由事态扩大！如果对铜山、沛县之民的控告置若罔闻，又可能使土客冲突继续升级，同样有关剿捻大局。这使曾国藩举棋不定，左右为难。

但曾国藩毕竟是老于世故、颇富政治经验的经世派领袖，他

---

① 王定安：《求阙斋弟子记》第 30 卷之《湖团》。

② 王定安：《求阙斋弟子记》第 30 卷之《湖团》。

从"通捻"这一点上受到了启发,终于寻到解决问题的突破口。曾国藩在奏折中称:"(同治四年)九月,捻众东窜,远近探禀,均称湖团勾贼。讯据生擒贼供,亦称南王团有人函约贼来。百口一词,虽反复研究,未得主名,而平时该团窝匪抢劫,积案累累,情实可信。又刁团平日窝匪,与南王团相等。……除王、刁两团外,其余六团或凭圩御贼,或圩破被害,遭贼焚掠杀掠,其情状历历在目,其为并未通贼亦属确有可据。"① 湖团有没有"通贼",曾国藩并没有十分把握,即所列举的事实,也是不充分的。但他把焦点集中于"通贼"嫌疑最大的王、刁两团而不及其余,也许这正是他高明之处。

那么,湖团有无"通贼"情事?根据《铜沛湖田纪事始末》、《济宁直隶州续志》、《豫军纪略》等资料记载,湖团"通贼"确有可据,而且可能不止于王、刁两团,铜山、沛县是捻军出入熟路,即土著亦不能谓与捻军毫无瓜葛。但曾国藩为不使事态扩大,权衡利弊,决定采取折中办法来解决湖田一案,做到既能服铜沛之人心,又不尽逐湖田客民。于是,将对付捻军的"分别良莠"之策搬了出来:"不分土民、客民,但分孰良孰莠。其有契串各据产业为团所占急求清还者,是土民之良者也;无契串产业,但知敛钱构讼,激众怒以兴祸端者,是土民之莠者也。其平日自安耕种,如唐团之拒贼殉节,受害极惨者,是客民之良者也;其平日凌辱土著,如王团之勾贼,刁团之容贼,是客民之莠者也。"② 良莠既分,曾国藩立即通行晓谕,饬令王、刁两团,勒限同治五年(1866年)正月十五日以前逐回山东本籍,派刘

---

① 王定安:《求阙斋弟子记》第30卷之《湖团》。
② 王定安:《求阙斋弟子记》第30卷之《湖团》。

松山带兵前往弹压。在曾国藩看来，"湖团之事，若全不示之以威，断不足服铜、沛之（人）心"①，故将王、刁两团驱逐。这也可见曾国藩用心良苦。

王、刁两团被逐后，如何处理善后事宜也是烦难之事，一旦处置失宜，同样会留下后患。这一点，曾国藩是颇为谨慎的。经再三思考，酌定善后事宜三条：酌给钱文，以恤已逐之团；设立官长以安留住之团；拨还田亩以平土民之心。② 在这个善后事宜三条中，曾国藩既要为"骂贼"而死的客民（唐守忠等）树碑立传，又对激众构讼的土著文生（王献华）褫革衣衿；既认定王、刁两团"通贼"，却拿一个在逃者（王长振）尽法处治；驱逐王、刁两团，不外乎拨还田亩以平土民之心。应该说，曾国藩尽量做到了不偏不倚。他在左右为难中寻到这种折中的办法，在当时不啻为策之上者。也正因为如此，他的办法得到清政府的首肯和支持。上谕中说："湖团争利寻仇，积衅已久。此次曾国藩秉公查办，将王、刁两团全数逐回山东，并酌定善后事宜三条，以期各安生业，永息争端，所办甚属妥速。已明降谕旨，均照所请办理。"③ 几及十年的湖田纠纷案，总算画上了句号。

综上所述，这起震动全国，长达近十年之久的土客冲突事件，基本上是由湖田纠纷引起的，它代表了土客冲突的一种类型。像这类因田产争执而引发的土客冲突，在近代中国各地时有发生，只是规模大小不一而已。

---

① 曾国藩：《曾文正公全集·书札》第13卷之《复李宫保》。
② 王定安：《求阙斋弟子记》第30卷之《湖团》。
③ 王定安：《求阙斋弟子记》第30卷之《湖团》。

第五章　流民问题的调节与控制

如前所述，流民问题是困扰近代中国的一大社会问题，流民堕落的影响可以波及政治、经济、社会乃至思想文化等各个领域，那么，解决流民问题就成为近代中国的一大难题。研究表明，产生流民的因素是多元复杂的，那么解决流民问题的方法也应该是多元的，而且应该"对症下药"。

流民问题是整个社会的问题，需要动用整个社会的力量加以调节与控制，寻出解决问题的合理方案。在本章中，笔者将对近代中国解决流民问题的方略进行剖析，求其"合理内核"，以为借鉴。由于近代关于解决流民问题的方案多种多样，特别是近代思想家们更提出了许多设想，因此，本章不可能作出全方位的研究。

第一节　推广工艺——清末解决
流民问题的新举措

一　在"振兴实业"的口号下推广工艺

自鸦片战争以后，外患频仍，国难深重，特别是甲午战争后，中国更面临被瓜分的危险。在严重的民族危机的强烈震撼下，涌起了一股"振兴实业"以救中国的思潮。清朝政府也深深意识到，国势危殆，无法照旧统治下去，非改弦更张不可。清政府看到了，"五洲列国，其国本之强弱，大抵视实业之兴衰以为衡"①，因而顺势提出了"振兴实业"的口号，并采取相应的奖励实业的措施。这对推动民族工业的发展，起到了积极的作用。甲午战争后民族工业的新发展与清政府的奖励政策大有关系。

在"振兴实业"的口号下，清政府想到了要使传统的工艺事业发扬光大，就连慈禧太后也"致心振兴工艺"。她饬谕内务府大臣，召选浙江妇女，能纺绩工针绣者数人，纳于宫中，以教宫女学习各项女工。无论福晋命妇等，均准入内肄业，"以期化民成俗云"，还准备在内廷开办女工艺局一所，购办机器教习宫女织造毛巾等事。慈禧太后不过装装样子，以为"振兴工艺"之倡。在这种情况下，工艺事业还是有了一定程度的发展，然而并没有与解决流民问题直接地联系起来。

但是，由于"通商以来，利源外溢，民生日蹙，失业日多"②，流民问题日益严重，给清政府造成很大的压力。面对现实，如何解决这一严重的社会问题，是颇令清政府头痛的。除了惯用的"驱逐"、"禁止"、"镇压"等手段外，毫无疑问，还应该寻求积极的有效的办法进行调节与控制。在这个过程中，"振兴工艺"给其以有益的启发。

---

① 汪敬虞：《中国近代工业史资料》第2辑下册，科学出版社，1957，第647页。
② 《皖抚邓中丞饬属讲求种植札》，《农学报》第22册，见彭泽益：《中国近代手工业史资料》第2卷，三联书店，1957，第505页。

　　1904 年，夏敦复以海禁大开，洋货入侵，破产失业者众多；京师为万方辐辏之区，游惰尤多等情，上奏朝廷，建议推广工艺。他说："现在京师地面，虽已设立工艺厂数处，然均为抵制洋货起见，雇用工人有限，而于无业游氓，沾被尚鲜，以致鹄面鸠形之辈，游荡无籍之徒，仍复接踵于道。查泰西各国，除老弱不任事者，别有专院养济，余如喑聋残废，亦皆有学堂，教成一艺，俾赡其身。比类以观，岂有为中国之子民，处辇毂之重地，当膂力方刚之会，负官骸无阙之身，转可任其闲游荡废，贫窘待尽者乎？是非推广工艺，实力举行，不足以矜民生而副明诏，相应请旨饬下商、户二部，会同顺天府五城御史，博采章程，广筹经费，多立厂局，切实举行，专收无业之民，咸令各习一艺……专尚人工，不藉机器，恤其饥寒，加以董劝，少则一载，多或三年，艺成遣出，使得挟其所业，自营生计，仍将在厂时工作所获余利，悉数发给，俾充资本，所遗空额，再行收教未习者，总期国无游民，民无失业，庶几寓养育于教训，化游惰为勤能，而足民足国之谟，亦或有俾于万一。"① 接着又有某御史呈递封奏，略谓近来各省贫民甚多，以致流为盗贼，请饬各省督抚转饬所属各州县稽查城厢内外贫民，挑选年力强壮者拨入工艺局学习工艺，其老幼废疾者则收养普育堂，妥为抚恤，以免勾结滋事云云。② 著名实业家张謇也提出："但能于工艺一端，蒸蒸日上，何至有忧贫之事哉！此则养民之大经，富国之妙术，不仅为御侮计，而御侮自在其中矣。"③ 这些建议，得到清政府的赞赏、支

---

① 《光绪朝东华录》（五），中华书局，1984，总第 5160～5161 页。
② 《北京报》光绪三十年十一月二十五日，见彭泽益：《中国近代手工业史资料》第 2 卷，三联书店，1957，第 505 页。
③ 张謇：《张季子九录·政闻录》第 1 卷之《代鄂督条陈立国自强疏》。

持。因此，从文献资料中我们可以看出，从 1904 年开始，兴起一股推广工艺的高潮。[①] 从京师到地方，工艺局（场）、罪犯习艺所等如雨后春笋般崛起，如 1904～1910 年直隶各属创办工艺局（场）87 个，艺徒人数从数十人到数百人不等。[②]

清政府意识到，流民问题主要是由于"民生日蹙、失业日多"造成的。创办工艺局的目的是为这些无所依归的人群提供自食其力的条件。这一点，从各地开办工艺局情形中，可以清晰窥见。

二 以消纳流民为目的

1903 年，北京地方政府开始创办工艺局。

还在 1901 年，黄中慧向满洲贵族权臣奕劻上了《倡议北京善后工艺局说帖》，提出创设工艺局的建议。《说帖》谓，"联军入京，四民失业，强壮者流为盗贼，老弱者转于沟壑，一载于

---

① 在此之前，有的地方还作过尝试，如浙江。据光绪九年（1883 年）刘秉璋奏称："浙江省城地面，五方杂处，良莠不齐，兵燹以后，元气未复，民多失业，无赖之徒，日则沿街讹诈，夜则鼠窃狗偷，良懦小民咸受其扰，即为官拿办，亦不免朝释暮犯，且若辈既无衣食之资，又乏父兄之教，一日不讹索偷盗，即一日不能得生。邪僻之为，由无衡业所致，其人虽甚可恨，其情亦殊堪悯。光绪五年间，地方绅士拟请设所收养，酌议章程，由司核明，详经前抚臣梅启照批准设立迁善公所，由同善堂董事筹备经费。遴派委员驻所管理，选举公正绅董，支发钱米，凡无业游民讹赖匪徒及掏摸小窃各犯，由府县及保甲局审明并无重者，即送该所收管，酌予衣食，勒限戒除旧习，就其质性所近，令习手艺……随时勤察，令其各就所习手艺，出外谋生……数载以来……办理著有成效，于地方实有裨益。"[《光绪朝东华录》（二），中华书局，1984，总第 1579 页]

② 孙多森：《直隶实业汇编》第 6 卷，见彭泽益：《中国近代手工业史资料》第 2 卷，三联书店，1957，第 528～530 页。

兹，殊堪浩叹。洋兵未退，有所慑伏，犹且抢案叠出，几于无日无之，将来联军全撤，无业游民生计日绌，苟不早为之所，则民不聊生，人心思变，更何堪设想。今欲地方安静，必先为若辈筹其生路，然后继以峻法，使之进有所图，退有所畏，善后之策，如斯而已。"当时京师尚有各种手艺之人，不下数十万，"皆系客民，并非土著，本系安分之人，惟自洋兵入城，资本无出，坐食山空，不免流为匪类"。要为众多无业失业之民"筹其生路"，在黄中慧看来，"惟有多设工艺局。"① 这个建议为当局所采纳。

北京工艺局以"收养游民，开通民智，挽回利权，转移风气，四端为宗旨"。工艺局收养的对象规定：① 身家清白，穷无所归者为上；② 本有行业，遭难流离者次之；③ 平日懒惰性成，兼有嗜好者又次之；④ 甘心下流，近于邪僻者为下。对这些人（流民、游民在这里几乎是同一个概念，笼统称之为游民），工艺局要"一一问明来历籍贯，取有切实保人，登注册簿，方可收留"。除这几种人之外，"有孤贫幼童，愿来习艺者，亦准取保挂号，挨次传补。衣履不周者，由局制给"。工艺局分雇各种教习数十人，因材施教。所教内容不拘一格，如书画、数算、镌刻、织布、织绒毯、绣货、珐琅、铜铁、瓦木诸作之类。"学徒俗例三年为满师"，或不拘常例，一年二年，学业有成，即可出局自谋职业。②

直隶开办工艺局，始于1903年。是年"在草厂庵开设教养

① 黄中慧：《倡议北京善后工艺局说帖》，见彭泽益：《中国近代手工业史资料》第2卷，三联书店，1957，第515~516页。

② 《北京工艺局创办章程》，见彭泽益：《中国近代手工业史资料》第2卷，三联书店，1957，第518~519页。

局，收养贫民，教以工艺。"① 不久改为"实习工场"，大加扩充，额定工徒五百人，有时增至七八百人，分十四科，先后毕业者共计二千余人。直隶各属民办工艺局场，所用技师匠目，多属该场毕业工徒。东三省、山西、山东、河南、陕西诸省官立工艺局，来场调工徒前往传习者，亦复不少。此外，尚有劝业铁工厂、广仁堂女工场、工艺场、织工厂、艺徒学堂、习艺所等，共80 余处。

1900 年，山东巡抚袁世凯审知"东省人多田少，不敷耕种，连年河水冲没，闲民日多，弱者坐守饥困，黠者流为飘窃，是以曹州东昌等属，历年多盗，诛不胜诛，良由年壮游闲，迫而为此"等情，在济南创设教养总局，"专教贫民无业者，学作粗工"，另设工艺一局，考求各项精巧工作，如范金冶铁织绣雕嵌之类，"以为全省工艺模范"。胡廷干到任后，益加推广，于曹州、沂州等府，及济州、莒州、峄县、福山、潍县等处，各设工艺分局，于邹县、惠民等处，分设教养分局，于益都、寿张、泰安等县，各设习艺所等。从 1904～1911 年，山东官办工艺局就达 104 所。②

1901 年，江西巡抚李兴锐以"无业游民，日见其众"，奏设工艺院一所，"收诸游荡，及曾犯轻罚者，雇派工师，教以工艺"。院立三厂：粗工厂、细工厂、学工厂。"有众人习艺之地，有每人食息起居之舍，粗工如蒲鞋麦扇草帽麻绳诸事，教愚贱粗蠢之辈。细工则刷书刻字织带缝衣制履结网之属，凡质稍好者，

---

① 孙多森：《直隶实业汇编》第 6 卷，见彭泽益：《中国近代手工业史资料》第 2 卷，三联书店，1957，第 526 页。
② 彭泽益：《中国近代手工业史资料》第 2 卷，三联书店，1957，第 534 页。

使入而习之。学工厂则凡良家之不肖子弟，父兄师友所不能约束者，听其送院，教以浅近书算，及精致工艺，禁锢不令外出，以收其放心，以儆其惰行，并购置各种人力小机器，分别教之，各有课程。所习工艺制成发售，除酌量提还料本外，仍酌给本人。随时察看，已知悔过自新，即行资遣出院，自谋生业。"[1] 同时，通饬各州县就地筹款，各设一院，次第兴奉。自 1904 年后，南昌、新建、丰城、进贤、奉新、靖安、武宁、义宁、抚州、临川、金溪、崇仁、宜黄、乐安、东乡等州县，创设工艺院、工艺厂、劝工所、习艺所等。

1902 年，岑春煊在成都设局，统名之"四川通省劝工局"。局区其内为四：工艺厂、副厂、迁善所、养病院。其中副厂专以收纳"无业穷民游民，教之有业，使之不穷不游，则其宗旨宜纯乎为无业之穷民游民，即以教寻常易学而能活之工艺为界限"；迁善所乃"推不肖之由起于饥寒，故欲拘集虽犯小罪可望自新之人，教之一艺，使其免于饥寒而迁于善，则其宗旨宜纯乎变化罪人之气质，而以兼求粗浅能存活之工艺为界限。"[2] 除四川通省劝工局之外，重庆、汉州、绵竹、德阳等地也设有工艺局、劝工局、乞丐工厂等"教民养民"之所。

1909 年，贵州巡抚庞鸿书以"黔地贫瘠，流民极多，上年（光绪三十四年）筹修通城沟渠，收聚游民，编成工队，督令修沟，以此冬防稍静。本年沟工告竣，此辈工人，若不设法安置，仍然流散"，奏设警务工厂，"安插流民，教令人娴一艺，昼令

---

① 《光绪政要钞本·实业》之《江西巡抚李兴锐奏设工艺院一所》，光绪二十八年正月八日。

② 见彭泽益：《中国近代手工业史资料》第 2 卷，三联书店，1957，第 553～554 页。

工作，夜为讲导，有余代为居积，将来出外，可自营生"①，以此解决流民问题。

淮北地区，在1902年漕运总督陈夔龙奏称，"自元明以来，丁壮逐河漕之利。自河流北徙，漕运改章，向之千指万插者，今则悉成游手，穷而为盗，取得几何，罪到斩枭，不能禁止，其情形亦甚可怜。非多筹食力之方，使之各有所事，则地方官宽严，俱难措手。兹拟于江城外设立种植牧养工艺公司，借以安辑游民，消弭隐患"。在陈夔龙看来，麦秆为帽边，已为出洋大宗，蒲麻可以打包，芦苇可以结屋，柳木宜于筐筥，螺蛤用以煅灰，"此皆淮海之可资手艺以食力者"。公司之设，"必官谋所以补助扶提之，而以本地殷实绅商为之先导。臣督同淮扬海道沈瑜庆，设法筹措，先为倡率。数月以来，仿造洋胰子洋针洋手巾各货，并购地种桑，制机织布，次第举行，人情亦尚观感兴起。"总之，公司之设，期收"闾阎多一生计，即囹圄少一罪人，淮海穷民，稍纾苦累"②之效。但清末淮北地区官办工艺局寥寥可数。

此外，两广、东三省、河南、湖北、云南、新疆、热河、甘肃、安徽、陕西、浙江、福建、山西等省都建立了类似的工艺局（场）。

上述各地开办的工艺局，基本上是官为主持，由官经营，即官办实体。此外，则有官吏富绅投资经营的民办工艺局。如江西省"其民办工艺，则以工艺局为最先"。光绪二十六年，即1900年，富绅曾秉钰，独出万金，创设工艺局，专织各种洋布，广收艺徒，各属多有派人赴该局学习者，"创开风气，成效可

① 见彭泽益：《中国近代手工业史资料》第2卷，三联书店，1957，第574页。
② 《光绪朝东华录》（五），中华书局，1984，总第4848～4849页。

观。……三十三年四月，商务总会，以曾绅所办工艺局，颇著成
绩，详请农工商部批准立案，旋准移知到局，已饬属照章保护
矣。"1906 年，江西绅士熊葆丞，独出资本，开设制造厂，专制
洋式木器，与习艺所工艺厂所制者相埒。[1] 1901 年，已革翰林院
侍读学士黄思永拟在京师外城琉璃厂义仓收养流民，创立工艺
局，招股开办，未得朝廷允许。1904 年，上海"施子英观察有
函致北京工艺商局，索取章程，以便在上海仿设工厂，推广出口
货物，专为中国手民扩其生路云"[2]。总之，出现了一些民办工
艺局，但还不是很普遍。各省工业（艺）局所创办情况如表
5 - 1。

表 5 - 1　各省工业（艺）局所比较表

省　份	工业各局(个)	工业各种传习所(个)	劝工场(个)	公私建设各工场(个)
直　隶	165	3	2	45
奉　天	5	12	—	5
吉　林	1	6	—	1
黑龙江	1	7	—	1
江　苏	2	8	1	21
安　徽	1	1	1	—
山　东	—	116	1	14
山　西	1	—	—	8
河　南	1	—	—	12
陕　西	14	12	1	12
新　疆	—	5	—	—
浙　江	19	20	—	12
甘　肃	6	49	—	6
江　西	7	76	4	10

①　彭泽益：《中国近代手工业史资料》第 2 卷，三联书店，1957，第 575～576
　　页。
②　彭泽益：《中国近代手工业史资料》第 2 卷，三联书店，1957，第 576 页。

续表 5－1

省　份	工业各局(个)	工业各种传习所(个)	劝工场(个)	公私建设各工场(个)
湖　北	1	7	—	26
湖　南	1	2	—	2
广　东	2	21	1	41
广　西	1	14	—	2
云　南	—	83	—	10
贵　州	—	—	—	2
福　建	—	8	—	10
四　川	—	73	—	7

资料来源：彭泽益：《中国近代手工业史资料》第2卷，三联书店，1957，第576页。

三　"万室一陶"的实效

根据上述，无论官办、民办工艺局（场），显而易见，都以安置流民（游民）为宗旨。这些工艺局，生徒人数多则数百，少则数人，应该说确实安置了一部分流民，解决了其生计问题。同时，创造了一定的社会价值。直隶工艺局"开办以来，颇见成效"[1]。山东省城工艺局开办数年，初具规模，其特色货品如丝绣绒毯等类，"遐迩传播"，成为"东省特色"[2]。江苏苏州工艺局，专收16岁以上"无业之贫民，教以艺术，如织毯、造履、木工等事，现在出品渐优，成绩大著。"[3] 陕西西安府创设

---

[1] 孙多森：《直隶实业汇编》，见彭泽益：《中国近代手工业史资料》第2卷，三联书店，1957，第526页。

[2] 《详抚院奉饬裁减工艺传习所员司文》，见彭泽益：《中国近代手工业史资料》第2卷，三联书店，1957，第535页。

[3] 《通商各关华洋贸易总册》下卷，见彭泽益：《中国近代手工业史资料》第2卷，三联书店，1957，第562页。

工艺厂，"略仿蒙学之例，从小处粗处浅处易处入手，挑选少壮无业者百人，入厂学习。……竹工、木工、草工、针工外，就其质之所近以呈能，各得其师之所传以成器，虽皆粗浅，颇利行销。而渐进精良者，则以毡罽为特出……制为衣物，人争购之。"① 奉天省城"八旗工厂所出之各色毡毯，惠工公司所出之地毯及花绒木器布匹，罪犯习艺所所出各种酱品面粉皮件，皆为特色。至贫民习艺所所出之皮靴军刀及丝绒毯为东西国人所乐购，尤足示人步趋。省外各属工厂，逐年增设……官办之锦县八旗工艺分厂，皆成效卓著，而出品尤以锦县民立工厂所织爱国布最受社会欢迎。……又因奉省游民众多，易为盗贼，饬由民政司劝业道拟定简易筹款办法，饬各属筹办贫民习艺工厂各一所，以消纳游民，振兴土货。"② 因此，工艺局在安置流民的同时所创造的社会价值，也是很值得注意的。

工艺局在创办之初，清政府采取了相应的保护措施，如北京首善工艺厂，据奕劻奏称，"首善工厂，原为广筹生计起见，所有制造各种物品，需用材料，若仍过关完厘，诚恐本重价昂，销路不畅。查农工商部奏该部工艺局，材料经过关卡、崇文门税局，概免税厘，奉旨允准在案。臣等现设工艺厂，事同一律，拟请援案办理。"朝廷"依议"。③ 可见，清政府对工艺事业是持保护态度的。

但是，按照清政府的要求，这些工艺局"意在养民，不同

---

① 《东华续录》，见彭泽益：《中国近代手工业史资料》第 2 卷，三联书店，1957，第 563 页。

② 刘锦藻：《清朝续文献通考》第 378 卷之《实业》。

③ 《光绪政要钞本》光绪三十四年八月十二日之《庆亲王奕劻等奏首善工厂购运物料请免税厘》。

谋利"，"使工有所劝，民有所归"①，基本上无利可图。这从某种程度上限制了工艺局的推广，民办工艺局寥寥无几。同时，这些工艺局，一般规模甚小，三五人挂牌的工艺局是常见的。如前述直隶 80 余所工艺局，不足 10 人的就占了 23 所。② 工艺局规模甚小，且手工操作。这至少会产生这样几种结果：其一，成本高，产品无法和机器产品竞争，如广东东莞县，"邑中士夫，悯妇女之失业，特为之设工艺厂，欲借以收回利权。然成本既高，不能贱售，卒以不振。盖人工不敌机器，事势使然，非绵力所能挽也。"③ 这种情况是比较普遍的。其二，经费不多，甚或无力招聘艺师，难收实效。如山东"各府州县皆设有习艺所，然遍为访查，不但经营数年绝少实效，且无不赔损折阅，徒糜公款。此无他，为其局面既小，款项又绌，无力聘招精通之艺师，惟雇订下等工人，招致孤贫竖子，教以纺织拙法，聊以支撑局面。如为振兴工艺，而实无效果可言。"④ 其三，吸收流民的能力有限。工艺局规模小，经费绌，所吸纳的流民毕竟有限，或者说是极少数，相对于庞大的流民群来说，只能是杯水车薪，不可能达到"地无弃物，人人自食其力，而国无游民"、"户鲜游闲，民多乐利"⑤ 之目的。也就是说，不可能从根本上解决流民问题。

---

① 陈璧：《望岩堂奏稿》第 3 卷，见彭泽益：《中国近代手工业史资料》第 2 卷，三联书店，1957，第 575 页。

② 孙多森：《直隶实业汇编》第 6 卷之《工学》，见彭泽益：《中国近代手工业史资料》第 2 卷，三联书店，1957，第 528～532 页。

③ 《民国东莞县志》第 15 卷，第 12 页。

④ 《咨提学使会议举人于书云条陈文》，见彭泽益：《中国近代手工业史资料》第 2 卷，三联书店，1957，第 535 页。

⑤ 周学熙：《详直督袁复陈筹办工艺情形文》，见周叔媜：《周止庵先生别传》，第 17 页。

如当时广西巡抚张鸣岐奏称："至讲求工艺，所关于实业者尤要。见在省城设立艺徒学堂、简易工艺教员讲习所，梧州筹设缫丝厂，各属遍设习艺所，模范工厂。然以全省之大，工厂仅止此数，固不免万室一陶。以全省之大，工厂皆由官办，更不免博施犹病。"①万室一陶，博施犹病，是全国各地普遍存在的现象，实际上也是清政府推广工艺所能收到的实效。尽管如此，清政府这一举措，毕竟还是积极的，毕竟还能收到万室一陶的效果，从这点说，是值得肯定的。正因为如此，民国成立以后，工艺局之类仍时有开办。

第二节　流民与中国农村的出路问题

尽管清朝政府致力于推广工艺，积极寻求解决流民问题的办法，但只能收到治标之效，而不可能从根本上解决这一社会问题。要解决流民问题，无论晚清政府还是民国政府都应把视角转向广大的中国农村。

流民问题，主要是由于农村经济的经常衰退引发的，这是当时一般人的共识。当时有一本名为《中国农民离村问题之研究》的小册子论及："因为农村经济的破产，才有农民离村之发生，因有农民的离村，更增高农村破产的程度；农村破产的程度愈增高，而整个社会问题亦趋恶化。所以年来中国农民离村问题，不但促进了农村问题的尖锐化，整个中国社会问题也随之严重化了。事实很明显的：农民在农村里不能生活，才离开农村来到都

① 刘锦藻：《清朝续文献通考》第378卷之《实业》。见彭泽益：《中国近代手工业史资料》第2卷，三联书店，1957，第559页。

市，促成农村加度的破产；而农民到了都市又得不到生活出路，势必流为失业游民，甚至于匪盗，更使都市益趋混乱。如此看来，中国农民离村问题之所以严重，谁都不能否认是由于农村问题而牵连到整个社会问题的。"① 这个分析当然很不全面，但谓流民问题即农民离村问题是由于"农村问题而牵连到整个社会问题的"，确是不容忽视的事实。既如是，就很自然地提出了"中国农村的出路在哪里"的问题。这个问题，实际上在晚清时期已经提了出来，而到民国时期，随着农村经济的小起大落，农民流离失所者日增，更引起整个社会的普遍关注，从而引发一场"中国农村的出路在哪里"的论战。

一　农业在历史的挑战面前

中国农村的出路究竟在哪里？这个问题实际上在清末已经尖锐地提了出来。

1840 年以后，随着外来商品大潮的冲击加剧，自给自足的自然经济体系逐渐解体，农村经济衰退，"人满为患"突出，流民问题成了严重的社会问题。如何解决流民问题，成为农村问题的焦点。

在进入近代相当长的时间里，清政府对解决流民问题似乎一筹莫展。在文献资料中，除了"禁烧锅"、"禁罂粟"以谋增加"民食"的消极办法之外，似乎并没有多少直接与农村问题相关的得力举措。但近代中国社会毕竟在发生转型，在"坚船利炮"的震撼下，中国人开始意识到"师夷"的急迫性。特别是甲午战争以后，民族觉醒，"维新变法"成为时代的强音。在历史的

---

① 浩平：《中国农民离村问题之研究·绪言》，民众运动月刊社，1933。

挑战面前，"中国农村的出路在哪里"成为人们议论的话题。向西方学习，"振兴农业"，求得流民等社会问题的解决，成为鼓吹"维新变法"的主要内容之一。

1897年，梁启超在《农会报序》中提出了"兴农"倡议。他说："西人推算中国今日之地，苟以西国农学新法经营之，每年增款可得六十九万一千二百万两。虽生齿增数倍，岂忧饥寒哉！"因此，欲"兴荒涨之垦利，抉种产之所宜，肆化学以粪土疆，置机器以代劳力"。简言之，要提高农业生产力，就必须向西方学习。"近师日本，以考其通变之所由；远摭欧墨（美），以得其立法之所自。"① 梁启超创设"务农总会"的目的，主要在此。

随着"兴农倡议"的鼓起，改进农业成为时代的要求。罗振玉《农业移植及改良》、《北方农事改良议》、《郡县设售种所议》、《僻地粪田说》、《创设虫学研究所议》等②，都是根据西方的经验而提出的改进中国农业的良好建议。此外，应特别注意的是，甲午战争后，日、美、英、德等国有关农业原理、农业技术的综合性书籍和各种农作物种植技术的书籍，以及土壤、气候、肥料、农具、水利、蚕桑、畜牧、家禽、害虫、林业等专业书被介绍到中国，译刻刊布，如《农学初级》、《农事会要》、《植学启原》、《种植学》、《农用种子学》、《农作物病理学》、《植稻改良法》、《甜菜培养法》、《麦作全书》等，不下百余种之多。这些"农学新法"书籍的东渐，应该说，起到了"开广风气，维新耳目"③ 的作用。

---

① 梁启超：《农会报序》，《时务报》第23册，见李文治：《中国近代农业史资料》第1辑，三联书店，1957，第858页。
② 罗振玉：《农事私议》，光绪年刊。
③ 李文治：《中国近代农业史资料》第1辑，三联书店，1957，第858～870页。

八国联军侵华战争后，民族危机进一步加深，清王朝的统治岌岌可危。为挽救统治危机，就连镇压维新变法运动的慈禧太后，也不得不考虑改弦易辙，要求"变法"了。1900年清廷颁布上谕说："法令不更，锢习不破；欲求振作，当议更张。着军机大臣、大学士、六部、九卿、出使各国大臣、各省督抚各就现在情形，参酌中西政要，举凡朝章、国故、吏治、民生、学校、科举、军政、财政，当因当革、当省当并，或取诸人、或求诸己，如何而国势始立、如何而人才始出、如何而度支始裕、如何而武备始修，各举所知，各抒所见，通限两个月详悉条议以闻。"①

根据这个上谕，张之洞和刘坤一上了著名的《江楚会奏三折》，强调"修农政"、"兴农学"的重要性，说："夫富民足国之道，以多出土货为要义。无农以为之本，则工无所施，商无可运。近年工商皆间有进益，惟农事最疲，有退无进。大凡农家率皆谨愿愚拙，不读书识字之人，其所种之法，止系本乡所见，故老所传，断不能考究物产，别悟新理新法，惰陋自甘，积成贫困。今日欲图本富，首在修农政。欲修农政，必先兴农学。"张之洞和刘坤一除建议朝廷再降明谕，令各省设农务局、中央专设农政大臣之外，提出"劝导之法"四条：一曰"劝农学"。学生有愿赴日本、欧美农务学堂学习，学成领有凭照者，视其学业等差，分别奖给官职，令充各省农务局办事人员。一曰"劝官绅"。各省先将农学诸书广为译刻，分发通省州县，由省城农务总局将农务书所载各法，本省所宜何物，一一择要指出，令州县体察本地情形，劝谕绅董，依法试种。有效者奖，捏报者黜。地

① 转引自茅家琦：《晚清史论》，河南人民出版社，1989，第379～380页。

方官不举办农政者，照溺职例参革。一曰"导乡愚"。各项嘉种新器，乡民固无从闻知，僻县亦难于购致，宜由各省总局多方访求，筹款购办仿制，以期渐推渐广。一曰"垦荒缓赋税"。今欲兴农务，惟有将垦荒升科之期，格外从缓，而又设法以鼓舞之。能开山地、垦海滩者，报官给照，宽期升科。地利既辟，农学之效既见，风气一开，仿行必众，其为益于国家者宏且远矣。①

张之洞、刘坤一的建议，可以说是清末新政"修农政"举措的主要依据。新政期间，清政府创办农会如务农总会（1897年）、全国农务联合会（1910年）等；创办农桑学校如江南蚕桑学堂（1901年）、直隶高等农业学堂（1902年）、四川中等农业学堂（1906年）、山东高等农业学堂（1906年）等；兴办农业试验场如直隶农事试验场（1902年）、山东农事试验场（1903年）、福建农事试验场（1906年）、北京农工商部农事试验场（1906年）、奉天农业试验场（1906年）等；以及改进农业技术、介绍新式农具、推广技术农作物等，凡此至少让人看到了一缕振兴农村经济的希望之光。但这些举措，尚未收到多少实效，清政府就在辛亥革命的隆隆炮声中覆没了。

鸦片战争以后，"师夷长技"成为一股进步的时代潮流。在这个历史的挑战面前，农业走出传统势所必然。从这点上说，甲午战后姗姗来迟的"兴农"风气的鼓起，是顺乎历史潮流的进步现象。欲振兴农业，必求"西国农学新法"，否则，农村经济无由振兴，更谈不上流民问题的解决。正因为如此，北洋军阀政府、国民政府也不得不接过新政的旗帜，要大张旗鼓，进行农业改良了。

①《光绪朝东华录》第169卷，李文治：《中国近代农业史资料》第1辑，三联书店，1957，第862~864页。

北洋军阀政府建立后，以"民穷财罄、工商未兴，大利所归，农为急务"，号召"各该地方农事机关团体，联合农校农场，察酌情形，迅就各该地方农政、农业、农事各关系事项，悉心筹划，或就原有之物产，加意改良，或应时势之需要，力图推广，举凡农利所关，均应妥拟办法，以保天惠而利民生。"① 为此，颁布选种办法八条，以"增加产量，改善品质"；改良蚕丝，"以期制丝原料逐渐增加"；改良茶产，"以广销路，而挽利权"；推广植棉，"由官家就美棉、印棉、埃及棉各籽种，切实试验……一俟著有成效，即行分给农民，以广传布"②；提倡种植大豆及其他工业原料作物；颁布兴农法令如《植棉制糖牧羊奖励条例》及《施行细则》等；各地遍设农会、农林传习所、讲习所、气候观测所、农林试验场所等农事机构。

北洋军阀政府的农业措施，在施行方面，是取得一点成绩的，如1912～1927年各省市设立的农事试验场就达到251个。③但从总体上观之，北洋政府"兴农"举措并未能收到预期的实效。如时人所评："各地方的农业试验场及各专门的农事试验，本来为解决农业重大问题、改良农民生产技术的重要机关，但是现在国内的各试场，第一是缺乏人才，第二是缺少经费。所以十余年来，对于农民一点没有效果发生。"④再如，"师夷长技"是北洋政府"兴农"举措的要项，但其所作所为，不能令人满意。有一段记载，颇令人玩味："从前中政府曾商请美政府保荐一专

① 阮湘等编《中国年鉴》，商务印书馆，1924，第1104页。
② 见章有义：《中国近代农业史资料》第2辑，三联书店，1957，第175～178页。
③ 《中国经济年鉴（1934年）》第6章，商务印书馆，1934，第295～297页。
④ 吴觉农：《中国的农民问题》，《东方杂志》第19卷第16号，第16页。

家来华，以科学的最新方法，教导中国农人种棉，美政府力允其请，派乔伯生君应聘来华。乃中国政府令乔君在北京守候农商部之训令，至三年之久。其间曾以北京万牲园中之地一小区，俾乔君试种，以资消遣；而所以请其来华之广大目的，则搁置不提。而乔君旋于合同未满之前，即行辞职，中政府亦允之，不过照例说了许多官场客气话而已。"① 这是颇具讽刺意味的事。北洋军阀政府的"兴农"举措，应该说是失败的。中国农村的出路在哪里？这仍然是近代中国的老大难问题。

国民政府建立后，当然也要致力于农业改良及农业推广。1929 年 3 月，在第二次全国代表大会上，国民党中央通过了"中华民国之教育宗旨及设施方针案"，指出农业推广的重要性，要求各地"凡农业推广方法之改进，农业技术之增高，农村组织与农民生活之改善，农业科学智识之普及以及农民生活消费合作之促进，须全力推行"。是年 6 月，国民政府农矿、内政、教育三部会同颁布《农业推广规程》，第一次以法令形式，肯定了农业推广的重要性，并对各级推广组织建设及其应办事宜作了具体规定，成为当时全国各地兴办农业推广事业的法律依据。《农业推广规程》颁布后，不少省份先后设立了省农业推广委员会或农业推广处。至 1936 年前后，全国已设立省级农业推广机构并举办推广活动的已有苏、浙、皖、鲁、豫、冀、晋、湘、赣、川、滇、粤、察、绥、宁、鄂等 16 省；不少县级政府也纷纷成立农业推广所之类的机构。至 1936 年，各省已设立农业推广所或类似机关的已达 500 个县。②

① 《中国棉与纱之调查》，《东方杂志》第 16 卷第 10 号，第 181～182 页。
② 曹幸穗等：《民国时期的农业》，《江苏文史资料》，1993，第 148 页。

但国民政府的农业改良及推广，同样是雷声大雨点小，效果并不明显。

就全国普通及特种农事试验场而言，可谓年年增长：1926年10个，1927年21个，1928年44个，1929年66个，1930年110个，1931年78个。[①] 但"已设农场之成绩，仅可谓之装饰品，非家喻而户晓也"[②]，"政府统治下全国之试验农场几近百数十处，每年耗款颇巨，然绝未见有对于农业上之种子改良、种植改善诸事有所倡导，乃完全与农村隔绝，徒具名义而已。"[③]

就棉产改良而言，每年出产良种无多，而且"政府之提倡改良棉业，及许多热心提倡改良棉业者，对于棉业如何改进，究应采用何种方法，并无一定计划、一定步骤；又不考查何处适于何类棉种，何类棉种合于何处需要，只听何处棉种好，便大批买进，向各地发散，至于风土之如何，环境之宜否，皆不计也。及至后来，或因风土之不同，或因环境之变化，不但无好影响，反而结下许多恶果。"[④]

再就蚕丝改良而言，也徒具虚名。如浙江，"为改良蚕丝，请来了一个意大利的M博士。M博士从意大利带了一小包蚕种来，到浙江饲育，这些法西斯的蚕宝宝，也和外国的冒险家本人一样，对于吃的非常考究。M博士警告场中人员，哪些嫩叶是可给它吃的，哪些是切不可给其吃的，场中人员，战战兢兢，惟命

① 《中国经济年鉴（1934年）》第6章，商务印书馆，1934，第295~297页。
② 罗文干：《关于复兴农村之意见》，《农村复兴委员会会报》第1号，第56页。
③ 希曙：《中国四大农产品之近况》，《钱业月报》第13卷第7号，第7页。
④ 方君强：《棉业合理的推广》，见章有义：《中国近代农业史资料》第3辑，三联书店，1957，第930页。

是遵。后来，M 博士到南京去了。管事人发现 M 博士在时所采下的桑叶已被吃尽，那些宝宝仰着头嗷嗷待哺。浙江当局急了，急打电到南京，恰巧博士到青岛去玩了；再急电青岛，博士的回电来了，说是他即搭飞机来浙江，在他未到时，千万勿将杂叶饲蚕。但他真的飞来时，那些宝宝的一缕芳魂却已飞回故土了。"与此"类同的事情多得很"①。改良品种成本高，售价高，核算起来，还是土种比较获利。

由此观之，国民政府的农业改良及推广，虽有所进步，但其效果并不明显。

总之，由于农村经济的衰退，"人满为患"问题益发突出，并由此造成困扰近代中国的流民问题。主张"溺婴"，寄希望于"自然调节"的思想，并不能解决"人满为患"的问题，而且还可能造成新的社会问题。在历史的挑战面前，农业超越传统，向西方学习，实现农业自身的转型，大力提高农业劳动生产率，提高生产力水平和土地的开发利用，挽回农村经济的衰势，解决"人满为患"和因此而产生的流民问题，确实是一种比较好的选择。中国是传统的"以农立国"的国度，"民食"问题至关重要，"民食"问题的解决，当然要依靠农业的发展，农业生产率提高了，流民问题也能迎刃而解。但要使得农业发展，必须提高农民的经营素质，他们是农业生产的主体。要提高农民的素质，必须从农村教育入手，这是因为，"社会成员中受过教育的人会比愚昧无知的没有文化的人给社会带来更多的好处"②。对农民

① 冯和法：《中华农学会年会及其他》，《中国农村》第 3 卷第 8 期，第 57～58 页。
② 〔德〕恩格斯：《在爱北斐特的演说》，《马克思恩格斯全集》第 2 卷，人民出版社，1974，第 614 页。

也是一样。这里强调教育问题，看似与解决流民问题无直接关系，实则不然。在对流民现象进行文化学考察时，曾经指出，淮北农民所以选择"行乞江湖"的生存方式，主要由于他们的文化素质相对要差，影响了他们对生存方式的优化选择，江南则相反。这已经揭示出农民教育的必要性。又据《农村经济》的记载："徐海民间教育与江南比较，自然落后，尤于农村为甚，间有数十里相连，未见有私塾与学校者，农民大多数只认识'姓'而不能书自己之名字。"① 又《铜山县志》记载，淮北"骁桀者好勇轻死，所接壤皆风气劲悍，盗贼出没之区，游民甚少恒业，转相扇引，一困于饥寒，则铤走而剽掠，固风土致然，毋亦教养之未先欤。"② 教育落后，农民文化素质较差，不仅影响他们对谋生方式的优化选择，而且也是农业实现转型的巨大障碍。正因为如此，在近代历史条件下，农业要实现转型，农业经营的主体农民也要实现转型，这是解决流民问题的相辅相成的两个方面。有一篇《中国农民离村问题之检讨》的文章曾这样指出："解决农民离村问题的根本办法，在于推翻资本帝国主义与封建残余势力的支配，至其治标办法，举要如……提倡移民开拓边疆。……各乡村都要设立一所乡村小学，而且把这所小学作为乡村的行政机关。小学教师，除教养儿童外，负指导农民耕种的责任，并替他们解决各种的难题……促进农民智识。"③ 这里至少把教育农民，提高农民智识视为解决流民问题的治标办法。无论如何，教育问题是不容忽视的。由此看来，当时的教育救国论以及平民教

---

① 蓝渭滨：《江苏徐海之农业及农民生活》，《农村经济》第 1 卷第 10 期，第 18 页。
② 《民国铜山县志》第 9 卷之《舆地考》。
③ 董汝舟：《中国农民离村问题之检讨》，《新中华》第 1 卷第 9 期，第 11 页。

育运动，都是有其合理性的。① 如果只强调农业的发展，而不同时注重农民文化素质的提高，所谓流民问题的解决，也只不过让他们重新回到土地上，那么，中国只能停留在"糊口农业"的水平上而难以实现转型，从长远的观点来看，这又是与社会历史发展的趋势相背离的。尽管如此，近代中国就连让流民重新回到土地上这种只能算是权宜之举，也还没有较好地实施。

二　土地问题的困局

如前文所述，农民的无地状况是形成流民问题的主要原因之一。只要土地私有制存在，土地兼并就不可避免，流民问题也就不可避免。实际上，农民的无地化并非全然是坏事。在西方资本主义发展史上，人们可以看到，它往往成为新的生产关系滋长的土壤，英国"羊吃人"的圈地运动，就是"为资本主义生产方式奠定基础的变革的序幕"②。但在传统中国，土地问题是农民的中心问题，也是一切阶级矛盾与社会矛盾的焦点。农民的无地化日趋严重，随之而来的便是政治危机和社会危机的并发。因此，在传统中国，统治者往往把抑制土地兼并作为施政的要项，但由于土地私有制的存在，抑制政策只能收效于一时。土地问题的困难局面，只有留待近代中国来收拾了。

1840 年以后的晚清政府，当然无法突破土地问题的困局。

---

① 英格尔斯强调："一个发展中国家有越来越多的现代人，它的社会改革步伐就会越来越快，当现代性深入到大多数国民性格中去时，现代的态度、舆论、行为就会变成一种巨大的内在推动力，这对于国家发展的任何计划的全面成功，都是必不可少的基本因素"。（〔美〕英格尔斯：《人的现代化》，殷陆君编译，四川人民出版社，1985，第 281 页）

② 《马克思恩格斯选集》第 2 卷，人民出版社，1974，第 224 页。

但在晚清"乱极"、"暗极"的私有制社会里，却也闪过"有田同耕"的光点，这就是太平天国的《天朝田亩制度》的颁行。

1853年太平天国定鼎金陵后不久，即颁布了《天朝田亩制度》这一纲领性文件。尽管《天朝田亩制度》包括了政治、经济、军事、文化等各个方面的内容，但土地问题是其核心。它规定："凡分田照人口，不论男妇。算其家口多寡，人多则分多，人寡则分寡，杂以九等，如一家六人，分三人好田，分三人丑田，好丑各一半。凡天下田，天下人同耕，此处不足则迁彼处，彼处不足则迁此处。凡天下田，丰荒相通，此处荒，则移彼丰处以赈此荒处，彼处荒，则移此丰处以赈彼荒处，务使天下共享天父上主皇上帝大福，有田同耕，有饭同食，有衣同穿，有钱同使，无处不均匀，无人不饱暖也。"① 然而，理想和现实之间存在着巨大的差距。

应该承认，在晚清地主阶级残酷的经济剥削、政治压迫和农民贫困破产的情况下，以洪秀全为代表的农民领袖，高举"太平"旗帜，要打出一个"有田同耕，有饭同食"、"天下大同"的全新世界，这是对清朝封建统治者的根本否定，也给广大贫苦农民带来了福音，无疑具有历史的进步性。但是，《天朝田亩制度》是绝对平均主义的产物，是农民对社会不平等的本能反映。如恩格斯所说，"它是对极端的社会不平等，对富人和穷人之间，主人和奴隶之间，骄奢淫逸者和饥饿者之间的对立的自发的反映。"② 且不说绝对平均主义带有空想主义的色彩，任何社会都不可能实现，也不说战争环境的制约因素，仅仅就实施"有

---

① 《太平天国印书》（上），江苏人民出版社，1961，第409页。
② 〔德〕恩格斯：《反杜林论》，人民出版社，1970，第104页。

田同耕"的政策来说，也还要有许多前提条件，如进行人口普查，要把参与分配土地的所有人员的年龄、性别、住地一一弄清并登记入册；要把所在地区的土地面积、方位、按产量多寡分成九等，一一弄清并登记入册；要广泛深入地宣传《天朝田亩制度》中所规定的各项方针政策，力求家喻户晓，以期自觉配合人口普查和土地丈量工作。为了进行上述工作，就需要培训人员，由一批经过专业训练具有相当政策水平和专业知识的人员组成工作队，分期分批地完成土地分配工作。但是，正如沈嘉荣先生所言，就目前接触到的史料看，"找不到群众对这一文件任何反映的片言只语，甚至连专搞搜集情报工作的敌对分子张德坚，也未留下他对这一文件的诋毁性评述。"① 这意味着《天朝田亩制度》所许诺的"有田同耕"，基本上成了一纸空文。

太平天国当然不是把着眼点放在解决流民问题上，事实证明，《天朝田亩制度》也不可能突破土地问题的困局。随着太平天国革命的失败，《天朝田亩制度》也随之消失。这样，直到20世纪30年代，即国民政府统治时期，土地问题的困局似乎才出现转机。

20世纪30年代，农村经济濒临破产，农民大量逃脱农村，造成严重的社会问题。于是，"复兴农村"的呼声一浪高过一浪。国民政府意识到，土地问题是农村经济凋敝的症结，没有相宜的土地政策的实施，农村经济将无法收拾，农民逃脱农村的问题会日趋严重。1930年，颁布《土地法》（共334条）；1934年，由全国经济委员会、内政部及财政部合组的土地委员会，动员3000余人，对各省市土地实况作了一个比较有系统的调查；

---

① 沈嘉荣：《太平天国史略》，南京出版社，1992，第112页。

在此基础上，1937 年通过《修正土地法原则》（共 23 条），进行土地政策调适。

"平均地权"是国民政府土地政策的主要精神，如《土地法》起草人万国鼎所说："此次修正于原土地法之立法精神，未尝变更……采取积极有效之方法，以求达平均地权，耕者有其田及地尽其利之目的。"① 众所周知，"平均地权"是孙中山先生解决中国土地问题的目标。但是，地权应如何平均？在当时土地属于私有财产，可以自由买卖的条件下，平均地权的主要途径不外乎：第一，宣布土地为国有，无条件没收，再重新分配，农民只有土地使用权，而无土地所有权；第二，承认土地私有，由政府价买征收，重新分配（出售）土地，并立法限制土地兼并。从作为国民政府土地政策的具体表征的《土地法》来看，其规定："中华民国领域内之土地，属于中华民国国民全体，其经人民依法取得所有权者，为私有土地。"② 就是说，国民政府承认土地私有制度，保护土地私有制度。因此，要达到平均地权之目标，只有征购土地。但依当时国民政府的财力，是不可能全面征购大土地所有者的土地再重新分配的。即使财政不成问题，也如谢国兴所说，征购土地与重新分配在技术上却困难重重，绝非短期可以办就。根据当时的环境、条件，从土地清丈、整理地籍、征购价买，到土地重划、公平分配，是一项十分艰辛、复杂的事。如1932 年，参谋本部陆地测量总局拟定了一项《江浙皖三省土地测量计划大纲》，打算以航空测量方式重测三省土地。根据这个计划，完成三省土地的重测，要用 45 年的时间，即 1976 年以后

---

① 章有义：《中国近代农业史资料》第 3 辑，三联书店，1957，第 293 页。
② 国民政府立法院秘书处：《土地法》，民智书局，1930，第 2 章第 7 条。

才能实现。① 可见，"平均地权"在当时只能是一句空话。

"平均地权"不易推行，"耕者有其田"政策同样难以贯彻。

"耕者有其田"是孙中山先生提出的民生主义的核心。对此，孙中山先生明白说过："现在俄国改良农业政治之后，便推翻一般大地主，把全国的土地，都分到一般农民，让耕者有其田。耕者有了田只对于国家纳税，另外便没有地主来收租钱，这是一种最公平的办法。我们现在革命，要仿效俄国这种公平办法，也要耕者有其田，才算是彻底的革命。"② 要让耕者有其田，不一定非采取激进的办法来实现，渐进的或和平的办法也是一种途径。国民政府要以"最和平而有效之改革"③，来达"耕者有其田"之目的，有两条途径：扶植（造就）自耕农，使之不致沦为佃农或流民；改善租佃制度，使佃农有成为自耕农之可能。前者，有这样几个前提方有可能见效：① 必须有足够且尚待分配的可耕荒地，供垦殖之用；② 政府要有足够的资金征购大土地所有者的土地，配售给佃农和流民；③ 强制大土地所有者出售土地。④ 根据当时的情况，移民东三省以及开发西北已不可能；财政本已捉襟见肘，加上不久抗战爆发，军费开支所耗甚巨，扶植（造就）自耕农的办法根本行不通。那么，实现"耕者有其田"，只有从改善租佃制度着手了。

国民政府改善租佃制度的最重要的举措就是"减租"。《土

---

① 谢国兴：《农业经济的困局：近代安徽的土地问题》，台湾"中央"研究院近代史研究所《近代中国农村经济史论文集》，1989，第262页。
② 李紫翔：《对于"修正土地法原则"的意见》，《中国农村》第3卷第6期，见章有义：《中国近代农业史资料》第3辑，三联书店，1957，第293页。
③ 李紫翔：《对于"修正土地法原则"的意见》，《中国农村》第3卷第6期，见章有义：《中国近代农业史资料》第3辑，三联书店，1957，第293页。
④ 黄通：《农村复兴与耕者有其田》，《地政月刊》第1卷第12期，第1663页。

地法》规定:"地租,不得超过耕地正产物收获总额千分之三百七十五,约定地租超过千分之三百七十五者,应减为千分之三百七十五,不及千分之三百七十五者,依其约定。"① 而《修正土地法原则》则规定:"为减轻地租之负担,应明定地租最高额,为登记后地价之百分之八,但承租人得依习惯以农产物代缴。"② 这就与《土地法》的规定颇不相同。当时就有人提出地租当地价的8%,与不超过正产物的375‰,究竟孰轻孰重的问题。比如百元一亩的土地,年产稻不过六石,8%的地租为八元,则以新稻上市的最高市价来计算,须卖去稻二石又六十六斤,这已占正产的447‰。这样一来,许多地方实际上不免要加租。"且以土地所有人能年获百分之八的利息,无异于保证并鼓励地主保有和增加田地,这亦与渐次达到耕者有其田的目的相违背的。同时,以货币计算的地租,既然那么高;而以农产物代缴,又因物价的涨落关系,使佃农的经营陷于非常不安定的地位。"③ 实际上,国民政府的减租政策从未得到很好的施行。如在此之前的"二五减租",刚一施行,即宣告失败。

土地问题,涉及面相当宽广,凡土地分配、土地利用、租佃制度、土地政策、地价、田赋等等,无不包含其中。即从上述"平均地权"、"耕者有其田"两个最主要的方面来看,就可以肯定地说,国民政府没有能够突破土地问题的困局,挽救农村经济的衰退,解决相关的流民问题,当然只能是空话。从

---

① 《土地法》,民智书局,1930,第3章第177条。
② 李紫翔:《对于"修正土地法原则"的意见》,《中国农村》第3卷第6期,见章有义:《中国近代农业史资料》第3辑,三联书店,1957,第295页。
③ 李紫翔:《对于"修正土地法原则"的意见》,《中国农村》第3卷第6期,见章有义:《中国近代农业史资料》第3辑,三联书店,1957,第295页。

近代中国的国情来看，要实现"平均地权"和"耕者有其田"的目的，孙中山先生所说"推翻一般大地主"，实行土地的重新分配，应该说是一种最切合实际的选择，这一历史性任务，只有靠无产阶级及其政党中国共产党来完成（详见下文）。当然，"平均地权"、"耕者有其田"，即使实现了，我以为，也只能是一种过渡形态，把农民从土地上解放出来，才是最终的目的。

三 农村工业化之梦

"中国农村的出路在哪里？"随着20世纪30年代农村经济的濒临破产，这个呼声已经喊遍了全国。农村复兴运动由此而兴起。教育的、经济的、政治的"出路"方案纷纷出台，并进行种种实验，推起一股"中国农村建设运动"的浪潮。无论哪种方案，都有其出发点和所要达到的目的，都有其理论基础，也都有其实现的手段。例如邹平的乡村建设运动是以"社会秩序的维持或再建"为出发点，以"乡村文化的第三条道路之开辟"为终极目的，以"观念的伦理之现实化"为哲学中心，以"训练及组织民众"为主要手段；定县平教会是以"农村经济底现代化之发展"为出发动机，以"民族改造之完成"为终极目的，以"教育万能主义"为理论中心，以平民教育之普及运动为基本手段的；华洋义赈会领导下之农村合作化运动是以因羡慕"大经营之优越"而要求小生产者之"自动的结合"为出发动机，以"农村经济底社会化的发展"为终极目的，以乌托邦的社会主义为理论基础，以"推广农民底合作组织"为基本手段的。其他尚有以"促进农业生产"为出发点，以"发展农村经济"及"增进农民生活"为终极目的，以"改进生产技术"及

"农产品"为基本手段的许多"农业学术机关"的乡村工作。[①]无论哪种方案，都偏执一端，也都有一些合理性。

对上述种种"中国农村的出路在哪里"方案的研究，这里不拟全面展开，仅就"农村工业化道路"之取向，加以申论。

农村工业（当时又称乡村工业、乡土工业、家庭工业）相对都市工业而言，有其特定的含义。如费孝通先生所言，都市工业和乡村工业"在这个时代是大规模机器生产和小规模手工生产的分别"[②]。手工生产是农村工业的特点，从经济功能上看，可以说是"在农闲基础上用来解决生计困难的工业"[③]。是一种副业经营形态。

农村工业化的鼓起，主旨之一就是解决严重的流民问题。1934 年，英人戴乐仁在中国社会问题讨论会的年会上，发表意见，认为"十五岁至五十五岁的农村人口，每年至少有五千五百万人是失业的"[④]。要解决这一严重的社会问题，只有走农村工业化的道路。他以为，在当时的中国，提倡农村工业，绝不是"开倒车"，更不是走错路。把农村原有的手工业，先施以科学化的整理与辅助，尔后再逐渐创办新工业。利用当地之财货，抵制舶来商品，直接力谋农民生活程度之提高，间接增厚国家整个的经济力。原则是，先从小处去着手，一步步的改良。可以先介绍极简单的粗机器，既省费，又有利，渐进而换为复杂的。这种

① 范郁文：《中国农村运动的回顾及展望》，《农村周刊》第 120 期，天津《益世报》1936 年 6 月 27 日，见章有义：《中国近代农业史资料》第 3 辑，三联书店，1957，第 937～938 页。

② 《费孝通选集》，天津人民出版社，1988，第 285 页。

③ 《费孝通选集》，天津人民出版社，1988，第 295 页。

④ 彭泽益：《中国近代手工业史资料》第 3 卷，三联书店，1957，第 747 页。

方式，既适合农民简单的头脑，又为其经济力量所许可，所以倡办伊始，这是再好不过的。有些人每一提起"农村工业"来，就往往把它和"古老"、"陈旧"、"腐败"等等同日而语，其实这并不是18世纪那古董式的老套儿，乃是要把现代化机器生产的方式与技术，介绍到农村，重新造成一种现代化的农村新工业。它也许是以一家为范围的手工业，也许是以一村为区域的小作坊，也许是联合数村而成的制造厂。不过要注意的却不是范围的问题，而是效能的问题。在戴乐仁看来，理想的农村工业，要具有下列几个特征。

其一，农村工业是为利用农闲期间，或失业者、无业者的劳动而设施的。

其二，农村工业的兴办，是以切合农村之实际情况，以科学方法的实验作根据的。

其三，农村工业是要引用合作的原则组织起来，购买、运销，悉以合作之方式是循，俾在农村之居民，都能得到都市中大规模工业所得的一般利益。①

---

① 参见金轮海：《中国农村经济研究》，中华书局，1937，第402~403页。应该强调的是，主张农村工业化最力者，为我国著名经济学家郑林庄先生。他在1935年1月发表了《我们可走第三条路》的文章，最终使"第三条路"成为引人注目的理论流派。在郑林庄看来，引发中国经济危机的成因，就是失业和无业的问题。"中国现在总还是个农业国家。根据农业本身的季节性，和我国特有的人口密度的不均与农田面积的过小的形态来推测，即使没有统计的证实，也可知农村中的失业和无业人口必定很多，恐怕比全世界的失业人口还要多。"因此，"挽救目前的经济危机乃在失业与无业问题的解决——换言之，乃在为无业者开辟工作的机会上。"都市工业尽管同样可以增加工作机会，但"现代的工业重在机械的利用，吸收人工究属有限。而且即使都市工业能够吸取一切的失业民众，他们由于受了乡土观念和知（天）命观念的限制，是否肯背井离乡到城市里去求工作还是问题。经济制度尚可（转下页注）

发展农村工业，未尝不是复苏农村经济、解决流民问题的一个方案。问题是，如何兴办农村工业？如何将农业与工业融为一体？理想的农村工业在当时有没有实现的可能？资金问题、技术问题如何解决？农村工业产品有无竞争力？这些都没有给以明确的、令人信服的回答。正因为如此，农村工业化道路能否走得通，该不该提倡，就引起激烈的争论。反对者认为："在中国工业未发展到很高的阶段，才允许农村中有一部分家庭工业的存在，但这亦不过是走向机械化，走向被工厂出品压迫下的过渡阶段……所以各种家庭工业迟早总会打起这样的丧钟，让机械来把它变为在技术上没有用的东西……于是农民们就更无限制的加紧劳动力的强度。更厉害的降低他们生活上的需要，并且大量的加重他们家族成员的苦工，如此他们想在和机械的竞争上不致落后。但是将来竞争的结果，悲惨的命运，还是定要降落在农民的头上的！"[①]

从安置农村剩余劳动人口，解决流民问题的角度而言，发展农村工业，应该是一种可行的选择：可以解决剩余劳动人口的出

（接上页注①）以根本改造或重新设计，社会观念却绝无凭空产生的可能，苏联即是个明证。还有都市工业的建设需要大资本，大改造，也非中国一时所能办到的。中国的危机已到燃眉燎原的地步了，试想远水岂能救近火。"而农村工业则不然，"它是在每个农家里，或乡村工厂中，集家人或乡民共同进行的，是不需要大量的资本的，而且是注重在过剩劳力利用的，故兴办较易，设立也较快。如此，在农村里面有了农业与工业相并进行，失业的问题就可以解决了，一个国家在改变制度间国民所发生的彷徨心理也可以免除了（这种心理是绝对有害的），最后，而且最重要的，都市的工业亦可由此而萌芽了。这不是个过渡时期的最简捷的办法吗？"（郑林庄：《我们可走第三条路》，见罗荣渠主编《从"西化"到现代化——五四以来有关中国的文化趋向和发展道路论争文选》，北京大学出版社，1990，第772页）

① 参见金轮海：《中国农村经济研究》，中华书局，1937，第406~407页。

路问题，可以补充农家收入之不足，可以减轻流民对城市的压力，可以为农村走出传统创造条件等等。但是，在当时所谓"农村工业化"，只能喧闹于报章杂志，即便个别地方作过实验，也收效甚微。这是因为，"农民，贫困已极，副业之兴，有赖资本，农民谋衣食之不遑，安有余赀以兴业？"[①] 此其一。"农村工业"立足于农村，特别是原料的供应，惟农村是赖，这就决定"农村工业"的发展以农业经济的发展为前提，在农业经济濒临破产的前提下，去走农村工业化之路，只能是梦想。此其二。其三，当时提倡的"农村工业"，是以手工劳动为特征的，与传统的家庭手工业有许多相似之处。传统家庭手工业在外国资本主义商品倾销下的悲惨命运，已如前述，如果用这种"农村工业"来"抵制舶来之商品"，会有什么样的结果？这正如金轮海所说："中国农村固有的家庭工业，确被资本主义的商品所驱逐而吞没了整个的生命，在各业趋向大工业化的时代，我们还要想提倡零零碎碎的手工业，来和工业商品相颉颃，则无异于螳臂当车，失败当然是应得的酬报。又好比独轮车和机器化的火车相竞赛，独轮车无论如何努力前进，落伍是应有的结果。"[②] 如果把现代机器引进农村，开办合作工厂，又会出现怎样的情形呢？"江村模式"也许能说明一些问题。费孝通先生曾对江村进行考察，得出的结论是这样的："现代机械被引进农村经济，正如我们已经看到在农业中引进了水泵，使有缫丝机的家家户户发生了一个新的劳动工具利用的问题。换句话说，这个村庄过去至少有350名妇女从事缫丝工作。现在开办了工厂，同等量的工作，不

---

① 《倡导农村副业问题》，《农业周报》第3卷第14期，第284页。
② 金轮海：《中国农村经济研究》，中华书局，1937，第407页。

到 70 个人就能轻易地担负起来。……这一改进对农村经济意味着什么呢？将近 300 名妇女失去了她们的劳动机会。'失业'的问题引起了比较广泛的反响——根据男女性别不同的传统分工仍然不变，但农田面积如此之小，要把妇女劳力引向田地是不可能的。然而也没有引进新的工业来吸收多余的妇女劳力。"① 江村是经济发达的江南太湖流域的一个乡村，机器引进农村经济的结果，却造成突出的失业问题。而且这个得自政府大力扶植的"合作工厂"，也很快垮了。由此可见，在近代中国特殊的历史条件下，"农村工业"面临的是两难境地。要使近代中国农村步上工业化的坦途，只能是一场难圆的梦。

尽管农村工业化道路在近代中国没有走通，但并不是说农村工业化本身有什么重大缺陷。在农业中国，要实现农业劳动人口的转移，解决流民问题，实现农业自身的转型，实现农村的城市化，农村工业化是必由之路。现在兴隆的乡镇企业，就是农村工业化的一种形式，事实证明，这是解决农村剩余劳动人口出路的较好办法之一。从这一点来看，近代农村工业化的鼓起，所做的失败的尝试，是有价值的，是应该给予肯定的。目前所搞的农村工业化，应该说仍然存在许多问题，如资金、技术、人才、管理方式、经营方式等等，都存在着缺陷。那么，理想的农村工业应该具有什么样的特征，我认为是一个值得提出来加以研究的重大课题。

四 治民先治河

近代中国农村经济的经常衰退，一个很重要的原因就是农业

---

① 费孝通：《江村经济——中国农民的生活》，江苏人民出版社，1986，第163页。

灾荒频仍。而频繁的自然灾害特别是水灾，又往往成为农民背井离乡的直接推力。如前文所述，每逢较为严重的自然灾害发生，就会涌起一股流民潮。因此，无论从探求"中国农村的出路在哪里"的角度，还是解决流民问题的角度而言，兴修水利是绝对必要的。这里，我们以淮河的治理为例，看看近代中国在这方面的所作所为。

前文曾探讨淮北地区是水旱灾害频仍、深重的地区，尤其是水灾，使得大批近代淮北人流离失所。淮河经常泛滥成灾，黄河不时暴怒狂噬，吞没良田沃壤，给淮北人的生产和生活带来极大的灾难，淮北人年复一年背井离乡。谁也不否认，水荒是淮北流民的基本促动因素。一首《淮上流民歌》唱道：

> 淮黄岁岁涨，
> 动以邻为壑。
> 山清高宝水中央，
> 十户九家叹漂泊。
> 去年水来田始耕，
> 今年水来田未成。
> 终年种田无一粒，
> 万目悬悬水上泣。
> 西家无田散四方，
> 东家有田亦水荒，
> 有田无田皆逃亡。
> 夫担簦，妇携筐，
> 零丁踯躅来他乡。
> 他乡不比故乡苦，

便到他乡谁是主。

去年施粥在扬州，

但道扬州为乐土。

朝亦不得栖，

暮亦不得栖，

黄昏空巷风露凄。

富家大屋牢双扉，

暂从檐下相为依。

无端猛雨深溅泥，

男方呻吟女又啼。

伥伥满街面如墨，

官来议赈心孔亟。

朝廷日费百万钱，

供尔流民才一食。

君不见安澜之庆诚为多，

若要治民先治河！

不尔其奈哀鸿河，

横流谁使年年甚。

此咎须知水不任，

呜呼！

水不任咎竟谁任？①

这首《淮上流民歌》，唱出了淮北流民的流离之苦，唱出了

---

① 张云璈：《淮上流民歌》，载张应昌：《清诗铎》上册，中华书局，1960，第120页。

他们漂泊的原因在于水荒，并发出了"若要治民先治河"的呼声。由此可见，要使淮北农民安居乐业，或者说要解决淮北的流民问题，必须"先治河"，这是造成淮北流民的症结所在。"治河"，从解决流民问题的角度说，不失为一种治本之方。那么，近代如何治河的，这是我们所要考察的。

"善为川者决之使导"，这是治水中最常见、有效的方法。因此，"导淮"成为时人的共识。

自淮河为害以来，即有导淮之创议。明朝潘季驯开芒稻、金湾两河，泄湖水入江，是为导淮入江之始。清初泗城陷没，河督靳辅拟由里下河筑堤束淮归海，为乔莱所阻，是为创议导淮入海之始。其后王文通、徐旭旦、李书云诸人，议开泾河闸出射阳口，冯道立又兼主射阳、车逻两路并开，俱属空文。

1855 年，河决铜瓦厢，由大清河入海。黄河夺淮之局告终，导淮之议，又纷然而起。1864 年，漕运总督吴棠，上疏议挑张福引河，引淮水入运河，通小粮船。1866 年冬，山阳丁显议浚复淮水故道，次年，阜宁裴荫森等，又申复淮之议。江督曾国藩据以入告，有"复浚之大利，不敢必其遽兴，淮、扬之大患，不可不思稍减"[①] 等语，遂设导淮局，从事测量。是年，漕督张之万奏请分年修砌洪泽湖大堤石工，挑张福碎石等河，拟导淮经由吴城七堡入旧黄河，并挑浚杨庄以下旧黄河五千余丈，以通淮路。1870 年，江督马新贻等奏，测量黄河底高于洪湖底，必先浚淤黄，继辟清口，修复堰、圩石工，坚筑运河两堤，再堵三河，拟分别次第筹办。1875 年，江督刘坤一拟挑黄河故道，亲赴杨庄履勘，未及施工。1879 年，淮安绅士殷自芳上《筹运篇》

---

① 转引自郑肇经：《中国水利史》（影印本），上海书店，1984，第 159~160 页。

六则，江督沈葆桢檄司道筹议，遂定先修运堤继挑旧黄河之策。1880年冬，刘坤一派员履勘旧黄河，筹备施工。1883年，江督左宗棠、漕督杨昌浚奏会勘引淮入海河道情形，议挑云梯关以下北岸旧漫口达响水口，宣泄沂、泗，并议疏浚张福河、天然河及吴城七堡一带，引淮入海。会左宗棠移节浙、闽不果行。1891年，江督沈秉成、漕督松椿，奏修复山盱林、智、信三坝，以备节制礼河。1906年，南通张謇议复淮浚河，请于江督端方，在清江浦设立筹议导淮局，派员测量，1911年，组织江淮水利测量局，实测淮、沂、泗、沭各河，以为导淮施工计划的根据。

总之，整个晚清时期，导淮之筹议，可谓众议沸腾，但并没有很好地实施，"纵有小试，但无裨全局"①。

民国成立以后，导淮运动可以1927年为界，分为前后两个时期：1927年以前，导淮运动发自士绅；1927年国民政府成立以后，导淮运动发自政府。

1913年，设导淮局于北平，次年改导淮局为全国水利局，张謇任总裁，与美国红十字会订立"导淮借款"合同，计美金三千万元，嗣以欧战突起，草约遂废。1919年，张謇发表《江淮水利施工计划书》，主张三分入海，七分入江，估费九千万元。同时，全国水利局亦有裁兵导淮之计划。旋有美国工程专家费礼门来华考察，主张以最短之路线，造一深广且直之新河，后亦无所闻。1925年全国水利局发表《治淮计划》，估工费银二万万元。"综计国民政府成立以前，政局俶扰，不遑建设，导淮之议，倡诸少数先知先觉，卒以工款无着，有计划而无事功。"②

---

① 郑肇经：《中国水利史》（影印本），上海书店，1984，第161页。
② 郑肇经：《中国水利史》（影印本），上海书店，1984，第161页。

王培棠也说："总计八十余年来，导淮建议，何止十数，其中有详细记载暨各种应用图表，而可为科学上研究者，厥为美国红十字会工程团计划，前江淮水利局计划，前安徽测量水利局计划，美工程师费礼门计划，及全国水利局计划等五种。俱未能见诸实行。故八十年间，苏地大小淮灾，凡六十余次。"[1] 导淮并未取得任何实际进展。

国民政府成立后，锐意建设，对导淮不可谓不重视。1928年，建设委员会设立整理导淮图案委员会，搜罗有关计划图表及建议，成《整理导淮图案报告》一书。次年特设导淮委员会，聘德国顾问，集专门人才，亲历查勘，并搜集已有资料，分途研究，拟具《导淮工程计划》，于1931年呈国民政府核准。工程计划分防洪、航运、灌溉三大目标，纲要十七端，分三期完成。导淮途径，江海分疏；入江路线，由洪泽湖出三河口，至金沟镇折入柏家涧，趋东海入高邮湖、唐家湖，再辟新河由南湖达邵伯湖至六闸穿运出归江各引，取道芒稻河、寥家沟至三江营入长江，长153公里。入海途径原分三线：第一线由张福河经盐河至套子口入海；第二线由天然河直达套子口入海；第三线由张福河经废黄河至套子口入海。经委员会全体大会议决，采用第三线，长186公里，全部工程需款两万万元，势难立时兴办，择工程最急而成效最显著者逐渐推行。到1937年，整理入江水道工程以及入海水道初步工程，均告完成。淮河可以说得到初步治理。但全面抗战以后，导淮运动告一段落，而且，由于战争的影响，水利设施遭到严重破坏。尽管如此，十年建设时期国民政府发起的导淮运动以及所取得的成绩，我以为应给予充分的肯定。这是自

---

[1] 《民国江苏省乡土志》上册，第172页。

淮河成为中国的害河以来规模最大（动员民工 20 余万）的导淮运动，也是十年建设取得的重要成就之一。

但淮河所以为患，有多种原因，非综合治理不易为功。据吴学廉的考察，"综观淮南北受水之患，大约淤塞之河未疏浚，行水之河无堤堰，平原下隰之用无沟埂塘圩，致灾之由不外乎此。近年加以铁路横亘于凤、怀、灵、宿之间，又多一层障碍，皆宜详速考求分别修举改良，对症发药，宜得法则脉络贯通，元气亦可渐复。其治法窃以为有本中之本，有本中之标，有标中之本，有标中之标。"何谓治本中之本？"夫治淮河兼及睢河与洪湖下流是也。……浚其底蕴，广其尾闾，寻流讨源，宜合苏皖豫三省之力以治之，正干既通，而特别之旁支犹足为患，则兼治睢河尤视他支河为重要，盖淮北各河，惟睢为患最甚也。"何谓治本中之标？"行水之河悉加堤堰以御水患是也。……长淮两岸既多平衍，又无堤防，此外各河亦然，每逢水涨，正河支河皆易漫溢，其埋涸之河又不流通，是以恣肆横侵，骤浸田野……无堤防以障束之也。"何谓治标中之本？"原隰之田皆加沟埂并参以圩塘以兴水利是也。淮上田地，平原下隰，一望无际，皆无通水之沟、分水之埂、储水之塘、障水之圩，淮南尚居少数，淮北则十居八九……故发大水则成大灾，发小水则成小灾。"何谓治标中之标？"新造津浦铁路，横亘于皖北数百里间，往往阻碍水道宜多建设桥梁涵洞以资补救者是也。"① 我认为吴学廉的分析是很有道理的。治理淮河，非标本兼治，不易奏功。近代治淮堪称有成绩的国民政府十年建设时期，仅仅对"治本中之本"做了一点疏通工作，其他方面几乎

---

① 吴学廉：《皖北治水弭灾条议》。

无成绩可言。如皖北在十年建设时期，"淮水利未加整理，十年九潦，形同废弃"①。因此，国民政府未能够很好地治理淮河，未能够刨掉"十年九潦"的祸根，当然也不可能解决因此而引起的流民问题。

综观鸦片战争以后整个近代中国，淮河的治理成绩很小。这其中有政治的原因，有经济的原因，也有军事上的原因。笔者对此不拟详加分析，只稍涉几笔即可概见。即如晚清政府，"政局倥扰，不遑建设"，对淮河的治理漠然视之，长于议论，短于实行，以致淮祸愈演愈烈。虽然有所谓"河官"，虽然每年有点滴"岁修经费"，但"实用之工程者，不及十分之一，其余悉以供官吏之挥霍。一时饮食衣服，车马玩好，莫不斗奇逞巧，其奢汰有帝王所不及者。"② 吏治腐败，诚可谓淮患趋烈的政治因子。此外，整个近代战火连天，"争战不息，使一切都废弛了。不但

---

① 《十年来之中国经济建设，1927～1936 年》，《安徽省之经济建设》，南京扶轮日报社，1937。

② 《清代野史》第 5 辑，巴蜀书社，1987，第 82 页。粉饰欺蒙，克扣侵渔，骄奢淫逸，成为清代河工的一大特色，积习相沿，史称"河工习气"。"河工习气"，牢不可破，"治河"成效可想而知。值得注意的是，"河工习气"清代已不仅仅局限于"治河"领域，它还成为政治腐败的"代名词"。如 1878 年（光绪四年）御史孔宪谷在奏陈河南吏治积弊中就说："豫省官吏向染河工习气，竞尚奢靡，所办公事，率多粉饰欺蒙，毫无实际，其于民瘼略不关心，地丁正赋任意亏空，平时豫行捏灾请缓，将已征钱粮私饱囊橐，交代不结，拖延岁时，如遇恩诏，竟敢私改征册，捏官征为民欠，照例请免，其或历任年久，亏空愈深，上司亦虑吏议分赔，转隐忍而不举发，军务告竣后，荒地多已垦熟，照旧纳粮，亦为州县私征入己，匿不升科，钱漕浮收之外，杂税等项皆有陋规，州县之素性贪婪者，又复苞苴通行，以鬻狱为生财之术；草菅人命，颠倒是非，该省积习，州县之于院、司、道、府皆有节寿、季规、门包等项，并摊捐等款，名目浩繁，为历来亏空之由。"［《光绪朝东华录》（一），中华书局，1984，总第 604 页］

那淤浅了的支流，日更淤浅，连运河都有闭塞的危厄了。"① 这就难怪淮患不治，流民问题难以解决了。

近代对黄河的治理也不例外。1933 年黄河决口，直到这年，国民政府才组建了一个"黄河水利委员会"的机构。该会委员长李仪祉发表治黄意见说，"为今之计，须先将维持河防，使十年之内，不至为害，一面探讨全河形势，及水文，以为治本计划，盖欲求治，必先求知，期以三年，可得大计"②，似乎决心根治黄河。然而，还未等准备工作就绪，黄河被人为地炸开了。

近代淮河、黄河为害最炽，其治理情形尚且如此，其他各大小河流可想而知了。

如果说根除河患在当时是不可能的，那么，当灾害发生时，采取有效措施赈灾，或可收到"治标"之效，即不令其流离失所或设法安辑将流民问题造成的压力减低到最小的限度。

近代赈灾措施，不外乎农赈、工赈、蠲缓、安辑、养恤几种。这些措施当然不能谓毫无效果，但弊端丛生，急赈缓办者有之，吃灾卖荒者有之，至若有名无实，杯水车薪更属常见。如1910 年水灾，据上海华洋义赈会派往安徽调查灾情的传教士罗炳生在其灾情报告中说："然饥民固有数百万，则以杯水救车薪之火，其无济于事也"，"救此数百万无工作之饥民，安能不设法妥为赈济乎？此在中国政府，自当尽力拯救。但今仅拨数万两之赈银，安能救此七千英里之灾区？……有许多饿莩之百姓……

---

① 吴寿彭：《逗留于农村经济时代的徐海各属》，《东方杂志》第 27 卷第 7 号，第 64 页。

② 金翰宗：《黄河为害及其治法的检讨》，《申报月刊》第 4 卷第 8 号，第 21 页。

至今未得过分文。又有人说，曾到过放赈地方，但所得赈钱，即用于来去盘川亦尚不够。""被灾之人既多，距明年春收尚远，此茫茫六个月中，将此数百万饥民，如何安置使不扰乱乎？且今灾区之居民，均是勤苦耐劳者，今因无食无工必至饿死。""下列之电报，是柯次兰博士由安徽怀远县发来者，其电略云：此次饥荒，较诸三年前之灾更甚，今灾区由淮河之南，以至南宿州之北；更从亳州之西，以达于清江浦之东，均受水成灾之地。南宿州是其中点，居民约有三分之二，均无食无衣，且无家可归，状至惨酷!"[①] 再如 1931 年水灾，据《皖灾周刊》揭露说："国府向美国购来赈灾的所谓'美麦'45 万吨，然而到现在还是'空谷足音'，令人如坠五里雾中。还有令人悲愤的是，政府始终麻木不仁，漠视民命，对于这次救灾工作，一点也不紧张，一毫也不注意。救灾积极有效方法尚无所闻……现在灾民是涸辙之鲋，忍死待赈。恐怕'美麦'没有运到，他们已经都变成饿殍了。"[②] 总之，每次赈灾，总是弊窦丛生，黑幕重重。所谓"实惠及民"，往往有名无实。所以，每遭大水，便会涌起一股流民大潮，终于近代，"荒乱之余，农民离村为极严重之现象"[③]，未见有所改观，这与政府不重视赈抚，或赈抚不力大有关系。

综上所述，"若要治民先治河"，这是解决流民问题的重要途径，河患不根除，因此而起的流民问题便无法解决，从这点上说，"治河"不啻为"治本"，至于灾后救济，如果措施得力，

① 《东方杂志》宣统二年七月二十五日，转引自《安徽水灾备忘录》，黄山书社，1991，第 14~15 页。
② 《皖灾周刊》第 3 号。
③ 邓云特：《中国救荒史》（影印本），上海书店，1984，第 365 页。

行而有效，也能收效于一时，从这点上说，灾后救济是安辑流民的"治标"办法。但在近代，象淮河这条举世闻名的害河，未得到全面地、根本地治理，尽管国民政府在淮河下游做了几项小工程，但对改变淮河多灾面貌，没起到多大作用。至于"治标"，也收效甚微。既然如是，因此而起的流民问题当然不可能得到相应解决。

第三节　流民问题的根本解决在于城市工商业的充分发展

一　重工派的理想

在"中国农村的出路在哪里"的问题之争中，"重工派"的理论颇引人注目。重工派以吴景超、陈序经、袁聘之等人为代表。其理论要点，可引袁聘之阐发的四大理由如下。

其一，中国因民族工业不发展，生产落后，以致在对外战争发生之际，不仅军器战具如飞机、大炮、坦克车、瓦斯等，须取给于外人，就连普通军需用品，也不能自给，以此御敌，虽军队众多，军纪严明，军气旺盛，亦难制胜。因此，要战胜强敌，求得民族的解放，必须发展民族工业，增加生产，以谋战时经济之自给。

其二，中国国民经济因停留于商业资本与农业生产为基础的低级经济机构，故隶属于帝国主义者，直接或间接受帝国主义者的支配，而不能独立自主。例如现时各帝国主义者一施倾销政策，中国幼稚的民族工业即行破产，一施货币政策，中国的金融即行紊乱，只就美国收买白银一项而言，其危害中国国民经济之巨，表现于事实者，则为入超增多，工厂倒闭，商业凋零，农村破产，白银外流，资本枯竭，金融紊乱，致使整个国民经济日趋于覆亡之途。故欲解救中国国民经济之危亡，使脱离帝国主义的羁勒而独立，非发展民族工业使国民经济机构高级化不可。

其三，中国近年来工商业之所以日趋凋零，一般大众之所以日趋贫困化，现金之所以日趋外流，金融之所以日趋紊乱，实由于国际贸易年年大量入超所致。而国际贸易之所以年年大量入超，中国民族工业不发展，生产落后，帝国主义商品源源侵入是主要原因。因此，要振兴工商业，提高一般大众的生活水平，杜绝现金外流，稳定金融秩序，只有发展民族工业，杜绝帝国主义商品的侵入，以改变入超的局面。

其四，中国农村经济之所以日趋破产，实由于农业生产率下降，收入减少，农民失业所致。而生产率下降，收入减少，农民失业，又基因于农产品的销路狭滞。农产品销路之所以狭滞，更基于民族工业不发达，以及原料需求量不能增多。因此，积极发展民族工业，增加原料的需要量，打开农产品的销路，吸收农村中的失业人口，实为解救中国农村经济的良药。①

重工派的理论根据，上述可见一斑。但在 20 世纪 30 年代后，即农村复兴运动中，提出中国该不该走工业化道路的问题，我以为实在没有太大的意义，这个问题应该是洋务运动以前讨论的问题。但重工派认为，"提倡工业……能吸收农村过剩人口，

---

① 袁聘之：《论中国国民经济建设的重心问题——重农重工问题之探讨》，《东方杂志》第 32 卷第 16 号，第 23 页。

解决社会问题"①，这一点，大概是重农派无论如何也难以驳倒的。

近代中国因农村经济衰退、农民逃脱农村而造成了流民问题。如前文所述，既然农村本身无法解决流民问题，寄希望于城市理所当然为时论所关注。重工派的重要代表吴景超在其《中国移民之趋势》一文及《都市社会学》的著作中，反复强调"都市集中"的时代意义。他说，中国今日人口之大病，病在大多数人民，皆集中耕种之一业。"因为大多数的人民，皆集于耕种之一业，所以中国人的农场，小得可怜，据孟禄博士的调查：中国北部，平均每农场只有二十六亩；南部农场，平均只有九亩半。这样小的农场，无论耕者如何劳苦，一年之收获，总是有限的。一家人想靠十亩田来提高生活程度，是做不到的事。农

---

① 金轮海：《中国农村经济研究》，中华书局，1937，第434页。其他"重工派"人物也认为："我国人口百分（之）八十以上为农民，劳力丰富之来源，当在广大的农村。今后工业化中劳力问题之核心，不在产业工人本身，而在如何吸收农业工人以应工业之需要。工业化之结果，必能容纳大量农村过剩之人口，原来附着于土地，从事耕作之农民，必将纷纷投入工业，成为新兴产业工人。以往农村人口充斥，劳力低贱之现象于是消失；工资随之提高，从而利于使用机械耕作，促进农业之现代化。故一方面工业化所需之劳力必求自农村，他方面农村过剩之人口亦赖工业化而适当之解决"（戴星如：《战后工业化与农村经济》，见罗荣渠主编《从"西化"到现代化——五四以来有关中国的文化趋向和发展道路论争文选》，北京大学出版社，1990，第925页）；"农人近年的生活，远不及二十年以前的状况。处于这种情势，倘仍主张偏重农业，不求振兴工业，以消纳农村过庶的人口，则数十年之后，农人必愈有难堪的现象，是可以想见的"（孙倬章：《农业与中国》，同上第695页）；"今日中国所受人口问题的压迫，是无可讳言的，本部各省的人口密度，不亚于比英日德等国，移民垦荒和农业改良，固然可以解决一部分压迫，但究竟不是最有效而根本的解决办法，所以……真正的解决，非步英日德比等国的后尘而实行工业化不可。"（吴知：《中国国民经济建设的出路》，《大公报》1936年7月15日）

夫想靠十亩田收获的盈余，去送子女入大学，也是一个梦想。
为今之计，只有劝那只有十亩田的农夫，把那小得可怜的农场
卖去，然后搬至城中去工作。那留在乡下不动的人，便可把别
人的田买下，扩充他的农场。这是自然的趋势，工业发达后，
中国的农民自然会这样办的。"那么，要让农民搬到城中去工
作，包括流民的出路问题，必然要求发展工商业，这一点，吴
景超特别强调了。他接着说："我们如想此种状况速现，莫如
提高中国的工业，以及与工业有关的矿业、商业、交通业，换
句话说，发展中国实业，创造中国的都市，使附庸中可怜的农
民，以及一切游手好闲的人，到都市中去寻生活，乃是救济中
国人口过剩问题的一个好方法。……所以中国如能在十八省中
发达实业，过剩人口问题，不难解决。都市膨胀，便是实业发
达的象征。欧美的往事，可以为鉴。我们对于中国人口的集中
都市，不必大惊小怪。这是势所必至，理所必然，可欢迎而不
必畏惧的。"①

　　但吴景超他们的重工理论，只能是一种理想，在近代中国的
现实面前，这种理想无可奈何地破灭了。

二　近代中国的现实

　　在近代中国，民族资本主义工商业没有、也不可能得到充
分、健康地发展，这是众所周知的。不仅如此，近代工商业一定
程度的发展，如前所述，一方面固然加速了自然经济的解体，但
另一方面造就出更多的失业农民。"中国则生齿日繁，事事仰给
人力，尚多游手坐食之人。再以机器导其惰，聚此数十百万游民

---

①　吴景超：《都市社会学》，世界书局，1929，第45~47页。

懒妇，何术以资其生乎。"① 近代工业的发展也如农村工业化道路选择一样面临着两难的境地。

资本主义工商业能否取得发展，发展程度如何，还取决于国内市场。农民逃脱农村，当然为资本主义工商业的发展提供了源源不绝的廉价劳动力，同时也创造了国内市场。正如马克思指出："一部分农村居民的被剥夺和被驱逐，不仅为工业资本游离出工人及其生活资料和劳动材料，同时也建立了国内市场。"② 事实很显然，在自然经济条件下，农民家庭生产并加工绝大部分供自己消费的生活资料和原料，而很少依赖于市场。只有这些原料和生活资料成为商品，才能形成工业产品需要的巨大市场。随着资本主义工商业的发展，自耕农被剥夺，农村副业被消灭了，家庭手工业与农业分离的过程发生了。自给自足的性质遭到破坏，农民不能不日益与市场联系起来，因此，"只有消灭农村家庭手工业，才能使一个国家的国内市场获得资本主义生产方式所需要的范围和稳固性。"③ 但是，中国国内市场大众的购买力，因农村经济的经常衰退、农民日益贫困化而疲惫不堪。《东方杂志》第 32 卷第 24 号列有 1933 年各主要国家的"入口额"，通过比较可以窥见中国国民的购买力。

由表 5-2 可见，中国平均每人每年仅占入口货物国币 2.9 元，每月不过 2 角，较之英、法、德、美诸国简直不可以道里计。这种购买力的急速下降，使工业品无法脱售，生产利益无由实现，再生产的继续，难以维持。中国幼稚的民族工业，衰颓没

---

① 沈纯：《西事蠡测》第 8 页，《小方壶舆地丛钞本》第 11 帙，参见李文治：《中国近代农业史资料》第 1 辑，三联书店，1957，第 946 页。
② 《马克思恩格斯选集》第 2 卷，人民出版社，1972，第 252 页。
③ 《马克思恩格斯选集》第 2 卷，人民出版社，1972，第 252 页。

表 5 – 2　中外入口额统计

国　　别	入口总数 （单位：中国货币）	平均每人占有入口额	
		本国货币数	合中国货币数
美　　国	5573877000 元	11.5 美元	44.2 元
法　　国	5466425000 元	679.7 法郎	130.7 元
德　　国	4887921000 元	63.7 马克	74.1 元
英　　国	2705280000 元	14.6 英镑	233.6 元
日　　本	1903667000 元	28.9 日元	28.7 元
中　　国	1345567000 元	2.9 元	2.9 元

落，此为最大原因。

　　民族资本主义工商业得不到充分发展，这除资本、技术、购买力下降等限制因素外，主要在于"帝国主义的毒焰"。金轮海在对重工理论进行批判时，尖锐地指出："国际帝国主义在华经济的雄姿，要使中国整个国民经济，趋于覆亡，现在各帝国主义者为推销其商品及采取原料起见，集中其经济、政治、军事等全副力量，争夺此二十世纪次殖民地化的中国，当作自己的殖民地市场。凡中国国民自觉图存而开展政治的、经济的、文化的各种运动，都要受到帝国主义强烈的干涉……这是给我们一个明明白白的铁证，在帝国主义控制之下的中国，欲发展工业，开展国民经济，那是件不容易的事。所以干脆地说在没有扫除帝国主义在中国的毒焰以前，民族工业的发展，真难乎其难的。"[①]这是不

---

　①　金轮海：《中国农村经济研究》，中华书局，1937，第 439 页。千家驹也指出："在半殖民地的中国，不平等条约之桎梏未解除以前，一切发展工业的计划都不能谈，不配谈。近二十年来一部中国民族工业之发展史，已足为此事之明证。现在一般工业建国论者，亦不过如在沙漠上幻想着建筑一座巨厦，离现实性是很远的。"（千家驹：《中国的歧路——评邹平乡村建设运动兼论中国工业化问题》，《益世报》1935 年 4 月 6 日）

容忽视的事实,中国民族工商业发展举步维艰就是例证。

近代中国,由于受到外部条件和内部环境的制约,民族资本主义工商业不可能得到充分发展,企盼通过发展民族工商业来解决流民问题的理想化方案,只能付诸东流,这当然是令人遗憾的。

三 "势所必至,理所必然"

发展资本主义工商业,特别是工业,吸引农村人口向都市集中,逐渐实现社会经济的转型,毫无疑问是世界各发达国家所普遍遵循的道路。我们可以同期英、法、美三国为例,看看都市和农村人口的增减趋势。

表 5 - 3　英法美都市农村人口增减趋势

单位:%

英　国			法　国			美　国		
年份	都市	农村	年份	都市	农村	年份	都市	农村
1851	50.2	49.8	1851	25.5	74.5	1880	28.6	71.4
1861	54.6	45.4	1861	28.9	71.1	1890	35.4	64.6
1871	61.8	38.2	1872	31.8	69.9	1900	40.0	60.0
1881	69.9	31.1	1881	34.1	65.2	1910	45.8	54.2
1891	72.0	28.0	1891	37.4	62.6	1920	51.4	48.6
1901	77.0	23.0	1901	40.9	59.1	—	—	—
1911	78.1	21.9	1911	44.2	55.8	—	—	—
1921	79.3	20.7	1921	46.4	53.6	—	—	—

资料来源:H. D. Haiben, *The Rural Problem*, p.3;〔日〕久保田明光:《关于法兰西之农地的所有形态与经营状态》,日本早稻田《政治经济学杂志》;T. R. Yoder, *Introduction of Agricultural Economics*, p.11;翟克:《中国农村问题之研究》,国立中山大学出版部,1933,第251~254页。

英、法、美都是大力发展资本主义工商业,吸引农村人口向城市转移,从而实现社会经济转型的典型国家,日本、德国等国也不例外。就中国而言，欲求流民问题的根本解决，必须充分发展资本主义工商业，这一点是确定无疑的。近代思想家们对此作过探索，薛福成就是主张发展资本主义工商业以解决近代"人满之患"的著名人口论学者。①

发展资本主义工商业，显然可以吸收农村剩余劳动人口（包括流民），这在前文作过论述。同时，资本主义工商业有了一定的发展，对农村经济的发展提出要求，特别是对技术、园艺作物的生产是一个刺激、推动。这方面的例子很多，如棉花生产。据载，"中国棉织业发生之初期，市上所知之华棉，只有三种，大都产于江、浙两省及湖北之一小部分。当时上海有纱厂七家，苏州、汉口、宁波各一家，共计锭子三十七万九千枚。当时中国虽不产原料，然创办以上各厂之人，均抱有大希望：以为中国土壤宜于植棉，将来华农必能应原料之需求，广为种植。今日彼等之期望已验，晋、陕、豫、鲁、直各省棉产，日益增多。自一八九五年起至一九〇〇年，上海各厂所需原料，大半仰给于上述诸省及浙江省；不足则购诸印度。迨一九〇〇年，湖北种棉大发达……上述各省，产棉渐广……足供一九〇〇年后本国各厂锭子之需要。……迨至今日（一九一九年）……总计中国全国，现有锭子一百四十万一千五百五十六枚。棉业进步之速，实为可惊。"② 江苏在 1918 年产棉数，"几倍于昔日。棉田推广，不可谓不速矣。"③ 可见，棉纺织工业的发展，有力地推动着棉花的生产。

---

① 余德仁：《发展资本主义工商业可以解决晚清"人满之患"吗？——评薛福成的人口思想》，载《人口与经济》1983 年第 5 期。
② 《中国棉与纱之调查》，《东方杂志》第 16 卷第 10 号，第 181 页。
③ 《民国八年棉产调查报告》，《农商公报》第 69 期，参见章有义：《中国近代农业史资料》第 2 辑，三联书店，1957，第 147 页。

又如蚕桑事业。江苏无锡"二十年前，农民都种稻、麦、豆等类。近因丝厂发达，农民见蚕桑之利胜于稻麦，于种植农作物外，更从事蚕桑矣。……城郭之外，桑麻毗连，几家家栽桑，户户育蚕矣。每至收茧之时，人民担茧至行中求售者，势如潮涌，欲再觅旧式车缫丝者，不可复得矣。"[1] "因为缫丝工业的发展，所以湖南、湖北的蚕丝业也发展起来。"[2] 这样，丝织工业的发展又推动了蚕桑事业的发展。

再如烟草的种植。"中国近又以烟草之产地渐为人所注目。对于欧、美、台湾（中国领土，当时在日本帝国主义统治下）、朝鲜、埃及等之输出，逐年增加。近英美托辣斯在湖北、山东等省，以美国种之种子，分给农民，使之耕作；上海及其他地方，该托辣斯之工场，则用其烟叶，盛制纸烟。中国纸烟之需要日夥，故烟草之生产亦随之而益多。"[3] "二十年来因国内卷烟工业之发达，洋烟进口税之增高，致使鲁省植烟面积，达四一〇，九三八市亩，常年产量，达一，二九五，七二三市担。"[4] 就连非产烟著名之区的浙江省，也以"纸烟盛销，种烟叶者获利颇优，因之浙东西农民，以稻田改种烟叶者，日见增多。"[5] 可见卷烟工业的发展引起烟草种植的扩大。

小麦也是如此。"近年来小麦的栽培有了迅速的进展，面粉

① 卢冠英：《江苏无锡县二十年来之丝业观》，《农商公报》第85期，参见章有义：《中国近代农业史资料》第2辑，三联书店，1957，第151页。
② 〔日〕马札亚尔：《中国农村经济研究》，陈代青等译，神州国光社，1930，第515页。
③ 《农商公报》第74期，第29页。
④ 《中国实业志：山东省》，上海国民党政府实业部国际贸易局，1934，第5编第8章，第107页。
⑤ 《浙江之烟叶》，《中外经济周刊》第216号，第38页。

由于价格低廉，正在日益普遍地成为一种日用的粮食。在长江流域、华北全境以及在满洲三省，小麦是当作一种冬季作物来栽种的。面粉工业正在成为中国最重要的工业之一。在长江流域，现有面粉厂已达四十家以上，由于禁种鸦片以及因津浦铁路建成而开辟的市场刺激了小麦种植。……由于这种新的发展，中国已经不再像前几年那样，要从外国输入面粉了；事实上在一九一九年，中国已输出面粉十六万担，大部分是运往英国。"① 面粉工业的发展刺激了小麦种植的增加。

由上几例，不难设想，如果资本主义工商业能够得到充分的发展，那么势必带来大农业的发展，农业发展了，农民生活条件得以改善，从消极意义上说，可使农民安居乐业，从积极意义上说，农民可以进行正常的分化与流动。当然，这仅仅是设想，近代中国的现实已如上述。

总之，重工派理论既有一定的空想性，又具有一定的现实性。相对于近代中国的现实而言，它是空想的。但重工派着眼于世界大势，描绘近代中国社会经济的发展蓝图，这一点应加以肯定。②

---

① 章有义：《中国近代农业史资料》第 2 辑，三联书店，1957，第 153 页。

② 值得注意的是，"重工派"领袖吴景超反复强调："中国需要的是更高程度的城市化，而不是低水平的城市化。即更多的城市地区，它拥有较大的人口比重，并且以发达的农村生产体系为基础。同时，工业化增加了城市工作机会。并且，改善的交通运输业与通讯业，使城乡有机地联系起来。他写道：'但如以中国与欧洲各国相比较，中国乡村的人口太多，而都市的人口太少，乃是不能否认的事。中国的穷，中国人的贫与弱，这种不合适的人口分配，要负一大部分的责任。中国今日，需要更深的都市化，乃是想提高中国生活程度的人所一致承认的。'吴断言，假如为实现这些目标制定出适当的计划，那么，'行之数十年，中国自然也会有象法国或美国那样都市化的一日。"（〔美〕苏珊·曼：《中国的城市化和历史变迁》，路磊光译，见《城市史研究》第 4 辑，天津教育出版社，1991，第 159 页）

而且，近代中国的历史表明，工商业发展的速缓与吸收农村剩余劳动人口数量的多寡是一致的，如果没有外部条件和内部环境的制约，充分发展工商业，充分吸收"逃脱农村"的流民，进而实现社会经济的转型，并不是没有可能的。

尽管重工派的理论在近代中国没有实现，但其结论我以为并没有错。要解决流民问题，归根到底要实现农村劳动力的转移，必须充分发展城市工商业，这是人口城市化、农村城市化的客观要求，是"势所必至，理所必然"的。现在如此，将来亦然，直到完成经济转型。当然，这并不意味着将农业搁置一边，在一定时期内，农业要求优先发展。但要实现经济转型，必须充分发展城市工商业，总的趋势是这样，这是解决流民问题，实现农村劳动力转移的最佳途径，毛泽东就曾指出："农民——这是中国工人的前身。将来还要有几千万农民进入城市，进入工厂。如果中国需要建设强大的民族工业，建设很多的近代的大城市，就要有一个变农村人口为城市人口的长过程。"①

① 毛泽东：《论联合政府》，《毛泽东选集》第3卷，人民出版社，1966，第978页。

结　语　走出困扰

流民问题是困扰近代中国的严重社会问题，要解决这一社会问题，必须消除外部环境和内部条件等制约因素。经过长期艰苦的斗争，中国共产党领导人民终于推翻了帝国主义、封建主义和官僚资本主义的压迫，取得了中国革命的胜利。这就为流民问题的最终解决，创造了条件。

　　中国是以农立国的国度。中国有 80% 的人口是农民，所以要最终解决流民问题——把农民从土地上解放出来，首先要使"耕者有其田"，这是第一步，否则，把农民从土地上解放出来将无从谈起。

　　中国共产党诞生后，在腥风血雨的斗争实践中认识到，"中国的革命实质上是农民革命"。要动员农民参加革命、支持革命，就必须满足农民做梦都想得到土地的愿望。中国共产党为此作出了不懈的努力，终于使孙中山先生的夙愿变成了现实。

　　还在第一次国内革命战争时期，中国共产党就在湖南、广东、江西、湖北、河南等地广泛开展农民运动，并且"农民底经济的努力，已发展到要

287

求解决土地问题了"①。

1927～1936 年的第二次国内革命战争中，土地问题的斗争更加激烈。土地革命，是这个时期革命的主要形式，也是它的主要内容。从 1927 年秋收起义开始，先后在 10 余省发动武装起义，开辟了赣南、湘赣、湘鄂赣、闽西、闽浙赣、鄂豫皖、洪湖、湘鄂西、右江等革命根据地。在革命根据地里，"不但继承了第一次国内革命战争时期农民土地政策的传统，并且大大发展了这个传统，把'耕者有其田'的纲领彻底付诸实行了"。1928 年 12 月《井冈山土地法》、1929 年 4 月《兴国县土地法》的颁布，使"耕者有其田"的纲领具体化。如《兴国县土地法》规定："（一）没收一切公共土地及地主阶级的土地归兴国工农兵代表会议政府所有，分给无田地及少田地的农民耕种使用。（二）一切公共土地及地主阶级的土地经工农兵政府没收分配以后，禁止买卖。（三）分配土地的数量标准：① 以人口为标准，男女老幼平均分配。② 以劳动力为标准，能劳动者比不能劳动者多分土地一倍。以上两个标准，以第一个为主体。有特殊情形的地方得适用第二个标准。"② 土地法的施行，大大推进了土地革命的进程。

抗日战争爆发后，中国面临着严重的民族危机。抗日救国成为压倒一切的主要矛盾。为动员一切力量争取抗战的胜利，中国共产党把第二次国内革命战争时期的土地改革政策，调整为减租减息政策。毛泽东强调指出："必须向党员和农民说明，目前不

---

① 〔日〕田中忠夫：《中国农村经济资料》，汪馥泉译，上海大东书局，1934，第 145～146 页。

② 《兴国县土地法》，见章有义：《中国近代农业史资料》第 3 辑，三联书店，1957，第 1038 页。

是实行彻底的土地革命的时期，过去土地革命时期的一套办法不
能适用于现在。现在的政策，一方面，应该规定地主实行减租减
息，方能发动基本农民群众的抗日积极性，但也不要减得太多。
地租，一般以实行二五减租为原则；到群众要求增高时，可以实
行倒四六分，或倒三七分，但不要超过此限度。利息，不要减到
超过社会经济借贷关系所许可的程度。另一方面，要规定农民交
租交息，土地所有权和财产所有权仍属于地主。不要因减息而使
农民借不到债，不要因清算老账而无偿收回典借的土地。"①
1937 年 8 月 25 日，中共中央发表了《十大救国纲领》，正式提
出了减租减息政策，各抗日民主根据地和解放区广泛开展了减租
减息运动。通过减租减息，减轻了地主对农民的剥削，提高了农
民抗日和生产的积极性。同时，地主仍有一定的经济地位，这就
把一切可以团结的力量争取到抗日救国的民族伟业之中。

抗战胜利后，广大农民迫切要求消除封建剥削，解决土地问
题。1946 年 5 月 4 日，中共中央发出《关于清算减租及土地问
题的指示》，拥护农民一切正当的主张，决定把抗日战争时期的
减租减息政策转变为没收地主的土地分配给农民的政策。《指
示》指出："各地党委必须明确认识解决解放区的土地问题是我
党目前最基本的历史任务，是目前一切工作的最基本环节。必须
以最大的决心和努力，放手发动与领导目前的群众运动来完成这
一历史任务。"1947 年 7 月 17 日至 9 月 13 日，中共中央工委在
河北省平山县西柏坡村召开全国土地问题会议，通过了《中国
土地法大纲》。《大纲》明确规定，"废除封建性及半封建性剥削
的土地制度，实行耕者有其田的土地制度。"《中国土地法大纲》

---

① 毛泽东：《论政策》，《毛泽东选集》第 2 卷，人民出版社，1966，第 764 页。

的公布，推动了解放区土地改革运动进一步广泛深入地开展，到1948年底，解放区约一亿农民获得了土地。土地改革的胜利，加强了工农联盟，这是人民解放战争取得胜利的重要保证。

新中国成立后，一方面颁布《中华人民共和国土地改革法》，加快土地改革进程，到1952年就基本清除了统治中国数千年的封建土地剥削制度。另一方面，采取切实可行的措施安置流民，使1949年水灾造成的4000万灾民渡过了灾荒。同时，实施《救济失业工人暂行办法》，使城市中400万失业人员重新获得了职业。

废除封建剥削的土地制度，使"耕者有其田"，毫无疑问，这是一次亘古未有的伟大的革命。从解决流民问题的角度而言，可以认为，中国共产党成功地解决了这一困扰近代中国的严重社会问题。

但是，正如前文所说，让农民回到土地上，只能是一种过渡形态，把农民从土地上解放出来，才是最终目的。农村人口就业份额的不断下降是世界各国经济发展的主线。中国要实现国民经济工业化和农村城市化的目标，也不能例外，这是"势所必至，理所必然"的。如果说让农民回到土地上是一场伟大的革命，那么，把农民从土地上解放出来，同样是一场伟大的革命。根据中国人口大国的国情特点，让农民走出土地——最终解决流民的第二大步，所经历的历程，对中国共产党而言，更为漫长。

要把农民从土地上解放出来，就要靠农村、城市推、拉的合力来实现。对农村而言，大力提高农业劳动生产率，造成农业劳动人口的大量剩余；对城市而言，应充分发展工商业，特别是轻工业和第三产业，造成对劳动力的大量需求，吸引农民向城市集中；而中间环节应该是农村工业化道路之取向。但长期以来坚持的却是城乡隔离政策，结果形成"城市工业，农村农业"的产业分布格局，由此造成许多恶效应：① 人口膨胀，造成劳动力和生产资料结合比例的严重失调。统计资料表明，1952~1988年，中国耕地面积由15亿亩下降到14亿多亩，而人口却从5.7亿增加到11亿，人均耕地由近3亩下降到1.33亩，人多地少的矛盾更加突出。② 20世纪50年代毛泽东曾指出："发展多种经营，剩余劳动力就有出路了。现在的小社和初级社，对于充分地利用劳动力和诸种生产资料，还是一种束缚。到了办大社和高级社的时候，就可以冲破这种束缚，而使整个生产力和生产向前发展一大步。那时候，更加需要发展多种经营，发展为城市和为乡村服务的许多大规模的事业。这样，才能充分利用整个生产力，首先是人力。"① 然而，把"以粮为纲"绝对化，恰恰限制了多种经营的发展，堵死了农村就业的门路。③ 人多地少，单一的农业生产结构，不仅加大了农业的内耗，降低了农产品商品率，使中国农业停留于"糊口农业"的水平上，而且造成农村劳动力大量"隐性失业"。一般估计，农村常年剩余劳动力约占农村劳动力的30%，而季节性剩余则达到50%，造成劳动力资源的浪费。④ 从中国的情况看，大量农村剩余劳动力蛰伏在单一的种植业部门，不仅导致劳动生产率下降，而且由于人浮于事，劳动积极性降低，最终导致土地生产率的下降。中国从1952~1956年，每个农业劳动力生产的粮食，由946.5公斤增加到1039.5公斤。以后，农业劳动生产率一直低于1956年的水平，直到1978年才达到1956年的水平。这就是"一个葡萄十人分"的结果。⑤ 近代中国的历史表明，大量剩余劳动力的严重堆积，

---

① 毛泽东：《诸暨乡把大批兼营小商贩的农民吸引到农业合作中来了》一文按语，见《中国农村的社会主义高潮》中册，人民出版社，1956，第756页。

往往成为现代物质技术投入的障碍因素。中国农业机械化程度极低，如美国平均每个农业劳动力拥有的拖拉机马力数为中国的 290 多倍。农业机械化无法成为劳动力的替代手段，原因正在于此。⑥ 未能正确处理农业、轻工业、重工业三大产业部门的比例关系。从第一个五年计划以后的 20 多年里，基本上走以重工业、轻工业、农业为序的工业化道路，以重工业挤压农业和轻工业，使国民经济长期陷于结构性失调之中。1952～1978 年，中国农业产值增长 2.29 倍，轻工业增长 9.7 倍，重工业却增长 27.8 倍，形成极鲜明的结构性偏差。重工业投资多，资金周转慢，就业门路有限，不仅不能解决农村剩余劳动力的出路问题，就连城市居民也难以实现充分就业的目标。⑦ 城乡隔离、产业结构失调，使城市化步履维艰。1950～1980 年，世界城镇人口平均每年增长 3%，发展中国家为 4%，中国仅 2.7%。① 通过对城镇人口增长构成的分析表明，建国后中国新增城镇人口中有 2/3 属于自然增长，只有不到 1/3 的人口来自农村，其余属区划变动，而且即使这不到 1/3 的迁移增长中，绝大多数还是"一五"计划时期进入城市的。② 城市化水平低，这是与中国社会主义现代化建设不相适应的。封闭的格局一经打破，多年潜伏下来的"隐性失业"大军，就会形成爆发性冲击波，令人感到措手不及。20 世纪 80 年代以来的流民大潮，其真实的内容就是农村的隐蔽失业在城市的公开化。

流民潮的重新泛起，并非历史的延续，也并非与历史绝无联系。

---

① 穆光宗：《民工潮与中国的城市化》，《社会科学家》1990 年第 6 期，第 46 页。

② 胡焕庸：《世界人口地理》，华东师范大学出版社，1982，第 159 页。

农村经济的衰退可以引发流民潮，农村经济的发展同样可以引发流民潮。20 世纪 80 年代流民潮的泛起，就是改革开放带来的巨大成果。党的十一届三中全会制订了改革开放的基本国策，提出了社会主义初级阶段和发展社会主义商品经济的理论；在农村率先实行了以家庭经营为主要形式的联产承包责任制，并放大到城市工矿企业，在城市也相继进行了经济体制改革，并"允许务工、经商、办服务业的农民自理口粮到集镇落户"。封闭了三十多年的人口格局终于被打破。于是，成千上万的农村剩余劳动力从田野里走出来，涌向城市去寻找就业的出路。这与近代中国历史上涌起的流民潮，当然不能同日而语。但是近代中国并没有完成社会转型，农业走出传统、农村工业化之梦、城市工商业充分发展的理想，理所当然要在当代中国改革开放的条件下来实现。

流民潮的重新泛起，应该承认来得太迟，迟到了几十年；又由于几十年的积压而又来得太突然、太凶猛，也由此引发了许多曾相识的负效应：交通拥挤、供应紧张、城市人口过度膨胀、职业结构畸形、性比例失调、丑恶现象蔓延、社会犯罪率明显上升、人口控制困难、精壮劳动力流失影响农业生产、耕地弃耕等等，但其正效应则更为显著。1989 年 4 月，农业部政策法规司郭书田、李光英同志去广东省调查，说："1989 年以来，全省约有 500 万外地流动人口（其中珠江三角洲 400 万，广州 100 万）。这些流动人口中绝大部分来自全国各地农村中的剩余青年劳动力。他们主要分布在广东的第二、三产业中，务农的较少。据宝安县布吉镇同志介绍，来自外地从业人员仅去年就汇款到外地共三千多万元，在当地银行储蓄九千多万元。在我国商品经济发达的地区，即使是人多地少的地方，吸收、消化剩余劳动力的潜力也是非常之大的。合理地引导大批剩余劳动力的异地转移和流动是符合社会经济发展的客观要求的，不顾实际情况一味地采取'堵'的办法是商品经济发展所不容的。"① 流民进城，不仅促进了城乡社会经济的发展，而且有利于改变我国的产业结构和城乡结构，有利于文化的交流，有利于提高全民族的人口素质，有利于解决农村剩余劳动人口的出路问题，等等。

当前流民潮的泛起，是中国社会主义现代化过程中必然伴生的现象，是一股进步的时代潮流。国家应从社会经济发展的长远利益出发，给予必要的调节与控制，充分发挥其推动社会主义商品经济发展的积极的一面，而将其造成的负面影响减到最低限度。党和政府在这方面已作出很大努力，学术界也提出了许多良好建议，如进一步挖掘农业内部吸收劳动力的潜力、发展乡镇企业实现农村劳动力在农村地区就地转移、开发第三产业吸收剩余劳动力的潜力、冲破社会封锁和行政界限实现劳动力在农村地区之间横向转移、打开城门双向流动、发展商品城市、开拓国际劳务输出门路、开放劳务市场完善劳动力转移机制、推行各种形式的就业制度、提高农民素质等等。近代中国有关流民问题的经验教训也应该引起我们的注意。

挑战和机遇总是并存的。流民潮的居高不下，使经济社会发展中存在的许多矛盾暴露无遗。封闭的格局已被打破，再不能回归老路。在改革开放的历史条件下，明智的做法应该是抓住机遇，顺时应势，将流民潮导入社会主义商品经济的洪流之中，积极、主动地创造各种条件，走出困境，为流民问题的最终解决——第二大步——有计划地逐步把农民从土地上解放出来而不断努力。此外，我们似乎别无选择。

---

① 《群言》1989 年第 8 期，第 17 页。

附录一　20世纪中国农村人口
流动研究概况[①]

　　农村人口流动现象古已有之，诸如历次人口大迁移、中央政府屯垦戍边以及战争、灾害、人地比例关系失调引发的农民流徙等。在回顾已有的研究成果之前，有两点需要说明：首先，本文所综述的研究成果为20世纪学者对1949年以前中国历代农村人口流动所做的探讨，时间上有交叉；其次，"农村人口流动"是一个内涵丰富的概念，它既包括统治者运用行政手段引导、组织或强制推行的移民运动，又包括下层民众在社会或自然等外力压迫下，为维持生存而自发进行的流民活动，也包括探亲、访友、当兵等等情况。本文的综述主要包括流民和移民现象这两个方面（这两个方面也有交叉，不作具体区分）。

　　农村人口流动一直是中国社会一种普遍的社会现象，古代中国政府频繁的移民实边、军事屯垦、

---

① 此文与王晚英合作，其中部分内容发表在《中国农史》2005年第3期上。

招民垦荒导致经久不衰的人口迁移浪潮。近代中国因农村经济衰败也引发农民离村、"流民遍地"。对农村人口流动现象进行研究，也是多年来备受学者关注的课题，因此积累了相当丰硕的研究成果。综观整个 20 世纪的研究状况，可以 1949 年为界，分为前后两个时期，缕述如次。

一　1949 年以前农村人口流动研究扫描

1949 年以前的近半个世纪中，人口问题成为全社会关注的焦点问题，这一严重的现实问题，不能不引起学术界的广泛探讨。

近代关于人口问题的探讨起源于 19、20 世纪之交有关"人满为患"的论争，它是清中叶以来出现的人口问题以及西方马尔萨斯人口理论传入我国两相交汇带来的思考。"人满为患"的论争将知识界的视线转移到一个新课题，即探索中国的人口问题，其中农村人口流动问题自然也在探讨之列。在这近半个世纪里，学者所关注的现实问题主要集中在两个方面，一是农民离村问题，二是移民问题。

（一）农民离村问题

"离村"是当时学界惯用词汇。从字面上理解，离村就是农民离开自己所居住的村落，暂时性地或永久性地，均在此列。离村情况相当复杂，如参军、求学、投亲访友、出嫁、做官等，但在近代中国特定的历史情境中，农民离村几乎就是流民现象的代名词。

农民离村问题研究的专著不多，仅有浩平《中国农民离村问题之研究》①。该书对农民离村的原因、流向、后果均有论析，提出"中国农民离村问题之所以严重，谁都不能否认是由于农村问题而牵连到整个社会问题的"论点，引起共鸣。相关研究如乔启明《中国乡村人口问题之研究》、冯紫岗《农民问题概论》、郭真《中国农民问题论》、王仲鸣等《中国农民问题与农民运动》、朱新繁《中国农村经济关系及其特质》、丁达《中国农村经济的崩溃》、翟克《中国农村问题之研究》、黑山、徐正学《农村问题——中国农村崩溃原因的研究》、董成勋《中国农村复兴问题》、柯象峰《中国贫穷问题》、钱亦石《中国农村问题》、言心哲《中国乡村人口问题分析》、千家驹《中国农村经济论文集》、金轮海《中国农村经济研究》、吴景超《第四种国家的出路》、蒋杰《关中农村人口问题》、孙本文《现代中国社会问题》、陈彩章《中国历代人口变迁之研究》、解树民《中国的农民运动》等②，都或多或少涉及农民离村问题。

---

① 浩平：《中国农民离村问题之研究》，民众运动月刊社，1933。

② 乔启明：《中国乡村人口问题之研究》，金陵大学农林科，1928；冯紫岗：《农民问题概论》，岐山书店，1929；郭真：《中国农民问题论》，上海平凡书局，1929；王仲鸣等：《中国农民问题与农民运动》，上海平凡书局，1929；朱新繁：《中国农村经济关系及其特质》，新生命书局，1930；丁达：《中国农村经济的崩溃》，上海联合书局，1930；翟克：《中国农村问题之研究》，国立中山大学出版部，1933；黑山、徐正学：《农村问题——中国农村崩溃原因的研究》，中国农村复兴委员会，1934；董成勋：《中国农村复兴问题》，世界书局，1935；柯象峰：《中国贫穷问题》，正中书局，1935；钱亦石：《中国农村问题》，上海中华书局，1935；言心哲：《中国乡村人口问题分析》，商务印书馆，1935；千家驹：《中国农村经济论文集》，中华书局，1936；金轮海：《中国农村经济研究》，中华书局，1937；吴景超：《第四种国家的出路》，商务印书馆，1937；蒋杰：《关中农村人口问题》，国立西北农林专科学校，1938；孙本文：《现代中国社会问题》，商务印书馆，1943；陈彩章：《中国历代人口变迁之研究》，商务印书馆，1946；解树民：《中国的农民运动》，中华书局，1949。

农民离村问题是近代中国严重的现实问题，相关的论文较多，其他不计，仅以"离村"为题的论文就超过30篇。其中较有代表性的论文有：饶涤生《日趋严重的农民离村问题》、张觉人《农民离村原因的研究》、吴至信《中国农民离村问题》、田中忠夫《中国农民的离村问题》、刘宣《二十四村离村人口分析》、郑季楷《农民离村原因与农村经济建设》、邹枋《中国农民的再离村问题》、董汝舟《中国农民离村问题之检讨》、《中国农村人口增减趋势及农民离村部分考察》、王药雨《山东农民离村问题的一个检讨》、司徒廉《农民离村问题之面面观》、董中生《我国农民离村之原因》、军农《农民离村向市问题》、逸民《中国农民离村向市问题的解剖》等①，这些论文对农民离村的时代背景、原因、规模、流向、社会影响、解决办法进行了多层次、多角度的研究，具有一定"资政"作用。

（二）移民问题

20 世纪上半叶，海外移民（以东南亚为主）和国内移民

---

① 饶涤生：《日趋严重的农民离村问题》，《申报月刊》第 4 卷第 12 号；张觉人：《农民离村原因的研究》，《中国经济》第 3 卷第 7 期；吴至信：《中国农民离村问题》，《东方杂志》第 34 卷第 15 号及第 22、23、24 号合刊；〔日〕田中忠夫：《中国农民的离村问题》，《社会月刊》第 1 卷第 6 号；刘宣：《二十四村离村人口分析》，《统计月报》第 9 号；郑季楷：《农民离村原因与农村经济建设》，《农村经济》第 1 卷第 8 期；邹枋：《中国农民的再离村问题》，《建国月刊》第 9 卷第 1 期；董汝舟：《中国农民离村问题之检讨》，《新中华杂志》第 2 卷 9 期、《中国农村人口增减趋势及农民离村部分考察》，《中行月刊》第 9 卷第 3 期；王药雨：《山东农民离村问题的一个检讨》，《大公报》1934 年 5 月 23 日；司徒廉：《农民离村问题之面面观》，《农声》第 172 期；董中生：《我国农民离村之原因》，《农业周报》第 2 卷；军农：《农民离村向市问题》，《农业周报》第 3 卷；逸民：《中国农民离村向市问题的解剖》，《时代青年》第 16、17 期。

（以东北、西北移民为主流）的移民运动仍在持续，波澜壮阔，相关的研究因现实的需要而得到推动，硕果累累。许仕廉《中国人口问题》[①] 认为移民的出现最重要的原因就是人口过剩以及饥荒所带来的压力。他将中国海外移民历史分为三大时期：第一时期在7世纪，大量福建和广东人移民澎湖及台湾诸岛；第二时期是15世纪郑和下西洋后中国人开始移民南洋群岛，络绎不绝；第三时期的移民运动自19世纪中叶起，西欧资本主义国家广泛的海外殖民运动需要劳动力引发的。陈特里《中国海外移民史》[②] 从移植、政策、史训三个方面阐述中国海外移民问题。相关论著还有温雄飞《南洋华侨通史》、刘继宣等《中华民族拓殖南洋史》、李长傅《南洋华侨史》、《中国殖民史》、刘伯周《海外华侨发展史概论》、姚楠《马来亚华侨史纲要》、《中南半岛华侨史纲》等[③]。国内移民方面，主要有钟悌之编辑的《东北移民问题》[④]。该书内容涉及东北移民的重大意义、东北移民的历史考察以及东北移民的实际问题等。至于与移民相关的论文，数量较多，主要有何廉《东三省之内地移民研究》、彭家元《中国边地之现况与移民》、张云波《民初之移民》、黎尚恒《我国南洋侨务的回顾与展望》、卢建业《国际移民问题与中国》、栗木丰《满洲出嫁移住汉民之数的考察》、李长傅《南洋华侨移植史鸟

---

① 许仕廉：《中国人口问题》，商务印书馆，1930。
② 陈特里：《中国海外移民史》，中华书局，1946。
③ 温雄飞：《南洋华侨通史》，上海东方印刷馆，1929；刘继宣等：《中华民族拓殖南洋史》，商务印书馆，1934；李长傅：《南洋华侨史》，商务印书馆，1935，《中国殖民史》，商务印书馆，1937；刘伯周：《海外华侨发展史概论》，上海华侨图书印刷公司，1935；姚楠：《马来亚华侨史纲要》，商务印书馆，1943，《中南半岛华侨史纲》，商务印书馆，1945。
④ 钟悌之：《东北移民问题》，上海日本研究社，1931。

瞰》、罗锦澄《百年来中华民族之海外发展》、李崇厚《中国民族的向外发展》、朔虹《中国侨民海外移植之历史》、刘继宣《中华民族之海外发展》、陈达《南洋与我国海外迁民运动》等等①。粗略估计，有上百篇之多。

（三） 农村人口流动的历史研究

对现实问题的强烈关注，自然引发对历史上同类问题的探讨，虽然专著不多（主要有谢国桢《清初流人开发东北史》②），但论文为数可观，有宏观研究，如殷淑慧《我国民族之转移及混化》、李斐然《中华民族古代之迁徙考》、徐益棠《中国南北之人口升降》、蒙文通《中国古代民族迁徙考》、马宗霍《中华民族之迁徙与拓张及异族势力之消长》等③；有历代农村流动人

① 何廉：《东三省之内地移民研究》，《经济统计季刊》第 1 卷第 1 期；彭家元：《中国边地之现况与移民》，《东方杂志》第 22 卷第 6 期；张云波：《民初之移民》，《建国月刊》第 16 卷第 1 期；黎尚恒：《我国南洋侨务的回顾与展望》，《东方杂志》第 33 卷第 9 期；卢建业：《国际移民问题与中国》，《南洋研究》1928 年第 5 期；栗木丰：《满洲出嫁移住汉民之数的考察》，《满蒙事情》1930 年第 8 期；李长傅：《南洋华侨移植史鸟瞰》，《新亚细亚》第 1 卷第 4 期；罗锦澄：《百年来中华民族之海外发展》，《新亚细亚》第 2 卷第 1、2 期；李崇厚：《中国民族的向外发展》，《前途》第 1 卷第 4 期；朔虹：《中国侨民海外移植之历史》，《侨声》第 1 卷第 2 期；刘继宣：《中华民族之海外发展》，《政治季刊》第 3 卷第 4 期；陈达：《南洋与我国海外迁民运动》，《当代评论》第 3 卷第 1 期。

② 谢国桢：《清初流人开发东北史》，开明书店，1948。

③ 殷淑慧：《我国民族之转移及混化》，《朝华》第 2 卷第 1、2 期；李斐然：《中华民族古代之迁徙考》，《新亚细亚》第 12 卷第 5 期；徐益棠：《中国南北之人口升降》，《中国文化研究汇刊》第 7 卷；蒙文通：《中国古代民族迁徙考》，《禹贡》第 7 卷第 6、7 期；马宗霍：《中华民族之迁徙与拓张及异族势力之消长》，《国学季刊》第 10 期。

口的专论，这方面的文章很多，如陈啸江《三国时代的人口移动》[1] 认为，三国时代的初期人口移徙主要是饥荒流民自动出走，流向雍、幽、荆、扬等州，后期则表现为政府组织下的向心迁徙，迁移方向为洛阳、长安等中心城市；谭其骧《晋永嘉丧乱之民族迁徙》[2] 对永嘉南移流民情况进行统计分析，指出北方东部人口迁徙南方东部，北方西部人口迁移南方西部，为永嘉丧乱后人口迁徙之大势；黄谷仙《唐代人口的流转》[3] 分 "移民"、"流徙"、"战争影响" 及 "逃亡就食" 四个方面论述了当时的人口流动情况。钱建大《先秦来民政策与人口增长》、吕克由《秦汉移民论》、吴景超《两汉的人口移动与文化》、陶元珍《两汉之际北部汉族南迁考》、武仙卿《西晋末的流民暴动》、史念海《晋永嘉乱后中原流人及江左居民》、《永嘉乱后江左对于流人的安置》、贺昌群《汉末大乱中原人民之流徙与文化传播》、翦伯赞《西晋末年的 "流人" 及其叛乱》、周一良《乞活考——西晋东晋间流民史之一页》、傅安华《唐玄宗以前的户口逃亡》、聂家裕《五代人民的逃亡》、张锡绂《明代户口逃亡与田土荒废举例》、王崇武《明代户口的消长》、张家驹《靖康之乱与北方人口的南迁》、谭其骧《湖南人由来考》、郭豫才《洪洞移民传说的考实》、龚维航《清代汉人拓殖东北述略》、刘选民《清代东北三省移民与开垦》 等论文（近百篇）[4]，对历代农村人口流

---

[1]　陈啸江：《三国时代的人口移动》，《食货》第 1 卷第 3 期。

[2]　谭其骧：《晋永嘉丧乱之民族迁徙》，《燕京学报》第 15 期。

[3]　黄谷仙：《唐代人口的流转》，《食货》第 2 卷第 7 期。

[4]　钱建大：《先秦来民政策与人口增长》，《财政评论》第 17 卷第 3 期；吕克由：《秦汉移民论》，《齐鲁学报》1941 年第 2 期；吴景超：《两汉的人口移动与文化》，《社会学刊》第 2 卷第 4 期；陶元珍：《两汉之际北部汉族南迁考》，《禹贡》第 4 卷第 11 期；武仙卿：《西晋末的流民暴动》，（转下页注）

动情况进行探析，有的研究颇有深度。

总之，20 世纪前半个世纪，内忧外患，中国社会经济濒临破产的边缘，农村人口流动成为困扰整个社会的现实问题。这种特殊的国情激发学者对之进行广泛而富有成效的探究，形成"现实研究"的鲜明特色。同时，也正是由于学者的现实关怀，引发对历史问题的思考，以为史鉴，因而相关问题的历史研究也受到关注，取得一定的成果。这些成就，为解放后的研究奠定了基础。

二　建国以来农村人口流动的整体研究鸟瞰

建国后的半个多世纪，农村人口流动研究可以十一届三中全会为界，分为前后两个阶段。前一阶段，国内史学界的兴趣主要集中于"五朵金花"的探讨，加上"左"的政治气候的影响和随之而来的"无产阶级文化大革命"，社会学、人口学成为禁

（接上页注④）《食货》第 1 卷第 6 期；史念海：《晋永嘉乱后中原流人及江左居民》，《西北论衡》第 7 卷第 15 期、《永嘉乱后江左对于流人的安置》，《责善半月刊》第 2 卷第 9 期；贺昌群：《汉末大乱中原人民之流徙与文化传播》，《文史杂志》第 1 卷第 5 期；翦伯赞：《西晋末年的"流人"及其叛乱》，《学习生活》第 3 卷第 2 期；周一良：《乞活考——西晋东晋间流民史之一页》，《文史杂志》第 1 卷第 5 期；傅安华：《唐玄宗以前的户口逃亡》，《食货》第 1 卷第 4 期；聂家裕：《五代人民的逃亡》，《食货》第 4 卷第 2 期；张锡纶：《明代户口逃亡与田土荒废举例》，《食货》第 3 卷第 2 期；王崇武：《明代户口的消长》，《燕京学报》第 20 期；张家驹：《靖康之乱与北方人口的南迁》，《文史杂志》第 11 卷第 3 期；谭其骧：《湖南人由来考》，《方志月刊》第 6 卷第 9 期；郭豫才：《洪洞移民传说的考实》，《禹贡》第 7 卷第 10 期；龚维航：《清代汉人拓殖东北述略》，《禹贡》第 6 卷第 3、4 期；刘选民：《清代东北三省移民与开垦》，《史学年报》第 2 卷第 5 期。

区，农村人口流动的研究几乎陷于停顿状态。专著仅见有李剑农《魏晋南北朝民户大流徙》①，论文也只有龚自知《第一批来云南的移民》、刘汝霖《汉末魏晋流人考》、金宝祥《汉魏西晋时期北方各少数民族的内徙》、吕名中《试论汉魏西晋时期北方各族的内迁》、方国瑜《唐宋时期洱海地区的汉族移民》及《汉晋时期滇东地区的汉族移民》、钮仲勋《东汉末年及三国时代人口的迁徙》、简修炜《试论西晋末年李特李流领导的流民暴动的性质》、唐长孺《关于武则天统治末年的浮逃户》、高心华《明初迁民碑》、江应梁《明代外地移民进入云南考》、邹依仁《旧上海人口演变初探》等 10 来篇②，平均每 3 年发表一篇文章，其中 20 世纪 70 年代还是空白，令人不寒而栗。这种研究的"冷"态，直到 80 年代后才得以改观。

十一届三中全会后，由于学术界解放思想、拨乱反正，农村人口流动研究重新受到关注，加上社会学、人口学以及社会史"复兴"的强力推动和"民工潮"高潮迭起的现实呼唤，学界对

---

① 李剑农：《魏晋南北朝民户大流徙》，武汉大学编译委员会，1951。
② 龚自知：《第一批来云南的移民》，《云南日报》1957 年 3 月 14 日；刘汝霖：《汉末魏晋流人考》，《历史教学》1951 年第 2 期；金宝祥：《汉魏西晋时期北方各少数民族的内徙》，《历史教学》1956 年第 11 期；吕名中：《试论汉魏西晋时期北方各族的内迁》，《历史研究》1956 年第 6 期；方国瑜：《唐宋时期洱海地区的汉族移民》及《汉晋时期滇东地区的汉族移民》，《人文科学杂志》1957 年第 1、2 期；钮仲勋：《东汉末年及三国时代人口的迁徙》，《地理学资料》1959 年第 6 期；简修炜：《试论西晋末年李特李流领导的流民暴动的性质》，《史学月刊》1964 年第 12 期；唐长孺：《关于武则天统治末年的浮逃户》，《历史研究》1961 年第 6 期；高心华：《明初迁民碑》，《文物参考资料》1958 年第 3 期；江应梁：《明代外地移民进入云南考》，《云南大学学术论文集》1963 年第 2 期；邹依仁：《旧上海人口演变初探》，《文汇报》1962 年 5 月 11 日。

历史上的流民、移民现象进行全面梳理，研究成果层出不穷，取得骄人成绩。下文仍以流民、移民为中心，就整体研究、断代研究情况作一概述。

流民问题研究。专著方面：曹文柱《中国流民史》[①] 对流民产生的原因、特点、流民活动所引发的社会问题、统治者治理流民的政策进行较为系统的考察；陆德阳《流民史》[②] 对流民称谓、历代流民产生的成因、流民的流浪生涯、对社会的影响及流民的历史作用进行了探讨。除此之外还有李高峰、杜永明主编《黑二十四史》第 4 卷《乞丐史·帮会史·流民史·流氓史》、曹健民主编《人口史·流民史·帮会史》等作品面世。[③] 论文方面：王家范《中国古代的流民问题》[④] 把古代流民产生的动因归纳为"生产萎缩型人口流动"、"生产过剩（或生产饱和）型人口流动"、"灾变型人口流动"和"结构变迁型人口流动"四种类型；池子华《中国古代流民综观》、《中国农民的"恋土"和"离土"——"流民"现象纵议》[⑤]，对流民现象发生的机制、流民的社会行为及其与中国社会的互动关系进行剖析；熊家利《流民问题与中西封建经济的发展》[⑥] 对流民在中西封建经济发

---

① 曹文柱：《中国流民史》，广东人民出版社，1996。

② 陆德阳：《流民史》，上海文艺出版社，1997。

③ 李高峰、杜永明主编《黑二十四史》第 4 卷《乞丐史·帮会史·流民史·流氓史》，中国华侨出版社，1998；曹健民主编：《人口史·流民史·帮会史》，经济时报出版社，1999。

④ 王家范：《中国古代的流民问题》，《探索与争鸣》1994 年第 5 期。

⑤ 池子华：《中国古代流民综观》，《历史教学》1999 年第 2 期；《中国农民的"恋土"和"离土"——"流民"现象纵议》，《光明日报》1993 年 7 月 19 日。

⑥ 熊家利：《流民问题与中西封建经济的发展》，《湖南师范大学学报》1986 年第 1 期。

展中的作用进行了比较研究；钱宗范《中国封建社会流民与流民起义诸问题探析》① 对封建社会流民起义原因、意义进行考察。

移民问题研究。成就卓著，令人注目。整体研究的著作，当首推葛剑雄主编，葛剑雄、曹树基、吴松弟、侯杨方等著《中国移民史》②。该书共分六卷，约 260 万字，是在其早期研究成果《简明中国移民史》③ 的基础上的拓展与延伸。《中国移民史》一书论述了自先秦至 20 世纪 40 年代以来发生在中国境内的移民活动，对历次主要移民活动的迁移过程及其影响加以评论。第一卷是本书导论和大事表，导论对中国移民史研究做了理论探讨，大事年表列出自公元前 21 世纪到 1949 年间可考的主要移民及相关事件。第二卷至第六卷分别为先秦至魏晋南北朝时期、隋唐五代时期、辽宋金元时期、明时期、清至民国时期的断代论述。各卷详细论述了各阶段主要移民活动的自然和社会背景、移民过程和移民空间分布状况，其中包括迁移形式、经由路线、移民数量估计、主要迁入地及迁出地。最后分析移民对当时和后世产生的政治、经济、文化诸方面的影响。该书各卷均列有大量的统计表格和地图，有利于对移民运动的过程及趋势的直观把握。《中国移民史》一书是迄今为止在移民史研究方面的集大成之作，有助于从整体上把握中国历史上的主要移民活动及规律。田方、陈一筇《中国移民史略》④，主要对西汉至民国时期的历代

---

① 钱宗范：《中国封建社会流民与流民起义诸问题探析》，《广西师范大学学报》1993 年第 4 期。

② 葛剑雄主编《中国移民史》，福建人民出版社，1997。

③ 葛剑雄主编《简明中国移民史》，福建人民出版社，1993。

④ 田方、陈一筇：《中国移民史略》，知识出版社，1986。

统治者为军屯而进行的人口迁移进行论述，指出这些人口迁移具有发展农业、巩固边防和强兵足食的作用。

海外移民的整体研究，朱国宏所著《中国的海外移民》[1] 是一部有深度，有力度的学术论著。该书全面系统地论述中国海外移民历史，对自先秦至民国各个阶段的中国海外移民情况作了深入的历史考证和理论剖析，内容包括海外移民兴起和发展的原因，不同阶段海外移民的类型与特征，海外移民的规模、流向和分布，海外移民对社会、政治、经济、人口等所带来的影响等。郑民等《海外赤子——华侨》[2] 追述了华侨起源的历史、"猪仔"的地狱生活和美国、南非、俄国、法国、越南等地华侨的早期经历，华侨对中国革命和中国建设的支持，书后附有《1800～1900 年出国契约华工人数估计表》、《世界华侨华人发展变化表》、《华侨投资国内企业各历史时期投资数额变化统计表》等统计资料。海外移民研究的著作还有吴泽主编《华侨史研究论集》、朱杰勤《东南亚华侨史》、蔡北华主编《海外华侨华人发展简史》等。[3]

移民史的区域性整体性研究也取得了一定成绩。杜桂芳《潮汕海外移民》、冷东《潮汕地区海外移民研究》两书[4]对历史时期潮汕地区海外移民兴起原因、形态、演变轨迹、流动特

---

① 朱国宏：《中国的海外移民》，复旦大学出版社，1994。
② 郑民等：《海外赤子——华侨》，人民出版社，1985。
③ 吴泽主编《华侨史研究论集》，华东师范大学出版社，1984；朱杰勤：《东南亚华侨史》，广东高等教育出版社，1990；蔡北华主编《海外华侨华人发展简史》，中国社会科学院出版社，1992。
④ 杜桂芳：《潮汕海外移民》，汕头大学出版社，1997；冷东：《潮汕地区海外移民研究》，中国华侨出版社，1999。

点、经济活动及成就作了系统阐述。安介生《山西移民史》① 对山西移民史进行全面探讨，并从民族融合、文化变迁与人口发展的角度阐明了移民运动对山西历史产生的深远影响；李德滨《黑龙江移民概要》② 对黑龙江移民的历史进行了初步的梳理。

　　这一时期发表的移民史通论论文有数十篇。张国雄《中国历史上移民的主要流向和分期》③ 根据主要移民特征的变化，将中国移民史分为四个时期：先秦黄河中下游多向移民期、秦统一到两宋从黄河中下游流向长江中下游的由北向南移民潮、元明清长江流域由东向西移民潮以及近代治边多方向移民潮，认为中国现代人口分布的格局就是这四个时期依次展开的产物；丁鼎、王明华《中国古代移民述论》④ 将中国古代移民分为自发的无序移民和国家政权组织的移民分别予以探讨；张少云《中国古代人口迁移类型述评》⑤ 以人口移动变化的原因为出发点，将中国古代人口迁移分为政治迁移、军事性迁移和经济性迁移三种类型，并逐一述评。李传永、李恬《中国历史上的人口迁移》⑥ 则根据迁移地域的不同，将中国历史上人口迁移分为国内迁移和国际迁移，在方式上又有自由移民和强迫移民的差异；陈秀蓉《中国海外移民类型及移民族群特征探讨》⑦ 对中国海外移民的各种类

---

①　安介生：《山西移民史》，山西人民出版社，1999。

②　李德滨：《黑龙江移民概要》，黑龙江人民出版社，1987。

③　张国雄：《中国历史上移民的主要流向和分期》，《北京大学学报》1996 年第 2 期。

④　丁鼎、王明华：《中国古代移民述论》，《安徽师范大学学报》1997 年第 4 期。

⑤　张少云：《中国古代人口迁移类型述评》，《云南师大学报》1997 年第 6 期。

⑥　李传永、李恬：《中国历史上的人口迁移》，《四川师范学院学报》1997 年第 5 期。

⑦　陈秀蓉：《中国海外移民类型及移民族群特征探讨》，《地理研究》1999 年第 1 期。

型及移民族群的特征进行探讨。其他涉及这方面的论文有：解书森、陈冰《青海古代移民考》、石方《黑龙江地区人口迁移史概述》、史继忠《贵州汉族移民考》、纪宗安《古代移民和海南的早期开发》、曹树基《湖南人由来新考》、杨东文《海南历史开发过程中的人口迁移研究》、许怀林《中国人口迁徙与江西的客家》、方全琪《气候变化对我国历史时期人口迁移的影响》、张跃东《历史上陕甘宁地区人口迁移的主要类型》、方英义《国际人口迁移后果的历史考察》、蓝勇《历史时期三峡地区的移民与经济开发》、王跃生《中国封建社会政治、军事移民政策述论》、王跃生《中国封建社会民族人口迁移政策研究》、张冠梓《试论古代人口南迁浪潮与中国文明的整合》、项光勤《苏南地区农村人口流动的历史、现状与对策》、夏斯洋《我国历史上的人口迁移》、陈新海《历代移民屯田政策对青海社会的影响》、俞祖华、季翠兰《略论中国传统文化对人口迁移行为的影响》、王怡、米红《海峡两岸人口迁移和流动的历史和现状分析》、冷东《东南亚海外潮人移民形态的演变轨迹》、朱国宏《中国人口的国际迁移之历史考察》、陈秀蓉《中国海外移民类型及移民族群特征探讨》、杨彦杰《历史上大陆向金门的移民及其人口分析》、范玉春《论中国古代军事移民对移居地的影响》、曲守成、孟古托力《古代东北民族南下西进规律性运动考论》等。①

---

① 解书森、陈冰：《青海古代移民考》，《人口研究》1985 年第 1 期；石方：《黑龙江地区人口迁移史概述》，《学术交流》1987 年第 5 期；史继忠：《贵州汉族移民考》，《贵州文史丛刊》1990 年第 1 期；纪宗安：《古代移民和海南的早期开发》，《暨南学报》1990 年第 4 期；曹树基：《湖南人由来新考》，《历史地理》1990 年第 9 期；杨东文：《海南历史开发过程中的人口迁移研究》，《海南大学学报》1991 年第 3 期；许怀林：《中国人口迁徙与江西的客家》，《江西师范大学学报》1991 年第 4 期；方全琪：《气候变化对我（转下页注）

　　上述之外，胡焕庸《论中国人口之分布》、李世平《四川人口史》、赵文林、谢淑君《中国人口史》、何清涟《人口：中国的悬剑》、石方《中国人口迁移史稿》、胡焕庸《中国人口史》、葛剑雄《中国人口发展史》、沈益民、童乘珠《中国人口迁移》、陈宝良《中国流氓史》、袁祖亮《中国古代人口史专题研究》、王育民《中国人口史》、罗桂环、舒俭民编著《中国历史时期的人口变迁与环境保护》、陆德阳《流氓史》、李兴盛《东北流人史》和《中国流人史》、王国杰《中亚陕甘回族移民研究》、李衡眉主编《移民史论集》、葛剑雄等《人口与中国的现代化》、

（接上页注①）国历史时期人口迁移的影响》，《地理科学》1992 年第 3 期；张跃东：《历史上陕甘宁地区人口迁移的主要类型》，《人口研究》1992 年第 6 期；方英义：《国际人口迁移后果的历史考察》，《财经科学》1993 年第 2 期；蓝勇：《历史时期三峡地区的移民与经济开发》，《中国史研究》1993 年第 2 期；王跃生：《中国封建社会政治、军事移民政策述论》，《中国史研究》1993 年第 4 期；王跃生：《中国封建社会民族人口迁移政策研究》，《中国人口科学》1994 年第 4 期；张冠梓：《试论古代人口南迁浪潮与中国文明的整合》，《内蒙古社会科学》1994 年第 4 期；项光勤：《苏南地区农村人口流动的历史、现状与对策》，《学海》1995 年第 2 期；夏斯洋：《我国历史上的人口迁移》，《中学地理教学参考》1996 年第 6 期；陈新海：《历代移民屯田政策对青海社会的影响》，《西北史地》1997 年第 1 期；俞祖华、季翠兰：《略论中国传统文化对人口迁移行为的影响》，《学术月刊》1998 年第 10 期；王怡、米红：《海峡两岸人口迁移和流动的历史和现状分析》，《人口与经济》1998 年第 3 期；冷东：《东南亚海外潮人移民形态的演变轨迹》，《广东史志》1998 年第 3 期；朱国宏：《中国人口的国际迁移之历史考察》，《历史研究》1989 年第 6 期；陈秀蓉：《中国海外移民类型及移民族群特征探讨》，《地理研究》1999 年第 1 期；杨彦杰：《历史上大陆向金门的移民及其人口分析》，《福建论坛》2000 年第 1 期；范玉春：《论中国古代军事移民对移居地的影响》，《广西师范大学学报》2000 年第 1 期；曲守成、孟古托力：《古代东北民族南下西进规律性运动考论》，《学习与探索》2000 年第 2 期。

路遇、滕泽之《中国人口通史》以及《中国人口》丛书各省分册等①，均涉及到历史时期中国农村人口流动问题。

三　断代研究概况

（一）先秦秦汉时期

（1）流民问题。两汉时期流民问题严重，引起学者的浓厚兴趣。庄辉明《略论汉代的流民问题》② 认为汉代流民的出现是劳动者由对专制国家依附为主向对宗法封建性大土地所有者依附为主的转变尚未最后完成的产物；余谦《两汉流民问题探微》③ 认为两汉流民的出现关键在于债务奴隶制（不以市场交换为条

---

① 胡焕庸：《论中国人口之分布》，华东师范大学出版社，1983；李世平：《四川人口史》，四川大学出版社，1987；赵文林、谢淑君：《中国人口史》，人民出版社，1988；何清涟：《人口：中国的悬剑》，四川人民出版社，1988；石方：《中国人口迁移史稿》，黑龙江人民出版社，1990；胡焕庸：《中国人口史》，中国财政经济出版社，1991；葛剑雄：《中国人口发展史》，福建人民出版社，1991；沈益民、童乘珠：《中国人口迁移》，中国统计出版社，1992；陈宝良：《中国流氓史》，中国社会科学出版社，1993；袁祖亮：《中国古代人口史专题研究》，中州古籍出版社，1994；王育民：《中国人口史》，江苏人民出版社，1995；罗桂环、舒俭民编著《中国历史时期的人口变迁与环境保护》，冶金工业出版社，1995；陆德阳：《流氓史》，上海文艺出版社，1995；李兴盛：《东北流人史》，黑龙江人民出版社，1990 及《中国流人史》，黑龙江人民出版社，1995；王国杰：《中亚陕甘回族移民研究》，陕西人民出版社，1997；李衡眉主编《移民史论集》，齐鲁书社 1998；葛剑雄等：《人口与中国的现代化》，学林出版社，1999；路遇、滕泽之：《中国人口通史》，山东人民出版社，2000；以及《中国人口》丛书各省分册，中国财政经济出版社，20 世纪 80 年代陆续出版。
② 庄辉明：《略论汉代的流民问题》，《华中师范大学学报》1988 年第 2 期。
③ 余谦：《两汉流民问题探微》，《江西师范大学学报》1994 年第 3 期。

件而以债务赎买为主要交易特征），一方面奴隶制商品经济发达，另一方面却没有奴隶市场，两者之间的矛盾影响了两汉社会；冷鹏飞《论西汉后期流民问题的社会原因》① 则一反大多数学者认为的导致当时严重流民问题的根本原因是土地兼并，他认为地主兼并土地仍需农民耕种，才能取得剥削收入，绝不是把农民统统从土地上赶走，让土地闲置荒废，在他看来流民产生的原因是西汉政权所推行的经济政策不能适应客观经济的发展变化，打乱社会经济运行的正常秩序，阻碍农民通过正当租佃关系再度与土地结合所致，如严惩豪强地主兼并役使农民，阻碍封建依附关系发展，又实行严格户籍制度、编户齐民、征发租赋兵徭，促使农民脱离著籍纠缠等等；孙如琦《东汉的流民和豪族》② 对东汉豪族与流民关系进行探讨，认为一方面豪族"侵枉小民"，造成农民破产流亡，另一方面又吸纳农民劳动力。对两汉流民问题进行探讨的论文还有罗庆康《汉宣帝时期的流民问题》、孙如琦《两汉流民问题初探》、杜民喜《试论汉代的流民问题》、王子今《两汉流民运动及政府对策的得失》等。③

（2）移民问题。葛剑雄的系列研究受到广泛关注④：《西汉

---

① 冷鹏飞：《论西汉后期流民问题的社会原因》，《湖南师范大学学报》1993 年第 3 期。
② 孙如琦：《东汉的流民和豪族》，《浙江学刊》1993 年第 3 期。
③ 罗庆康：《汉宣帝时期的流民问题》，《益阳师专学报》1983 年第 3 期；孙如琦：《两汉流民问题初探》，《青海社会科学》1986 年第 4 期；杜民喜：《试论汉代的流民问题》，《绥化师专学报》1987 年第 2 期；王子今：《两汉流民运动及政府对策的得失》，《战略与管理》1994 年第 3 期。
④ 葛剑雄：《西汉时期西北地区的人口迁移》，《中华文史论丛》1984 年第 2 辑；《西汉关中的人口迁移》，《文史集林》1985 年第 4 期；《秦汉时期的人口迁移与文化传播》，《历史研究》1992 年第 4 期。

时期西北地区的人口迁移》认为，西汉建立后，各种形式的人口迁徙不断发生，其中影响最大的是武帝以后内地人民在政府的组织下迁徙西北边疆，前后总数不少于 82 万人；《西汉关中的人口迁移》系统分析了西汉关中地区人口频繁迁移的情况及原因；《秦汉时期的人口迁移与文化传播》指出，秦汉时期由于生产力不发达、传播手段和媒介相当有限，人口迁移流动成为文化传播的重要媒介，他以秦汉时期的关中地区、蜀地和淮南吴越地区三个学术文化较发达地区为例，进行具体分析，认为在影响这一时期文化分布、文化区域变迁和文化重心转移的种种因素中，人口的迁移是主要的。刘振华《从考古上看汉代中原移民与吉林开发》、谭戒甫《先周族与周族的迁徙及其社会发展》、马开梁《楚族南迁的时代及迁徙路线》、林剑鸣《周公东征和嬴姓西迁》、冒开玉《论秦汉政府向巴蜀的移民、迁徙与迁虏》、孙华《蜀人南迁考》、王玉哲《秦人的族源及迁徙路线》、孙筱《秦汉时期人口分布与人口迁移》、田强《秦汉时期长江流域的人口迁移与经济开发》、赵发国《先秦齐地人口迁移试探》、王子今《秦汉时期人口流动与文化交融》、贾伟、李臣玲《试论两汉时期青海汉族人口迁移》、魏爱棠《郡县化统治和人口迁移对百越汉化的影响》等论文①，从不同角度探讨了先秦秦汉时期的移民问题。

---

① 刘振华：《从考古上看汉代中原移民与吉林开发》，《吉林日报》1979 年 4 月 18 日；谭戒甫：《先周族与周族的迁徙及其社会发展》，《文史》1979 年第 6 辑；马开梁：《楚族南迁的时代及迁徙路线》，《思想战线》1982 年第 2 期；林剑鸣：《周公东征和嬴姓西迁》，《文史知识》1982 年第 11 期；冒开玉：《论秦汉政府向巴蜀的移民、迁徙与迁虏》，《天府论坛》1990 年第 3 期；孙华：《蜀人南迁考》，《成都大学学报》1991 年第 1 期；王玉哲：《秦人的族源及迁徙路线》，《历史研究》1991 年第 3 期；孙筱：《秦汉时期人口分布与人口迁移》，《中国人口科学》1992 年第 4 期；田强：《秦汉时期长 （转下页注）

（二）三国两晋南北朝时期

（1）流民问题。有关这一时期的流民问题主要集中在西晋末年的流民起义、流民暴动以及两晋之际的民户大迁徙的探讨上。西晋末年的流民暴动是中国封建社会历史上规模最大的流民暴动。许辉、方亚光《西晋末年长江中游流民暴动的原因及性质》①，对西晋末年流民暴动原因、性质及流民暴动的作用进行探讨，认为腐败的政治、民族歧视、阶级压迫以及当时北方水旱地震等天灾是造成流民暴动的主要原因，其性质则是以流民为主体，由当地居民、官吏参加的一次反晋统治阶级斗争；夏日新《两晋之际的流民迁徙与流民集团》② 就两晋之际的四次流民迁徙浪潮、流徙方式、流徙地区、流徙特点进行透析，认为流亡到南方的大批北方流民，对保存和发展民族的传统文化，促进江南地区的开发，作出了不可磨灭的贡献；曹文柱《两晋之际流民问题的综合考察》③ 对两晋流民的特点（席卷范围大、裹挟人数多、涉及阶层广、延续时间长）、流民产生原因（自然灾害、暴政兵燹、民族仇杀）、流徙方式（流民家庭、流民群和流民组

（接上页注①）江流域的人口迁移与经济开发》，《黄冈师专学报》1996年第4期；赵发国：《先秦齐地人口迁移试探》，《中国历史地理论丛》1997年第1期；王子今：《秦汉时期人口流动与文化交融》，《重庆师院学报》1999年第3期；贾伟、李臣玲：《试论两汉时期青海汉族人口迁移》，《青海民族研究》1999年第3期；魏爱棠：《郡县化统治和人口迁移对百越汉化的影响》，《龙岩师专学报》2000年第2期。

① 许辉、方亚光：《西晋末年长江中游流民暴动的原因及性质》，《南京师大学报》1987年第3期。
② 夏日新：《两晋之际的流民迁徙与流民集团》，《争鸣》1989年第2期。
③ 曹文柱：《两晋之际流民问题的综合考察》，《历史研究》1991年第2期。

织)、流民组织的类型(反晋流民组织、抗胡流民组织、名义附晋而又具独立性的流民组织、胡晋"两属"的流民组织、隐逸型的流民组织)以及统治者流民政策进行了综合考察。此外还有龙显昭《西晋末年荆襄地区流民起义的一些问题》、许辉《论西晋末年长江中游地区的流民暴动》等。[①]

(2)移民问题。汉末三国时期,军阀混战,统治者把移民作为掠夺人口、强兵自固的一项重要手段。沈祖祥《曹操移民初探》[②]对曹操移民的原因、目的、性质、特点以及措施和作用加以系统探讨。西晋末年持续十六年之久的"八王之乱"以及内迁少数民族贵族的反晋,使得北方人口大量迁移南方。童超《东晋南朝时期的移民浪潮与土地开发》[③]就东晋南朝时期北方人口移入与江南土地开发的关系做了初步研究。牛润珍《魏晋北朝幽冀诸州的移民与民族融合》[④]也对魏晋十六国及北朝时期先后形成的三次人口大变动进行探讨,并从民族融合与经济发展角度,分析人口变动带来的积极影响。其他还有罗宏曾《魏晋时期北方民族的迁徙与融合》、方国瑜《南北朝时期内地与边境各族的大迁移及融合》、周伟洲《魏晋十六国时期鲜卑族向西北地区的迁徙及其分布》、马强《魏晋之际人口迁移与江南经济的开发》、段玉明《西晋末年益、梁人口外徙及时间考辨》、张泽洪《魏晋巴蜀移民述论》、胡沧泽《魏晋南朝时期北方汉人入闽

---

① 龙显昭:《西晋末年荆襄地区流民起义的一些问题》,《南充师院学报》1982年第2期;许辉:《论西晋末年长江中游地区的流民暴动》,《学海》1990年创刊号。

② 沈祖祥:《曹操移民初探》,《复旦学报》1988年第1期。

③ 童超:《东晋南朝时期的移民浪潮与土地开发》,《历史研究》1987年第4期。

④ 牛润珍:《魏晋北朝幽冀诸州的移民与民族融合》,《河北学刊》1988年第4期。

及其对福建经济的影响》、陆庆夫《十六国时期五凉地区的人口
迁徙》、史念海《十六国时期各割据霸主的人口迁徙》、孔定芳
《永嘉乱后的中原移民与江左文化》、丁柏峰《西晋末年人口大
迁徙对"五凉"政权的影响》等。①

（三）隋唐五代宋元时期

（1）流民问题。这一时期有关流民问题的研究较为薄弱，
论文仅有寥寥数篇。黎仁凯《关于唐代的逃户》② 考察了苛政暴
敛与农民流亡的关系；罗贤佑、任崇岳《元代流民问题浅探》③
探讨了元代流民生成的原因、流民的归宿以及元统治者安辑流民
的方策；陈高华《元代的流民问题》④ 亦对元代流民问题作了深
入探索，指出严重的流民问题与有元一代相终始，在大蒙古国时
期，流民常达全体居民的 1/3 以上，全国统一以后，流民仍然大

---

① 罗宏曾：《魏晋时期北方民族的迁徙与融合》，《历史教学》1981 年第 12 期；
　方国瑜：《南北朝时期内地与边境各族的大迁移及融合》，《民族研究》1982
　年第 4 期；周伟洲：《魏晋十六国时期鲜卑族向西北地区的迁徙及其分布》，
　《民族研究》1983 年第 5 期；马强：《魏晋之际人口迁移与江南经济的开发》，
　《陕西师大学报》1985 年第 4 期；段玉明：《西晋末年益、梁人口外徙及时间
　考辨》，《中国史研究》1987 年第 2 期；张泽洪：《魏晋巴蜀移民述论》，《许
　昌师专学报》1991 年第 4 期；胡沧泽：《魏晋南朝时期北方汉人入闽及其对
　福建经济的影响》，《中国社会经济史研究》1992 年第 2 期；陆庆夫：《十六
　国时期五凉地区的人口迁徙》，《兰州大学学报》1992 年第 4 期；史念海：
　《十六国时期各割据霸主的人口迁徙》，《中国历史地理论丛》1992 年第 4 期；
　孔定芳：《永嘉乱后的中原移民与江左文化》，《江海学刊》1998 年第 5 期；
　丁柏峰：《西晋末年人口大迁徙对"五凉"政权的影响》，《青海师范大学学
　报》2000 年第 4 期。
② 黎仁凯：《关于唐代的逃户》，《文史哲》1982 年第 4 期。
③ 罗贤佑、任崇岳：《元代流民问题浅探》，《郑州大学学报》1988 年第 3 期。
④ 陈高华：《元代的流民问题》，《元史论丛》第 4 辑。

量存在，进入 14 世纪以后，愈演愈烈，在此基础上，爆发了全国规模的农民战争。此外，冻国栋《唐代人口问题研究》、齐涛《魏晋隋唐乡村社会研究》、费省《唐代人口地理》等书①对唐代农村人口流动问题多有涉猎。

（2）移民问题。这一时期有关移民问题的研究，成果并不是很多。林立平《唐后期的人口南迁及其影响》② 认为由于黄河下游地区人口密度大、土地兼并激烈和社会动乱，所以安史之乱后出现继西晋永嘉之后又一股人口南迁浪潮，南迁人口分布于苏南、皖南、浙江、福建、江西、湖南、湖北南部、四川、两广地区，南迁的结果导致中国人口分布重心由黄河流域移到江南；翁俊雄《唐后期民户大迁徙与两税法》③ 指出唐后期出现的两次民户大规模逃离本土现象，其范围之广和影响之深，都是唐前期的逃户所不能比拟的，可以毫不夸张地说，唐后期出现的是民户大迁徙活动，而两次民户大迁徙都与两税法密切相关；萧高洪《唐五代北人迁赣及其社会效果》④ 认为江西在封建时代的繁荣是江西这块土地上土客居民相互影响共同创造的结果；韩光辉《辽代中国北方人口的迁移及其社会影响》⑤ 认为辽代北方人口的迁移给各族人民带来了深重的灾难，但也推进了民族间同化与融合的过程。林蔚文《隋代台湾人口迁移福建考》、赵鸿昌《唐

① 冻国栋：《唐代人口问题研究》，武汉大学出版社，1993；齐涛：《魏晋隋唐乡村社会研究》，山东人民出版社，1995；费省：《唐代人口地理》，西北大学出版社，1996。
② 林立平：《唐后期的人口南迁及其影响》，《江汉论坛》1983 年第 9 期。
③ 翁俊雄：《唐后期民户大迁徙与两税法》，《历史研究》1994 年第 3 期。
④ 萧高洪：《唐五代北人迁赣及其社会效果》，《江西社会科学》1992 年第 6 期。
⑤ 韩光辉：《辽代中国北方人口的迁移及其社会影响》，《北方文物》1989 年第 2 期。

代云南地区人口迁移问题初探》、冻国栋《唐代有关徙民的限令与官府所组织的移民》、任士英《试论唐朝均田制时代的移民政策》、谢元鲁《唐五代移民入蜀考》、吴松弟《唐后期五代江南地区的北方移民》、吴松弟《宋代靖康乱后江南地区的北方移民》、杨保隆《辽代渤海人的逃亡与迁徙》、王德忠《金朝社会人口流动及其评价》、申友良《辽金元时期内蒙古地区人口迁徙研究》、唐亦功《京津唐地区金代人口变迁研究》、陈伟明《元代岭南少数民族的人口迁移》、耿占军《元代人口迁徙和流动浅议》等论文①也对这一时期的移民问题进行了探讨。

（四）明朝时期

对明代人口流动进行综合研究有牛建强的《明代人口流动与社会变迁》一书②，该书将明代人口流动分为三种类型：明初政府移民、明前中期的流动、中后期的工商人口流动，并试图透

---

① 林蔚文：《隋代台湾人口迁移福建考》，《东南文化》1990年第5期；赵鸿昌：《唐代云南地区人口迁移问题初探》，《云南社会科学》1987年第4期；冻国栋：《唐代有关徙民的限令与官府所组织的移民》，《河北学刊》1992年第1期；任士英：《试论唐朝均田制时代的移民政策》，《中国历史地理论丛》1997年第2期；谢元鲁：《唐五代移民入蜀考》，《中国社会经济史研究》1987年第4期；吴松弟：《唐后期五代江南地区的北方移民》，《中国历史地理论丛》1996年第3期；吴松弟：《宋代靖康乱后江南地区的北方移民》，《浙江学刊》1994年第1期；杨保隆：《辽代渤海人的逃亡与迁徙》，《民族研究》1990年第4期；王德忠：《金朝社会人口流动及其评价》，《东北师大学报》2000年第6期；申友良：《辽金元时期内蒙古地区人口迁徙研究》，《内蒙古社会科学》1996年第1期；唐亦功：《京津唐地区金代人口变迁研究》《陕西师大学报》1995年第1期；陈伟明：《元代岭南少数民族的人口迁移》，《中国历史地理论丛》1999年第4期；耿占军：《元代人口迁徙和流动浅议》《唐都学刊》1994年第2期。
② 牛建强：《明代人口流动与社会变迁》，河南大学出版社，1997。

过流民现象去探讨中国封建社会后晚期的社会结构变化，这是一部从整体上分析明代人口流动的专著。张青主编《洪洞大槐树移民志》① 虽为志书，但亦有相当的研究。论文方面的研讨情况如下。

（1）流民问题。李洵在《明代流民运动——中国被延缓的原始资本积累过程》及《试论明代的流民问题》② 中提出明代的贵族圈地运动实质上是我国封建社会末期的原始积累过程中剥夺农民的过程，因此他认为明代流民问题既有西方国家资本原始积累性质，又有中国式的特点；张海瀛《略论明代流民问题的社会性质——与李洵先生商榷》③ 则对上述观点提出不同意见，认为只有与工业中的资本主义密切联系在一起的对农民土地的暴力掠夺，才具有资本的原始积累性质，他认为明代贵族圈地与英国的圈地运动不能相提并论，它完全是由封建的生产关系决定的；樊树志《明代荆襄流民与棚民》④ 从日益增长的人口与耕地的比例关系失调的角度，探讨了明代荆襄地区的流民问题及政府的处置方略，认为明代的流民问题实质上是对于耕地面积而言相对过剩的农业人口，它与地主经济的畸形发展、土地异常集中、日益增长的人口与耕地的比例失调诸种社会因素密切相关；马雪芹《明中期流民问题与南阳盆地周边山地开发》⑤ 论述明代中期土地兼并所引发的大量农民逃亡沦为流民，流民流向鄂豫川陕四省

---

① 张青主编《洪洞大槐树移民志》，山西古籍出版社，2000。

② 李洵：《明代流民运动——中国被延缓的原始资本积累过程》，《中国古史论丛》1981 年第 2 辑；《试论明代的流民问题》，《社会科学辑刊》1980 年第 3 期。

③ 张海瀛：《略论明代流民问题的社会性质——与李洵先生商榷》，《北京师院学报》1981 年第 3 期。

④ 樊树志：《明代荆襄流民与棚民》，《中国史研究》1980 年第 3 期。

⑤ 马雪芹：《明中期流民问题与南阳盆地周边山地开发》，《陕西师大学报》1995 年第 1 期。

之界的南阳盆地，附籍落户开垦生产，虽使山区面貌发生变化，但由于无计划地盲目开垦使山地水土流失，引发人为灾害；王一军《明代外来流民对郧阳的开发》① 就明代流民产生原因及外来流民对郧阳广大山区的初步开发进行论述；裴泽仁《明代流民与豫西方言》② 则就流民与豫西方言的形成渊源进行探索。此外涉及明代流民的文章还有：林仕梁《浅析明中叶流民起义与张居正改革的关系》、张彩华《明中叶荆襄山区流民的斗争与郧阳抚治的建立》、王新远《明代流民性质之我见》、林金树《明代农村的人口流动与农村经济变革》、张建民《明代秦巴山区的封禁与流民集聚》、《明代秦巴山区流民的附籍与分布》 等。③

（2）移民问题。有关这一时期的移民问题研究主要集中于对不同区域移民的追根溯源。曹树基《明代初年长江流域的人口迁移》、《洪武时期鲁西南地区的人口迁移》、《洪武时期山东东三府地区的人口迁移》、《洪武时期凤阳府的人口迁移》、《永乐年间河北地区的人口迁移》 等文④，分别对长江流域、鲁西南

---

① 王一军：《明代外来流民对郧阳的开发》，《江汉流民》1998 年第 5 期。

② 裴泽仁：《明代流民与豫西方言》，《中州学刊》1990 年第 4 期。

③ 林仕梁：《浅析明中叶流民起义与张居正改革的关系》，《河池师专学报》1984 年第 2 期；张彩华：《明中叶荆襄山区流民的斗争与郧阳抚治的建立》，《萍乡教育学院学报》1986 年第 2 期；王新远：《明代流民性质之我见》，《湖北大学学报》1987 年第 5 期；林金树：《明代农村的人口流动与农村经济变革》，《中国史研究》1994 年第 4 期；张建民：《明代秦巴山区的封禁与流民集聚》、《明代秦巴山区流民的附籍与分布》，《中南民族学院学报》1998 年第 2 期、1999 年第 2 期。

④ 曹树基：《明代初年长江流域的人口迁移》，《中华文史论丛》第 47 辑；《洪武时期鲁西南地区的人口迁移》，《中国经济史研究》1995 年第 4 期；《洪武时期山东东三府地区的人口迁移》，《中国社会经济史研究》1996 年第 4 期；《洪武时期凤阳府的人口迁移》，《安徽史学》1997 年第 3 期；《永乐年间河北地区的人口迁移》，《中国农史》1996 年第 3 期。

地区、山东东三府地区、凤阳府、河北地区的人口迁移进行了深入探讨；张岗《关于明初河北移民的考察》① 则对明初河北移民发生背景、来源及经过情形、外省迁来的居民如何生活以及对河北的历史作用作了较为系统的考察；杨安祥《问我祖先来何处，山西洪桐大槐树》② 对山西洪桐大槐树迁民的历史根源（朱元璋大规模推行"移民垦荒"政策的结果）、历史特征（时间长、从明初至明成化年间历时 120 余年）、历史作用进行探讨；林金树《明代农村的人口流动与农村经济变革》③ 认为明代中国的农村经济经过唐宋以来的长期发展和世界经济发展大势的刺激，有了新的发展，出现了具有深远影响的历史性变革，这个变革，以王朝政策为导向，以农村人口流动为契机，大体经历了三个阶段：第一阶段，封建国家组织了规模空前的移民运动，使农村经济得到了迅速的恢复，并改变了人口和土地布局，但同时又存在着大批农民弃家逃亡的严重现象，制约着农村经济的进一步发展；第二阶段，由于土地兼并加剧，农村纷纷破产，出现大批流民群，最后发展成为大规模的流民起义，使农村经济由迅速复兴而陷入徘徊之中；第三阶段，以东南沿海地区农民为先导，开始更新"本"、"末"观念，自发地进行农村经济结构的调整，从单一经营转向农、工、商并举的多种经营，从而引发了农村人口的大分化、大流动，大批劳动力从粮食生产中分流出来，从事商业性农业和工商业活动，削弱了自然经济的统治地位，为新的生产方式

---

① 张岗：《关于明初河北移民的考察》，《河北学刊》1983 年第 4 期。
② 杨安祥：《问我祖先来何处，山西洪桐大槐树》，《山西师院学报》1984 年第 3 期。
③ 林金树：《明代农村的人口流动与农村经济变革》，《中国史研究》1994 年第 4 期。

的诞生开辟了道路，并由此奠定了近现代中国农业与工商业经济以东南沿海地区为最发达的基本态势；潘君祥《郑成功时期的移民和台湾垦治》① 对明末郑成功时期，中国大陆首次大规模、有组织地向台湾地区移民进行探讨，将随郑成功赴台湾地区的汉族移民分为五个部分：随郑及后裔进取台湾的军队、军队眷属、大力招致大陆沿海流离失所的居民渡海安置、陆续渡台的明朝宗室和官员、少数东南亚的华侨，认为移民促进了台湾的开发与经济的发展。涉及移民问题的论文还有：王守稼、缪振鹏《明代户口流失原因初探索》、王兴亚《明初迁山西民到河南考述》、孙东虎、刘文彰《明朝前期黄河中下游地区的移民活动及其社会作用初探》、吴必虎《明初苏州向苏北的移民及其影响》、李济贤《明代苏松常地区户籍人口消长述略》、田卫平和梁勇《明代河北移民问题刍议》、李映辉《明朝江西湖广的人口变动与经济发展》、林仁川《明代大陆人民向台湾的迁移及对台湾的开发》、高胜思《关于明初洪洞大槐树迁民的几个问题》、张建民《明代湖广人口变迁论》、黄友良《明代四川移民史论》、田培栋《明代人口变动的考察》、陈良学《明代陕南屯田及移民》、范玉春《明代广西的军事移民》、董倩《明永乐年间移民政策述论》、王瑞平《明朝政府对明初迁民的安置与管理》、饶伟新《明代赣南的社会动乱与闽粤移民的族群背景》 等。②

---

① 潘君祥：《郑成功时期的移民和台湾垦治》，《社会科学》1983年第6期。

② 王守稼、缪振鹏：《明代户口流失原因初探索》，《北京师院学报》1982年第2期；王兴亚：《明初迁山西民到河南考述》，《史学月刊》1984年第4期；孙东虎、刘文彰：《明朝前期黄河中下游地区的移民活动及其社会作用初探》，《地理研究》1987年第3期；吴必虎：《明初苏州向苏北的移民及其影响》，《东南文化》1987年第2期；李济贤：《明代苏松常地区户籍人口消长述略》，《明史研究论丛》第4辑；田卫平、梁勇：《明代河北移民问题 （转下页注）

（五）明清之际及清前期

张国雄《明清时期的两湖移民》① 是这一时期研究农村人口流动的学术专著。该书对两湖移民过程、移民的地理特征、移民的动因、类型、移民的迁徙路线和信息传递、移民与人口、经济、环境的变迁等问题，都作了详尽的论证，颇见功力。胡昭曦《张献忠屠蜀考——兼析"湖广填四川"》、孙晓芬《清前期的移民填四川》、刘正刚《闽粤客家人在四川》② 就明清时期的四川移民问题发表了自己的看法。杨国桢、郑甫弘、孙谦著《明清中国沿海社会与海外移民》③ 是这一时期海外移民研究的集成之作。论文方面的研究概况如下。

（1）流民问题。进入清代后，由于人口膨胀等因素，流民

（接上页注②）刍议》，《河北师院学报》1988 年第 2 期；李映辉：《明朝江西湖广的人口变动与经济发展》，《益阳师专学报》1991 年第 1 期；林仁川：《明代大陆人民向台湾的迁移及对台湾的开发》，《中国社会经济史研究》1991 年第 1 期；高胜恩：《关于明初洪洞大槐树迁民的几个问题》，《晋阳学刊》1993 年第 4 期；张建民：《明代湖广人口变迁论》，《经济评论》1994 年第 2 期；黄友良：《明代四川移民史论》，《四川大学学报》1995 年第 3 期；田培栋：《明代人口变动的考察》，《首都师范大学学报》1996 年第 5 期；陈良学：《明代陕南屯田及移民》，《汉中师范学院学报》1998 年第 1 期；范玉春：《明代广西的军事移民》，《中国边疆史地研究》1998 年第 2 期；董倩：《明永乐年间移民政策述论》，《青海社会科学》1998 年第 6 期；王瑞平：《明朝政府对明初迁民的安置与管理》，《史学月刊》2000 年第 5 期；饶伟新《明代赣南的社会动乱与闽粤移民的族群背景》，《厦门大学学报》2000 年第 4 期。

① 张国雄：《明清时期的两湖移民》，陕西人民教育出版社，1995。

② 胡昭曦：《张献忠屠蜀考——兼析"湖广填四川"》，四川人民出版社，1980；孙晓芬：《清前期的移民填四川》，四川大学出版社，1997；刘正刚：《闽粤客家人在四川》，广西教育出版社，1997。

③ 杨国桢、郑甫弘、孙谦：《明清中国沿海社会与海外移民》，高等教育出版社，1997。

群体以其不同以往朝代的姿态与规模，从中原地区向边疆地区迁移，涌起一股又一股流民潮，因而有关这一时期的流民研究主要集中于流民在土地开发利用过程中的作用。鞠殿义《清代流民在反禁斗争中对吉林、马拉、伯都讷和长春等地的农业开发》①对清代山东、河北为主的流民进入吉林、长春，淘金、伐木、垦荒、做佣工，使得上述地区的经济面貌发生很大变化进行论述；曹树基《明清时期的流民与赣南山区的开发》②一文中指出来自闽南、粤东的"客家"流民把一系列新技术、新物种传入赣南，促进赣南经济作物区与经济林区的形成。陈国生、董力三《清代贵州的流民与山区开发》③则就外省流民对贵州山区的开发、改变贵州山区山高谷荒的原始景观中所起的作用进行探讨；张岗《清代北方流民对直隶口外的开发》④一文考察了流民流入直隶口外的情况、从事的职业及影响；刁书仁《试论康乾时期流民出关移垦与东北旗地的变化》⑤认为康乾时期大量汉族流民涌入东北，带来内地高度发展的汉族封建经济，使清初东北土地占有关系的格局发生变化，旗地迅速向民人手中转移；程贤敏《清代游民问题浅析》⑥以人口数量与土地关系为切入点，对顺治至乾隆时期，造成清代游民的原因及清政府对

①　鞠殿义：《清代流民在反禁斗争中对吉林、马拉、伯都讷和长春等地的农业开发》，《社会科学战线》1980 年第 2 期。

②　曹树基：《明清时期的流民与赣南山区的开发》，《中国农史》1985 年第 4 期。

③　陈国生、董力三：《清代贵州的流民与山区开发》，《贵州师范大学学报》1994 年第 3 期。

④　张岗：《清代北方流民对直隶口外的开发》，《河北学刊》1986 年第 3 期。

⑤　刁书仁：《试论康乾时期流民出关移垦与东北旗地的变化》，《社会科学战线》1990 年第 3 期。

⑥　程贤敏：《清代游民问题浅析》，《四川大学学报》1983 年第 4 期。

待游民的政策进行了全面分析；郭松义《清代的人口增长和人口流迁》[①] 就清代人口大量流迁的社会背景、流向以及清政府对流迁人口的政策进行了考察，认为乾隆中期以后社会上出现的大批流民，主要是被排挤出土地的过剩人口。同类文章还有：朱诚如《清代中叶以前关内流民迁辽述论》及《清前期关内外人口流动及其影响》、路遇《清代山东闯关流民问题研究》、梁志忠《清代东北的"参禁"与流民》、王跃生《清代北京流动人口初探》、孙鸿波《清中叶前流民开发辽东述论》、刁书仁《嘉道时期双城堡、伯都讷屯垦论略——兼论流民对吉林的开发》、王跃生《试论清代游民》、萧正洪《清代陕南的流民与人口地理分布的变迁》、刁书仁《论清代东北流民的流向及对东北的开发》、赵之恒《清初期内蒙古地区流民问题析论》等。[②]

（2）移民问题。"湖广填四川"是学界研究的焦点问题。刘正刚发表系列论文如《清代前期广东向四川的移民》、《清代四

① 郭松义：《清代的人口增长和人口流迁》，《清史论丛》第 5 辑。
② 朱诚如：《清代中叶以前关内流民迁辽述论》，《辽宁师范大学学报》1985 年第 5 期、《清前期关内外人口流动及其影响》，《辽宁师范大学学报》1989 年第 4 期；路遇：《清代山东闯关流民问题研究》，《东岳论丛》1987 年第 4 期；梁志忠：《清代东北的"参禁"与流民》，《牡丹江师院学报》1988 年第 1 期；王跃生：《清代北京流动人口初探》，《人口与经济》1989 年第 6 期；孙鸿波：《清中叶前流民开发辽东述论》，《丹东师专学报》1990 年第 3 期；刁书仁：《嘉道时期双城堡、伯都讷屯垦论略——兼论流民对吉林的开发》，《清史研究通讯》1990 年第 3 期；王跃生：《试论清代游民》，《中国史研究》1991 年第 3 期；萧正洪：《清代陕南的流民与人口地理分布的变迁》，《中国史研究》1992 年第 3 期；刁书仁：《论清代东北流民的流向及对东北的开发》，《清史研究》1995 年第 3 期；赵之恒：《清初期内蒙古地区流民问题析论》，《内蒙古师大学报》2000 年第 6 期。

川的广东移民会馆》、《清代四川的广东移民经济活动》、《清代四川的福建移民经济活动》、《清前期闽粤移民四川数量之我见》、《清代前期广东移民四川原因考》、《清前期四川和台湾移民政策之比较》、《清代广东移民在四川分布考》、《清代四川闽粤移民的农业生产》等[①]，对此问题做了深入细致的探究，引人注目；王纲《"湖广填四川"问题探讨》[②] 考察了"湖广填四川"概况及其原因、湖广人在四川入籍的情况以及"湖广填四川"移民活动的历史作用；田光炜《"湖广填四川"的移民过程》[③] 将"湖广填四川"分为三个阶段（1659～1682、1683～1795、1796 以后）并具体探讨了各阶段移民实况、政府的相应对策等；刘源《"湖广填四川"与四川流民问题》[④] 根据中国第一历史档案馆馆藏的清代档案，分析"湖广填四川"活动对清代四川地区的政治、经济影响，认为在开始的时候，移民运动使凋敝的四川经济得到复苏，但当它继续发展到清代中叶，四川省则出现人多地少的矛盾，并引发严重的流民问题。与以往从经济动因与清政府优惠的移民政策探讨"湖广填四川"不同，王炎

---

① 刘正刚：《清代前期广东向四川的移民》，《广东史志》1991 年第 4 期；《清代四川的广东移民会馆》，《清史研究》1991 年第 4 期；《清代四川的广东移民经济活动》，《中国社会经济史研究》1992 年第 4 期；《清代四川的福建移民经济活动》，《中国社会经济史研究》1994 年第 1 期；《清前期闽粤移民四川数量之我见》，《清史研究》1994 年第 3 期；《清代前期广东移民四川原因考》，《广东社会科学》1995 年第 1 期；《清前期四川和台湾移民政策之比较》，《四川大学学报》1996 年第 1 期；《清代广东移民在四川分布考》，《暨南学报》1996 年第 1 期；《清代四川闽粤移民的农业生产》，《中国经济史研究》1996 年第 4 期。

② 王纲：《"湖广填四川"问题探讨》，《社会科学研究》1979 年第 3 期。

③ 田光炜：《"湖广填四川"的移民过程》，《四川师院学报》1981 年第 2 期。

④ 刘源：《"湖广填四川"与四川流民问题》，《清史研究》1994 年第 1 期。

《"湖广填四川"的移民浪潮与清政府的行政调控》① 从清政府的行政调控入手，通过对移民运动进程总体考察，认为它与清朝初年筹建、维系四川地方政权的行政调控息息相关，而后来四川人口的过度膨胀，亦与乾隆后期放任自流的施政方针大有干系。其他涉及"湖广填四川"移民运动的论文有：郭松义《清初四川外来移民和经济发展》、黄尚军《湖广移民对四川方言形成的影响》、邓前成《清前期移民措施及四川农业经济的恢复和发展》等。②

移民与边疆的开发是学术界研究的另一热点问题。程墨秀《清代山东移民开发东北农业述略》③ 论述了山东移民在开发东北农业的贡献，认为移民开垦荒地，传播先进耕作技术，引起生产关系变化，使清初农奴制瓦解；成崇德《清代前期对蒙古的封禁政策与人口开发及生态环境的关系》④ 分析了封禁政策与人口迁移、经济开发及生态环境之间的关系和影响；王希隆《清前期新疆的安插户》⑤ 研究了安插户的独特之处；陈良学、邹荣础《清代前期客民移垦与陕南的开发》⑥ 认为大批南方客民移徙

① 王炎：《"湖广填四川"的移民浪潮与清政府的行政调控》，《社会科学研究》1998年第6期。
② 郭松义：《清初四川外来移民和经济发展》，《中国经济史研究》1988年第4期；黄尚军：《湖广移民对四川方言形成的影响》，《川东学刊》1997年第1期；邓前成：《清前期移民措施及四川农业经济的恢复和发展》，《云南教育学院学报》1998年第4期。
③ 程墨秀：《清代山东移民开发东北农业述略》，《齐鲁学刊》1991年第4期。
④ 成崇德：《清代前期对蒙古的封禁政策与人口开发及生态环境的关系》，《清史研究》1991年第2期。
⑤ 王希隆：《清前期新疆的安插户》，《西北史地》1993年第2期。
⑥ 陈良学、邹荣础：《清代前期客民移垦与陕南的开发》，《陕西师大学报》1988年第1期。

陕南，不但为陕南增添了劳动力，也带来了南方的生产技术，促进了陕南的开发；孔立《清代台湾移民社会的特色》① 认为台湾移民社会的特色在于居民主要来自闽、粤移民，且以不同祖籍的地缘关系组合，社会结构简单、秩序混乱、文化落后。

上述之外，有关移民论文还有：蒋德学《试论清代贵州的移民》、刘敏《论清代棚民的户籍问题》、胡果文《论清代人口膨胀》、万芳珍《清前期江西棚民的入籍及土客的矛盾和融合》、徐伯夫《清代前期新疆地区的民屯》、郭松义《从宗谱资料看清代的人口迁徙》、孔立《清代台湾的游民阶层》、谭作刚《清代陕南地区的移民、农业垦殖与自然环境的恶化》、华立《乾隆年间移民出关与清前期天山北路农业的发展》、陈支平《明清福建家族与人口变迁》、赵广庆《关于清代山东移民研究》、李祖基《清代台湾边疆移垦社会之特点与妈祖信仰》、何文君《明至清初江西对湖南人口的迁徙》、乔素玲《清代广东的人口增长与流迁》、刘美崧和吴建新《明清广东人口流动概观》、万芳珍《明末清前期闽粤客家人迁赣及其对山区的开发》、张国雄和梅莉《明清时期两湖移民的地区特征》、张加炎《明清江汉平原的移民及其阶段性增长》、蓝勇《清代三峡地区移民与经济开发》、马汝珩和成崇德《康乾时期人口流动与长城边外开发》、罗康隆《明清两代贵州汉族移民特点的对比研究》、张国雄《明清时期两湖移民问题研究》、张景岳《清代人口西迁与民变》、赵发国《从家谱资料试析清代登莱二府的人口迁移》、傅水火《明清时期寻乌人口迁入及其分析》、苍铭《清代汉族移民入滇原因考》、曾少聪《明清海洋移民的两类宗族组织发展比较》、谢万里《试

---

① 孔立：《清代台湾移民社会的特色》，《台湾研究集刊》1988 年第 2 期。

论明清人口迁移的特点》、姜龙范《清政府移民实边政策与中国
朝鲜族的形成》等。①

---

① 蒋德学：《试论清代贵州的移民》，《人口研究》1983 年第 5 期；刘敏：《论清
代棚民的户籍问题》，《中国社会经济史研究》1983 年第 6 期；胡果文：《论
清代人口膨胀》，《华东师大学报》1984 年第 2 期；万芳珍：《清前期江西棚
民的入籍及土客的矛盾和融合》，《江西大学学报》1985 年第 2 期；徐伯夫：
《清代前期新疆地区的民屯》，《中国史研究》1985 年第 2 期；郭松义：《从宗
谱资料看清代的人口迁徙》，《清史研究通讯》1986 年第 2 期；孔立：《清代
台湾的游民阶层》，《台湾研究集刊》1987 年第 1 期；谭作刚：《清代陕南地
区的移民、农业垦殖与自然环境的恶化》，《中国农史》1987 年第 4 期；华
立：《乾隆年间移民出关与清前期天山北路农业的发展》，《西北史地》1987
年第 4 期；陈支平：《明清福建家族与人口变迁》，《中国经济史研究》1989
年第 3 期；赵广庆：《关于清代山东移民研究》，《东北地方史研究》1989 年
第 3 期；李祖基：《清代台湾边疆移垦社会之特点与妈祖信仰》，《台湾研究
集刊》1990 年第 2 期；何文君：《明至清初江西对湖南人口的迁徙》，《湖南
师范大学社会科学学报》1990 年第 3 期；乔素玲：《清代广东的人口增长与
流迁》，《暨南学报》1990 年第 2 期；刘美崧、吴建新：《明清广东人口流动
概观》，《广东社会科学》1991 年第 2 期；万芳珍：《明末清前期闽粤客家人
迁赣及其对山区的开发》，《萍乡教育学院学报》1991 年第 3 期；张国雄、梅
莉：《明清时期两湖移民的地区特征》，《中国历史地理论丛》1991 年第 4 辑；
张加炎：《明清江汉平原的移民及其阶段性增长》，《中国社会经济史研究》
1992 年第 1 期；蓝勇：《清代三峡地区移民与经济开发》，《史学月刊》1992
年第 5 期；马汝珩、成崇德：《康乾时期人口流动与长城边外开发》，《清史
研究》1993 年第 2 期；罗康隆：《明清两代贵州汉族移民特点的对比研究》，
《贵州社会科学》1993 年第 3 期；张国雄：《明清时期两湖移民问题研究》，
《文献》1994 年第 1 期；张景岳：《清代人口西迁与民变》，《上海社科院学术
季刊》1994 年第 3 期；赵发国：《从家谱资料试析清代登莱二府的人口迁
移》，《中国历史地理论丛》1996 年第 2 期；傅水火：《明清时期寻乌人口迁
入及其分析》，《江西师范大学学报》1997 年第 4 期；苍铭：《清代汉族移民
入滇原因考》，《清史研究》1998 年第 3 期；曾少聪：《明清海洋移民的两类
宗族组织发展比较》，《厦门大学学报》1998 年第 2 期；谢万里：《试论明清
人口迁移的特点》，《内蒙古社会科学》1999 年第 4 期；姜龙范：《清政府移
民实边政策与中国朝鲜族的形成》，《社会科学战线》2000 年第 4 期。

（六）晚清至民国时期（近代）

这一时期有关农村人口流动的研究，有几部著作值得一提：池子华《中国近代流民》[①] 采用整体性研究与区域性研究相结合的手法，对流民现象发生的原因、流民的空间和职业流向、流民对近代中国社会所产生的效应、近代中国如何解决流民问题等，进行了多层次、多角度、跨学科的研究，为第一部以近代流民为研究对象的系统的学术论著；路遇《清代和民国山东移民东北史略》[②] 对山东移民东北的原因、人数、与移出地、移入地社会经济关系作了系统概述，书后附有个案调查的口述资料，亦有参考价值；孙艳魁《苦难的人流——抗日战争时期的难民》[③] 是一部专门研究抗战时期难民潮的著作，对难民的来源、流向、政府与民间社团的难民救济活动等，都有详细论列。相关著作有邹依仁《旧上海人口变迁的研究》、陈达《现代中国人口》、行龙《人口问题与近代社会》、姜涛《中国近代人口史》、蒋伟国《民国三教九流》、姜涛《人口与历史——中国传统人口结构研究》、叶孝慎《上海旧影——移民世界》、池子华《流民史话》等。[④]

---

① 池子华：《中国近代流民》，浙江人民出版社，1996。
② 路遇：《清代和民国山东移民东北史略》，上海社会科学院出版社，1987。
③ 孙艳魁：《苦难的人流——抗日战争时期的难民》，广西师范大学出版社，1994。
④ 邹依仁：《旧上海人口变迁的研究》，上海人民出版社，1980；陈达：《现代中国人口》，天津人民出版社，1981；行龙：《人口问题与近代社会》，人民出版社，1992；姜涛：《中国近代人口史》，浙江人民出版社，1993；蒋伟国：《民国三教九流》，安徽人民出版社，1993；姜涛：《人口与历史——中国传统人口结构研究》，人民出版社，1998；叶孝慎：《上海旧影——移民世界》，上海人民美术出版社，1999；池子华：《流民史话》，社会科学文献出版社，2000。

相关论文有上百篇之多，概述如次。

（1）流民问题。从晚清到民国，为中国社会的转型期，中国从传统走向近代，流民的生成不能不具有时代特色，池子华《近代中国社会的转型与流民现象的发生》、《流民：从传统到近代》①，即揭示了近代社会的转型与流民现象发生的关系。但传统因素依然不能忽视。何清涟《中国近代农村经济破产和人口压力的关系》、汪润元《试论近代以来中国农村中人口对生产力的压迫》、行龙《人口压力与清中叶社会》、周志初《试析清末农村人口问题》、田彤《清代人口危机及对近代社会经济的影响》、黄长义《人口压力与清中叶经济社会的病变》等文②，均强调了人口压迫生产力，大量农村人口被强制脱离物质生产资料沦为流民的事实；徐松荣《略论近代时期山西农村的人口变动》③ 考察了近代山西流民产生的原因及其影响；王印焕《1927～1937年河北流民问题成因探析》④ 认为河北流民的成因

① 池子华：《近代中国社会的转型与流民现象的发生》，《社会科学家》1993年第5期；《流民：从传统到近代》，载周积明、宋德金主编《中国社会史论》上卷，湖北教育出版社，2000。

② 何清涟：《中国近代农村经济破产和人口压力的关系》，《中国农史》1987年第4期；汪润元：《试论近代以来中国农村中人口对生产力的压迫》，《人口研究》1991年第1期；行龙：《人口压力与清中叶社会》，《中国史研究》1992年第4期；周志初：《试析清末农村人口问题》，《江苏社会科学》1993年第1期；田彤：《清代人口危机及对近代社会经济的影响》，《史学月刊》1994年第3期；黄长义：《人口压力与清中叶经济社会的病变》，《江汉论坛》2000年12期。

③ 徐松荣：《略论近代时期山西农村的人口变动》，《山西大学学报》1987年第3期。

④ 王印焕：《1927～1937年河北流民问题成因探析》，《北京师范大学学报》1998年第1期。

主要为帝国主义的经济侵略与繁重的封建剥削、严重的人口压力与阶级分化、频仍的自然灾害、战乱及匪患；池子华《近代农业生产条件的恶化与流民现象》[①] 以淮北地区为例，探讨了农业生产条件的恶化对农村人口流动的"激励"。

流民流向，不外乎从农村到农村的横向流动、从农村到城市的向心流动。池子华《略论中国近代农村雇佣关系的"异质"》认为流民流入农村劳动力市场，强化了雇佣关系的资本主义"异质"；他的《土客冲突的文化学考察》，切入文化学的独特视角，以淮北流民流向江南引发的土客冲突为例，进行深层次探究，揭示出土客冲突的文化意蕴；另篇文章《近代中国流民向城市的"向心"流动》则对流民"向心"运动的轨迹、动机、特征及所从事的职业等进行了深入探究；而其《中国"民工潮"的历史考察》、《"打工妹"的历史考察》、《近代历史上的"打工妹"》[②] 着眼于历史与现实的结合，探索"民工潮"的历史渊源以及向心运动中的女性流民，引起历史学界和社会学界的关注；陈映芳《旧中国移民流及其与劳动市场之关系》[③] 认为流民构成中国产业后备军的主体，由于流民浪潮在劳动力市场上沉淀下大量的失业、待业劳动者，造成了劳动力供求比例的严重失调；

---

① 池子华：《近代农业生产条件的恶化与流民现象》，《中国农史》1999第2期。

② 池子华：《略论中国近代农村雇佣关系的"异质"》，《河北大学学报》1997第2期；《土客冲突的文化学考察》，《河北大学学报》2000年第1期；《近代中国流民向城市的"向心"流动》，《城市史研究》19～20辑，天津社会科学院出版社，2000；《中国"民工潮"的历史考察》，《社会学研究》1998年第4期；《"打工妹"的历史考察》，《光明日报》1999年7月9日；《近代历史上的"打工妹"》，《北京日报》2000年1月17日。

③ 陈映芳：《旧中国移民流及其与劳动市场之关系》，《社会科学》1990年第2期。

王印焕《二三十年代河北农民离村的流向及其社会影响》① 对 20 世纪二三十年代河北农民离村后的流向及其社会影响进行了深入分析。

流民的影响多元复杂，如何进行调节与控制，值得探究。池子华《二三十年代农村工业化取向述论》② 考察了农村工业化取向对解决流民问题的实际效用，认为这条路虽然在近代中国没能走通，但却为当代中国乡镇工业的崛起奠定了理论基础，其时代价值是不言而喻的；王印焕《1928～1937 年河北流民问题的整治及其得失》③ 就这一时期国民党政府、慈善救济机关、个人及社会团体对河北流民问题采取的多项整治措施进行论述。

与流民问题相关的是农民"离村"问题。王文昌《20 世纪 30 年代前期农民离村问题》④ 通过纵向比较和横向分布的考察，指出农民离村的普遍性，并就离村现象的特点、原因、影响进行研究，认为农民离村的特点是农民主要流向城市，但这种流入却与城市工商业凋敝同时发生，因而逃亡色彩浓，其原因则有农业危机加深、繁重的苛捐杂税、连年的战乱及频繁的灾荒，农民离村所造成的社会影响一方面是农业生产受到严重影响，另一方面给近代城市带来社会问题；鲁西奇《中国近代农民离土现象浅析》⑤ 以 1927～1937 年为中心，对近代农民离土情况及离土率进行分析，认为农民离土的重要原因是"经济压力和经济吸力"

---

① 王印焕：《二三十年代河北农民离村的流向及其社会影响》，载中国现代史学会编《二十世纪中国社会史研究》，当代世界出版社，1998。

② 池子华：《二三十年代农村工业化取向述论》，《光明日报》1997 年 12 月 2 日。

③ 王印焕：《1928～1937 年河北流民问题的整治及其得失》，《安徽教育学院学报》2000 年第 2 期。

④ 王文昌：《20 世纪 30 年代前期农民离村问题》，《历史研究》1993 年第 2 期。

⑤ 鲁西奇：《中国近代农民离土现象浅析》，《中国经济史研究》1995 年第 3 期。

引发的，农民离土后主要去向为海外谋生、移垦边区、寄居都市、流离城乡之间；张书廷《论 1928～1936 年中国农民离乡问题》① 对这一时期农民离村人数、去向、社会后果及离乡原因进行探讨；彭南生《也论近代农民离村原因》② 对农民离村的原因做了深入细致的探讨，提出自己的识见。

（2）移民问题。19 世纪中叶以后，我国边疆地区危机四伏。为缓和边疆危机和内地人口压力，清政府和民国政府相继推行移民实边政策，其中东北移民举世瞩目。主要论文有：王晓峰《东北三省近代人口增长浅析》③ 认为近代东北开始大规模开发后，东北人口从 1893～1945 年间增加了 6 倍，由 600 万人增至 4000 万人，究其原因主要为大规模移民；许淑明《清末黑龙江移民与农业开发》④ 对 1904～1911 年间在清政府的东北土地开放政策的鼓励下，黑龙江省各地区的荒地在不同程度得以开垦，改变昔日人际稀少的荒凉景色，并讨论了 1904 年移民的方式主要有垦务局移民、私人及团体组织移民、组织工人集体移民、军队屯垦边区、边哨移民和自发移民等；张利民《"闯关东"移民潮简析》⑤ 对 "闯关东" 的由来、规模及其正负效应进行全面探讨；王杉《浅析民国时期 "闯关东" 运动的时空特征》⑥ 对 1912～1931 年间 "闯关东" 移民在时间和空间上迁移状况进行

① 张书廷：《论 1928～1936 年中国农民离乡问题》，《四川师范大学学报》1995 年第 4 期。

② 彭南生：《也论近代农民离村原因》，《历史研究》1999 年第 6 期。

③ 王晓峰：《东北三省近代人口增长浅析》，《东北亚论坛》2000 年第 4 期。

④ 许淑明：《清末黑龙江移民与农业开发》，《清史研究》1991 年第 2 期。

⑤ 张利民：《"闯关东" 移民潮简析》，《中国社会经济史研究》1998 年第 2 期。

⑥ 王杉：《浅析民国时期 "闯关东" 运动的时空特征》，《民国档案》1999 年第 2 期。

考察，并分析其迁移特征。王润福《二十年代东北移民高峰成因探源》[①] 将 20 世纪 20 年代东北移民高峰的成因归纳为：一是人口压力、封建剥削、社会动荡以及自然灾害造成的艰难生存环境使大批农民离开华北另谋生路，二是东北相对优越的生活条件和地方政府优惠政策的吸引，三是移民高峰的出现既是长期移民惯性运动的结果，也是针对外来侵略势力而采取的一种措施。对东北移民进行探讨的文章还有：路遇《民国年间山东移民东北三省初探》、石方《清朝中期的"京旗移垦"：汉族移民东北及其社会意义》、赵凤彩《二十世纪初叶东北移民浅析》、朱玉湘等《论"九一八"事变后东北地区的关内移民》、吴晓松《东北移民垦殖与近代城市发展》、梁玉多《试析近代黑龙江流域的移民浪潮与经济开发》、马平安和楚双志《移民与新型关东文化——关于近代东北移民社会的一点看法》、张洪祥《近代华北农民"闯关东"的历史功绩》、王杉《民初东北移民社会心态管窥》、《九一八事变前华北与东北间人口流动的特点及影响》等。[②]

---

① 王润福：《二十年代东北移民高峰成因探源》，《辽宁大学学报》1992 年第 5 期。

② 路遇：《民国年间山东移民东北三省初探》，《人口研究》1985 年第 6 期；石方：《清朝中期的"京旗移垦"：汉族移民东北及其社会意义》，《人口学刊》1987 年第 4 期；赵凤彩：《二十世纪初叶东北移民浅析》，《人口学刊》1988 年第 1 期；朱玉湘等：《论"九一八"事变后东北地区的关内移民》，《近代史研究》1992 年第 3 期；吴晓松：《东北移民垦殖与近代城市发展》，《城市规划汇刊》1995 年第 2 期；梁玉多：《试析近代黑龙江流域的移民浪潮与经济开发》，《黑龙江社会科学》1996 年第 5 期；马平安、楚双志：《移民与新型关东文化——关于近代东北移民社会的一点看法》，《辽宁大学学报》1996 年第 5 期；张洪祥：《近代华北农民"闯关东"的历史功绩》，载江沛主编《二十世纪的中国农村社会》，中国档案出版社，1996；王杉：《民初东北移民社会心态管窥》，《社会科学辑刊》1998 年第 5 期、《九一八事变前华北与东北间人口流动的特点及影响》，《学习与探索》1999 年第 1 期。

东北移民问题研究之外，其他地区也有所涉及，如：卢明辉《清末"移民实边"对蒙古社会的影响》、田志和《论清末东部蒙族地区的移民实边问题》、陈育宁《近代内蒙古地区的"移民实边"及其影响》等文①，探讨了内蒙古移民实边政策的具体实施情况及其影响；林仁川、王蒲华《清代福建人口向台湾的流动》② 对有清一代福建人口向台湾的流动作了动态的考察，并探讨移民在台湾开发中的作用。

对移民实边与边疆开发的关系，华立《十八世纪中国的人口流动与边疆开发》作了具体考述；梁玉多《谈我国近代移民对巩固边疆的作用》、张根福《试论近代移民对巩固中国边疆的作用》③ 都认为近代边疆移民筑起一道抵御外来入侵的坚实堡垒，对促进边疆地区经济发展、国防力量的加强以及边疆地区新的行政建置的设立、加强了中华民族的凝聚力都具有不可低估的效用。

移民的向心运动及移民与近代城市的互动关系是学者感兴趣的论题。行龙《略论中国近代的人口城市化问题》、宫玉松《中国近代人口城市化研究》④ 揭示移民与人口城市化、城市近代化

---

① 卢明辉：《清末"移民实边"对蒙古社会的影响》，《内蒙古社会科学》1986年第5期；田志和：《论清末东部蒙族地区的移民实边问题》，《北方文物》1987年第2期；陈育宁：《近代内蒙古地区的"移民实边"及其影响》，《西北史地》1988年第3期。

② 林仁川、王蒲华：《清代福建人口向台湾的流动》，《历史研究》1988年第2期。

③ 华立：《十八世纪中国的人口流动与边疆开发》，《清史研究》1993年第1期；梁玉多：《谈我国近代移民对巩固边疆的作用》，《大庆高等专科学校学报》1994年第1期；张根福：《试论近代移民对巩固中国边疆的作用》，《史学月刊》1997年第5期。

④ 行龙：《略论中国近代的人口城市化问题》，《近代史研究》1989年第1期；宫玉松：《中国近代人口城市化研究》，《中国人口科学》1989年第6期。

的逻辑关系；樊卫国《晚清移民与上海近代城市经济的兴起》① 探讨了上海经济兴起的移民因素；卢汉龙《上海解放前移民特征研究》② 通过社会学调查，剖析解放前上海居民的来源、动因及上海移民的各种社会经济特征；宋钻友《民国时期上海同乡会组织与移民社会关系初探》③ 对同乡组织与同乡移民群体的关系做了深入分析，认为同乡组织扮演了同乡移民群体的自治核心角色；陈文斌《太平天国时期来沪移民的谋生法方式》、《太平天国运动与近代上海第一次移民潮》④，对太平天国在长江中下游地区的军事行动引发流向上海的难民潮进行分析，并将来沪移民的谋生方式分为三类：进行工商业活动、充当一般雇员、从事各类个体劳动自由职业；任银睦《清末民初移民与城市社会现代化：青岛社会现代化个案研究》⑤ 以青岛为个案，指出在清末民初城市社会现代化的进程中，移民因素的影响力得到有力显示，青岛以一沿海偏僻渔村，仅三、四十年时间，发展为拥有30 多万居民的通商都会，成为此类城市人口城市化的典型，人口城市化给青岛输送了多层次的人力资源，多元异质文化在此争相传播。

---

① 樊卫国：《晚清移民与上海近代城市经济的兴起》，《上海经济研究》1992 年第 2 期。
② 卢汉龙：《上海解放前移民特征研究》，《上海社会科学院学术季刊》1995 年第 1 期。
③ 宋钻友：《民国时期上海同乡会组织与移民社会关系初探》，《上海社会科学院学术季刊》1996 年第 3 期。
④ 陈文斌：《太平天国时期来沪移民的谋生法方式》，《社会科学》1997 年第 12 期；《太平天国运动与近代上海第一次移民潮》，《学术月刊》1998 年第 8 期。
⑤ 任银睦：《清末民初移民与城市社会现代化：青岛社会现代化个案研究》，《民国档案》1997 年第 4 期。

尽管近代农村人口流动现象十分普遍，而且流入城市者不绝如缕，但究竟会在多大程度上改变传统人口的城乡结构呢？姜涛《中国近代人口变迁及城乡人口结构的现代启示》认为中国传统的人口城乡结构具有高度的稳定性，近代总体上城市人口的增长并没有超出乡村人口增长的速度，尽管城市近代化成分不断扩大，但并没有真正动摇传统的人口城乡结构。他在另文《近代乡村人口阶级结构稳定性初探》① 中考察了自清初至土地改革前夕的近代乡村人口的阶级结构，对其稳定性问题作了论述，认为清至民国中国乡村社会中两大阶级地主和农民已没有明显的社会等级上的差异，因而人口的增长、土地的不断集中都不是引发社会危机的真正根源。

上述之外，有关这一时期研究农村人口流动的论文还有：刘永濂《我国近代江南地区的移民活动》、彭家礼《十九世纪七十年代后中国劳力资源外流和"猪仔"贩卖的高潮》、郭梁《近代中、印海外移民的性质与特点》、孙业礼《论抗战时期移民与陕甘宁边区的经济发展》、宫玉松《略论中国近代农村人口迁移的特点和性质》、刘正刚《十八世纪广东移民四川路线之考察》、周育民《辛亥革命与游民社会》、王跃生《晚清社会的游民问题》、陈振江《华北游民社会与义和团运动》、王跃生《近代中国人口的地区流动》、樊卫国《晚清沪地移民社会与海派文化的发轫》、周育民《开埠初期上海游民阶层研究》、葛剑雄《移民与中国的现代化》、曹峻、方福祥《近现代上海卢湾区同乡移民

---

① 姜涛：《中国近代人口变迁及城乡人口结构的现代启示》，《战略与管理》1994年第4期；《近代乡村人口阶级结构稳定性初探》，《近代史研究》1994年第3期。

团体的考察》、王国杰《1877～1917 年间中亚陕甘贵族移民的经济活动》、侯春燕《同治回民起义后西北地区人口迁移及影响》、葛剑雄《移民与上海城市文明的发展》、董龙凯《光绪年间黄河变迁与山东人口迁移》、钞晓鸿《晚清时期陕西移民入迁与土客融合》、董龙凯《1855～1874 年黄河漫流与山东人口迁移》、唐润明《抗战时期重庆的人口变迁及影响》、程朝云《抗战初期的难民内迁》、夏明方《抗战时期中国的灾荒与人口迁移》、行龙《近代华北农村人口消长及其流动》、张根福《抗战时期浙江省的人口迁移与地域分布》等。[①]

---

① 刘永濂：《我国近代江南地区的移民活动》，《安徽史志通迅》1983 年第 1 期；彭家礼：《十九世纪七十年代后中国劳力资源外流和"猪仔"贩卖的高潮》，《中国经济史研究》1987 年第 4 期；郭梁：《近代中、印海外移民的性质与特点》，《厦门大学学报》1987 年第 4 期；孙业礼：《论抗战时期移民与陕甘宁边区的经济发展》，《西北大学学报》1988 年第 2 期；宫玉松：《略论中国近代农村人口迁移的特点和性质》，《中国农史》1989 年第 2 期；刘正刚：《十八世纪广东移民四川路线之考察》，《中山大学研究生学报》1990 年第 2 期；周育民：《辛亥革命与游民社会》，《上海师范大学学报》1991 年第 3 期；王跃生：《晚清社会的游民问题》，《学术研究》1991 年第 6 期；陈振江：《华北游民社会与义和团运动》，《历史教学》1991 年第 6 期；王跃生：《近代中国人口的地区流动》，《人口与经济》1991 第 4 期；樊卫国：《晚清沪地移民社会与海派文化的发轫》，《上海社会科学院学术季刊》1992 年第 4 期；周育民：《开埠初期上海游民阶层研究》，《近代史研究》1992 年第 5 期；葛剑雄：《移民与中国的现代化》，《文汇报》1994 年 12 月 18 日；曹峻、方福祥：《近现代上海卢湾区同乡移民团体的考察》，《史林》1995 年第 3 期；王国杰：《1877～1917 年间中亚陕甘贵族移民的经济活动》，《陕西师大学报》1996 年第 4 期；侯春燕：《同治回民起义后西北地区人口迁移及影响》，《山西大学学报》1997 年第 3 期；葛剑雄：《移民与上海城市文明的发展》，《探索与争鸣》1997 年第 4 期；董龙凯：《光绪年间黄河变迁与山东人口迁移》，《中国历史地理论丛》1998 年第 1 期；钞晓鸿：《晚清时期陕西移民入迁与土客融合》，《中国社会经济史研究》1998 年第 1 期；董龙凯：《1855～1874 年黄河漫流与山东人口迁移》，《文史哲》1998 年第 3 期；唐润明：《抗（转下页注）

四 几点意见

自先秦至民国，既有政府强制移民，也有下层民众自发的临时性或永久性的迁移，两种人口流动共同汇成历史上农村人口流动的主流。在20世纪里，从上述可以概见，这一问题的研究获得长足进展，取得丰硕成果，但也存在值得改进之处。

首先是研究的不平衡性。对某一历史时期农村人口流动研究关注较多，成果丰硕，而对另一时期则关注较少，如隋唐五代宋元时期，成果稀少，几乎形成"断层"；中国历史上几次农村人口大流动举世瞩目，吸引众多学者的目光是顺理成章的，但对较小规模的人口流动的研究显得较为冷清，如"走西口"；对战乱、灾荒等非常时期人口流动研究较多，而对平时农村人口流动的研究几乎就是空白；对历代历次农村人口流动驱动力、流向、影响等均有深究，而对流动的主体流民或移民本身则缺乏研究，如此等等。"不平衡性"的存在，意味着未来的研究应该有所侧重。

其次，研究领域有待拓宽。从总体上说，经过一个世纪的积累，中国农村人口流动研究的确是硕果累累，研究领域也在不断拓宽，但仍有进一步开拓的余地，如近代流民问题，宏观或整体研究较为深入，而分区分省研究则不够，移民问题也是如此；农

（接上页注①）战时期重庆的人口变迁及影响》，《重庆师院学报》1998年第3期；程朝云：《抗战初期的难民内迁》，《抗日战争研究》2000年第2期；夏明方：《抗战时期中国的灾荒与人口迁移》，《抗日战争研究》2000年第2期；行龙：《近代华北农村人口消长及其流动》，《历史研究》2000年第4期；张根福：《抗战时期浙江省的人口迁移与地域分布》，《历史研究》2000年第4期。

村人口流动本身研究较多，而对农村人口流动的多边关系亟待拓展，如人口流动与环境的变迁、人口流动与人力资源的开发、人口流动与城乡关系、人口流动与生育文化、人口流动与国际关系等等；缺乏比较研究，纵向的或横向的，均无从谈起，丘本立《从世界史角度研究近代中国移民问题刍议》[1]，是富有启发意义的。只有不断开拓，才能推进这一问题向纵深和宽广发展。

再次，放开视野，进行跨学科研究。中国农村人口流动问题是一个涉及面十分广阔的领域，就事论事，单纯从历史学或人口学或历史地理的角度进行的研究，无助于研究的深入。"新的综合"，即学科之间的交叉、渗透，已为学术研究的大势所趋，中国农村人口流动问题的研究，也应该放开视野，寻找新的结合点，其中最主要的是更新知识结构，引入管理学、社会学、人口资源环境经济学、社会心理学、文化学、人类学、民族学等学科的理论方法，进行跨学科研究，只有这样，才能推陈出新，不断取得新的超越。

总之，中国农村人口流动问题既是一个历史问题，也是一个具有重大现实意义的课题，研究前景广阔。期待在新世纪里有更多的成果呈现。

---

① 丘本立：《从世界史角度研究近代中国移民问题刍议》，《世界历史》1986 年第 3 期。

附录二 灾荒与流民^①

——以 19、20 世纪之交的直隶为中心

19、20 世纪之交的直隶，社会危机、经济危机并发，引发了 1900 年强烈的社会震荡——义和团运动。尽管参加这场运动的社会成分复杂，但农民是运动的主体。农民中，被强制脱离物质生产资料的流民无疑占有相当的比例，因而，要揭示义和团运动的深层的蕴含，不能不研究流民^②。本文梳理有关资料，以揭示流民与灾荒的内在关联，不妥之处，请方家指正。

一

流民是多种因素的"合力"造成的，有内在

---

① 本文系 2005 年 8 月 21 日至 24 日参加在北京举行的"晚清灾荒与中国社会"国际学术研讨会所提交的论文，与李红英合作。今附录于此。

② 流民是指：丧失土地而无所依归的农民；因饥荒年岁或兵灾而流亡他乡的农民；四出求乞的农民；因自然经济解体的推力和城市近代化的吸力而（盲目）流入城市谋生的农民，尽管他们有的可能还保有小块土地。（见拙著《中国近代流民》，浙江人民出版社，1996，第 3 页）

的社会结构性原因，有外国资本主义侵略的原因，有天灾人祸原因，有人口膨胀原因，等等。其中最为直截的"激素"，应该说，莫过于灾荒。

直隶是中国近代史上有数的灾荒频发区之一，灾荒连年，层出不穷。据不完全统计，从 1840～1900 年间，直隶受灾的州县累计达 1918 个，殃及 168260 村庄次，其中，义和团运动前十年，受灾地区共 639 州县次、70375 个村庄[1]，明显高于前五个 10 年的平均数，这意味着直隶灾荒的愈演愈烈和生存环境的不断恶化。

在各类灾害中，水灾和旱灾对直隶的冲击最为严重。

大水为灾，直隶深受其害。自 1840 年以来，直隶水灾不断，灾害之重，程度之深，令人震惊。从 1885～1898 年，直隶连续 14 年发生洪涝灾害[2]，这在全国都是罕见的。水灾，无疑成为威胁直隶民众生产生活的灾害之首。

黄河是历史上决口、泛滥最多的一条河流。"华夏之患，黄河为大。" 1895 年黄河决口，直隶东南部 26 州县被灾，淹毙无算，田产损失不可数计。1896～1900 年，直东南屡被黄祸，开州、东明、长恒等州县被水。[3]

黄河蜿蜒东注由山东入海，只流经直东南一隅，因此，对直隶的冲击还不是很严重。而永定河的经常泛滥，给直隶带来巨大

---

① 根据李文治《中国近代农业史资料》（三联书店，1957）第 1 辑第 733～735 页 "黄河流域六省历年灾荒表" 计算得出。
② 据李文海等《中国近代十大灾荒》（上海人民出版社，1994）附 "中国近代灾荒年表" 统计得出。
③ 《清代黄河流域洪涝档案史料》，中华书局，1993，第 838、846、858、875 页。

的灾难。

永定河为海河的支流，上源为桑干河，源出山西北部，黄土高原泥沙俱下，使永定河河床淤浅，元代就有"小黄河"之称，"以流浊故也"①。夏季一遇暴雨就宣泄不通，造成洪水泛滥，"水势东荡西决，迁徙靡常，浩浩浮沙，所至辄淤，故又有无定河之称。"② 1698 年康熙大兴河工，建筑卢沟桥以下堤堰，赐名"永定河"，但并没有将其驯服。有清一代，永定河溃决 44 次，溢 34 次，徙 8 次。③ 其中晚清七十一年间，据各种资料统计，永定河共发生漫决 33 次，平均接近两年一次④。永定河成了有名的害河。

永定河是直隶境内最主要的河流之一，流经宛平、涿州、良乡、固安、永清、东安、霸州、武清等八州县，绵亘 400 余里，十年九涝，给这一地区造成严重的灾害。谭嗣同在《上欧阳中鹄书》中说："顺直水灾，年年如此，竟成应有之常例。"⑤

1896 年，永定河漫口。"自六月以来，节次大雨，加以上游山水暴发，奔腾汇注，各河同时狂涨，下游宣泄不及，潮白、永定、子牙等河相继溃决，沿河低洼之区，水深数尺至丈余不等，庐舍民田，尽成泽国。"大兴、宛平、东安、武清、永清等三十二州县成灾，居民"荡析离居。"⑥ "本年顺直水势之大，灾情之

---

① 《元史·河渠志》。

② 郑肇经：《中国水利史》，商务印书馆，1939，第 169 页。

③ 《永定河决溢统计表》，见郑肇经：《中国水利史》，商务印书馆，1939，第 185 页。

④ 见李文海等：《晚清的永定河患与顺、直水灾》，载《北京社会科学》1989 年第 3 期。

⑤ 《谭嗣同全集》（增订本）下册，中华书局，1981，第 449 页。

⑥ 《光绪朝东华录》第 4 册，总第 3829 页。

重，实与（光绪）十六、十八、十九等年相等。"①

1898 年，永定河再次决口。水势浩大。直到第二年，仍"一片汪洋，上下百余里，数十村庄，皆在水中"②。同时，滹沱河也"因大雨水势暴涨，漫溢成灾，上下百数十里，南北四、五十里，其间若深州、饶阳、安平、献县、大城各州县境半成巨浸。"统计该年全省"受灾 52 县，重灾之区十室九空，困苦已极。"③

此外，滦河、沙河、大清河、潴龙河、拒马河、南北运河等河流也经常泛滥成灾。如 1895 年，"各河纷纷漫决，平地水深数尺至丈余不等，汪洋一片，民田庐舍多被冲塌，计秋禾灾欠者一百二州县"④；再如 1897 年，"伏秋以后，雨势连绵，各河漫溢，以致顺属之武清、宝坻、宁河，直隶之天津、静海、深州、安州、高阳、饶阳等处洼下之区，多被淹浸。小民困苦颠连，不堪言状。"⑤

连续十四年的大水灾之后，接踵而来的又是 1899～1900 年的严重的大旱灾。

1899 年，受副热带高压影响，雨带久久徘徊在长江流域，迟迟不肯北进，以至直隶久旱不雨，田禾枯萎，大地龟裂，"被灾之区甚广"。总计全省有唐县、武强、昌平、顺义、昌黎、乐亭、清苑、交河、东光、青县、静海、沧州、南皮、灵寿、平

---

① 《录副档》，光绪二十二年七月二十八日王文韶折，转引自李文海等：《中国近代灾荒纪年》，湖南教育出版社，1990，第 616 页。
② 转引自李文海等：《晚清的永定河患与顺、直水灾》，《北京社会科学》1989 年第 3 期，第 101 页。
③ 李文海等：《中国近代灾荒纪年》，湖南教育出版社，1990，第 640 页。
④ 《录副档》，光绪二十年十二月十九日李鸿章折。
⑤ 《朱批档》，光绪二十三年九月十二日王文韶折，见李文海等：《中国近代灾荒纪年》，湖南教育出版社，1990，第 633 页。

乡、邯郸、肥乡、广平、鸡泽、易县、涞水、深州、曲阳、武清、霸州、东安、高阳、安州、献县、天津、宣化、怀来、饶阳等 33 州县遭受旱魃的肆虐。"穷黎困苦，户鲜盖藏。"① 由于亢旱严重，清廷特地降旨祈雨，先后命溥伟、载漪"诣大高殿恭代行礼"②，民间也纷纷设坛祈雨，但不见甘霖。

1900 年，直隶的旱情愈益严重，直隶总督李鸿章奏报：献县、曲周、高阳、沙河、平乡、广宗、永年、肥乡、广平、磁州、元城、大名、隆平、宁晋、饶阳等 15 州县各有数十乃至数百村庄"成灾五、六、七分，及歉收三、四分不等，民情困苦异常"；安州、青县、静海、沧州、南皮、邢台、南和、巨鹿、任县、邯郸、成安、鸡泽、威县、新河、深州等 15 州县也大面积受灾，"歉收三、四分不等"。虽然"总均勘不成灾，但收成既已欠薄，民力不免拮据。"③ 李鸿章的奏报尚不能全面反映直隶旱荒的全豹，如《柏乡县志》载："光绪二十六年，大旱。"④ 又《高邑县志》载："（光绪）二十六年，旱。"⑤ 又《顺义县志》载："（光绪）二十六年，春夏大旱。"⑥ 持续差不多两年的亢旱之后，直隶大部分地区的灾情达到了无以复加的地步，出现了"畿辅大饥，赤地千里，民不聊生"的悲惨景象。

值得注意的是，许多灾害常常同时或相继并发，形成不同形式的灾害链或灾害群。与近代直隶水旱灾害相伴生的，还有瘟疫

---

① 《义和团史料》（上），中国社会科学出版社，1982，第 4~5 页。
② 《光绪朝东华录》第 4 册，总第 4423、4426 页。
③ 李文海等：《中国近代灾荒纪年》，湖南教育出版社，1990，第 667 页。
④ 《民国柏乡县志》（影印本），台湾成文出版社，第 637 页。
⑤ 《民国高邑县志》（影印本），台湾成文出版社，第 402 页。
⑥ 《义和团史料》（下），中国社会科学出版社，1982，第 944 页。

的流行。如 1895 年，在滞留京师的灾民中，"疫疬流行"，"五城月报路毙已三千余人。其内城归步军衙门、顺天府经理者尚不在此数。"① 此外，蝗灾、风灾、霜灾等交替蹂躏，饱经水旱之灾、"民不聊生"的直隶更是雪上加霜。

二

世纪之交的直隶所以灾荒连年，除"天威"这一自然原因外，更重要的还在于"人力"——晚清政治统治的失效和腐败。按孙中山先生的话说，"治河有上计，防洪有绝策，那就是斩了治河官吏的头颅，让黄河自生自灭"；"中国所有一切的灾难，只有一个原因，那就是普遍的又是有系统的贪污，这种贪污是产生饥荒、水灾、疫病的主要原因，同时也是武装盗匪常年猖獗的主要原因。"② 这是不可忽视的社会政治原因。在清朝前期，统治者尚能讲求水利，虽有灾荒，但为害还不是十分严重。而道咸以降，战乱频仍，军需浩繁，河工经费常被侵挪，以致水利不修，河务废弛，永定河、大清河、滹沱河等闸坝堤埝无不损坏。加之各级官吏对河工经费的层层盘剥和营私舞弊以及地方官绅在防洪中不顾大局、以邻为壑，不仅严重削弱防灾、抗灾能力，而且往往造成人为灾害。其如直隶小站水稻灌区，司闸千总每届放水，必"故意留难"，以致沟渠经常干涸，"禾苗枯槁，无旱成旱"③。

---

① 《录副档》，光绪二十一年七月二十九日陕西道监察御史熙麟折，见李文海等：《中国近代灾荒纪年》，湖南教育出版社，1990，第 595 页。
② 孙中山：《中国的现在和未来》，《孙中山全集》第 1 卷，中华书局，1981，第 89 页。
③ 甘厚慈：《北洋公牍类纂·续编》第 20 卷，《直隶营田局详营田沟渠干涸稻秧枯槁请提九宣闸放水文并批》。

1892 年夏，文安县"大雨倾盆，千里堤屡次出险，官民抢护，得保无虞。而高属之骆驼湾潜龙河决口，任属之荷各庄千里堤决口。文民号呼奔走，希冀转危为安。无如任丘县令王蕙兰左袒任民，不思顾全大局，蒙蔽上宪，请发明令，强制文民，既不准筑烹儿湾遥堤，又不许堵线口旧埝，顺水东注，竟以文洼为泄水之区。当道惑之，驱逐堤夫，洪水大至，稼禾已熟，尽付东流，十数万灾民，几无生活之望矣。"① 1897、1898 年间，"因淀民屡扒西堤，以邻为壑，文邑受害，至深且久。"② 1897 年，"宣惠河大水，六七月之交，大雨淋漓，东光沥水为害，将泄水入沧，沧之人防范甚严，初十日东民以巨炮击散沧人之守堤者，遂于灰坝之西掘北堤数丈，水尽泛入沧境。"③ 这样的例子，不胜枚举。天威、人力交煎，给直隶地区带来连绵不断的灾荒。

　　小农经济极端脆弱，经不起天灾人祸的打击。直隶灾荒的愈演愈烈，毫无疑问，给社会生产造成极大的破坏，经济衰退，农村凋敝，大量农民被强制脱离物质生产资料而成为"剩余"，无以为生，只好远走他乡。特别当灾害来临时，农民非死即徙，流民潮于是而涌起。这方面的史实连篇累牍，撷拾即是。如 1895 年，"永平、遵化两处十属州县，去年被水甚重，访查该处近来情形，一村之中举火者不过数家，有并一家而无之者，转徙流离。" 1896 年，东安、武清、永清等县水灾，田庐被淹，居民"荡析离居"；"本年六月以来，大雨时行，永定河水势漫溢，顺直各属被灾，小民荡析离居。"④ 1897 年，"直隶玉田县属淫雨

---

① 《民国文安县志》第 1 卷。

② 李文治：《中国近代农业史资料》第 1 辑，三联书店，1957，第 718 页。

③ 《民国沧县志》（影印本），台湾成文出版社，第 2078 页。

④ 《光绪朝东华录》第 4 册，总第 3584、3829、3834 页。

为灾，黑龙、双城二河同时涨发，小民流离冻馁，情殊可悯。"①
又如，文安"被水十有九年，地方凋敝已极。民生困苦异常，
逃亡者十六，存者不过三四耳。而三四之中，饥寒而死者有之，
果于鱼腹者有之。"② 再如，1899～1900 年的罕见旱荒，给直隶
民众留下刻骨铭心的记忆："旱魃肆厥虐，诗歌云汉章，祈祷一
无验……大田无禾稼……辘轳转饥肠，嗷嗷哀鸿雁，十户九流
亡，老弱转沟壑，壮者散四方……"③ 灾荒与流民，有如形影
者，"每逢灾歉年头，饥民四出，就会有流民潮的出现，大灾大
潮，小灾小潮，以致流民潮的潮起潮落，与灾害的消长成正
比。"④ 直隶灾荒连年，流民潮涌，就成为统治者无法回避的严
峻的社会现实。

面对现实，统治者不能不采取必要的措施"赈抚兼施"。除
蠲缓、平粜之外，主要"赈抚"措施有"开仓放粮"。1898 年，
清廷特颁"上谕"，鉴于"各省常平社仓，久同虚设"，要求
"民间义仓，必应劝办，每处每年积数千石，三年数逾万石，虽
遇奇荒，小民不致失所……各省积谷，为赈荒要政……自应实力
举行。着各督抚严饬所属传谕绅民，广为劝办，不得以一奏塞
责。"⑤ 1900 年大旱，直隶一些地方如大名、顺义等县就"开城
内常平仓及镇社仓接济饥民"⑥。同时，"设法招商广运粮谷以济
民食"。1895 年，署理直隶总督王文韶甚至向四川、两湖、闽

---

① 《清德宗实录》第 428 卷。转引自李文海等：《中国近代灾荒纪年》，湖南教
　育出版社，1990，第 639 页。
② 张国庆：《疏通河淀归复旧制条陈》，《民国文安县志》第 9 卷。
③ 《民国沧县志·文编》（影印本），台湾成文出版社，第 2183 页。
④ 拙著《中国近代流民》，浙江人民出版社，1996，第 51 页。
⑤ 《光绪朝东华录》第 4 册，总第 4063 页。
⑥ 《民国顺义县志》第 26 卷，《祥异》。

浙、云南等总督、巡抚发出了赈济"畿辅灾黎"的求援电报，请求协济。所有这些"急赈"措施，无不着眼于"黎庶不致颠沛流离"①。但由于国库空虚，灾区面积广，杯水车薪，无济于事；加之赈灾过程中贪官劣绅的吃灾卖荒、营私舞弊等情，很难做到实惠及民。赈灾不力，统治者无法改变直隶"流民遍地"的严酷现实。

流民是一个"不安分"的群体。灾荒突然把他们抛出了惯常的生活轨道，使他们成为漂泊者。当他们生活无着、无以谋生时，就会越轨犯禁，转化为社会生活的最不安定者。有位外国传教士明恩溥一眼看出行将来临的社会大振荡，谓"（1899 年）旱情十分严重且波及地区广泛，这是自 1878 年大饥荒以来第一次听说冬小麦没有在华北任何地区播种……土地光秃秃的，无法播种，在这种时候，懒散和不安分的人们准备铤而走险了。"② 毋庸讳言，流民的大量的存在、堆积，既是义和团运动的"乱源"，也理所当然地成为运动的主体。

三

连绵灾荒的肆虐，使成千上万的直隶农民破产失业，生活维艰。为谋生，流民大量外流，颠沛于途。这就很自然地提出流民的流向与归宿问题。

一般认为，所谓流民的流向，是指流民空间位移的方向。我

---

① 《光绪朝东华录》第 4 册，总第 3585 页。

② 《动乱中的中国》第 1 卷，第 219 页。转引自〔美〕周锡瑞：《义和团运动的起源》（张俊义等译），江苏人民出版社，1995，第 286 页。

们认为，流民的流向除空间移动的方向外，还应包括"职业"（谋生手段）流向。这里所谓流民的流向，即指空间流向和职业流向两个方面而言。

直隶流民的流向是多元复杂的，概括起来，主要有以下诸方面。

（一）向心流动

向心流动，也就是流向中心城市，这是省内横向流动之外的最主要的空间流向。

直隶地处天子脚下，为畿辅重地。直隶流民大量涌入京津等中心城市是自然的。京师是"首善之区"，更是流民汇聚猬集之所。《益闻录》报道直隶流民云集京师的实况，说："近京一带州县村庄，经夏日大雨冲刷，河决成灾后，各处鳞塍田亩，青青禾苗，被水浸沙压，无得食。而流离之子，锁尾奔逃，多向京畿而来。成群结队，鹄面鸠形，不可名状。官场发赈开厂，容纳救济，竭蹶不遑。无如赈者殷殷，而啼饥号寒者仍涕泣载途，郑侠流民图，无此惨怛。比日秋尽冬初，凡饥民有子女者，不能养活，均携向街头出卖，计三五岁男女卖钱数百文，十岁上下可以役使卖钱千余文。话别分离之苦，恸哭街头，殊令闻者伤心，见者惨目。"[1] 1895 年，直隶大水为灾，"现在京外（直隶）灾黎，扶老负幼，来京觅食，其鹄面鸠形，贸贸溃乱之状，实属目不忍睹。"[2] 另据瓦德西估计，1900 年京师汇集"失所流离之民，据

---

[1] 《益闻录》第 1326 号，见李文治：《中国近代农业史资料》第 1 辑，三联书店，1957，第 929 页。

[2] 《录副档》，光绪二十一年五月初六日李念兹折，见李文海等：《中国近代灾荒纪年》，湖南教育出版社，1990，第 595 页。

估计约有三十万人，但实际上似或多于此数；散居于该段旁边，大半均在露天之下。"① 天津、唐山、保定等城市，在灾荒年间，也都有大量流民蜂拥而至。

京津等中心城市是工商业中心，无论乞讨、粥场就食，还是寻找临时性的职业，要比在农村地区横向流动，更容易满足生理上的需要。而且，京津地处直隶省境，近在咫尺，这种距离关系，不能不令直隶流民趋之若鹜了。

除了流向中心城市之外，流民的省际流动也很普遍。每逢灾荒，闯关东的直隶流民络绎不绝，流向秦晋的流民也不在少数。如果用"饥民四出"来形容直隶流民的空间流向，是再合适不过的了。背井离乡的空间流向是暂时的，一当灾荒缓解，便回归故乡，重建家园。而且，空间流动只是手段，而不是目的。因此，还必须进一步考察流民的"职业"流向。

（二）乞丐与盗匪

乞讨与抢劫，是相反的谋生方式。而这两种方式，在谋生无门的情况下，经常为流民所采用。从这个意义上说，流民是乞丐、盗匪的最可靠的来源。

流民是一群饥饿的人群。在天灾人祸的打击下，他们走死逃亡，许多流民只好以乞讨为生，或踯躅城市街头，或游移于受灾轻微的农村中，或穿梭往来于城乡之间，忽此忽彼，漂泊不定。这里，"逃荒"与"乞讨"差不多就是同义语。京师、天津是直隶流民的云集之地，当然也是乞讨的主要场所。1895 年，陕西

---

① 《瓦德西拳乱日记》，《中国近代史资料丛刊·义和团》第 3 册，神州国光社，1951，第 18 页。

道监察御史熙麟折称，流入京师的直隶灾民"沿门行乞，随车拜跪者有之"①。同年，康有为在《上清帝第二书》中也说，"京师四方观望，而乞丐遍地。"② 不仅如此，就连铁路沿线，也有无数乞丐蚁附。1895年3月24日的《申报》报道，因冀东灾荒，流民流为乞丐者众多，"附车各村落，一过糖坊，上至胥各庄唐山林西洼里，每一停车，饥民男女，鹄面鸠形，随客乞钱，如猬之集。"③

流民是社会生活的最不安定者。当他们为饥饿所迫濒临绝境时，就会越轨犯禁，为盗为匪，给社会秩序以冲击。"王法难犯，饥饿难当。"饥民聚众抢粮，"盗案迭出"，是灾荒期见怪不怪的现象。这样的例子，在官书中连篇累牍，举不胜举。如1895年御使李念兹奏称，永平、遵化两府州属大水为灾，饥民"转徙流离，懦弱者，闯入人家就食，凶悍者，结伙成群，专抢囤积，名曰分粮"；献县"村民藉灾滋事……毁堤殴官抢局，实属肆行无忌"；1896年献县"贼首伍五等率党持械劫夺行旅……居民被劫者不知凡几。"④ 直隶"畿辅重地，盗贼如此横行"，朝廷深以为忧。"上谕"说，"直隶盗贼充斥，日甚一日，抢劫之案，层见叠出。畿辅万方辐辏，行旅皆有戒心。从前辎重多者每至被劫，近则一肩行李亦多不免；从前抢劫多在昏夜，近则白昼肆行强暴；旱路则骑马持械，倏忽往来；水路则沿船搜脏，冒充官役，顺天、保定、天津、河间等属，所在皆有，而莫甚于深、冀两州。盗贼同伙百十人或四五十人或二三十人，公行抢劫，毫

---

① 见李文海等：《中国近代灾荒纪年》，湖南教育出版社，1990，第595页。
② 《康有为政论集》（上），中华书局，1981，第129页。
③ 李文治：《中国近代农业史资料》第1辑，三联书店，1957，第738页。
④ 见《光绪朝东华录》第4册，总第3584、3618、3915页。

无顾忌，倘不得财物，则掳掠人口以去，女则价卖，男则关禁勒赎，即行杀害……盗贼朋行抢劫而莫敢谁何。现在饥民遍野，游勇成群，不加惩治，必至日聚日多，养成巨患。……着王文韶严饬各府州县认真缉捕，勿得徒托空文，纵令捕役养贼图利。倘有怠玩不职之员，立即参办，务期盗风日戢，闾阎安堵，用副除暴安良至意。"① 由此亦可窥见直隶"盗匪"问题之严重。

灾荒频仍，流民遍地，地方不靖。为恢复畿辅地方的有序统治，朝廷屡颁谕旨，要求推广"保甲"之法，"以期民情固结，奸宄无从匿迹"。直隶总督裕禄"实心办理"，"或分乡择派绅董，或按村设立首事，清查户口，挨户悬牌，并劝联庄，或三五村为一联，或以十余村为一联，守望相助……务期匪徒敛迹，民户相安，以靖盗风而弭隐患。"② 尽管统治者殚精竭虑，厉行高压政策，但并不能改变"盗案迭出"的局面，饥荒——越轨犯禁的根源——不能消除，再严厉的"铁血政策"都软弱无力。

（三）在教民与拳民之间

教民和拳民（义和拳），众所周知，亦几乎是相互对立的群体。所谓"民教冲突"，很大程度就是指两者之间的紧张关系而言。然而，对流民而言，都是争附的对象。实际上，在饥饿机制的驱动下，流民可以加入任何组织，盗匪也好，教民也好，拳民也好，只要能够满足生理需要。"（直隶）整个地区充斥着饥饿、不满和绝望的游民，他们……准备加入任何组织。"③ 这段对

---

① 《光绪朝东华录》第 4 册，总第 3633 页。
② 《光绪朝东华录》第 4 册，总第 4262～4263 页。
③ 《美国外交文书》第 122 页，转引自〔美〕周锡瑞：《义和团运动的起源》（张俊义等译），江苏人民出版社，1995，第 286 页。

1899～1900 年直隶旱灾期间流民动向的观察，应该承认，是客观的。教民、拳民组织，因饥饿流民的大量加入，得到膨胀性发展。

先看教民团体。根据入教动机，曾有人把教民分成三类：第一类是基督的真正信仰者；第二类是"吃教"者，或因生活无着而入教，或为地痞流氓被收买入教；第三类是"仗教"者，即借教会势力保护个人或家族利益，多为地主士绅。^① 其中，第二类人居于绝对多数。这与传教政策密切相关。传教士为在直隶发展教会势力，往往乘灾荒之机，施舍药品、食物、钱物等，以广招徕。这对饥寒交迫的流民来说，不能不产生巨大的吸附力。"一时下流社会贪图目前小利领洗入教"^② 者，颇不乏人。至于基督真谛如何，无暇顾及，或根本不愿顾及。因此，直隶下层社会中到处流行类似歌谣："为什么要入教，为了六块北洋造（银元），花完再往神甫要，神甫不给就退教"；"为什么要奉教，为的是三块北洋造，量小米，买山药（红薯），吃完就反教"；"奉教，奉教，为的是六块北洋造，量小米，买山药，吃完了再反教。"^③ 流民入教的动机可谓昭然若揭。

教会势力毕竟有帝国主义背景，在民教冲突此起彼伏的时代，流民入教完成身份的转变，似乎不能谓毫无顾忌，但吃灾卖荒等腐败行为，不啻为渊驱鱼。张黎辉所辑《义和团运动散记》中有一则《教民问答》，或可窥见流民入教心态："中户贫民，岁丰仅足自给，水旱偏灾，民有鬻子女以偿赋税者矣。甚者，凶

① 见顾长声：《传教士与近代中国》，上海人民出版社，1981，第133页。
② 《民国顺义县志》第12卷，《风土志》。
③ 王广运主编《义和团廊坊大捷》，中国文史出版社，1992，第48、198、336页。

荒之形既见，长吏不惟不恤之，而先期开征，迫民完纳；及恩诏
蠲免而已入私囊，不可复得。上泽不下流，民于是不知君而仇
吏。民疾官也甚则视入教也轻。"① 流民轻于入教，诚非得已。

如果说流民入教是为了求得一饱，那么，他们中的一部分流
为拳民，同样是为了满足这"第一需要"——果腹。有关方面
的情况，史籍中随处可见。我们不妨多摘引几段，以见其实。

《综论义和团》："北方久罹河患，今年（1900 年）又久旱，
不能播种，农夫仰屋兴嗟，束手无策，以致附从团匪者，实繁有
徒。"②

《拳事杂记》："今年顺、直一带，雨水极少，麦苗尽槁，民
气颇为不靖……该匪起衅，亦由饥民附从所致。"③

《劝诫义和团》："劝人莫习义和拳，拳法神妙皆讹传……于
今直隶多饥民，纷纷学习遂成群。"④

《清河县志》："光绪庚子义和拳起，村人以久旱糊口无着，
欲从之游，既成议矣。"⑤

《柏乡县志》："尔（义和拳——引者）等皆饥民耳。"⑥

《威县志》："是时岁大无（旱），贫民无以聊生，争附和拳
民。"⑦

---

① 《义和团史料》上册，中国社会科学出版社，1982，第 258 页。
② 佚名：《综论义和团》，《义和团史料》上册，中国社会科学出版社，1982，第 172 页。
③ 〔日〕佐原笃介：《拳事杂记》，《中国近代史资料丛刊·义和团》第 1 册，神州国光社，1951，第 244 页。
④ 《义和团史料》上册，中国社会科学出版社，1982，第 203 页。
⑤ 《民国清河县志》第 11 卷，《人物志》。
⑥ 《民国柏乡县志》第 10 卷，《史事》。
⑦ 《民国威县志》第 11 卷，《人物志》。

　　这里不厌烦琐，列举多条史料，无非想证明我们所提出的论点。如果没有灾荒的肆虐、饥饿流民遍地，很难设想会演化为轰轰烈烈的义和团运动。我们提出这一观点，无意否认义和团反帝反封建的性质。但满足生理需要，我们认为，是第一位的。"游手之民，一经习拳，皆得窃食其间，是以愈聚愈众。"① 这里的因果关系是显而易见的。这就难怪"拳匪肇衅时，面皆菜色"②了。

　　流民大军是一支盲动的巨大力量。在饥饿机制的驱使下，他们大量投身义和拳（团），为义和团运动的大规模展开提供了主要依靠力量，同时也为这场运动增添了许多"盲动"色彩。这是我们应该正视的。

---

① 何子宽：《义和拳陈锅元讯供保释案》，《义和团运动史料丛编》第 1 辑，第 252 页。

② 《义和团史料》上册，中国社会科学出版社，1982，第 189 页。

附录三　主要参考文献

（一）参考书目

李文治：《中国近代农业史资料》第 1 辑，北京，三联书店，1957。

章有义：《中国近代农业史资料》第 2、3 辑，北京，三联书店，1957。

孙毓棠：《中国近代工业史资料》第 1 辑，北京，科学出版社，1957。

汪敬虞：《中国近代工业史资料》第 2 辑，北京，科学出版社，1957。

陈真、姚洛：《中国近代工业史资料》，北京，三联书店，1957。

彭泽益：《中国近代手工业史资料》，北京，三联书店，1957。

梁方仲：《中国历代户口、田地、田赋统计》，上海人民出版社，1993。

朱寿朋：《光绪朝东华录》，北京，中华书局，1984。

李文海等：《近代中国灾荒纪年》，长沙，湖南教育出版社，

1990。

李文海等：《近代中国灾荒纪年续编》，长沙，湖南教育出版社，1993。

李文海主编《民国时期社会调查丛编：人口卷》，福州，福建教育出版社，2004。

李文海主编《民国时期社会调查丛编：底边社会卷》，福州，福建教育出版社，2005。

李文海主编《民国时期社会调查丛编：城市（劳工）生活卷》，福州，福建教育出版社，2005。

李文海主编《民国时期社会调查丛编：社会保障卷》，福州，福建教育出版社，2004。

李文海主编《民国时期社会调查丛编：乡村社会卷》，福州，福建教育出版社，2005。

赵尔巽等：《清史稿》，北京，中华书局，1977。

张应昌：《清诗铎》，北京，中华书局，1960。

奕䜣、朱学勤等：《剿平捻匪方略》，同治十一年刊。

奕䜣、朱学勤等：《剿平粤匪方略》，同治十一年刊。

中国史学会主编《中国近代史资料丛刊·捻军》，上海，神州国光社，1953。

中国史学会主编《中国近代史资料丛刊·太平天国》，上海，神州国光社，1952。

江世荣编《捻军史料丛刊》，北京，商务印书馆，1957。

聂崇岐编《捻军资料别集》，上海人民出版社，1958。

尹耕云等《豫军纪略》，同治十一年刊。

佚名：《山东军兴纪略》，同治十一年刊

张瑞墀：《两淮戡乱记》，宣统元年刊。

佚名：《江河南发匪志记》，未刊抄本。

王闿运：《湘军志》，光绪十一年刊。

王定安：《求阙斋弟子记》，光绪二年刊。

郭廷一：《太平天国史事日志》，上海书店，1986。

中国科学院历史所编《太平天国资料》，北京，科学出版社，1959。

太平天国历史博物馆编《太平天国史料丛编简辑》，北京，中华书局，1962。

人民出版社编《中国现代史资料丛刊·第一次国内革命战争时期的农民运动》，北京，人民出版社，1953。

人民出版社编《中国现代史资料丛刊·第一次国内革命战争时期的工人运动》，北京，人民出版社，1954。

中央大学经济资料室：《田赋附加税调查》，上海，商务印书馆，1935。

徐珂：《清稗类钞》，北京，中华书局，1986。

冯和法：《中国农村经济资料》，台湾华世出版社，1978。

冯和法：《中国农村经济资料续编》，台湾华世出版社，1978。

上海通社编《上海研究资料》，上海书店，1984。

上海通社编《上海研究资料续集》，上海书店，1984。

徐雪筠等：《上海近代社会经济发展概况（1882～1931）——〈海关十年报告〉译编》，上海社会科学院出版社，1985。

刘明逵：《中国工人阶级历史状况》第1卷，北京，中央党校出版社，1985。

刘明逵、唐玉良主编《中国近代工人阶级和工人运动》，北京，中央党校出版社，2002。

杨子慧主编《中国历代人口统计资料研究》，北京，改革出版社，1996。

黄苇：《近代上海地区方志经济史料选辑》，上海人民出版社，1984。

陈翰笙：《华工出国史料汇编》，北京，中华书局，1985。

胡朴安：《中华全国风俗志》，郑州，中州古籍出版社，1990。

《河北文史资料》编辑部编《近代中国土匪实录》，北京，群众出版社，1992。

《文史精华》编辑部编《近代中国江湖秘闻》，石家庄，河北人民出版社，1997。

水利电力部水管司、水利水电科学研究院：《清代淮河流域洪涝档案史料》，北京，中华书局，1988。

水利电力部水管司、水利水电科学研究院：《清代黄河流域洪涝档案史料》，北京，中华书局，1993。

水利电力部水管司、水利水电科学研究院：《清代海河滦河洪涝档案史料》，北京，中华书局，1981。

中国第一历史档案馆、北京师范大学历史系选编《辛亥革命前十年间民变档案史料》，北京，中华书局，1985。

中国史学会济南分会编：《山东近代史资料》第 1 分册，济南，山东人民出版社，1957。

贺长龄：《清经世文编》，北京，中华书局，1992。

张集馨：《道咸宦海见闻录》，北京，中华书局，1981。

薛福成：《庸庵笔记》，南京，江苏人民出版社，1983。

袁甲三：《袁端敏公集》，宣统三年刊。

方浚师：《退一步斋集》，光绪十八年刊。

陶澍：《陶文毅公全集》，道光二十年刊。

周天爵：《周文忠公尺牍》，同治七年刊。

罗荣渠主编《从"西化"到现代化——五四以来有关中国的文化趋向和发展道路论争文选》，北京大学出版社，1990。

东南大学：《江苏省农业调查录》，南京，江苏省教育实业联合会，1925。

农村复兴委员会：《江苏省农村调查》，上海，商务印书馆，1934。

华东军政委员会土地改革委员会：《安徽省农村调查》，1952，内部出版。

华东军政委员会土地改革委员会：《江苏省农村调查》，1952，内部出版。

华东军政委员会土地改革委员会：《山东省华东各大中城市郊区农村调查》，1952，内部出版。

曾养甫等：《十年来之中国经济建设：1927～1936年》，南京，扶轮日报社，1937。

吴坤修等：《重修安徽通志》，光绪七年刊。

王培棠：《江苏省乡土志》，民国二十七年刊。

黄佩兰等：《涡阳风土记》，民国十三年刊。

石成之：《涡阳县志》，同治三年编印。

黄佩兰等：《涡阳县志》，民国十四年刊。

袁登庸等：《亳州志》，光绪二十年刊。

于振江等：《蒙城县志书》，民国四年刊。

李道章等：《颍上县志》，光绪三年刊。

丁逊之等：《宿州志》，光绪十五年刊。

葛荫南等:《寿州志》,光绪十六年刊。

葛荫南等:《凤台县志》,光绪十九年刊。

胡赞采等:《永城县志》,光绪二十七年刊。

黎德芬等:《夏邑县志》,民国九年刊。

刘盼遂等:《太康县志》,民国二十二年刊。

熊灿等:《扶沟县志》,光绪十九年刊。

魏松声等:《正阳县志》,民国二十五年刊。

杨修田等:《光州志》,光绪十三年刊。

张仲炘等:《湖北通志》,民国十年刊。

陈锦等:《罗田县志》,光绪六年刊。

刘庠策等:《徐州府志》,同治十三年刊。

段广瀛等:《续萧县志》,光绪元年刊。

赵锡蕃等:《沛县志》,民国七年刊。

吴昆田等:《淮安府志》,光绪十年刊。

唐烜等:《济宁直隶州续志》,民国五年刊。

叶道源等:《菏泽县志》,光绪十年刊。

孟广来等:《曹县志》,光绪十年刊。

胡建枢等:《郓城志》,光绪十九年刊。

李经野等:《单县志》,民国十八年刊。

曹恒等:《定陶县志》,民国五年刊。

柯象峰:《中国贫穷问题》,南京,正中书局,1935。

翟克:《中国农村问题之研究》,广州,国立中山大学出版部,1933。

朱新繁:《中国农村经济关系及其特质》,上海,新生命书局,1930。

董成勋：《中国农村复兴问题》，上海，世界书局，1935。

黑山、徐正学：《农村问题——中国农村崩溃原因的研究》，南京，中国农村复兴委员会，1934。

千家驹：《中国农村经济论文集》，上海，中华书局，1936。

王寅生：《中国北部的兵差与农民》，南京，中央研究院社会科学研究所，1931。

朱其华：《中国农村经济的透视》，上海，中国研究书店，1936。

金轮海：《中国农村经济研究》，上海，中华书局，1937。

马超俊：《中国劳工运动史》，上海，商务印书馆，1942。

陈正谟：《各省农工雇佣习惯及需供状况》，南京，中山文化教育馆，1935。

冯紫岗：《农民问题概论》，南京，岐山书店，1929。

杨开道：《农村社会学》，上海，世界书局，1929。

陈达：《南洋华侨与闽粤社会》，上海，商务印书馆，1938。

孙本文：《现代中国社会问题》，上海，商务印书馆，1943。

陈彩章：《中国历代人口变迁之研究》，上海，商务印书馆，1946。

浩平：《中国农民离村问题之研究》，上海，民众运动月刊社，1933。

钱亦石等：《中国农村问题》，上海，中华书局，1935。

吴景超：《都市社会学》，上海，世界书局，1929。

吴景超：《第四种国家的出路》，上海，商务印书馆，1937。

鲍祖宝：《娼妓问题》，上海，女子书店，1935。

郭真：《中国农民问题论》，上海，平凡书局，1929。

王仲鸣等：《中国农民问题与农民运动》，上海，平凡书局，

1929。

　　中国社会学会编《中国人口问题》，上海，世界书局，1932。

　　郭汉鸣、洪瑞坚：《安徽省之土地分配与租佃制度》，南京，正中书局，1936。

　　吴济生：《新都见闻录》，上海，光明书局，1940。

　　国民党政府主计处统计局：《中国土地问题之统计分析》，南京，正中书局，1941。

　　解树民：《中国的农民运动》，上海，中华书局，1949。

　　赵清主编《社会问题的历史考察》，成都出版社，1992。

　　罗彤华：《汉代的流民问题》，台北，学生书局，1989。

　　葛剑雄等：《简明中国移民史》，福州，福建人民出版社，1993。

　　李衡眉主编《移民史论集》，济南，齐鲁书社，1998。

　　费孝通：《费孝通选集》，天津人民出版社，1988。

　　邹依仁：《旧上海人口变迁的研究》，上海人民出版社，1980。

　　严景耀：《中国的犯罪问题与社会变迁的关系》，北京大学出版社，1986。

　　许涤新、吴承明主编《中国资本主义发展史》第 2 卷，北京，人民出版社，1990。

　　薛暮桥：《旧中国的农村经济》，北京，农业出版社，1980。

　　薛暮桥：《薛暮桥学术论著自选集》，北京师范学院出版社，1992。

　　赵文林、谢淑君：《中国人口史》，北京，人民出版社，1988。

　　行龙：《人口问题与近代社会》，北京，人民出版社，1992。

何清涟：《人口：中国的悬剑》，成都，四川人民出版社，1988。

姜涛：《中国近代人口史》，杭州，浙江人民出版社，1993。

胡焕庸：《论中国人口之分布》，上海，华东师范大学出版社，1983。

乔志强主编《中国近代社会史》，北京，人民出版社，1992。

路遇：《清代和民国山东移民东北史略》，上海社会科学院出版社，1987。

中国人民政治协商会议全国委员会文史资料委员会编《孙晓村纪念文集》，北京，中国文史出版社，1993。

周谷城：《中国社会史论》，济南，齐鲁书社，1988。

邓云特：《中国救荒史》，上海书店，1984。

冯柳堂：《中国历代民食政策史》，北京，商务印书馆，1998。

李文海、周源：《灾荒与饥馑：1840～1919》，北京，高等教育出版社，1991。

夏明方：《民国时期自然灾害与乡村社会》，北京，中华书局，2000。

茅家琦等：《横看成岭侧成峰——长江下游城市近代化的轨迹》，南京，江苏人民出版社，1993。

郁慕侠：《上海鳞爪》，上海书店出版社，1998。

唐振常主编《上海史》，上海人民出版社，1990。

石方：《中国人口迁移史稿》，哈尔滨，黑龙江人民出版社，1990。

王学泰：《游民文化与中国社会》，北京，学苑出版社，

1999。

李长傅：《中国殖民史》，上海书店，1984。

李梦白、胡欣等：《流动人口对大城市发展的影响及对策》，北京，经济日报出版社，1991。

吴泽主编《华侨史研究论集》，上海，华东师范大学，1984。

皮明麻主编《近代武汉城市史》，北京，中国社会科学出版社，1993。

蒋伟国：《民国三教九流》，合肥，安徽人民出版社，1993。

曲彦斌：《中国乞丐史》，上海文艺出版社，1990。

金其铭等：《中国人文地理概论》，西安，陕西人民教育出版社，1990。

程歗：《晚清乡土意识》，北京，中国人民大学出版社，1990。

王书奴：《中国娼妓史》，上海三联书店，1988。

孙国群：《旧上海娼妓秘史》，郑州，河南人民出版社，1988。

蔡少卿主编《民国时期的土匪》，北京，中国人民大学出版社，1993。

陈正祥：《中国文化地理》，北京，三联书店，1983。

马俊亚：《混合与发展——江南地区传统社会经济的现代演变（1900～1950）》，北京，社会科学文献出版社，2003。

王树槐：《中国现代化的区域研究：江苏省》，台湾"中央"研究院近代史所，1984。

谢国兴：《中国现代化的区域研究：安徽省》，台湾"中央"研究院近代史所，1991。

陈达：《现代中国人口》，天津人民出版社，1981。

陈达：《人口问题》，《民国丛书》第 1 编之"十九"，上海书店，1989。

王亚南：《中国半封建半殖民地经济形态研究》，北京，人民出版社，1957。

王建初、孙茂生主编《中国工人运动史》，沈阳，辽宁人民出版社，1987。

上海社会科学院经济所城市经济组：《上海棚户区的变迁》，上海人民出版社，1962。

张静如、刘志强主编《北洋军阀统治时期中国社会之变迁》，北京，中国人民大学出版社，1992。

路遇主编《山东人口迁移和城镇化研究》，济南，山东大学出版社，1988。

安徽省地方志办公室编《安徽水灾备忘录》，合肥，黄山书社，1991。

江地：《捻军史论丛》，北京，人民出版社，1981。

江地：《捻军史研究与调查》，济南，齐鲁书社，1986。

江地：《清史与近代史论稿》，重庆出版社，1988。

马昌华：《捻军调查与研究》，合肥，安徽人民出版社，1992。

安徽科学分院哲学社会科学研究所历史研究室近代史组：《关于捻军的几个问题》，合肥，安徽人民出版社，1960。

陈华：《捻乱之研究》，台北，"国立"台湾大学出版委员会，1979。

柯上达：《捻乱及清代之治捻》，台北，文史哲出版社，1988。

徐川一:《太平天国安徽省史稿》,合肥,安徽人民出版社,1991。

茅家琦主编《太平天国通史》,南京大学出版社,1991。

罗尔纲:《太平天国史稿》,北京,中华书局,1955。

沈嘉荣:《太平天国史略》,南京出版社,1992。

贾熟村:《太平天国时期的地主阶级》,南宁,广西人民出版社,1991。

牟安世:《太平天国》,上海人民出版社,1959。

曹幸穗等:《民国时期的农业》,《江苏文史资料》编辑部,1993。

郑肇经:《中国水利史》,上海书店,1984。

钱俊瑞:《钱俊瑞选集》,太原,山西人民出版社,1986。

陈翰笙:《陈翰笙文集》,北京,商务印书馆,1999。

赵靖主编《穆藕初文集》,北京大学出版社,1995。

胡焕庸:《中国人口史》,北京,中国财政经济出版社,1991。

傅筑夫:《中国经济史论丛》,北京,三联书店,1980。

陈家骥主编《中国农民的分化与流动》,北京,农村读物出版社,1990。

陈达:《现代中国人口》,天津人民出版社,1981。

司马云杰:《文化社会学》,济南,山东人民出版社,1987。

萧扬、胡志明主编《文化学导论》,石家庄,河北教育出版社,1989。

张海鹏、王廷元主编《明清徽商资料选编》,合肥,黄山书社,1985。

林语堂:《中国人》,杭州,浙江人民出版社,1988。

赵文林主编《旧中国的黑社会》，北京，华夏出版社，1987。

陈旭麓：《近代中国的新陈代谢》，上海人民出版社，1992。

蔡少卿：《中国近代会党史》，北京，中华书局，1987。

蔡少卿：《中国秘密社会》，杭州，浙江人民出版社，1989。

胡焕庸、张善余：《中国人口地理》，上海，华东师范大学出版社，1984。

何一民主编《近代中国城市发展与社会变迁（1840～1949)》，北京，科学出版社，2004。

汪汉忠：《灾害、社会与现代化——以苏北民国时期为中心的考察》，北京，社会科学文献出版社，2005。

李泽平等编著《民国野史大观·淮北盐务》，南京，江苏文艺出版社，1996。

小田：《江南乡镇社会的近代转型》，北京，中国商业出版社，1997。

邓伟志编《当代"城市病"》，北京，中国青年出版社，2003。

谷迎春主编《中国的城市"病"》，北京，中国国际广播出版社，1989。

南京师范学院地理系江苏地理研究室编《江苏城市历史地理》，南京，江苏科技出版社，1982。

池子华：《曾国藩传》，合肥，安徽人民出版社，1997。

池子华：《晚清枭雄苗沛霖》，合肥，安徽人民出版社，1999。

池子华：《张乐行评传》，保定，河北大学出版社，1999。

池子华：《幻灭与觉醒——咸丰十一年实纪》，保定，河北大学出版社，1999。

　池子华：《中国流民史：近代卷》，合肥，安徽人民出版社，2001。

　池子华：《流民问题与社会控制》，南宁广西人民出版社，2001。

　池子华、朱琳：《中国历代流民生活掠影》，沈阳出版社，2004。

　池子华：《红十字与近代中国》，合肥，安徽人民出版社，2004。

　〔日〕田中忠夫：《中国农业经济研究》，汪馥泉译，上海，大东书局，1934。

　〔日〕长野郎：《中国土地制度的研究》，强我译，上海，神州国光社，1930。

　〔日〕马札亚尔：《中国农村经济研究》，陈代青等译，上海，神州国光社，1930。

　〔美〕陶内：《中国之农业与工业》，陶振誉编译，南京，正中书局，1937。

　〔美〕马罗立：《饥荒的中国》，吴鹏飞译，上海，民智书局，1929。

　〔日〕长野朗：《中国社会组织》，朱家清译，上海，光明书局，1930。

　〔美〕卜凯：《中国的土地利用》，张履鸾译，南京，金陵大学农业经济系，1941。

　〔日〕饭田茂三郎：《中国人口问题研究》，洪炎秋等译，北京，人人书店，1934。

〔日〕河西太一郎：《农民问题研究》，周亚屏译，（出版社不详），1927。

〔美〕黄宗智：《华北的小农经济与社会变迁》，北京，中华书局，1986。

〔美〕珀金斯：《中国农业的发展：1368～1968》，宋海文等译，上海人民出版社，1984。

〔美〕道格拉斯等：《越轨社会学概论》，张宁等译，石家庄，河北人民出版社，1987。

〔英〕贝思飞：《民国时期的土匪》，徐有威等译，上海人民出版社，1992。

〔美〕费正清主编《剑桥中国晚清史》，中国社会科学院历史研究所编译室译，北京，中国社会科学出版社，1994。

〔美〕费正清主编《剑桥中华民国史》，章建刚等译，上海人民出版社，1995。

〔美〕韩起澜：《苏北人在上海，1850～1980》，卢明华译，上海古籍出版社，2004。

〔法〕安克强：《上海妓女——19～20世纪中国的卖淫与性》，袁燮铭等译，上海古籍出版社，2004。

〔日〕小浜正子：《近代上海的公共性与国家》，葛涛译，上海古籍出版社，2003。

〔美〕顾德曼：《家乡、城市和国家——上海的地缘网络与认同，1853～1937》，宋钻友译，上海古籍出版社，2004。

〔美〕卢汉超：《霓虹灯外——20世纪初日常生活中的上海》，段炼等译，上海古籍出版社，2004。

〔美〕魏斐德：《上海警察：1927～1937》，章红等译，上海古籍出版社，2004。

〔美〕裴宜理:《上海罢工:中国工人政治研究》,刘平译,南京,江苏人民出版社,2001。

〔美〕贺萧:《危险的愉悦——20世纪上海的娼妓问题与现代性》,韩敏中等译,南京,江苏人民出版社,2003。

〔澳〕菲茨杰拉尔德:《为什么去中国——1923~1950年在中国的回忆》,郇忠等译,济南,山东画报出版社,2004。

〔美〕费正清、赖肖尔:《中国:传统与变革》,陈仲丹等译,南京,江苏人民出版社,1992。

〔美〕英格尔斯:《人的现代化》,殷陆君编译,成都,四川人民出版社,1985。

〔日〕西村真次:《文化移动论》,李宝瑄译,上海文化出版社,1989。

(二) 参考论文

饶涤生:《日趋严重的农民离村问题》,《申报月刊》第4卷第12号。

张觉人:《农民离村原因的研究》,《中国经济》第3卷第7期。

许涤新:《农村破产中底农民生计问题》,《东方杂志》第32卷第1号。

吴泽霖:《中国的贫穷问题》,《申报月刊》第3卷第7期。

邹枋:《中国田赋附加的种类》,《东方杂志》第31卷第14号。

孙晓村:《苛捐杂税报告》,《农村复兴委员会会报》第12号。

朱学诗:《从挽救农村经济说到农村合作的功能》,《农村经济》第 2 卷第 8 期。

董汝舟：《中国农村经济的破产》，《东方杂志》第 29 卷第 7 号。

董汝舟：《中国农民离村问题之检讨》，《新中华》第 1 卷第 9 期。

张介侯：《淮北农民之生活状况》，《东方杂志》第 24 卷第 16 号。

汪疑今：《中国近代人口移动之经济研究》，《中国经济》第 4 卷第 5 期。

刘选民：《清代东三省移民与开垦》，《史学年报》第 2 卷第 5 期。

朱契：《满洲移民的历史与现状》，《东方杂志》第 25 卷第 12 号。

蔡斌咸：《从农村破产所挤出来的人力车夫问题》，《东方杂志》第 32 卷第 16 号。

郭崇阶：《上海市的人力车问题》，《社会半月刊》创刊号。

遁庐：《皖北阜阳亳寿三县之风习》，《申报月刊》第 4 卷第 1 号。

朱仲琴：《海属社会面面观》，《新青年》第 8 卷第 5 号。

陈冷僧：《上海乞丐问题的探讨》，《社会半月刊》第 1 卷第 6 期。

吴文晖：《灾荒与中国人口问题》，《中国实业》第 1 卷第 10 期。

碧茵：《娼妓问题之检讨》，《东方杂志》第 32 卷第 17 号。

吴至信：《中国农民离村问题》，《东方杂志》第 34 卷第 22、23、24 号合刊。

吴寿彭：《逗留于农村经济时代的徐海各属》，《东方杂志》第 27 卷第 6、7 号。

李馥荪：《回到繁荣之路》，《经济学季刊》第 3 卷第 4 期。

〔日〕田中忠夫：《中国农民的离村问题》，《社会月刊》第 1 卷第 6 号。

刘宣：《二十四村离村人口分析》，《统计月报》第 9 号。

程树棠：《中国田赋之积弊与其整理问题》，《申报月刊》第 4 卷第 7 号。

蓝渭滨：《江苏徐海之农业及农民生活》，《农村经济》第 1 卷第 10 期。

张宗弼：《无锡工业调查》，《统计月报》第 2 卷第 6 期。

童家埏：《无锡工人家庭之研究》，《统计月报》第 1 卷第 6 期。

达生：《灾荒打击下底中国农村》，《东方杂志》第 31 卷第 21 号。

朱懋澄：《劳工新村运动》，《东方杂志》第 33 卷第 1 号。

乔启明：《中国乡村人口问题之研究》，《东方杂志》第 25 卷第 21 号。

乔启明：《中国农村人口之结构及其消长》，《东方杂志》第 32 卷第 1 号。

彭家元：《中国边地之现况与移民》，《东方杂志》第 22 卷第 6 号。

· 徐衡耀：《满洲劳动状况与移民》，《东方杂志》第 22 卷第 21 号。

漆琪生：《中国国民经济建设的重心安在——重工呢？重农呢？》，《东方杂志》第 32 卷第 10 号。

郑震宇：《中国之佃耕制度与佃农保障》，《地政月刊》第1卷第3期。

袁聘之：《论中国国民经济建设的重心问题——重农重工问题之探讨》，《东方杂志》第32卷第16号。

章鹏若：《农村复兴与农村副业》，《申报月刊》第3卷第3期。

郑林庄：《我们可走第三条路》，《独立评论》第137号。

集成：《各地农民状况调查——山东省》，《东方杂志》第24卷第16号。

马乘风：《最近中国农村经济诸实相之暴露》，《中国经济》第1卷第1期。

陈冷僧：《上海的游民问题》，《社会半月刊》第1卷第4期。

陈序经：《南北文化观》，《岭南学报》第3卷第3期。

陈高佣：《中国文化上的南北问题》，载《新中华》第2卷第19期。

李絜非：《凤阳风土志》，《学风》第6卷第4期。

蔡斌咸：《中国目前废除苛捐杂税的总检阅》，《申报月刊》第4卷第1期。

郑季楷：《农民离村原因与农村经济建设》，《农村经济》第1卷第8期。

邹枋：《中国农民的再离村问题》，《建国月刊》第9卷第1期。

胡希平：《徐海农村病态的经济观》，《农业周报》第3卷第47期。

吴觉农：《中国的农民问题》，《东方杂志》第19卷第16号。

张锡昌:《河南农村调查》,《中国农村》第1卷第2期。

尹天民:《安徽宿县农业雇佣劳动者的生活》,《东方杂志》第32卷第12号。

费畊石:《雇农工资统计及其分析》,《内政统计季刊》第1期。

陈洪进:《江苏盐垦区农村经济速写》,《中国农村》第1卷第12期。

虞龙江:《沭阳农村鸟瞰》,《农村经济》第2卷第11期。

农英:《广西各地的农业劳动》,《东方杂志》第32卷第22号。

殷云台:《常熟农村土地生产关系及农民生活》,《乡村建设》第5卷第3期。

余醒民:《安徽怀宁县农村经济概况调查》,《经济评论》第1卷第4号。

顾猛:《崩溃过程中之河北农村》,《中国经济》第1卷第4期。

房师义:《中国农村人口实况》,《农业周报》第3卷第35期。

康诚勋:《经济恐慌下的河北正定县农村》,《新中华》第2卷第16期。

晶平:《广西的农村副业》,《中国经济》第5卷第3期。

向云龙:《红枪会的起源及其善后》,《东方杂志》第24卷第21号。

黄通:《农村复兴与耕者有其田》,《地政月刊》第1卷第12期。

郎擎霄:《中国南方械斗之原因及其组织》,《东方杂志》第

30 卷第 19 号。

孙晓村：《近年来中国田赋增加的速率》，《中国农村》第 1 卷第 7 期。

金翰宗：《黄河为害及其治法的检讨》，《申报月刊》第 4 卷第 8 号。

张利民：《论近代天津城市人口的发展》，《城市史研究》第 4 辑。

赵中孚：《近代东三省移民问题之研究》，《近代史研究所集刊》（台）第 4 期。

行龙：《略论中国近代的人口城市化问题》，《近代史研究》1989 年第 1 期。

陈映芳：《旧中国移民流及其与劳动市场之关系》，上海《社会科学》1990 年第 2 期。

王跃生：《试论清代游民》，《中国史研究》1991 年第 3 期。

王大球：《张乐行传略》，《史学工作通讯》1957 年第 2 期。

葛召堂：《张乐行故里访问琐记》，《史学工作通讯》1957 年第 2 期。

尹正昌、张汉三：《张乐行氏族墓碑略记》，《阜阳师范学院学报》1984 年第 3 期。

陈振江：《华北游民社会与义和团运动》，《历史教学》1991 年第 6 期。

程贤敏：《论清代人口增长率及"过剩"问题》，《中国史研究》1982 年第 3 期。

胡果文：《论清代的人口膨胀》，《华东师范大学学报》1984 年第 2 期。

关文斌：《近代天津的穷家门：行乞与生存策略论述》，刘海岩主编《城市史研究》第 23 辑，天津社会科学院出版社，2005。

王文昌：《20 世纪 30 年代前期农民离村问题》，《历史研究》1993 年第 2 期。

缪振鹏、王守稼：《试论半殖民地半封建时期的中国人口问题》，《中国社会经济史研究》1982 年第 2 期。

张振鹤、丁原英：《清末民变年表》，《近代史资料》总第 49~50 号。

曹文柱：《关于两晋之际流民的几个问题》，载赵清主编《社会问题的历史考察》，成都出版社，1992。

陈高华：《元代的流民问题》，《元史论丛》第 4 辑，北京，中华书局，1992。

李洵：《试论明代的流民问题》，《社会科学辑刊》1980 年第 3 期。

唐力行：《论徽商与封建宗族势力》，《历史研究》1986 年第 2 期。

宫玉松：《中国近代人口城市化研究》，《中国人口科学》1989 年第 6 期。

宫玉松：《略论中国近代农村人口迁移的特点和性质》，《中国农史》1989 年第 2 期。

穆光宗：《民工潮与中国的城市化》，《社会科学家》1990 年第 6 期。

忻平：《无奈与抗拒：20~30 年代上海转型时期的社会问题》，载《学术月刊》1998 年 12 月号。

方旭红：《集聚·分化·整合——1927~1937 年苏州城市化研究》，苏州大学 2005 届博士论文。

池子华：《试论捻军旗制——兼与罗尔纲先生商榷》，《安徽师范大学学报》1985年第2期。

池子华：《剿捻统帅的更迭与捻军的兴亡》，《安徽师范大学学报》1988年第2期。

池子华：《对苗沛霖集团与太平天国、捻军关系的考察》，《近代史研究》1989年第1期。

池子华：《长枪会与捻军关系简论》，《安徽大学学报》1989年第2期。

池子华：《清末大流氓李昭寿》，《历史月刊》（台）1990年第11期。

池子华：《晚清枭雄张乐行与苗沛霖》，《历史月刊》（台）1992年第9期。

池子华：《中国农民的"恋土"和"离土"》，《光明日报》1993年7月19日。

池子华：《从"凤阳花鼓"谈淮北流民的文化现象》，《历史月刊》（台）1993年第7期。

池子华：《近代中国社会的转型和流民现象的发生》，《社会科学家》1993年第5期。

池子华：《从雉河集会盟到霍邱会师——捻军战争形态转换述论》，《近代史研究》1994年第1期。

池子华：《豫胜营的兴亡和李昭寿的命运》，《历史档案》1994年第3期。

池子华：《苏北湖田案钩沉》，《江苏文史研究》1995年第1～2期。

池子华：《鲁捻初探》，《安徽师大学报》1995年第4期。

池子华、倪东升：《〈中国农村〉的历史和思想》，《社会科学家》1995 年第 6 期。

池子华：《苗沛霖：中国近代史上第一个军阀》，《学术月刊》1996 年第 10 月号。

池子华：《近代淮北流民问题的几个侧面》，《二十一世纪》（港）1996 年 12 月号。

池子华：《略论中国近代农村雇佣关系的"异质"》，《河北大学学报》1997 年第 2 期。

池子华：《关于捻党问题研究的几个侧面》，《大陆杂志》（台湾）1997 年第 6 期。

池子华：《二三十年代农村工业化取向述论》，《光明日报》1997 年 12 月 2 日。

池子华：《中国近代社会史的理论视野》，《河北大学学报》1998 年第 1 期。

汪远忠、池子华：《中国近代土匪史研究述评》，《学术界》1998 年第 2 期。

池子华：《论捻党与西汉游侠》，载《纪念罗尔纲教授文集》，《江苏文史资料》编辑部，1998。

池子华：《中国"民工潮"的历史考察》，《社会学研究》1998 年第 4 期。

池子华：《一本我们永远读不完的书——从〈流民图〉说到近代流民问题研究》，《社会科学报》1999 年 1 月 28 日。

池子华：《中国古代流民综观》，《历史教学》1999 年第 2 期。

池子华：《游民堕落的影响》，《江苏文史研究》1999 年第 2 期。

池子华：《近代农业生产条件的恶化与流民现象》，《中国农史》1999 年第 2 期。

池子华：《"打工妹"的历史考察》，《光明日报》1999 年 7 月 9 日。

池子华：《近代历史上的"打工妹"》，《北京日报》2000 年 1 月 17 日。

池子华：《土客冲突的文化学考察》，《河北大学学报》2000 年第 1 期。

池子华：《对中国人口问题的理性思考》，《中国人口科学》2000 年第 1 期。

池子华：《存同求异：近代江南淮北社会文化的比较观》，《江苏文史研究》2000 年第 1 期。

池子华：《近代中国流民向城市的"向心"流动》，《城市史研究》第 19～20 辑，天津社会科学院出版社，2000。

池子华：《流民：从传统到"近代"》，《中国社会史论》上卷，武汉，湖北教育出版社，2000。

池子华：《论近代流民"漂洋"现象》，《学海》2001 年第 1 期。

池子华：《近代移民"调剂"方略简论———一项流民问题调控模式的人口学研究》，《河北大学学报》2001 年第 1 期。

池子华、冯玉丽：《康有为人口素质教育思想初探》，《苏州大学学报》2001 年第 1 期。

阎永增、池子华：《近十年来中国近代灾荒史研究综述》，《唐山师范学院学报》2001 年第 1 期。

池子华、李红英：《晚清直隶灾荒及减灾措施的探讨》，《清史研究》2001 年第 2 期。

池子华：《试观流民与"盗匪世界"》，载田野主编《文化热点争鸣书系》之《中国传统文化的两个痼疾：皇帝与流氓》，西安，太白文艺出版社，2001。

池子华、李红英、何辉：《灾荒·流民·义和团运动——以直隶为中心》，《义和团运动一百周年国际学术讨论会论文集》，济南，山东大学出版社，2002。

池子华：《"闯关东"的历史与文化观》，《经济导报》2002年7月22日。

池子华：《历史上流民问题的控制模式》，《中国党政干部论坛》2002年第6期。

池子华：《流民与近代盗匪世界》，《安徽史学》2002年第4期。

池子华：《农民"离村"的社会经济效应——以20世纪二三十年代为背景》，《中国农史》2002年第4期。

池子华：《流民的文化现象——以清代淮北地区为例》，《苏州大学学报》2003年第1期。

池子华、杨春燕：《龚自珍和薛福成的"再就业"观》，《合肥教育学院学报》2003年第1期。

池子华：《重工派理论与农村剩余劳动力的转移》，《社会》2003年第8期。

池子华：《"振兴工艺"：清末"再就业"工程的一个断面》，《江苏社会科学》2003年第5期。

池子华、刘玉梅：《民国时期河北灾荒防治及成效述论》，《中国农史》2003年第4期。

池子华、李红英：《灾荒、社会变迁与流民——以19、20世纪之交的直隶为中心》，《南京农业大学学报》2004年第1期。

池子华：《沉重的历史省思——近代中国的乞丐及其职业

化》，《中国党政干部论坛》2004 年第 4 期。

池子华、王银：《近年来社会史理论研究述评》，《江海学刊》2004 年第 3 期。

池子华、朱琳：《解读清代秘密社会的文化密码》，《清史研究》2004 年第 2 期。

张生、池子华：《晚清社会的越轨与控制——以景廷宾起义为个案的研究》，载黎仁凯、李云豪主编《景廷宾起义一百周年学术讨论会论文集》，北京，中国文史出版社，2004。

池子华：《丐帮真相揭密》，《北京科技报》12 月 14 日。

池子华：《从中国救济善会到上海万国红十字会》，《史林》2005 年第 2 期。

池子华：《论近代中国农民进城对城市社会的影响》，《江苏社会科学》2005 年第 3 期。

池子华：《历史眼光下的"打工妹"》，《中国农村城镇化研究》2004 年秋冬卷，香港，国际学术文化资讯出版公司，2005。

池子华、王晚英：《20 世纪中国农村人口流动研究概述》，《中国农史》2005 年第 3 期。

池子华、刘玉梅：《民国时期河北农业灾荒研究》，《近代中国的乡村社会》，上海古籍出版社，2005。

池子华：《民国时期解决三农问题的路径选择》，《中国三农问题：历史·现状·未来》，北京，社会科学文献出版社，2005。

池子华、朱琳：《旧时流民掠影》，《文汇报》2005 年 11 月 6 日。

池子华：《民国北京政府时期中国红十字会赈灾行动述论》，《中国社会历史评论》第 7 卷，天津古籍出版社，2005。

樊翠花、池子华:《辛亥革命前十年民变问题研究综述》,《盐城师院学报》2005 年第 6 期。

池子华:《北洋政府时期长三角地区社会救助的民间参与》,《安大史学》第 2 卷,合肥,安徽大学出版社,2005。

潘楷红、池子华:《搜寻理论视野下的民工"向心"流动》,《中国农村城镇化研究》2005 年春夏卷,香港,国际学术文化资讯出版公司,2005。

池子华:《淮北与江南:刚柔之较》,《安徽日报》12 月 26 日。

后　记

　　这部书稿，是在拙博士学位论文《中国近代流民问题研究》（1994 年 1 月 15 日答辩通过）的基础上增删改写而成。

　　我对流民问题发生兴趣，还是在 1991 年考入南京大学以后，当时"盲流"冲击波已引起社会各界的广泛关注。作为一个史学工作者，理应站在历史与现实的交汇点上，像关心历史那样关心现实。我想，如果能对近代中国的流民问题进行一番比较细致的考察，或于现实有所裨益。我的想法得到了业师茅家琦先生和方之光先生的鼓励，并允准作为博士论文选题。正是在业师的悉心指导之下，我勉力完成了《中国近代流民问题研究》的学位论文。

　　流民问题是一个颇为重要而研究薄弱的问题。要架构起对流民群体的研究系统，对我来说，自然不是一件容易的事情。但至少这些方面不能不加以研究：产生流民的原因、流民的流向、流民对近代中国社会所产生的效应以及解决流民问题的途径及历史启示等。流民问题处于政治、经济、社会和文化的交叉点上，所涉及的面相当宽泛。只就上述问题进行研究是不够的。进行多层次、多角度、多学科交叉研究，显然是必要的。对流民现象、土客冲突进行文化学考察，也许是一种有益的尝试。"掌握过去，理解过去，把它当作理解现在的一把钥匙。"（〔英〕爱华德·霍列特·卡尔：《历史是什么?》，北京，商务印书馆，1981，第 23 页）这部书稿于"过去"究竟做得如何？于"现在"能否予人某些启迪？只能请读者评说了。

借书稿付梓之际，谨向鼓励、指导我的恩师表示谢忱。同时，感谢南京大学、安徽师范大学及学术界师友给予我的帮助，还要感谢我的爱人潘楷红对我的理解以及为我学业进步所作出的牺牲。

池子华

1994 年 4 月于安徽师范大学

后记之后

拙博士学位论文《中国近代流民》，作为"中国社会史丛书"（蔡少卿先生主编，浙江人民出版社出版）之一种，出版已整整 10 个年头了。10 年来，近代流民问题的研究取得了较为丰硕的研究成果，这是本人深感欣慰的。

拙著自出版以来，应该说受到了学界的广泛关注，也得到了同仁的嘉许。[①]《近代史研究》誉为"以其开阔的学术视野和新颖的思维方式给史学研究注入了新鲜血液"[②]。同时，该书还荣获河北省高校 1994～1997 年度优秀成果专著类二等奖。不过，作为第一部以近代流民为研究对象的学术论著，不可避免存在一些缺陷，如资料积累不够，对有些问题的论证没能充分展开。正因为如此，书中某些观点受到质疑也是极其自然的。这其中，周育

---

① 倪东升：《评〈中国近代流民〉》，《历史教学》1996 年第 9 期；张士军、龚维玲：《中国农民的"恋土"和"离土"情结——评〈中国近代流民〉》，《社会科学家》1997 年第 1 期。

② 王印焕：《近年来中国近代社会史研究概述》，《近代史研究》1999 年第 4 期，第 189 页。

民、夏明方、汪汉忠诸先生提出的意见，很值得本人思索或作进一步探讨，这是本人首先应该感谢的。借此机会，书中在注释中作了"回应"，算是有个交代吧。为了保持本书原貌，此次修订，只在注释上"动手脚"，以增强"说服力"，希读者见谅。

感谢社会科学文献出版社给予再版机会，感谢本书的策划编辑武云博士的支持。

池子华

2006 年 9 月 28 日

社会科学文献出版社网站

www.ssap.com.cn

1. 查询最新图书　　2. 分类查询各学科图书
3. 查询新闻发布会、学术研讨会的相关消息
4. 注册会员，网上购书

　　本社网站是一个交流的平台，"读者俱乐部"、"书评书摘"、"论坛"、"在线咨询"等为广大读者、媒体、经销商、作者提供了最充分的交流空间。

　　"读者俱乐部"实行会员制管理，不同级别会员享受不同的购书优惠（最低7.5折），会员购书同时还享受积分赠送、购书免邮费等待遇。"读者俱乐部"将不定期从注册的会员或者反馈信息的读者中抽出一部分幸运读者，免费赠送我社出版的新书或者光盘数据库等产品。

　　"在线商城"的商品覆盖图书、软件、数据库、点卡等多种形式，为读者提供最权威、最全面的产品出版资讯。商城将不定期推出部分特惠产品。

咨询/邮购电话：010-65285539　　邮箱：duzhe@ssap.cn

网站支持（销售）联系电话：010-65269967　　QQ：168316188　　邮箱：service@ssap.cn

邮购地址：北京市东城区先晓胡同10号　社科文献出版社市场部　邮编：100005

银行户名：社会科学文献出版社发行部　　开户银行：工商银行北京东四南支行　　账号：0200001009066109151

·社会史研究文库·

中国近代流民（修订版）

著　　者／池子华

出 版 人／谢寿光
出 版 者／社会科学文献出版社
地　　址／北京市东城区先晓胡同 10 号
邮政编码／100005
网　　址／http：//www. ssap. com. cn
网站支持／(010) 65269967
策划编辑／武　云 (010) 65281150
电子信箱／wuyun@ ssap. cn
责任编辑／武　云
责任校对／张瑞萍
责任印制／盖永东

总 经 销／社会科学文献出版社发行部
　　　　　(010) 65139961　65139963
经　　销／各地书店
读者服务／市场部 (010) 65285539
排　　版／北京中文天地文化艺术有限公司
印　　刷／北京四季青印刷厂

开　　本／880×1230 毫米　1/32 开
印　　张／12. 75
字　　数／288 千字
版　　次／2007 年 6 月第 1 版
印　　次／2007 年 6 月第 1 次印刷

书　　号／ISBN 978 - 7 - 80230 - 616 - 5/K·082
定　　价／29. 00 元

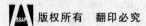